KB268119

존 듀이의
흥미론과
심리학

존 듀이의
흥미론과 심리학

초판 1쇄 인쇄 2026년 2월 5일
초판 1쇄 발행 2026년 2월 12일

지은이 존 듀이
옮긴이 김무길
펴낸이 김승희
펴낸곳 도서출판 살림터

기획 정광일
편집 이희연·송승호·조현주
북디자인 꼬리별

인쇄·제본 (주)신화프린팅
종이 (주)명동지류

주소 서울시 양천구 목동동로 293, 2215-1호
전화 02-3141-6553
팩스 02-3141-6555
출판등록 2008년 3월 18일 제313-1990-12호
이메일 gwang80@hanmail.net
블로그 http://blog.naver.com/dkffk1020
한국교육연구네트워크 www.kednetwork.or.kr

ISBN 979-11-5930-356-2 93370

왜 다시 듀이를 읽어야 하는가?

존 듀이의 흥미론과 심리학

존 듀이 지음 | 김무길 옮김

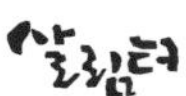

I. 왜 다시 듀이(John Dewey)를 읽어야 하는가?

듀이는 교육학을 공부하는 사람이라면 누구나 한 번은 꼭 봤을 정도로 현대 교육에 큰 영향을 끼친 인물이다. 그런데 교육사상가 중 듀이만큼 오해를 받은 사람은 드물다고 할 정도로 그의 사상은 올바로 파악되기보다는 표면적으로 예단되거나 심지어 왜곡되는 경향도 있었다. 우리가 듀이를 다시 읽어야 하는 우선적 이유는 듀이에 대한 흔한 오해를 불식拂拭시키고 그를 제대로 이해하기 위한 것이다.

듀이에 대한 흔한 오해는 두 가지 상호 관련된 원인이 있는 듯하다. 하나는, 듀이가 자신의 주장이 오해받는 것을 보고 지적한 바 있듯이 사람들이 보통 "이것이냐, 저것이냐" 식의 이분법적 사고를 하는 경향이 있다는 것이다. 가령, 그의 '흥미' 개념은 교과의 '지식'과 긴밀한 관계를 맺고 있음에도 사람들은 마치 양자가 대립하는 개념인 것처럼 간주한다는 것이다. 예컨대, 아동들이 샌드위치나 샐러드 만들기 활동을 하며 즐거운 시간을 보냈다면 듀이의 흥미 개념을 실천한 것인가? 그렇지 않다. 적어도 듀이의 흥미 개념과 연관된 활동이 되려면 우리는 다음과 같은 질문들에 대한 대답을 고려하지 않으면 안 된다. 즉, 아동은 그 활동을 하는 동안 얼마나 진지한 사고를 하는가? 아동이 그 활동을 통해 달성하려는 목적은 무엇인가? 아동이 그 활동을 수행하는 동안 부딪치는 난관은 무엇이며 그 어려움을 해결하기 위해 어떤 자원과 수단을 동원하는가? 등등.

듀이가 오해받는 또 하나의 이유는, 그의 저작을 세밀히 읽지 않고 상식적 차원의 '속단'을 한다는 데에 있다. 물론 이러한 속단은 위에서 지적한 '편 가르기'의 경향과 연관해 더욱 강화된다. 즉, 듀이를 오해하는 사람들은 결국 듀이가 '교과'보다는 '흥미'를 상대적으로 더 중요하게 여기지 않았는가 하는 이분법적 단순화를 해버리는 것이다. 이러한 속단을 하지 않기 위해서는 무엇보다 듀이가 그의 저작에서 무엇을 말하고자 했는지 애써 찾아보아야 할 것이다. 이것이 듀이는 물론이거니와 위대한 사상가들을 접하는 올바른 태도다. 사실, 듀이의 교육적 핵심 개념 중 하나인 '흥미'는, 가령 아동들에게 "무엇을 좋아하니?" 하고 물을 때 나오는 즉흥적 대답과 같은 것이 아니다. 물론 그런 대답을 통해 아동의 심리 상태를 엿볼 수 있는 이점은 있지만, 그것이 듀이가 추구한 교육적 흥미는 아니다. 이하에서 살펴보겠지만, 그의 '흥미'는 '전문적 의미technical sense'를 띤 것으로서 능동과 수동, 자아와 대상이 서로 긴밀하게 연동하는 통합적 의미를 지니고 있다. 이를 고려하지 않고 상식적으로 듀이의 '흥미'를 읽을 경우 그에 대한 속단이 일어나는 것이다.

그렇다면 왜 다시 듀이를 읽어야 하는가? 이제까지 듀이의 교육이론에 대해서는 꽤 많은 연구들이 이루어져 왔고 그의 교육 관련 중요 저작들도 상당수 번역이 이루어졌다. 그런데 그의 심리학 관련 글은 거의 주목받지 못했고 번역도 거의 없는 게 현실이다. 이에 따라 국내에서 듀이의 심리학 관련 논문은 교육학 논문에 비해 찾아보기 어려우며 그의 심리학에 관한 논의도 활발치 못한 경향이 있었다. 형편이 이와 같은 만큼 그의 심리학(심리 철학) 관련 글을 처음 보는 독자들은 다소 생소하게 느낄 수 있을 것이다. 그러나 교육학과 심리학이 밀접한 관련성을 띤다고 보면,—가령 듀이의 흥미 이론 밑바탕에는 그의 심리학적 관점이 깔려 있다고 보아야 한다—그의 심리학적 관점의 이해는 그의 흥미 개념뿐만 아니라 교육이론의 심층적 이해를 위해서도 대단히 중요하며, 적어도 여러 번 읽을 만한 가치가 있다고 판단된다. 더욱이, 듀이의 심리학은 최근 현대 심리학에서 재조명받으며 그 중요성이 새롭게 주목받고 있다. 예컨대, 유기체와 환경 간의 광범위한 사회적 상호작용론이나 인지과학의 심리학에서 다루는 인간 마음과 환경적 자극의 관계 등은 특정한 측면에서 듀이의 교호작용적 심리학을 반영하고 있다고 파악된다. 이로부터 듀이의 심리학 읽기는 그에 대한 재조명은 물론이거니와, 교육과 삶, 그리고 성장의 현재적 의미를 보다 폭넓게 조망하는 계기를 마련해줄 것이다.

II. '흥미 존중'에 대한 두 관점

교육적 사태에서 아동의 흥미를 존중해서 가르쳐야 한다는 데에는 아마 누구나 동의할 것이다.[1] 확실히 흥미 존중의 교육은 지식 전달을 위주로 하는 전통적 교육과 달리, 아동의 자발성과 학습의 효과성을 촉진한다는 점에서 의미를 지닌다. 그러나 아동의 흥미와 교과 지식의 관계를 정확히 어떻게 파악해야 하는가? 이러한 질문을 다시 제기하는 까닭은 교육에서 흥미가 차지하는 지위를 엄격히 규정하고자 할 때 불분명한 문제가 남아있다고 파악되기 때문이다. 즉, 아동의 흥미를 존중한

---

1. 이하 해설의 글(II-V)은 역자의 다음 두 논문을 기초로 하여 간략히 재구성한 것임을 밝혀둔다: 1. 듀이의 흥미 개념 재이해와 그 교육적 함의. 『교육철학』. 2008. 42. 7-28쪽. 2. 듀이의 심리학과 '반사호' 개념 비판: 그 교육적 함의. 『교육철학연구』. 2019. 41(3). 41-65쪽.

다는 것과 사회적으로 가치 있는 지식을 가르친다는 것이 정확히 어떤 관련성을 맺는지가 그다지 명료하지 않은 것이다. 이러한 문제는 앞서 지적한 바 있듯이 흥미 개념을 둘러싼 논의가 자칫하면 '흥미냐, 노력이냐' 하는 이분법적 사고로 흘러 흥미와 지식 중 어느 한쪽을 소홀히 하기 쉽다는 우려와 맞닿아 있다. 만약 이러한 지적이 옳은 것이라면, 이제까지 교육적 논의에서 회자膾炙되어 온 '아동의 흥미 존중'이라는 슬로건은 의미상 애매성의 소지를 지닌 것으로 보아야 할 것이다.

사실상 교육사상사에 나타난 '노력 이론'과 '흥미 이론'은 이분법적 사고의 문제점을 그대로 드러내고 있다. 두 이론은 '마음'의 발달을 중심으로 하여 '노력'과 '흥미'의 측면 중 한쪽만을 상대적으로 강조하면서 발달해 왔다. 노력 이론이 전통적 마음의 도야를 강조하는 이론이라면, 흥미 이론은 낭만적 자연주의 교육사상이나 진보주의 교육에서 나타나듯이 아동의 현재 필요나 욕구 혹은 관심거리를 강조하는 이론이라고 볼 수 있다. 노력 이론에 의하면, 노력의 가치는 장차 삶의 든든한 기초가 된다는 데에 있다. 예컨대, "고생 끝에 낙이 온다"거나 "인내는 쓰나 그 열매는 달다"라는 속담이 있다. 현재는 힘이 들고 고생스럽지만, 미래에는 그러한 노력의 덕분으로 더 많은 것을 누릴 수 있다는 것이다. 이러한 노력 이론의 가정은, 미래의 삶은 심각한 것이어서 현재의 교육활동이 단순한 재밋거리나 사적 흥미의 만족으로 전락해서는 안 된다는 '경고'를 담고 있다.

헤르바르트J. F. Herbart의 관점은 이와 같은 노력 이론과 전적으로 동일한 것은 아니다. 그는 교육에서 '흥미'의 중요성을 강조했기 때문이다. 그러나 그가 추구한 '흥미'는 영혼에 아무런 감동을 주지 못하는, 순간순간 사라지는 일시적 흥미가 아니라 교과를 배운 결과로 형성된 '이론적 흥미'라고 보아야 한다.[2] 흥미의 형성이 이처럼 교과의 학습을 통한 마음의 확대 과정에서 빚어진 결과라면, 헤르바르트는 노력 이론과 관련된다. 그가 보기에 교육은 아동 신변身邊의 재밋거리에 영합迎合하는 일이 아니며, 아동의 우발적이고 단편적인 욕구는 교육 사태에서는 오히려 억제의 대상이 되어야 한다.³ 예컨대, 아이는 교실 창문 너머 뛰노는 아이들의 즐거운 비명에 유혹되어서는 안 되며, 또한 개울가에서 물놀이하고 싶은 충동도 억제하지 않으면 안 된다. 그야말로 시종일관 노는 데에만 정신이 팔려 있거나 물놀이만 즐기는 것은 욕망의 충족일 뿐, '마음'의 성장에 보탬이 되지 않기 때문이다. 가령, "2 더하기 2는 4가 된다"는 수적 관계를 가르쳐야 할 경우, 아이에게 새나 민들레에 관한 재미있는 이야기에만 집중하도록 한다면 어떤 결과가 초래될 것인가? 그 경우 아이가 획득할 수 있는 사실은 틀림없이 적어질 것이며, 아이는 틈만 나면 수적 관계에서 빠져나와 그 수적 관계와 연상되는 이미지를 즐기는 쪽으로 나아갈 것이다.⁴

반면, 흥미 이론에 따르면 아동의 흥미와 무관하게 일방적으로 주입되는 지식은 겉껍데기의 '단편적 지식'일 뿐, 아동에게 내면화된 지식이 되기 어렵다. 낭만적 자연주의 교육사상의 대표자인 루소J. J. Rousseau에 의하면, 외부로부터 강제로 부과되는 지식은 아동기의 발달에 악영향을 끼칠 뿐이다. 강요와 복종을 통해 길러진 아동은 권위를 맹목적으

2. 헤르바르트는 '흥미(interest)'와 '욕망(desire)'의 개념을 구분한다. '흥미'는 옛 관념들(구표상군)과 새 관념들(신표상군)이 결합하는 '통각(統覺; apperception)'의 과정에서 파생된다. 통각의 과정이 연속됨에 따라 아동의 흥미 수준과 범위도 그만큼 더 성장, 확대되어 간다. 반면, '욕망'의 충족은 현재 아동의 심리적 욕구를 해소하는 차원에만 머물 뿐, 바람직한 교육적 흥미를 불러일으킬 수 없고 인식의 수준도 향상시키지 못한다.
3. 칸트(I. Kant)도 아동의 욕구 일반이 억제되어야 한다는 데에는 헤르바르트와 의견을 함께한다. 칸트가 욕구의 충족을 부정적으로 보는 까닭은 인간의 욕구가 대체로 충동적이고 탐욕스러운 경향을 띤다고 보았기 때문이다. 듀이에 의하면, 칸트가 인정한 흥미는 오직 '도덕률'의 존중인 만큼—도덕률 존중이라는 감정은 발달의 과정상 필연적으로 후기에 오는 것이다—어린 아동들의 교육에는 적합지 않은 것이다.(J. Dewey(1895). Interest in Relation to Training of the Will. pp. 137-139.)(※ 듀이 저작의 인용은 서던 일리노이(Southern Illinois) 대학교에서 발행한 듀이 전집에 의거한 것이다. 이하 듀이 저작에 한해서는 저자, 발행연도, 저서명, 면수로 약기한다.)
4. Ibid. pp. 116-117.

로 추종하거나, 혹은 임기응변의 속임수를 쓰는 인간이 되기 쉽다. 오직 인위적 속박을 벗어나 자연 중심의 "성숙한 아동기mature childhood"를 보낸 아동만이 편견과 오류로부터 벗어나 진정한 앎을 깨우칠 수 있다. 루소가 '소극교육'이나 '실물교육'을 강조한 까닭도 여기에 있다. 그가 말한 바와 같이, "무엇이든 만져보고 잡아보려는 욕구를 억제해서는 안 된다. 그것은 아이에게 절대적으로 귀중한 학습을 제공하기 때문이다."[5] 아이의 감각적 욕구 충족은 때 묻지 않은 자연성을 보존하고 자발적 지식의 탐구를 촉진한다는 점에서 매우 중요한 의미를 갖게 된다. 이렇듯 루소를 필두로 하는 흥미 이론에서는, 노력 이론에서 평가절하한 아동의 충동이나 욕구가 교육에서 고려해야 할 주요 변수로 등장한다.

듀이가 보기에 노력 이론과 흥미 이론은 모두 오류를 범하고 있다. 양자의 공통된 문제점은 한마디로 말하여 '자아와 대상의 분리'를 가정한다는 데에 있다. 노력 이론의 오류는 자아와 분리된 외부의 목표를 향해 억지로 아동을 이끌기 때문에 자발적 탐구심을 억누른다는 데에 있다. 이러한 노력만을 강조한 결과, 아동의 "주의의 분산divided attention"은 물론이거니와, 진정한 목표나 정신적 가치를 결여한 기계처럼 반복하는 습관을 길러낼 우려가 있다. 반면, 흥미 이론은 지식의 대상과 분리된 자아의 심리적 욕구 충족을 지나치게 강조함으로써 아동의 활동은 성장과 무관한 즉시적 쾌락으로 이어지고, 그들이 가진 대부분의 흥미는 순간순간 사라지는 산발적 흥미에 그칠 위험성이 있다. 이른바, 재미있지 않은 것에는 무조건 등을 돌리는 "버릇없는 아이spoiled child"는 극단적 흥미 이론의 불행한 귀결이다. 형편이 이러함에도 불구하고, 전통적 노력 이론과 흥미 이론은 서로 간의 '조화'를 위해 진지하게 노력하기보다는, 반대쪽 이론의 약점을 공격하고 반대쪽 이론의 부정에 강한

5. 민희식(역)(1989). J. J. Rousseau 『에밀』. 교양사상신서 8. 서울: 육문사. 62쪽.

면모를 보여줌으로써 흥미와 노력의 측면이 양 극단으로 떨어져 나간 비교육적 양상을 띠고 만 것이다.[6]

III. 듀이의 흥미 개념: 자아와 대상의 일체화

흥미는 어원상 "사이에 있는 것", 즉 거리가 있는 두 사물을 상호 관련짓는다는 의미를 지닌다. 전통적 노력 이론과 흥미 이론을 지양止揚하는 듀이는 이러한 상호 관련성에 입각하여 흥미를 "자아와 대상의 일체화"로 규정한다.[7] 듀이의 흥미 개념은 순수 주관적인 것이 아니라 자아와 대상의 긴밀한 상호작용을 통해 양자가 함께 변화하는 관계적 맥락에서 파악해야 한다. 그가 말한 바와 같이, "사물에 대해 개인이 어떤 태도를 지닌다는 것은 곧 사물의 변화가 자아의 활동과 무관하지 않다는 것을 보여준다."[8] 이와 같은 자아와 사물의 변화에는 행위의 개입(능동적 요소)과 변화된 사물(수동적 요소)의 결합이 반영되어 있으며, 흥미는 바로 그 변화하는 관계에 내재한다.

예컨대, 초등과학 수업에서 아동이 두꺼운 종이를 써서 '지층의 휘어짐'을 관찰한다고 해보자. 아동이 '지층의 휘어짐'을 확인하기 위해 양손으로 두꺼운 종이 양 끝에 가하는 압력은 곧바로 휘어진 종이의 모습과 손바닥에 느껴지는 떨림으로 이어진다. 이 경우, 휘어진 종이의 모습과 손바닥의 떨림은 행위의 연속적 과정에 놓여 있는 셈이다. 아동은 바로 이러한 연속적 관계를 지각함으로써 흥미를 갖게 되고, 사고 작용을 통해 자신의 행위와 사물의 관계성을 파악함으로써 지층의 '습곡'과 관련

6. J. Dewey(1895). *Interest in Relation to Training of the Will*. pp. 115-119.
7. Ibid. pp. 121-122.
8. J. Dewey(1916). *Democracy and Education*. p. 132.

된 '하나의 경험'을 획득하게 된다. 그런데 다시 주목할 점은, 듀이의 '흥미'가 아동의 호기심을 불러일으키는 일시적 자극이 아니라는 점이다. 지층모형의 실험에서, 만약 아동이 종이가 휘어지는 장면에만 재미있어 하는 것으로 그친다면, 그것은 듀이가 경계한 또 하나의 '고립적 경험'일 뿐이다. 우리는, 예컨대 인간의 삶과 지층의 역사라든가, 지층과 지진 혹은 생태계와의 관련성 등 지층의 습곡과 관련된 아동 인식의 지평이 확대되도록 하는 데에 관심을 기울여야 한다. 왜냐하면, 듀이가 추구한 흥미는 교사의 적절한 도움을 통해 아동의 흥미가 연속적으로 확장되도록 하는 데에 있었기 때문이다.

그렇다면 교육에서 아동의 흥미가 연속적으로 확장되기 위해 고려해야 할 요소는 무엇일까? 현재 학습자가 정체된 심리 상태를 벗어나 자아의 향상과 확대를 가져오는 것은 결코 아무렇게나 해도 이루어지는 일이 아니다. 그것은 사실상 외부의 대상이나 사물이 자아가 추구하는 '목적'이 될 때 훨씬 쉽게 일어날 수 있다. 듀이가 흥미를 "유목적적 경험 안에서 사물이 우리의 마음을 움직이는 힘"[9]이라고 정의한 것도 이와 궤를 같이한다. 현재 내 눈앞에 보이는 사물은 표면상 물리적인 대상에 불과하지만, 만약 그 사물이 내가 개입할 여지를 가지고 있고, 그리하여 그 변화된 사물의 상태가 내가 추구해야 할 목적으로 지각된다면 그 대상은 '나'에게 흥미로운 것이 될 것이다. 이때 수단과 목적, 흥미와 노력은 목적을 지향하는 활동 속에서 분리 불가능한 관계를 맺게 된다. 이런 맥락에서 보면 흥미가 없다는 것은 사물을 '나'와 무관한 것으로 보거나, 혹은 지적 숙고의 결여로 인하여 사물을 수단과 목적의 관계성 속에서 파악하지 못한 데서 야기된 것이다.

여기서 한 가지 더 살펴볼 문제는 유목적적 활동에 개입하는 아동의

9. Ibid. p. 137.

흥미와 인식 수준의 향상이 무슨 관계를 맺는가 하는 것이다. 진정한 흥미의 확장은 고정적 목적에로의 수렴이나 즉각적 충동의 발산과는 다른 것이다. 흥미는 목적 달성을 위해 수단을 탐색하는, 바로 그 활동 속에 내재해 있으며, 동시에 그러한 흥미가 현재의 목적을 변화시키고 교호작용의 수준을 무한히 탈바꿈시켜 간다. 예컨대, 빛의 직진 현상에 대한 흥미는 그 자체로 끝나고 마는 일회성의 흥미가 아니다. 그 흥미는—그야말로 닫힌 공간의 고립적 경험이 아닌 한—시공간적 계열을 따라 나아가면서 다양한 자연 현상들, 즉 빛의 반사라든가 프리즘 현상 혹은 무지개의 생성 등에 대한 흥미와 얽혀 다른 흥미를 유발하는 동력이 될 수 있다. 곧, 빛의 직진에 대한 흥미가 다른 흥미와 교호작용을 일으켜서 흥미의 수준과 범위가 확대되는 것이다. 이런 경우 빛의 직진은 직접적 탐구 목적이 아니라, 다른 탐구 목적을 위한 수단적 경험으로 녹아들게 된다. 이러한 흥미의 역동적 전개 양상은 현대 교육과정敎育課程을 보는 시각에 유의미한 시사를 제시해 준다.

흔히 교육과정은 문서나 인쇄된 매체로서의 교육 내용 등 정태적 관점에서 바라보는 경향이 있다. 이러한 교육과정관은 생동적 학습의 가능성을 설명해 주지 못한다. 현재 학습자가 지닌 흥미에는 살아 꿈틀거리는 개별적 삶의 총체적 역사가 반영되어 있으며 그러한 흥미가 새로운 교과와 끊임없이 상호작용을 하여 변화를 유발하고 있다. 듀이의 흥미 개념은 바로 이 점에서 교육과정을 보는 눈을 근본적 측면에서 전환할 것을 요청하고 있다. 즉, 교육과정은 학습자의 인식을 기다리는 고정불변의 지식의 조직체가 아니라, 학습자의 경험과 교재 내용이 서로 교류하고 상호작용을 하는 가운데 흥미의 질적 수준이 점진적으로 확대되는 유동적 조직으로 볼 필요가 있다는 것이다. 이상의 논의를 통해 역자가 말하고자 하는 바는, 듀이의 '흥미' 개념은 아동과 교과 간에 개재하는 제삼의 매혹적 요소가 아니라 아동이 그의 경험 전체적 측면에서 교과를 이해하고 탐구하는 적극적 심적 세력이라는 것, 그리고 이러한 흥미를 발전시키기 위해서는 학습자가 진정으로 몰입할 수 있는 유목적적 활동이 요구된다는 것이다.

IV. 심리학자로서 듀이의 관점

듀이에게서 심리학적 이론을 찾아볼 수 있는가? 물론 듀이는 기존의 심리학자들처럼 별도의 정형화된 심리학적 체계를 제시했다고 보기 어렵다. 그렇지만 분명한 사실은, 듀이의 저작들에서 우리는 "풍부하고도 공을 들인 심리학적 저작들을 찾아볼 수 있다는 것"[10], 그리고 그의 심리학적 저작들에 나타난 심신불가분론, 계속적 성장의 심리, 개인과 환경의 교호작용 등은 포괄적 측면에서 현대적 심리학에 주는 시사가 적지 않다는 것이다. 듀이는 기존의 실험심리학자들과 다른 관점에서 심리학적 저술을 했다. 그 '다른' 관점이란, 인간의 심리와 행위는 인간과 환경 간의 교호작용이라는 광범위한 맥락에서 이해되어야 하며, 심리학의 연구는 인간 행동의 심리, 물리적 측정에만 국한될 것이 아니라, 인간 삶의 질 향상에 기여해야 한다는 것이었다. 그리하여 듀이는 기존의 심리학적 이론에 크게 구애받지 않고 비교적 자유롭게 자신의 심리학적 관점을 피력할 수 있었다. 유영준은 이 점에서 듀이를 "매우 생산적인 철학적 심리학자"로 평가하며[11], 브링크만은 듀이의 심리학을 기존의 심리학과 구별하여 "메타심리학meta-psychology"이라고 부르기도 한다.[12]

10. S. Brinkman(2011). Dewey's Neglected Psychology: Rediscovering his Transactional Approach. *Theory and Psychology*. 21(3). p. 298.
11. 유영준(1967). 듀이의 심리학-일반적 성격과 종합판단의 지성을 중심으로. 『새교육』. 19(8). 60쪽.
12. S. Brinkman.(2011). op. cit. pp. 299-305.

이러한 측면이 있음에도 불구하고, 그동안 듀이는 교육철학자로 너무나 잘 알려져 있었기 때문에 그의 심리학적 저작들이 소홀히 취급된 경향이 있었다. 브링크만은 이 점에 주의를 환기하기 위해 듀이가 미국 최초의 심리학 교재인 『심리학』Psychology, 1887을 저술했다는 점, 그리고 그로부터 12년 후인 1899년에 듀이가 미국 심리학협회 회장으로 선출되었다는 사례를 소개하고 있다.[13] 또한 브레도는 듀이의 『심리학』이 당대에 인기를 끌어 5년 동안 판版을 세 번 거듭 찍었다는 세부적 사실도 언급하고 있다.[14] 그렇다면, 심리학자로서 듀이의 구체적 관점은 무엇이며 우리에게 어떤 시사점을 던져주는가? 이 질문과 관련하여 우리는 듀이의 "심리학에서 반사호反射弧 개념"1896[15]에 나타난 '반사호' 비판과 함께 그의 심리학적 저술들을 살펴볼 필요가 있다.

반사호 개념은 소위 '새로운 심리학'을 대표하는 생리학적 개념으로서 인간 행위를 '감각 자극→ 중심 관념→ 행위 반응'이라는 도식으로 설명한다.[16] 짐작할 수 있듯이, '새로운 심리학'은 '과거의 심리학'과 대척적對蹠的 개념이다. '과거의 심리학'이 삶의 다양한 사실들을 단순화해 설명하는 '도식주의' 경향을 띤다면,[17] '새로운 심리학'은 19세기 후반에 대두된 실험적 방법에 기초를 둔 심리학을 가리킨다. '과거의 심리학'에는 18

13. Ibid. p. 298.
14. E. Bredo(1998). Evolution, Psychology, and John Dewey's Critique of the Reflex Arc Concept. *The Elementary School Journal*. 98(5). p. 452.
15. 듀이의 "심리학에서 반사호의 개념(The Reflex Arc Concept in Psychology)"(1896)은 『심리학 평론』(Psychological Review)에 실린 논문으로서, 그 학술지에 게재된 처음부터 50권까지의 논문 중 가장 영향력 있는 논문으로 거론되었다(Bredo, 2003: Brinkmann, op. cit. p. 305. 재인용).
16. '반사호'는 원의 일부가 잘려 나간 '호(弧)'처럼 인간 행위를 의식의 순환성과 무관하게, 외부 자극에 대한 단편적 반응으로 본다는 의미에서 붙여진 명칭이다. 다음 절에서 살펴보겠지만, 이러한 반사호 개념은 인간 행위의 풍부한 의미를 온전히 드러내지 못한다.
17. '과거의 심리학'이라고 하면 그 범위가 상당히 넓은 것이지만, 듀이는 "새로운 심리학"이란 글에서 과거의 심리학의 범위를 18세기를 전후한 영국의 경험론적 심리학에 한정하여 다루고 있다. 예컨대, 흄(D. Hume)과 제임스 밀(J. Mill)의 심리학 등이 그것이다(J. Dewey(1884). The New Psychology).

세기의 계몽주의 정신이 깔려 있다. 계몽주의에서는 초자연적 요소를 배제하고 인간의 이성적 능력을 강조하면서 추상적이면서도 단순한 원리를 '좋은 원리'로 간주했다. 이에 따라 과거의 심리학은 인간 마음의 이해에 있어 신비함과 복잡성을 배제하고 도식적 단순화를 추구했다. 다시 말해, '과거의 심리학자'들은 소수의 아이디어와 원리로 보편적 설명을 함으로써 인간 삶의 다양한 경험을 단순화된 '분류함'에 끼워 맞추는 일을 감행했던 것이다. 그 결과, 인간이 갖는 가지각색의 경험과 삶이 심리학에 풍부한 재료를 공급해 준다는 사실이 무시되고 마는 결과를 초래했다.[18]

　듀이가 '과거의 심리학'에 대해 비판적 반응을 보였다면, 당대의 '새로운 심리학'에 대해서는 호의적 반응을 보였을까? 그렇지 않다. 당대의 '새로운 심리학'은 생리학에 기초를 두고 관찰과 측정 등 실험적 방법에 근거한다는 점에서 진일보한 것이었지만, 듀이가 보기에는 여전히 과거의 심리학과 유사한 문제점을 지닌 것이었다. 당시 '새로운 심리학'이라 불렸던 초기 생리학적 연구들은 신경 체계가 감각적인 면과 운동적인 면, 그리고 양자를 중재하는 척수 조직(그리고 두뇌)으로 구별된다는 것을 보여주었다. 이는 심리학에도 그대로 영향을 주어 유기체로서 인간의 심리적 기능을 감각 자극과 관념과 운동 반응의 인과적 계열로 해석하는 계기를 마련했다. 반사호의 개념은 이와 같은 생리학적 관점에서 인간의 행위 반응을 풀어냈기 때문에 과학의 실험적 방법을 중시하던 당대에 환영받았다. 그러나 반사호의 관념은 그 도식에서 당장 알 수 있듯이, 자극과 반응을 별개의 존재로 간주하는 이원론에 근거함으로써 '과거의 심리학'이 범한 도식적 사고의―인간의 풍부한 삶과 경험을 도외시하는―오류를 다시 범하고 있다.

18. Ibid. pp. 48-50.

　워드와 트룹L. F. Ward & A. G. Throop이 흥미로운 예를 든 바와 같이, 반사호 개념을 주장한 이론가들은 마치 좁은 벽 틈새를 통해 일렬로 지나가는 고양이의 행렬을 보는 관찰자와 같다. 그는 고양이의 수염을 먼저 보고 그다음에 고양이 꼬리가 오는 것을 보고, "고양이 수염은 꼬리의 원인이다"라는 우스꽝스러운 결론을 내리게 된다. 이것은 인간 행위를 분리된 자극과 반응의 인과적 계열로 해석하는 반사호 개념의 문제점을 꼬집은 것이다. 이러한 문제점은 연구자가 의도한 외현적 행동 관찰에만 중점을 둠으로써 인간 마음에 영향을 주는 광범위한 상황 맥락을 간과한 데에 기인한다. 이러한 사태는 소위 '심리학자의 오류'와 같은 잘못을 범하는 것이다. '심리학자의 오류'란 유기체를 둘러싼 상황과 이에 따른 유기체의 능동적 행위 조정을 무시하고, 행위를 분석하는 데에 쓰는 구조, 규칙 혹은 구분들이 오직 유기체 내부에서만 파생된 것으로 믿는 오류다.[19] 듀이가 보기에 '새로운 심리학'이 진정한 의미를 가지려면 이제까지 도외시했던 인간 삶의 사회 문화적 상황 맥락을 심리학 연구의 조망 안으로 끌어들여야 한다.

　듀이는 인간의 내면적 심리 특성이나 자극에 따른 반응 행동 측정 등 '좁은 실험실' 연구를 벗어나서, 일상적 삶에서의 인간 행위의 역동力動을 심리학의 연구 대상으로 봄으로써 심리학을 보는 우리의 시야를 넓혀주고 있다. 듀이는 반이원론적 세계관에 입각하여 의식과 대상, 주관과 객관이 대립적인 것이 아니라 경험 상황 속에서 교호작용을 하여 의미를 갖는다고 본다. 만약 "'정신적인 것'을 시공간적 결정을 뛰어넘는 존재 영역을 의미하는 것으로 해석한다면, 그것은 기껏해야 형이상학의 요소일 뿐, 심리학의 요소일 수 없다."[20] 의식과 대상, 주관과 객관은 모

19. J. Dewey(1896). The Reflex Arc Concept in Psychology. p. 105,; E. Bredo(1998). op. cit. p. 456.
20. J. Dewey(1897). The Psychology of Effort. p. 159.

두 교호작용적 상황 속에서 연속적 관계를 맺음으로써 의미를 지니게 된다. 그래서 듀이는 묻는다. "어째서 심리학의 범위가 주체의 의식이어야만 한다는 말인가?"[21] 듀이의 이러한 물음은 그 이면에서는 종래 심리학이 주된 연구 대상으로 삼았던 개인의 의식이나 행동 발달의 특성들이 사실상 그를 둘러싼 상황 속에서 환경과 교호작용을 한 결과물임을 말하고 있는 것이다.

V. '반사호' 개념에 대한 듀이의 비판: '반사호'에서 '반사원'으로

그렇다면 반사호 개념에 대한 듀이의 비판은 구체적으로 그 개념의 어떤 문제점을 겨냥하고 있는가? 여기서는 상호 관련된 세 측면에서 살펴보기로 한다.

첫째, 인간의 '보는' 행위의 중요성을 간과하는 오류다. 불을 처음 보는 아이의 경우는 호기심으로 손을 뻗어볼 개연성이 있지만, 그 장면만으로 아이의 행위를 '감각 자극 → 중심 관념 → 행위 반응'이라는 반사호 개념의 도식으로 설명할 수 없다. 불에 데어본 아이가 다시 불에 손을 넣지 않는 것은 자극에 따른 수동적 반응이 아니라 '보는' 행위, 즉 시각적 인식 작용의 결과다. 만약 인간 행위를 자극−반응이라는 단선형의 조건으로 본다면 실험실의 연구에는 적합할지 모르지만, 결코 인간에 대한 올바른 관점이라고 볼 수 없을 것이다. 시각적 인식 작용에는 "감정적, 의지적, 지적 요소들을 포괄하는 복합적 판단"[22]이 들어있다. 그렇기 때문에 이전에 불에 데어본 아이라고 하더라도, 현재 눈앞의 불을 보고 무조건적 회피 반응을 보이는 것이 아니라, 신기하게 타오르는 불

21. J. Dewey, J.(1886). The Psychological Standpoint. p. 137.
22. J. Dewey(1884). The New Psychology. p. 55.

빛에 시선이 끌리면서도, 다른 한편으로는 손을 뻗을 것인가, 말 것인가 하는 망설이는 상태에 놓이게 된다. 이러한 상황에서 아이는 손을 뻗었을 때 행위 결과를 예견하고 현재 상황 조건에 맞게 자신의 행위를 조절한다. 요컨대, 빛을 보는 경우 진짜로 시작하는 아이의 반응은 '보는' 행위일 뿐, 빛의 자극에 따른 단순한 감각 반응이 아니다. 듀이가 종래의 '반사호' 개념이 '반사원' 또는 '의식의 회로'라는 용어로 대체되어야 한다고 말한 까닭도 여기에 있다.[23] 인간은 자극에 반응하는 유기체가 아니라 이제까지 형성된 의식의 '순환적 흐름' 속에서 외적 자극을 '보고' 취사선택하거나 변형시킬 수도 있는 능동적 존재이기 때문이다.

둘째, 인간의 행위 반응에 영향을 주는 경험의 연속성을 배제하는 오류다. 볼드윈J. M. Baldwin이란 발달심리학자는 「감정과 의지Feeling and Will」라는 글에서 반사의 신경호弧를 구성하는 세 가지 과정으로서, '외적 자극 → 비자발적 주의 → 반응'의 과정을 들고 있다. '자극'은 큰 소리나 예기치 못한 소리를 받아들이는 것이고, '주의'는 기록하는 요소로서 비자발적으로 취해지는 것이며, '반응'은 소리에 뒤따라 나오는 것으로서, 가령 상상된 위험으로부터 탈출하려는 것을 뜻한다. 그런데 듀이는 이러한 분석이 불완전한 것이라고 비판한다. 왜냐하면, 소리를 듣기 이전의 상태를 무시하고 있기 때문이다. 만약 누군가 책을 읽고 있다면, 누군가 뭔가를 사냥하고 있다면, 누군가 어두운 곳에서 '고독한 밤'을 지켜보고 있다면, 또 누군가 화학적 실험을 수행하고 있다면, 각각의 경우에 소음은 매우 상이한 정신적 가치를 지니게 될 것이다. 소음은 곧

---

23. J. Dewey(1896). The Reflex Arc Concept in Psychology. p. 102, 109.: 듀이의 '반사원'은 인간의 의식작용이 외부 자극에 따른 단순 반응이 아니라, 자극과 반응이 끊임없이 연속되는 순환적 회로의 성격을 띤 것임을 보여준다. 듀이의 '반사원' 개념은 윌리엄 제임스(W. James)가 말한 '의식의 흐름(stream of consciousness)'처럼, 인간의 의식이 연속적 순환성을 띤다는 것, 동시에 이 의식의 순환성은 다람쥐 쳇바퀴 돌듯 고정적 회로를 맴도는 것이 아니라 환경과의 교호작용을 통해 마음의 전체적 반응 경향성에 질적 변화가 일어나고 있음을 시사한다.

하나의 상이한 경험이다.[24] 그리하여 심지어 누군가 독서에 열중하고 있을 때, '쾅' 하는 천둥소리와 같은 갑작스러운 변화에서조차, 그 소리의 자극으로서의 속성 여부는 이미 유기체가 어떤 특별한 환경과 상호작용을 하고 있는가에 따라, 수천 가지 상이한 의미의 자극으로 나타난다.[25] 듀이에 의하면, 볼드윈이 구분한 신경호의 세 과정은 사실상 순서를 전도시킨 것이다. 만약 소리를 단순한 신경 쇼크나 물리적 사건으로 간주하지 않고 의식적 가치로 받아들인다면, 우리는 소리를 듣고 난 다음 그것에 주의를 두는 활동을 하는 것이 아니라, '이전의' 주의와 반응 결과를 담지擔持한 '순환적 흐름' 속에서 새로운 자극을 받아들이는 것이다. 그렇기 때문에 듀이는 소리는 갑자기 외부로부터 생긴 것이 아니라, 단지 이전의 행위 안에서 중요시된 초점의 이동이요 긴장 상태의 재분배라고 말하는 것이다.[26]

셋째, 인간의 '목적 지향적 행동'을 간과하는 오류다. 인간이 의식하는 자극은 반사호 개념과 같이 단선형의 반응을 유발하는 것이 아니라 항상 상황 속에서의 자극이다. 인간은 상황 속에서 자신의 행위 목적에 따라 불필요한 자극을 버릴 줄도 알고 때때로 자극 자체를 평가하고 자신의 입장에 맞게 변형시키기도 한다. 듀이가 예를 든 바와 같이, 낯선 도시에 익숙하게 되는 경우를 생각해 보면, 처음에는 자극이 지나치게 많아 그에 따라 지나치게 많은 반응 혹은 엉뚱한 반응이 유발되기도 하지만, 점차로 목적에 직접 관련된 자극만을 선택하고 그 밖의 자극은 사라지게 된다. 다시 말해, 우리는 외부 자극에 온 힘을 다 쓰는 것이 아니라, 우리의 관심과 주의에 따라 그것에 필요한 변화를 일으키기 위해 활동을 한다.[27] 약어를 써서 표시하면, 인간은 'S-R+R'(자극-쓴 힘+남

24. Ibid. pp. 100-101.
25. J. Dewey(1930). Conduct and Experience. p. 223.
26. J. Dewey(1896). The Reflex Arc Concept in Psychology. pp. 100-101.

은 힘) 식으로, 외부 자극에 대해 선택적으로 반응하고 남은 힘을 비축해 두는 것이다. 삶의 상황은 실험실 상황과 달리 자극 자체의 의미가 불확실할 때가 많다. 특히 자극이 주어진 상황이 심각한 혼란이나 갈등을 불러올 때 자극은 하나의 '문제 상황'으로 등장한다. 문제 상황의 대면은 당사자로 하여금 주변 사물과 여건을 진지하게 검토하는 계기를 마련해준다. 이러한 상황 속에서 '자극'이란 행위가 성공적 결과를 내기 위해 충족시켜야 할 조건을 나타내는 것이고, '반응'은 또한 그러한 조건을 충족시키는 해결의 열쇠를 제공하는 일이다. 그리하여 삶의 상황에서 자극과 반응의 관계를 탐색하는 것은 "정확한 행위 조건을 탐색하는 것, 즉 막 시작된 조정을 어떻게 완료할지를 결정하는 사태"[28]를 탐색하는 일이 된다. 듀이가 자극과 반응을 "존재상의 구분이 아니라 목적론상의 구분"[29]이라고 말한 까닭도 여기에 있다.

이상의 논의에서 드러난 교육적 함의는 무엇보다도 '반사호'에서 '반사원' 개념으로의 전환이 갖는 의미에 그 초점이 맞춰진다. 국소적 자극-반응 관계에 기초한 반사호 개념이 인간 행위의 풍부한 의미를 설명하는 데에 한계가 있는 것이라면, 반사원 개념은 우리의 의식이 끊임없이 순환하며 외부 자극과의 상호작용을 통해 이질적 변화를 일으키고 있다는 것을 보여준다. 반사원의 개념에 따르면 외부 자극은 학습자가 이미 가지고 있는 마음의 반응 경향성에 염색된 채 지각되고 있다. 곧, 학습자는 반사호 개념에서처럼 기계적 반응을 하는 존재가 아니라, 교사가 전달하는 정보나 지식을 '의식의 순환' 속에서 다양하게 해석해서 포섭하는 존재다. 예컨대, 땅은 하나의 절대적 의미를 지니지 못하며, 그것을 바라보는 목적이나 관심사에 따라 다양한 의미로 나타난다. 누군

27. J. Dewey(1916). *Democracy and Education*. pp. 78-79.
28. J. Dewey(1896). The Reflex Arc Concept in Psychology. p. 107.
29. Ibid. p. 104.

가에게 땅은 지질학적 사실이요, 누군가에게는 광물학적 사실이며, 또 누군가에게는 역사학적 사료일 수 있다.[30] 이 점을 고려하면, 우리는 상당히 논리적 이해를 요구하는 과목에서조차 학습자의 다양한 심리적 스펙트럼을 외면할 수 없다. 따라서 교수학습의 상황은 자극과 반응, 작용과 반작용 식의 인과적 계열이 아니라, 낯선 자극과 대면하여 학습자 마음의 반응 경향성에 질적 변화가 일어나는 과정으로 볼 필요가 있다. 더 나아가, 학습자의 반응 경향성이 외적으로 표현된 행동이 바로 '습관'임을 고려하면, 우리는 현재 학습자가 보여주는 습관과 그 재구성에도 진지한 관심을 기울일 필요가 있을 것이다.

VI. 맺으며

이하, 본 역서에서 소개된 논문들은 듀이의 흥미론과 교육과정에 관한 논문 두 편과, 심리학적 관점을 나타낸 아홉 편의 논문이다. 중기 저작인 '실재는 실제적 성격을 소유하는가?'[1908], 후기 저작인 '미온적 자연주의'[1927]를 제외하곤 모두 초기 저작[1882-1898]에 해당한다. 듀이의 관점은 '이원론에 대한 투쟁'이라고 불리듯이, 주체와 객체, 심리와 논리, 영혼과 육체, 마음과 행위 등을 분리해서 보는 전통적 이원론을 부정한다. 이런 관점은 본문에서 살펴볼 그의 흥미 개념과 교육과정을 바라보는 안목은 물론이거니와, 그의 심리학적 관점에도 반영되어 있다. 듀이의 심리학 논문들이 일관되게 보여주는 바가 있다면, 그것은 심리학이 분리된 자극-반응의 관계를 연구하는 반사호 이론이나 '행동주의'가 아니라, 삶의 맥락 속에서 의식적 경험의 본질과 역동적 성장 과정을 해명

---

30. J. Dewey(1897). The Psychological Aspect of the School Curriculum. p. 169.

하는 삶과 경험의 논리라는 것이다. 듀이의 이러한 관점은 인간의 마음을 고립적 원소들의 집합체로 설명하려는 '원자론적 접근'과, 심리학의 범위를 상황과 무관한 내적 의식의 분석이나 탈맥락적 실험실 연구로 국한하려는 '심리학적 오류'를 비판하는 것이다.

이 책에서 번역된 논문들은 서던 일리노이Southern Illinois 대학교에서 발행한 듀이 전집J. A. Boydston(ed.), John Dewey, Carbondale and Edwardsville: Southern Illinois University Press.에 의거한 것이다. 각 장의 논문 주제에 부기附記한 저작 시기 약칭인 EWThe Early Works는 1882~1898년, MWThe Middle Works는 1899~1924년, LWThe Later Works는 1925~1953년의 저작을 말한다. 이 책에는 원전에 근거한 문단의 번호가 표시되어 있다. 이것은 원전과 번역본을 대조해서 볼 독자들을 위한 체제다. 또한 역자가 보기에 보충 설명이 필요하다고 생각되는 부분에 '역주'를 추가했다. 각주에 역주의 표기가 따로 없는 것은 저자의 원주原註임을 밝힌다. 아울러 각 장 앞부분에 제시된 요약문은 듀이의 논문을 이해하는 데에 조금이나마 도움이 되었으면 하는 바람에서 핵심 사항을 간추려본 것이다. 끝으로, 듀이의 반이원론적 심리학은 삶과 경험의 성장을 추구하는 그의 민주적 교육철학과 맞닿아 있기에, 이 책의 일독이 교육과 심리학과 철학 간에 존재하는 풍부하고도 역동적인 관련성을 재음미하는 계기가 되기를 바란다.

역자 해설   5

제1장 | 의지의 훈련과 관련된 흥미   27

제2장 | 학교 교육과정의 심리학적 측면   81

제3장 | 새로운 심리학   99

제4장 | 영혼과 육체   119

제5장 | 심리학적 관점   151

제6장 | 철학적 방법으로서의 심리학   183

제7장 | 환상적 심리학   219

제8장 | 심리학에서 반사호 개념   238

제9장 | 노력의 심리학   253

제10장 | 실재는 실제적 성격을 소유하는가?   273

제11장 | 미온적 자연주의   299

역자 후기   314

인명 색인   317
주제 색인   319

의지의 훈련과 관련된 흥미

Interest in Relation to Training of the Will, 1895: EW5. 113–150

■

이 글에서 듀이는 종래의 노력 이론과 흥미 이론의 문제점을 비판하고, 교육에서 진정한 흥미의 개념이 무엇인지, 그리고 흥미와 관련된 여러 개념 간의 관계를 어떻게 봐야 하는지 분석한다. 이어서 흥미에 관한 칸트I. Kant와 헤르바르트J. F. Herbart의 관점을 비판적으로 고찰하고 자신의 교육적 흥미의 원리를 제안한다. 노력 이론은 외적 노력만을 강조함으로써 아동의 능동적 경향성을 억압하고 '주의의 분산'을 일으킨다는 데에 문제가 있다. 반면, 흥미 이론은 흥미를 아동의 일시적 관심을 끄는 재밋거리로 봄으로써 정신적 힘의 낭비를 초래하는 데에 문제가 있다. 듀이에 의하면, 흥미는 항상 어떤 결과나 목적과 결부되어 있기에 '객관성'을 띠며 동시에 인간의 욕구와 관련된 감정적 측면도 지니고 있다. 이런 목적 실현의 욕구에 개입하는 심적 세력이 흥미이며 바로 이런 흥미가 정상적 의미의 노력을 불러일으킨다. (곧, 정상적 의미의 노력은 흥미와 대립적인 것이 아니라 상호 관계적인 것이다.) 듀이가 말하는 진정한 흥미의 원리는 자아와 대상 혹은 자아와 행위 노선과의 일체성을 인식하게 하는 데에 있다. 이것은 상황을 억지로 흥미 있게 만드는 것이 아니라, 아동이 관심을 갖는 사태가 교육적 의미를 지녀야 한다는 뜻이다.

들어가며

[1] 철학의 경우도 그렇거니와 교육에서 어떤 토론 주제를 따로 분리하여 다루는 데에는 대체로 동일한 난점이 따른다. 논의의 쟁점들은 상호 관련되어 있다. 그런 만큼 쟁점 중 어떤 하나만 딱 골라 다루는 것은 중요한 고려 사항을 간과할 위험성이 따를 뿐만 아니라, 정작 논의해야 할 문제를 다른 주제의 모습으로 둔갑시켜 논의의 핵심을 교묘히 회피할 위험성도 있다. 그런데 어떤 분야는 시공간적 한계로 인해 그 자체만으로 논의에 들어갈 필요가 있다. 이러한 여건하에서라면 대체로 누군가 할 수 있는 최대한의 일은, 적어도 관련 문제들에 주의를 기울일 만한 하나의 방법을 모색하고, 해당 주제에 대해 논의된 문제들 간의 주요한 관계성을 지적하는 일일 것이다. 특별히 이러한 난점은 흥미의 논의에서 중요하다. 흥미는 한편으로는 정서적 삶과 아주 밀접한 관련을 맺고 있으며, 다른 한편으로는 비록 동일한 것이라고는 할 수 없으나 주의와 밀접한 관계성으로 보면 지적 삶과도 아주 밀접한 관련을 맺고 있다. 그리하여 흥미에 대해 적합하게 설명하려면 감정과 지식, 그리고 양자의 상호관계에 대한 온전한 심리학의 전개는 물론, 감정과 지식이 의지와 맺는 연관성 여부에 대해서도 논의가 필요할 것이다.

[2] 따라서 나는 이 글에서 내게 핵심적 논점들로 보이는 것을 제시하고, 비록 나의 논의 결과가 동의를 얻지 못한다고 하더라도, 최소한 앞으로의 논의를 위해 문제를 명확히 하는 데에 일조하기 바랄 뿐이다.

[3] 어떤 중요한 교육적 원칙에 대해 동의를 예견한다는 것은 기분 좋은 일이지만, 아마도 더욱 바라는 것은 교육적 측면에서 시작함으로써 하나의 작업상의 합의에 도달하는 일일 것이다. 학교에서 흥미의 지위와 기능에 관한 어떤 일반적 원리를 규정할 수 있다면, 우리는 다소간 흥미의 심리학적 분석으로 나아갈 수 있는 확실한 기반을 갖추고 있는 셈이다. 어쨌든 우리는 심리학적 논의를 진행할 수 있도록 범위를 한정하고 논의의 경계도 확정할 것이다. 그리고 나서 흥미의 문제에 대한 역사적, 현재적 연구들 속에 가정되어 있는 몇몇 주요한 태도들에 대해 논의할 것이다. 끝으로 도덕적 훈련의 문제를 보다 명확히 강조하고, 교육 문제에 대한 심리학적 비판적 고찰에 따른 논의 결과로 돌아갈 것이다.

I. 흥미 대 노력: 하나의 교육적 소송

[4] 얼핏 보면 교육적 측면에서 흥미에 관한 작업상의 합의를 구하려는 소망은 쓸데없는 짓으로 보일 수 있다. 우리의 관심을 끄는 첫 번째 사항은 흥미의 문제에 관한 현재의 교육적 관념들과 표준들에 내재한 심각한 모순이다. 한편으로 우리는 흥미가 수업과 도덕적 훈련의 핵심 요소이며, 교사의 본질적 문제는 흥미 있는 자료를 제시함으로써 아동의 주의를 끌고 유지하는 데에 있다는 교의教義를 접한다. 다른 한편으로 우리는 내적 노력의 발휘야말로 참으로 교육적이라는 단언도 접한다. 후자의 입장에서 보면 흥미의 원리를 따른다는 것은 아동을 지적으로 빗나가게 하고 도덕적으로 무기력하게 만드는 것이다.

[5] 이러한 흥미 대 노력의 교육적 소송과 관련해 원고와 피고의 입장을 간략히 살펴보기로 하자. 흥미를 대변하는 입장에서는, 흥미가 주

의를 끄는 유일한 담보물이라고 주장한다. 만약 일단의 특정한 사실들이나 관념들에 있어 흥미를 보장할 수 있다면, 우리는 학생이 그런 사실들이나 관념들을 습득하는 데에 자신의 에너지를 집중한다고 온전히 확신할 수 있을 것이다. 또한 만약 어떤 도덕적 훈련이나 행위 노선에 있어 흥미를 보장할 수 있다면, 우리는 똑같이 안심하고 아동의 활동이 그와 같은 방향으로 반응한다고 추정할 수 있을 것이다. 흥미를 보장하지 못한다면, 그 어떤 경우이든 우리가 무엇을 해야 하는가에 관한 보호 수단이 없는 셈이다. 사실상 도야의 교조는 성공하지 못했다. 아동이 무슨 일을 할 때 온전한 흥미를 갖고 하거나 온 정성을 다해서 하지 않고 억지로 할 때 더욱 지성적이거나 정신적 도야를 할 수 있다고 가정한다면 터무니없는 것이다. 노력의 이론은 단지 마지못해 주의를 기울이는 것 unwilling attention이─곧 마음에 들지 않는 일을 마음에 들지 않는다는 이유로 하는 것─자발적으로 주의를 기울이는 것보다 우선권을 지녀야 한다고 말하고 있을 뿐이다.

[6] 실제로 노력 이론은 빈껍데기에 불과하다. 아이가 자기의 일을 하나의 과제라고 느낄 때 아이가 그 일에 몸담는 것은 오직 강요된 상태일 때 한해서다. 외부 압력이 최소한으로 완화되면 우리는 아이의 주의가 즉시 자기가 하고 싶은 일로 향하는 것을 발견하게 된다. 노력 이론에 의거해 양육된 아동은 단지 흥미 없는 교과에 매달릴 때 나타나는 놀라운 기능만을 획득할 뿐이며, 그의 진짜 마음과 에너지의 핵심은 그 밖의 다른 데로 쏠리게 된다. 아닌 게 아니라, 노력 이론은 자가당착自家撞着이다. 다소간의 흥미 없이 어떤 활동을 불러일으킨다는 것은 심리학적으로 불가능하다. 노력 이론은 단지 하나의 흥미를 다른 것으로 바꿔치기하는 것일 뿐이다. 노력 이론은 제시된 학습자료에 대한 순수한 흥미를 교사에 대한 두려움 혹은 장차 보답을 바라는 불순한 흥미로 바꿔치기한다. 그렇게 유도된 특성의 유형은 에머슨Emerson이 그의 '보상

Compensation'이라는 논문 첫머리에서 설명한 바 있다.[1] 그 논문에서 에머슨은 일반적 보상의 교조를 지지한다. 사실상 이 교조가 뜻하는 바는 이것이다. 즉, 당신이 현재 당신 자신을 희생시킬 수만 있다면 장차 더 많은 것을 누리게 될 것이며, 혹은 만약 당신이 현재 좋다고만 하면 (흥미 없는 것에 주의를 기울이는 데서 얻어지는 좋은 것),—당시로는 불유쾌할 수도 있지만—언젠가 당신은 미래에 다수의 유쾌한 흥미들을 가지게 될 수 있다는 것이다.

[7] 노력 이론은 항상 그 교육 방법의 결과로 우리에게 강하고 활력적인 품성을 내세우고 있지만, 실제로 우리는 이러한 품성을 얻지 못한다. 우리가 얻는 것은, 개인 자신이 미리 생각해 둔 목적과 믿음의 노선을 제외한다면 완고하고 무책임하며 고집불통의 편협한 인간, 아니면 둔감하고 기계적이며 기민하지 못한 품성일 뿐이다. 왜냐하면, 노력 이론에서는 자발적 흥미의 원리인 생동적 활력이 짓눌려 있기 때문이다.

[8] 이제 피고 측 입장에 귀를 기울여 보자. 흥미 이론에서 말하듯이, 삶은 재미있는 일로만 가득 차 있는 것이 아니다. 삶은 흥미가 없음에도 불구하고 직면해야 하는 일로 가득 차 있는 것이다. 끊임없는 요구가 발생하며, 흥미의 특질이 없는 상황도 대처해야 한다. 만약 누군가 이전에 재미없는 일에 몰두하는 훈련을 받지 못했다면, 또한 문제로부터 얻는 개인적 만족감과 별개로, 단지 문제에 주의를 기울여야만 하기 때문에 주의를 기울이는 습관이 형성되지 않았다면, 그의 인격은 분열되거나 좀 더 심각한 삶의 문제에 부딪혔을 때 문제를 회피하게 될지도 모를 일이다. 삶은 아주 심각한 것이어서 단순한 재밌거리로 전락할 수 없으며 개인적 흥미의 지속적인 만족으로 격하될 수도 없다. 그리하여 미래 삶의 관심사들로 인해 실제 삶의 노동을 인지하는 습관을 형성할 수

---

1. (역주) 에머슨(R. W. Emerson, 1803-1882): 미국의 시인, 사상가로서 개별적 인간성을 존중하며 이상주의적, 초월주의적 사상 경향을 보인다.

있도록 과제 수행에 있어 지속적 노력의 훈련이 필수 불가결하게 요청된다. 이와 같이 못 하면, 인격의 정신을 갉아먹고 개인을 묽고 흐릿한 존재로 전락시킬 것이다. 아니면, 타인에게 과도하게 의존하고 오락거리와 기분 풀이를 지속적으로 요구함으로써 개인을 도덕적 의존 상태에 빠뜨리고 말 것이다.

[9] 미래의 문제는 제쳐 놓더라도, 아동기에서조차 지속적으로 흥미의 원리에 기대는 것은 영원히 아이를 흥분시키는 것, 즉 아이를 어수선하게 만드는 꼴이 된다. 활동의 연속성이 파괴된다. 모든 것이 놀이요, 오락거리가 되고 만다. 이러한 상태는 과도한 흥분을 일으키며 결과적으로 에너지의 낭비를 초래한다. 행위에서 의지를 소환하는 일이 전혀 없다. 아이가 의존하는 것은 외부적 매혹물이나 오락거리다. 모든 것이 아이를 위한 사탕발림일 뿐이다. 그리하여 아이는 무엇이든 인위적으로 즐거운 여건으로 둘러싸인 것이 아니라면 곧바로 관심을 접는 것을 배우게 된다. 오직 자기가 좋아하는 것만 하는 버릇없는 아이spoiled child는 교육에서 흥미 이론의 불가피한 귀결이다.

[10] 흥미 이론은 도덕적 측면뿐 아니라 지적 측면에서도 해롭다. 흥미 이론은 본질적이고 중요한 사실에는 전혀 주의를 기울이지 않는다. 흥미 이론은 단지 아이를 둘러싼 매혹적 사실들의 포장에만 경도傾倒되어 있다. 어떤 사실이 불쾌하거나 재미없는 것이라고 하더라도, 그것은 조만간 그 특징 그대로 아이와 대면해야 할 것이다. 사실의 주변에 일단의 가공적 흥미를 얹어놓는 것은 아이로 하여금 처음 상태보다 오히려 사실로부터 더 멀어지게 만든다. "2 더하기 2는 4가 된다"라는 사실은 그 자체로 숙달되어야 할 있는 그대로의 사실일 뿐이다. 수적 사실에다가 새나 민들레에 관한 재미있는 이야기를 덧붙이도록 했을 때 아이가 획득할 수 있는 사실은 단순히 있는 그대로의 사실을 제시했을 때보다도 오히려 더 적어진다. 이 경우 아이가 수적 관계들에 대해 흥미를 갖

게 된다고 가정하는 것은 자기기만이다. 아이의 주의는 수적 관계에서 빠져나와, 오직 그 관계와 연상되는 이미지를 즐기는 쪽으로만 나아간다. 그리하여 흥미 이론은 그 자체의 목적을 이루지 못한다. 어떤 사실들은 거의 흥미가 없거나 전혀 흥미가 없어도 배워야 한다. 그리고 그런 사실들을 다루는 유일한 방식은 일체의 외적 유인誘因과 전적으로 무관하게 활동을 해내는 내적 능력, 곧 노력하는 데에 있다. 처음부터 이러한 점을 인식하게 하는 것이 좀 더 직접적이고 솔직한 것이다. 더 나아가, 이런 식으로 중대한 문제들에 대해 대응 훈련을 하고 습관을 들이는 것은 아이로 하여금 그의 앞에 놓인 삶을 대비하기 위해서도 필요한 일이다.

판결

[11] 앞서 살펴본 대로, 나는 흥미 이론과 노력 이론 양측의 주장을 현재적 논의뿐만 아니라, 고대 플라톤과 아리스토텔레스처럼 오래된 논쟁으로 설명하고자 했다. 조금만 생각해 보더라도, 양측 주장의 요지는 자기의 입장을 옹호하기 위해 말하는 것이라기보다는, 반대쪽 이론의 약점을 공격하고 있다는 것을 알 수 있다. 두 이론은 반대쪽 이론의 입장보다 반대쪽 이론의 부정에 강한 것이다. 다소간 놀라울지 몰라도 두 이론 간에는 하나의 공통된 사실이 있다. 즉, 외견상 전적으로 상호 극단적 대립을 보이는 두 이론의 기저에는, 전반적으로 부지불식간에 가정된 하나의 공통된 원리가 깔려 있는 것이다. 그것은 이미 말한 바 있듯이 노력 이론과 흥미 이론이 일방적 형식으로 전제하는 것이다.

[12] 그 동일한 가정이 무엇인가 하면 터득해야 할 대상이나 관념, 도달해야 할 결과, 수행해야 할 행위가 자아 밖에 존재한다는 것이다. 재미있게 '해야' 한다는 것, 그리고 인위적 자극이나 주의를 끄는 가공적 유인물誘引物로 아이를 둘러싸야 한다는 생각은, 바로 대상이나 목적이

자아의 밖에 있다고 가정하기 때문에 나온 것이다. 또한 흥미 없이 노력하는 것, 곧 순전한 '의지'의 힘에 호소해야 한다는 생각도 흥미 이론과 똑같이 대상이 자아의 영역 밖에 존재한다고 가정하기 때문에 나온 것이다. 흥미의 진짜 원리는 자아와 사실 또는 자아와 제안된 행위 노선과의 일체성을 인식하는 데 있다. 곧, 흥미의 원리는 행위자 자신의 성장 방향에 있다는 것, 그리하여 만약 행위자가 그 자신이라면 흥미의 원리는 절실하게 요청된다는 것이다. 일단 이런 일체화의 조건이 확보된다고 해보자. 그렇게 되면 우리는 순전한 의지의 힘에 호소할 필요도 없고, 아이에게 재미있는 사태를 꾸미는 일에 종사할 필요도 없다.

주의의 분산

[13] 이미 언급한 바와 같이, 노력 이론은 사실상 주의의 분할을 일으키고 부수적으로는 지적, 도덕적 면에서 인격의 분열을 초래한다. 소위 노력 이론의 중대한 오류는 의지의 연습과 훈련을 모종의 외적 활동들이나 외적 결과들과 동일시한다는 데에 있다. 노력 이론에서는 아이가 어떤 외부적 과제에 몰입하기 때문에, 또 필요한 결과물을 내는 데에 성공하기 때문에 아이가 실지로 의지를 발휘하고 있으며, 또한 명확히 지적이고 도덕적인 습관들을 형성하는 과정에 있다고 가정한다. 그러나 사실상 의지의 도덕적 연습은 어떤 태도에 대한 외적 추정으로 알 수 있는 것이 아니다. 또한 도덕적 습관의 형성도 다른 사람의 요구에 응해 결과를 보여주는 능력과 동일시될 수 없다. 의지의 연습은 주의를 두는 방향에서 명백히 드러나며, 동시에 일이 수행되는 동안 일어나는 정신, 동기, 성향에 따라 좌우된다.

[14] 외견상 한 아이는 곱셈 구구단을 익히는 데에 전적으로 몰두한다고 보일 수 있다. 아이는 교사가 요구하면 곱셈 구구단을 그대로 재현할 수 있는 것이다. 교사는 아이가 의지력을 잘 연마하여 올바른 지적,

도덕적 습관을 형성했다고 자축自祝할지도 모른다. 그런데 교사의 요구에 따라 어떤 결과를 보여주는 능력이 도덕적 습관과 동일한 것이 아니라면 형편은 달라진다. 아이가 내적으로 몰두하는 것이 무엇인지, 또한 그 일을 하는 동안 아이에게 일어나는 주의, 감정, 성향의 주된 방향성이 무엇인지 알 때 비로소 도덕적 훈련에 관한 문제를 다룰 수 있다. 만약 일이 그저 하나의 과제로만 다가온다면, 물리학적으로 작용, 반작용의 법칙이 그러하듯이 심리학적으로 아이는 단지 주의 분산의 습관을 얻는 일에 종사하는 것이 틀림없다. 즉, 아이는 자기 앞에 놓인 사물들을 자신의 기억 속에 각인刻印시키는 방식으로 눈과 귀, 입술과 입을 유도하는 능력을 획득하고 있으며, 동시에 진짜 관심거리가 되는 문제들에 대해서는 자유롭게 자신의 정신적 심상心象을 가동하는 것이다.

[15] 만약 교육을 받는 동안 아이에게 일어나는 주의의 분산을 알지 못한다면, 또한 그러한 분산의 도덕적 가치가 무엇인가 하는 문제를 직시하지 못한다면, 실제로 도덕적 훈련을 보장한다는 어떤 해명도 적합지 않을 것이다. 하나의 과제를 그야말로 과제로만 인식하는 외적 기계적 주의는 내적으로 쾌락의 노선을 따라 마구잡이로 일어나는 다른 생각과 불가피한 상관관계를 맺는다.

[16] 아이의 자발적 힘과 아이 자신의 충동을 실현하려는 요구는 도저히 억압될 수 없다. 만약 외적 조건이 아이가 해야 할 일에 자발적 활동을 투입할 수 없는 조건이라면, 또한 아이가 그 조건에서 자신을 표현할 수 없다는 것을 알게 된다면, 아이는 자신의 마음에 와 닿는 상상의 노선을 실행할 정신적 힘의 여분을 남겨두면서, 다른 한편으로는 아주 놀랄 만한 방식으로 교사의 요구를 만족시키기 위해 외부 학습자료에 정확히 요구된 만큼의 주의를 기울이는 법을 배우게 된다. 물론 이런 외적 주의의 습관들을 형성하는 데 도덕적 훈련이 전혀 수반되지 않는다고 말할 수 없다. 다만 내가 진정 말하고자 하는 바는, 내적 부주의不注意의

습관 형성에 관련된 한 가지 도덕적 의미의 질문이 야기된다는 데 있다.

[17] 학생이 자기에게 요구된 학과를 재생하는 능력을 보고, 우리는 학생이 잘 훈련된 습관을 획득했다고 자축한다. 그런데 그렇게 자축하는 동안, 우리는 우리 자신을 불쌍히 여기는 데까지는 생각이 미치지 못한다. 왜냐하면, 아동의 심층적인 지적, 도덕적 본성이 무조건 도야를 보장하는 것이 아닐뿐더러, 아이로 하여금 자신의 일시적 기분이나 순간적 또는 과거의 경험이 주는 무질서한 암시들을 따르도록 방치했기 때문이다. 이런 내적 심상의 훈련이 적어도 어떤 외적 행위 습관을 발달시키는 것과 똑같이 중요하다는 점은 그 누구라도 부인할 수 없을 것이다. 내가 보기에 이 문제는 실제적 유용성의 문제가 아니라, 액면 그대로 도덕적 문제로 대두될 때 대단히 중요한 의미를 띤다고 생각한다. 현재 엄청난 학교 과제에 조금이나마 익숙한 사람이라면 누구든지 학생들 대다수가 서서히 주의 분산의 습관을 키워나가고 있다는 사실을 부정할 수 없을 것이다. 만약 교사가 능숙하고 빈틈없는 사람이라면, 또한 교사가 이른바 훌륭한 단련주의자라면, 아동은 실로 자신의 감각을 특정한 방면으로 집중하는 법은 물론, 유익한 심상을 이끌어가는 법도 배울 수 있을 것이다. 유익한 심상은 아동의 감각 앞에 놓인 사물의 가치를 전적으로 다른 방향으로 구성한다. 우리의 학교를 그만둔 대다수 학생의 실제 심리적 조건을 직면해야 한다는 것은 썩 기분 좋은 일은 아닐 것이다. 우리는 주의의 분산과 그에 뒤따른 분열이 아주 심한 것을 아는 만큼, 진짜 싫증이 나서 가르치는 일을 그만둘지도 모를 일이다. 그럼에도 불구하고, 우리가 알아두면 좋을 일은 이런 주의 분산의 사태가 존재한다는 것, 그리고 주의의 본질은 알려고 하지 않은 채 주의의 시늉만 요구하는 것은 바로 그런 분산의 조건을 낳는 불가피한 결과라는 것이다.

사태를 흥미 있게 만든다는 것

[18] 사물과 관념을 흥미 있게 만든다는 원리는 '노력' 이론에서 드러난 것과 동일하게 자아와 대상 간의 불일치를 함의하고 있다. 사태를 흥미 있게 '만들어야' 한다고 하는데, 그 까닭은 흥미 자체가 필요하기 때문이라는 것이다. 더욱이 이러한 어법은 오기誤記이기도 하다. 지금 흥미가 없는 사물이나 대상은 이전에도 흥미가 없었던 것이다. 단지 아이의 쾌락을 사랑하는 마음에 호소하고 있을 뿐이다. 다른 방법으로는 아이가 싫어했을 법한 것을 어떻게 해서든 흥분 상태에서 동화할 수 있을 것이라는 기대하에 아이는 특정한 방향으로 자극을 받는다. 쾌락에는 두 가지 유형이 있다. 하나는 활동이 수반된 것이다. 이런 쾌락은 자기 표현이 있는 곳에는 어디서든지 발견된다. 그것은 단순히 밖으로 나가려는 에너지의 내적 실현일 뿐이다. 이런 부류의 쾌락은 항상 활동 자체에 스며들어 있으며, 의식상으로도 분리된 존재가 아니다. 이것이 정당한 흥미에서 발견되는 쾌락의 유형이다. 이런 쾌락의 자극은 유기체의 필요에서 발견된다. 다른 부류의 쾌락은 접촉에서 비롯된 것이다. 접촉은 수용성受容性을 띤다. 접촉의 자극들은 외적인 것이다. 우리는 흥미를 가지며 그 결과로 쾌락을 얻는다. 외적 자극으로부터 일어난 쾌락의 유형은 고립적이다. 이런 쾌락은 활동의 즐거움이 아니라 의식 속의 쾌락으로만 존재할 뿐이다.

[19] 대상을 흥미 있게 만든다고 할 때 작동하는 것이 위의 두 번째 부류의 쾌락이다. 이 경우 이점은 신체 기관의 자극이 얼마간의 만족감을 준다는 사실에 있다. 여기서 발생한 쾌락은 그 자체로 흥미를 일으킬 수 없는, 어떤 사실과 자아 사이의 간격을 메우는 데에 쓰이게 된다.

에너지의 분할

[20] 여기서 따라 나오는 결과는 또한 에너지의 분할이다. 마음에 내

키지 않는 노력을 할 경우 에너지의 분할이 동시에 일어난다. 이 경우 에너지의 분할은 연속적이다. 기계적인 외적 활동을 하는 동시에 마구잡이식 내적 활동을 하는 것이 아니라 흥분과 무관심 사이를 왔다 갔다 하는 일이 벌어지는 것이다. 아이는 과도한 자극과 무기력의 시간을 번갈아 오가게 된다. 이런 양상이 소위 몇몇 유치원에서 현실화되고 있다. 더군다나, 눈이나 귀와 같은 특수한 신체 기관 자체의 흥분은 그와 같은 자극의 지속적 요구를 일으킨다. 맛의 욕구와 마찬가지로, 유쾌한 자극을 바라는 눈, 귀 쪽의 욕구를 일으키는 것도 가능하다. 마치 술꾼이 술잔에 의존하듯이 몇몇 유치원의 아동들은 주기적으로 되풀이되는 밝은 색깔이나 듣기 좋은 소리에 의존하고 있다. 바로 이 점이 앞서 유치원 아동들의 특징인 에너지의 분열과 분산의 이유, 그리고 아동들이 외적 암시에 의존하는 이유를 설명해 준다.

요약

[21] 좀 더 구체적인 심리학적 분석으로 들어가기 전에 이제까지 논의는 다음과 같이 요약할 수 있다: 교육에서 참된 흥미는 행위를 통해 자아와 대상 또는 자아와 관념의 일체화를 수반하는 것이다. 왜냐하면, 자기표현을 지속하는 데에는 대상이나 관념이 필연적으로 요구되기 때문이다. 흥미와 대립하는 의미에서 노력이란 자아와 습득해야 할 사실 또는 수행해야 할 과제 간에 분리를 함의하고 있어서 습관적 활동들의 분할을 일으킨다. 외적으로 우리는 정신적 목적이나 정신적 가치가 없는 기계적 습성을 갖게 된다. 내적으로 우리는 행위에 초점을 맞추지 못하기 때문에, 목적성이 전혀 없는 일련의 관념들인 마구잡이식 에너지라든가 종잡을 수 없는 마음을 갖게 된다. 노력과 대립하는 의미에서 흥미란 단지 쾌락을 주는 감각기관의 흥분을 뜻할 뿐이어서 한편으로는 정신적 긴장을, 다른 한편으로는 맥 풀린 상태만을 초래할 뿐이다.

[22] 그러나 발달을 위해 행동을 필요로 하는 모종의 긴요한 능력들이 아동 내부에 있다는 것을 인정하고 그 능력들 자체의 충분한 효율성과 도야를 보장하고자 한다면, 우리는 그 능력들을 키워나갈 수 있는 견고한 기초를 가지게 된 셈이다. 정상적으로 보면, 노력은 이들 능력에 충분한 실행력을 제공하려는 시도에서 일어나며 그 결과로 성장과 완성을 가져온다. 이러한 추진력을 충분히 발휘하기 위해서는 진지함과 몰두, 목적의 명확성을 필요로 하며, 결과적으로 가치 있는 목적의 도움으로 견실하고도 지속적인 습관을 형성하게 된다. 그러나 이러한 노력은 결코 고된 노동이나 단순히 필사적 노력만 하는 힘든 일로 퇴화退化하지 않는다. 왜냐하면, 거기에는 철두철미 자아가 관련된 흥미가 머물고 있기 때문이다.

II. 흥미의 심리학

[23] 이제 두 번째 주제인 흥미의 심리학을 다룰 차례다. 명백히 앞서 본 교육적 논의로 미루어보아 우리가 특히 밝힐 필요가 있는 논점은 한편으로는 흥미가 욕구나 쾌락과 맺는 관계며, 다른 한편으로는 관념이나 노력과 맺는 관계다.

[24] 흥미에 대한 간략한 기술적記述的 설명부터 시작해 보자. 첫째, 흥미는 능동적이고 주관을 투영한 혹은 추진력이 있는[2] 것이다. 우리는 흥미를 갖는다. 어떤 문제에 흥미가 있다는 것은 능동적으로 그것에 관심을 두고 있다는 뜻이다. 하나의 학과에 관한 단순한 감정은 정태적이거나 무기력할 수 있지만, 흥미는 그와 달리 역동적인 것이다. 둘째, 흥미는 객관적이다. 우리는 어떤 사람이 무엇인가 좋아하거나 주의를 기울이는 다양한 흥미를 갖고 있다고 말한다. 우리는 한 사람의 흥미의 범위,

---

2. 원문: active, projective, or propulsive.

사업에 대한 관심이나 지역적 관심사 등에 대해 말한다. 이것은 흥미를 관심사나 개인적 일과 동일시하는 것이다.[3] 흥미는 단순한 느낌과 같이 그 자체로 끝나고 마는 것이 아니라, 항상 어떤 대상이나 결과 또는 목적과 결부되어 있다. 셋째, 흥미는 주관적이다. 흥미는 어떤 '내적' 가치 또는 느낌의 실현을 나타낸다. 흥미는 능동적이고 객관적 측면뿐만 아니라 감정적 측면도 지니고 있다. 흥미가 있는 곳은 어디서든지 느낌이라는 면에서 반응이 존재한다.

[25] 이상 말한 것이 상식적으로 흥미라는 말을 쓰는 다양한 의미들이다. 흥미라는 말의 근본적 아이디어는 어떤 활동이 가치 있다고 보기 때문에 거기에 종사하고 몰두하거나 온전히 전념하는 것이라고 생각된다. 흥미의 어원인 'inter-esse', 즉 "사이에 있다to be between"는 것은 동일한 방향을 가리킨다. 흥미는 개인과 학습자료와 그의 행위 결과 간에 존재하는 거리를 없애는 특징을 띤다. 즉, 흥미는 삼자가 유기적 결합을 하는 데에 영향을 주는 수단인 셈이다.[4] 이제 이 세 가지 측면 각각을 좀 더 세밀히 살펴보기로 하자.

흥미의 추진력의 국면

[26] 1) 흥미의 능동적 혹은 추진력의 국면은 충동과 자발적 활동의

---

3. (역주) 교육학에서 'interest'는 주로 '흥미'로 번역되지만, '이익'이라든가 '관심'의 의미도 지닌다. 여기서 'interest'는 문맥에 따라 '관심'으로 번역하기도 했다. 흥미 개념과 관련, 영국의 교육철학자 피터스(Peters)가 구분한 심리적 흥미(psychological interest)와 규범적 흥미(normative interest)의 의미는 주목할 만하다. 전자가 아동이 즉각적으로 재미를 느끼는 흥미라면, 후자는 어른이나 교사가 보기에 장차 아동에게 '이익'이 될 만한, 교육적으로 바람직한 흥미를 말한다(Peters(1966). *Ethics and Education*. London: George Allen & Unwin.; 이홍우(역)(1984). 『윤리학과 교육』. 서울: 교육과학사. 168-172쪽 참조). 그런데 듀이의 관점에서 보면, 이 두 흥미는 개념상으로만 구분될 뿐, 사실상 분리된 것이 아니다. 왜냐하면, 두 흥미는 필연적으로 서로 의존관계를 맺으며 경험을 발전시키는 추진력으로 작용하기 때문이다. 피터스와 듀이의 흥미 구분과 교육적 의미에 대해서는 졸고(2008). '듀이의 흥미 개념 재이해와 그 교육적 함의'. 『교육철학』. 42. 한국교육철학학회. 7-28쪽 참조.

긴급성이나 경향성을 다시 숙고하게 해준다. 여기서 무조건적으로 확산되는 공평한 충동과 같은 것은 없다. 충동은 항상 다소간은 특수한 경로를 따라 분화된다. 충동은 그 자체의 특수한 방출放出의 노선을 가지고 있다. 두 건초더미 사이에 끼인 당나귀에 관한 오래된 수수께끼는 너무도 친숙한 이야기지만, 그 근본적 오류가 무엇인지는 그리 일반적으로 알려져 있지 않다. 만약 자아가 외부로부터 자극을 기다리는, 순전히 수동적이거나 중립적인 존재라면, 위 가상의 예에서 드러난 자아는 두 음식 재료 간의 균형 때문에 영원히 어찌할 바를 몰라 하다가 굶어 죽고 말 것이다. 여기서 오류는 내적 균형의 조건을 전제한다는 데에 있다. 자아는 항상 무엇인가를 이미 하고 있으며, 긴급히 요구되는 일에 열중하고 있다. 이렇게 진행되는 활동은 항상 자아에게 다른 쪽을 제치고 어느 한쪽으로 기우는 경향성을 제공한다. 다시 말하면, 당나귀는 항상 저쪽 건초더미보다 이쪽 건초더미로 이미 움직이고 있다. 당나귀가 아무리 물리적 사시斜視라 할지라도, 양쪽 건초더미로부터 동등한 자극을 받는 상태에 놓일 만한 그런 정신적 사시를 일으킬 수 없다.

[27] 이렇듯 자발적 충동에 따른 활동이라는 원초적 조건에서 보면, 우리는 자연적 흥미의 기초를 갖추고 있는 것이다. 흥미는 충동도 아니며, 그렇다고 해서 빈둥거리면서 수동적으로 외부 자극을 받기 기다리는 것도 아니다. 만약 조금이라도 정신적으로 깨어있다면, 우리는 선택적 혹은 선호하는 충동의 질적 특성으로 인해 특정 시간에 항상 다른

---

4. 사실상 '흥미'라는 용어는 명백히 비난조의 의미로 쓰이기도 한다. 흥미를 원칙과 대립하는 것으로 말하기도 하고, 또 자아의 흥미를 오직 당사자의 사적 이익만을 고려하는 행위의 동기라고 말하기도 한다. 그러나 이런 비난조의 말들이 흥미의 용어를 쓰는 유일한 의미도, 지배적 의미도 아니다. 흥미에 대한 비난이 흥미의 온당한 의미를 협소화하거나 평가절하하는 것이 아닌가 하는 의문은 얼마든지 제기될 수 있다. 어쨌든 내가 보기에 확실히 흥미라는 말의 도덕적 사용을 놓고 벌어진 대다수의 논쟁은, 한쪽에서는 그 말을 가치의 승인이나 활동에의 몰두라는 확대된 객관적 의미로 쓰는 데에 비해, 다른 쪽에서는 이기적 동기에 상응하는 의미로 쓰기 때문에 야기된 것이다.

쪽보다 어느 한쪽에 관심을 둔다는 것을 사실적 근거를 통해 알고 있다. 전적으로 흥미가 결여된 조건이라든가, 절대적으로 공정하게 분배된 흥미의 조건이란 학교 윤리학의 당나귀 이야기에서나 나오는 신화에 불과한 것이다.

[28] 이와 동등하게 범하는 중대한 오류는 흔히 충동과 자아 사이에 다소간의 균열이 있다고 가정하는 것이다. 충동에 대해서는 마치 자아를 이쪽, 저쪽으로 흔드는 힘이 있는 것처럼 말하고, 또 자아에 대해서는 충동의 압력에 의해 움직이기를 기다리는 중립적이고 수동적인 존재인 것처럼 말하는 것이다. 사실상 충동이란 단지 한 방향 또는 다른 방향으로 나아가는 자아의 추진력 혹은 외향적 힘일 뿐이다. 지금 이러한 논점을 말하는 까닭은 충동과 흥미의 연관성이 아주 밀접한 만큼 현재 충동이 자아의 밖에 있다는 일체의 가정은, 추후엔 흥미가 활동을 일으키는 대상에 자아가 몰입된 활동이 아니라, 자아에 대한 외적 동기나 유인誘因의 특성을 띤다는 그런 가정으로 나타날 것이 뻔하기 때문이다.

흥미의 객관적 측면

[29] 이미 언급한 바와 같이, 모든 흥미는 그 자체로 하나의 대상과 밀착되어 있다. 가령, 화가는 자신이 쓰는 붓과 색상과 그림 기법에 관심을 가지며, 사업가는 시장의 흐름 속에서 수요와 공급의 움직임에 관심을 가진다, 등. 어떤 흥미의 예이든 우리가 선택한 흥미를 고려해 보라. 관심이 몰리는 대상 요인을 제외한다면, 흥미 자체는 사라지고 단순히 주관적 감정에 다시 빠지고 만다는 사실을 알 수 있을 것이다.

[30] 오류를 범하는 것은 대상이 이미 거기에 있다고 가정하고 그다음 활동이 일어난다고 보는 데서 시작된다. 예컨대, 캔버스, 붓, 물감은 오직 그 재료들이 화가의 현재 예술적 능력을 발견하도록 돕기 때문에 그의 관심을 끈다. 한 개의 차바퀴나 한 줄의 끈은 그것들이 이미 활동

적인 어떤 본능이나 충동을 자극하여 그 실행 수단을 제공하는 경우를 제외한다면 아동의 활동을 불러일으킬 만한 것이 못 된다. '12'라는 숫자는 있는 그대로 외부적 사실에 불과할 때는 흥미를 끌지 못한다. '12'라는 숫자는 (자동차 지붕이나 외바퀴 손수레 혹은 장난감 자동차가 흥미를 끌 때와 꼭 마찬가지로) 상자를 만든다거나 키를 잰다거나 할 때 등과 같이, 무엇인가 꿈틀거리기 시작한 에너지나 욕구를 실현하는 도구로 나타날 때 흥미를 끌게 된다. 정도의 차이는 있겠지만 과학적, 역사적 지식과 같은 아주 전문적인 분야에서도 정확히 이와 동일한 원리가 견지된다.—어떤 지식이건 정신적 운동을 촉진하거나 도와주는 것이라면, 그것은 필연적으로 본질적 흥미다.

흥미의 감정적 국면

[31] 이제 흥미의 감정적 국면 차례다. 가치는 객관적일 뿐만 아니라 주관적이기도 하다. 즉, 귀중하고 가치 있다고 추정한 사물만 있는 것이 아니라, 그것이 가치 있다는 느낌도 존재하는 것이다. 말할 필요도 없이 느낌을 규정하기는 불가능하다. 단지 우리가 말할 수 있는 것은, 느낌은 순전히 가치에 대한 개별적 의식이라는 것, 따라서 흥미가 있는 데에는 어디서든 내적 가치의 인식이 있음을 인정할 수 있다는 것이다.

[32] 따라서 흥미의 심리학의 요지는 다음과 같이 말할 수 있다: 흥미는 원천적으로 자기표현 활동의 형식, 즉 발생적 경향성의 작용을 통해 일어나는 성장의 형식이다. 만약 이런 활동을 표현의 내용 면, 곧 행한 일의 측면에서 검토한다면, 우리는 활동의 객관적 특징, 관념, 대상 등을 알아낼 수 있을 것이다. 이런 활동에는 흥미가 결부되어 있고, 또 이런 활동 주변에는 흥미가 군집群集해 있다. 만약 자아가 이러한 활동 내용에서 그 자신을 발견하고 자아 자체를 투영한 것이 바로 자기표현임을 고려한다면, 우리는 흥미의 감정적 혹은 느낌의 측면을 파악한 것

이다. 그러므로 참된 흥미의 설명이 되려면, 흥미를 지적 내용으로 파악하면서도 동시에 느낀 가치를 반영하는 외향적 활동으로 파악하는 것이어야 한다.

간접적 흥미 대 직접적 흥미-작업 대 노동

[33] 자기표현이 직접적이고 즉시적인 경우가 있다. 이 경우 자기표현은 표현 그 이상의 것을 생각해 제시한 것이 아니다. 현재의 활동이야말로 의식에 있어 유일한 궁극점이다. 현재의 활동은 활동 자체만으로 충분하다. 활동의 목적은 다른 것이 아니라 현재의 활동일 뿐이며, 그리하여 수단과 목적 사이에 어떤 시공간적 간격도 없다. 모든 놀이는 이러한 즉시적 성격을 지닌 것이다. 모든 순수한 심미적 감상도 이런 유형에 가깝다. 현재의 경험은 그 자체로 우리에게 유효하다. 우리는 현재의 경험에 대해 경험 자체를 넘어선 것을 주문하지 않는다. 아동과 공, 아마추어와 교향곡 듣기의 경우와 같이 직접적인 것에 마음이 쏠린다. 활동의 가치는 그곳에 있다. 직접적으로 현존하는 것 바로 거기에 있는 것이다.

[34] 원한다면 우리는 흥미가 감각적으로 현존하는 사물에 있다고 말할 수도 있을 것이다. 그렇지만 이 말을 어떻게 해석하는가는 주의해야 한다. 사물이란 당시 활동 '중인' 경우를 제외하곤 의식적으로 존재하는 것이 아니다. 아이에게는 공이 게임이며, 게임이 아이의 공이다. 흥미가 즉시적이거나 심미적인 한, 음악을 열중해서 듣는 경우를 제외하곤 음악이 실재하는 것은 아니다. 흔히 주의를 끄는 것이 사물이고 사물이 지닌 고유한 질적 특성이 그 자체로 흥미를 불러일으킨다고 말한다. 그러나 이것은 심리학적으로 불가능한 말이다. 아이의 관심을 끄는 빛나는 색깔, 듣기 좋은 소리는 그 자체가 아이의 유기적 활동의 국면이다. 아이가 색깔에 주의를 기울인다고 말하는 것은 아이가 외부 사물에 넋을 놓고 있다는 것을 의미하지 않는다. 어느 편인가 하면, 아이는 그

런 색깔을 초래하는 활동을 계속하는 것이다. 아이 자신의 활동이 그의 마음을 빼앗으므로 그 활동을 지속하려고 애쓰는 것이다.

[35] 다른 한편으로는 간접적으로 전이된 흥미, 전문적 용어로는 매개된 흥미의 예들이 있다.[5] 말하자면, 그 자체로 중립적이거나 심지어 혐오감을 주던 사물들이 이전에 의식하지 못한 관계성과 연관성을 드러내기 때문에 종종 흥미로운 것이 되기도 한다. 대다수 학생은 한때 싫었던 수학 이론이 이른바 실제적 조립을 하는, 어떤 공학 기술의 형식을 배우는 데에 필요한 도구가 된다는 것을 알았을 때 수학 이론이 대단한 관심거리로 드러나는 것을 알게 된다. 아이에게 악보나 운지법의 기술은 그 자체가 목적으로 제시되거나 다른 일과 격리될 때는 흥밋거리가 되지 못한다. 악보와 운지법의 기술이 자신의 노래 사랑에 있어 더욱 좋고 더욱 풍부한 표현을 하도록 돕는 데 그 역할과 의미가 있음을 깨달을 때 아이에게는 매혹적인 것이 된다. 아이에게 호소력이 있는가, 없는가 하는 것은 모두 관계성의 문제다. 어린아이는 사물을 오직 가까이서만 보다가, 나이가 들면서 범위를 확장하여 하나의 행위나 사물이나 사실을 그 자체로서가 아니라, 더욱 확대된 전체의 일부로서의 가치를 지닌 것으로 볼 수 있게 된다. 만약 이러한 확대된 전체가 아이와 관계가 있고 아이 자신의 움직임 중 한 양상이라면, 그때는 전체에 속한 상세한 사항들도 또한 아이의 흥미를 끌 것이다.

[36] 여기서, 오직 여기서만 우리는 "사태를 흥미롭게 만든다."는 관념의 실상을 접하게 된다. 축어적逐語的으로 보더라도, '먼저' 교과를 선택하고 '그다음' 교사가 교과를 흥미롭게 만들어야 한다는 몇몇 흥미 반대자들의 단언만큼 혼란스러운 교조는 없다. 이러한 단언은 그 자체로 완전한 두 가지 오류를 합작해 낸다. 한편으로 그러한 단언은 교과의 선택

---

5. (역주) 여기서 'mediated interest'를 '매개된 흥미'로 번역했으나, '직접적 흥미(direct experience)'와 대조해서는 '간접적 흥미'로 번역했다.

을 흥미의 문제와 ─ 곧, 아동 자신의 자연스러운 긴급한 요구나 필요의 문제와 ─ 전적으로 무관한 것으로 만들어버린다. 또한 그러한 단언은 한술 더 떠서 교수 방법이란 것을 무엇인가 관심을 끌 수 있도록, 서로 관련 없는 학습자료들에 그럴듯한 옷을 입히는, 다소간 피상적이고 인위적인 장치로 격하해 버린다. 사실상 "사태를 흥미롭게 만든다."는 원리는, 아동의 현재 경험과 능력, 그리고 필요와 관련하여 교과를 선택할 수 있어야 한다는 것, 동시에 (아동이 그러한 관련성을 인지하거나 알아채지 못할 경우에는) 교사는 아동으로 하여금 교과가 자신에게 주는 의미와 관계성, 그리고 그 필요성을 잘 이해할 수 있도록 새로운 학습자료를 제시할 수 있어야 한다는 뜻을 담고 있다. "사태를 흥미롭게 만든다"는 관념에서 자기편이든, 반대편이든 관계없이 너무도 흔히 왜곡된 실상을 만들어낸 것은, 이처럼 아동을 새로운 학습자료에 대한 의식으로 이끌고 간다는 생각을 둘러싸고 일어난 것이다.

[37] 다시 말하면 문제는 주의를 끌기 위한 하나의 동인動因으로 제공된 것이 아동과 어느 정도 본질적 연관성이 있는가 하는 것이다. 아동에게 지리 교과를 좀 더 낫게 암송하지 못하면 수업 후 학교에 남기겠다고 말하는 교사는 간접적 흥미의 심리학에 호소하고 있는 셈이다.[6] 그릇된 라틴어 음절에 손가락 관절을 톡톡 치는 이전의 영국식 방법은 라틴어의 복잡한 사항들에 관심을 불러일으키는 한 가지 방식이다. 아동에게 미끼를 던진다거나, 교사가 애정의 기미를 보여준다거나, 다음 급수로의 승급이나 돈 벌 능력을 제시한다거나, 혹은 사회에서 어떤 자리를 잡게 해준다거나 하는 것은 관심을 불러일으키는 또 다른 방식들이다. 이

---

6. 나는 마치 흥미와 대립한 '도야'의 효과성을 입증하는 것처럼, 학교 수업 후 남겨진 아이가 종종 전에는 몰랐던 대수와 문법에 흥미를 갖게 되었다고 아주 진지하게 주장하는 것을 들은 바 있다. 말할 필요도 없이, 사실상 아이에게 제공되는 여가 시간이 많을수록, 또한 개별적으로 제공되는 설명의 기회가 많을수록, 아이의 마음속에서 학습자료가 적합한 관계성을 맺는 데, 즉 아이가 학습자료를 '이해하는 데' 도움을 준다.

러한 것들은 전이된 흥미의 사례들이다. 전이된 흥미들을 판단하는 준거는 바로 다음과 같은 것들이다. 즉, 하나의 흥미가 외적으로 얼마만큼 다른 흥미와 결부되어 있는가? 혹은 하나의 흥미가 얼마만큼 다른 흥미로 대체될 수 있는가? 새로운 유인, 새로운 동인이 어느 정도로 이전에는 흥미가 없었던 학습자료를 해석하고 명료히 하며 '관련을 짓는' 데에 도움을 주는가? 이러한 문제는 다시 말하면 사이에 있는 것inter-esse, 즉 상호작용의 문제다. 이 상호작용의 문제는 수단과 목적의 관계 중 하나로 설명될 수 있다. 무관심하거나 불쾌한 것이 자아와 충분히 관련된 어떤 목적에 대한 수단으로 파악될 때, 혹은 수단을 충분히 활용하면 앞으로의 움직임과 출구가 확보되는 어떤 목적으로 파악될 때 흥미가 있게 된다. 그러나 정상적 성장에 있어서 하나의 흥미는 외적으로 단지 다른 흥미에 매여 있는 것은 아니다. 하나의 흥미는 다른 흥미를 뒤덮고 흠뻑 배어들어 다른 흥미를 변형시킨다. 하나의 흥미가 다른 흥미를 해석하고 재평가한다. 곧, 하나의 흥미가 의식적으로 다른 흥미에 새로운 의미를 부여하는 것이다. 아내와 가족이 있는 사람은 그로 인해 일상적 일에 대한 새로운 동기를 가진다.―그는 자신의 일에 내재한 새로운 의미를 발견하고 일에 있어 이전에 부족했던, 견실하고도 열중하는 태도를 갖추게 된다. 그러나 만약 그가 자신의 하루 일과가 본질적으로 불쾌하고 고된 일이며 그저 최종적 임금 보상 때문에 일을 한다고 하면 사태는 전혀 달라질 것이다. 수단과 목적이 멀리 떨어져 있으면 양자는 서로 침투하지 못한다. 이 경우 그는 이전에도 그러했듯이 자기 일에 진짜 흥미를 갖지 못한다. 일은 그 자체로 벗어나야 할 고역苦役일 뿐이다. 이 때문에 그는 자기의 일에 충분히 주의를 기울일 수 없고 일에 전적으로 집중할 수도 없다. 그러나 다른 사람에게 있어 모든 일 하나하나는 문자 그대로 아내와 아기를 의미할 수도 있다. 외부적, 물리적으로 그와 가족은 멀리 떨어져 있으나, 정신적, 의식적으로 그들은 하나다. 그들은 동일한 가치를 가지고 있다. 그러나 고된 일에 있어 수단과 목적은 시공간상 분리되어 있는 만큼 의식상으로도 분리되어 있다. 이런 수단과 목적의 분리 사태는 교수 활동에서는 외적 동기에 호소하여 '흥미를 일으키려는' 모든 시도와 그대로 일치한다.

[38] 이와 상반된 것으로 예술적 구성의 예를 들어보자. 조각가는 마음속에 그의 목적과 이상理想을 지니고 있다. 그러한 목적을 실현하기 위해서 조각가는 일련의 중간 단계들을 거쳐야 한다. 표면상 이 중간 단계들은 목적과 동등한 것이 아니다. 조각가는 일련의 특수한 행위, 가령 모형을 만들고 진흙을 붓고 조각칼로 새기는 행위를 해야 한다. 이런 행위들 중 어느 하나만 조각가가 염두에 둔 아름다운 형태가 아니며 그 행위들 모두가 그의 입장에서는 자신의 에너지를 쏟아야 할 것들이다. 그런데 이런 행위들은 그에게는 목적과 이상에 도달하는 데에 필요한 수단이기 때문에, 완성된 조각의 형태란 이들 특수한 행위들을 온전히 거쳐 간 것이다. 진흙을 넣고 조각끌로 치는 각각의 활동은 제작 당시 조각가에게 있어서는 전체적 목적을 실현하는 과정에 있는 것이다. 목적과 결부된 흥미나 가치는 그것이 무엇이든 이들 각 단계들과 결부되어 있다. 조각가는 한 단계에 몰두하는 만큼 다른 단계에도 몰두한다. 이런 온전한 일체화를 이루지 못하면 비예술적 생산물을 초래하며, 조각가가 그의 이상에 진짜 관심이 없다는 표시가 된다. 이상에 대한 진정한 흥미는 필연적으로 모든 조각 표현의 상황에 동등한 관심이 있다는 것을 보여준다.

흥미와 욕구, 노력의 관계

[39] 이제 우리는 흥미와 욕구, 그리고 노력의 관계에 대한 문제를 다룰 위치에 오게 되었다. 욕구와 노력은 정당한 의미로 보면 둘 다 간접적 흥미의 국면들이다. 욕구와 노력은 대립적인 것이 아니라 상호 관계

적인 것이다. 욕구와 노력은 둘 다 목적이 얼마간 떨어져 있을 때만 존재한다. 에너지가 순전히 그 자체를 위해 발휘될 때, 노력의 문제는 물론이거니와 욕구의 문제도 똑같이 생기지 않는다. 노력과 욕망은 둘 다 긴장 상태를 내포한다. 예견된 이상과 현재 실제 사태 간에는 얼마간의 대립이 존재한다. 이상에 일치하기 위해 실제 사태를 명확히 전환할 필요가 있다고 생각할 때,―곧, 관념의 측면에서 전환의 과정을 생각하고 어떻게 그 전환을 실현하는가 하는 문제에 관심을 두고 있을 때,―우리는 그것을 노력이라고 부른다. 이러한 전환을 보장하기 위해, 혹은 관념을 현실로 바꾸기 위해 현존 에너지를 실행에 옮기려는 경향성을 생각할 때,―곧, 손 가까이 있는 수단의 측면에서 전환의 과정을 생각할 때, ―우리는 그것을 욕구라고 부른다. 그러나 욕구와 노력, 그 어느 경우든 우리를 가로막는 장애물이 있으며, 그런 장애물에 맞선 지속적 활동이 수반된다. 단순히 모호한 바람과 달리 유일하게 확실한 욕구의 증거는 노력이다. 욕구는 오직 노력의 행위가 필요할 때만 일깨워진다.

[40] 간접적 흥미의 조건을 논의하면서 우리는 예견된 결과나 관념을 강조할 수도 있고, 현재의 수단과 긴급한 표현을 요하는 능동적 측면을 고려하여 논의를 시작할 수도 있다. 전자가 지적 측면이라면, 후자는 감정적 측면이다. 저항을 극복하고 중재의 과정을 거쳐 목적 그 자체를 실현하려는 경향성은 노력이다. 시간상 멀리 떨어진 목적의 완전한 실현을 위해 고투苦鬪를 지속하는 현재적 힘의 경향성은 욕구다.

충동, 감정

[41] 흔히 생리적 욕망은 맹목적이고 제어불능制御不能의 것이라고 말한다. 우리는 생리적 욕망을 주변 여건이라든가 자신에게 유익한 것과 무관하게, 자체적 만족을 고집하는 것으로 본다. 이것은 생리적 욕망이 오직 느끼는 것일 뿐, 인식의 문제가 아니라는 것을 보여준다. 생리적 욕

망은 의미나 관계성의 관점에서 고려되지 않으며, 욕망이 초래한 결과의 조건에 비춰 전환되지도 않는다. 따라서 생리적 욕망은 지성적인 것도, 합리적인 것도 아니다. 결과적으로 에너지를 낭비할 뿐이다. 어떤 강력한 생리적 욕망의 경우에는 육체적이든, 정신적이든 막대한 양의 힘이 꿈틀거리기도 한다. 그렇지만 행위자가 이 힘에 따른 결과를 예견하지 못할 경우에는 힘이 방향성을 잃고 만다. 에너지 자체는 우연한 경로 혹은 어떤 우발적 자극에 따라 소비될 뿐이다. 유기체는 고갈되며, 긍정적이거나 객관적인 것은 아무것도 성취하지 못한다. 마음의 동요나 흥분은 일체의 도달된 결과와는 전혀 어울리지 않는 것이다. 이런 방대한 힘의 흥분 상태로 나타난 모든 것은 에너지의 자극과 방출로 느끼는 일시적 만족감일 뿐이다.

[42] 그러나 이런 맹목적인 생리적 욕망에 대해서조차 저차원의 동물과 인간 사이에는 분명히 유형 상의 차이가 있다. 동물에 있어 생리적 욕망은 자기 자신의 목적을 의식하는 것은 아니지만, 그럼에도 불구하고 동물적 구조에 내재한 일종의 예정 조화pre-established harmony에 의해 목적을 추구한다. 동물은 두려움 때문에 날아가거나 자기 몸을 은폐하려는 자극을 받는다. 노여움으로 인해 공격과 방어를 목적으로 하는 행동도 한다. 매우 드문 사례이긴 하지만, 동물은 자기보다 더 나은 상대라는 느낌이 들 때 쓸데없이 힘을 낭비하는 경우도 있다. 그러나 인간의 맹목적 느낌은 그 대부분이 어떤 균형이 잡힌 영속적 유용성을 띨 때까지는 조정이 필요하다고 말할 수 있다. 의심할 여지가 없이, 두려움이나 노여움은 동물뿐만 아니라 인간에게도 유용한 것일 수 있다. 그러나 인간의 경우에는 감정의 사용법에 대해 훈련받아야 하지만, 동물의 경우에는 원천적으로 감정의 사용법을 갖추고 있다. 확실히 노여움의 궁극적 기능은 무엇인가 실현의 과정을 방해하는 장애물을 제거하는 데 있다. 그러나 아이에게 있어 노여움의 표시는 거의 틀림없이 장애

물이 되는 대상을 건드리지 않은 상태로 놔두므로 아이를 지치게 만든다. 맹목적 느낌은 합리적으로 취급할 필요가 있다. 행위자는 결과나 목적을 의식해야 하며, 그와 같이 의식함으로써 자기의 흥분된 힘을 통제해야 한다.

[43] 다시 말하면, 자기표현의 과정이 효과적이고 역학적인 것이 되려면 목적과 수단에 대한 의식이 있어야 한다. 목적과 수단의 조절을 실현하는 데 어려움이 따를 때마다 행위자는 어떤 감정적 상태에 빠져 있는 셈이다. 한편으로 어떤 결과나 목적에 부합하는 관념을 갖고 있으면서, 다른 한편으로 활동적 충동과 습관의 자극이 일어날 때, 그리고 이에 더해 충동과 습관의 경향성이 즉시적으로 결과나 목적의 관념에 초점을 두고 있을 때, 이럴 때마다 우리는 감정이라는 정신적 측면으로 알려진 혼란이나 동요를 겪게 된다. 흔히 아는 바와 같이, 습관은 명확히 그 자체의 특수한 목적과 관련해 빠르게 형성되는 만큼 감정의 요소가 끼어들 여지가 없다. 그러나 이제 습관적으로 적응된 일상적 목적이 떨어져 나가고, 갑작스러운 요구로 인해 과거의 습관이 어떤 새로운 목적을 위한 수단이 되는 경우를 생각해 보자. 그렇게 되면 즉시 감정적 스트레스가 밀려온다. 전적으로 능동적 측면이 자극되지만, 그 능동적 측면은 어떤 목적도 없이 즉시 실행되는 것이 아니며, 그렇다고 하여 어떤 습관적 목적을 지향하는 것도 아니다. 결과적으로 습관과 목적, 충동과 관념, 수단과 결과 간에 긴장이 생긴다. 이러한 긴장이 감정의 본질적 특징이다.

감정의 기능

[44] 이러한 설명에서 보면 명백히 감정의 기능은 행위자의 삶의 결정적 시기에 충만한 에너지의 유발을 보장해 주는 것이다. 목적이 새롭거나 이례적이라서 그것에 주의를 기울이는 데 큰 어려움이 따를 때는

목적을 그냥 흘려보내거나 외면해 버리는 것이 자연스러운 경향일 것이다. 그러나 목적의 새로움 바로 그것은 흔히 지금 일어나고 있는 요구의 중요성을 나타내기도 한다. 목적을 무시하는 것은 비록 치명적인 것은 아니라고 하더라도 행위자에게는 심각한 문제일 것이다. 적응하는 데 따르는 바로 그 어려움이 연속적 자극들의 파동을 내보내고, 이런 자극들의 파동이 충동과 습관을 더 많이 작동시켜 행위자가 운용할 수 있는 능력과 역량을 강화해준다. 이처럼 감정의 기능은 예기치 못한 직접적 상황 속에서 새로운 요소에 잘 대처할 수 있도록 행위자를 지지하거나 강화해 주는 것이다.

[45] 정상적인 도덕적 결과는 자극과 이상 사이의 균형에서 발견된다. 만약 자극이 너무 약하거나 제각각 흩어진다면 행위자의 동력이 결핍될 것이다. 만약 자극이 상대적으로 너무 강하다면, 행위자는 요동치는 힘을 감당할 수 없을 것이다. 그는 다소간 제정신이 아닌 상태에 있으며 흥분한 만큼 넋이 나가 있는 것이다. 다시 말하면, 그는 맹목적 느낌의 국면으로 전락한 셈이다.

욕구의 기능

[46] 욕구는 단순한 충동이나 맹목적 느낌과 동일한 것일 수 없다. 욕구는 적어도 희미하기는 하지만, 항상 그 자체의 목적을 의식한다는 점에서 동물의 생리적 욕망과 다르다. 행위자가 욕구로 알려진 조건에 있을 때 자기 앞에 있는 어떤 대상을 의식하며, 이러한 대상의 의식이 그의 능동적 경향성을 강화하는 데에 도움을 준다. 한마디로 말해, 원하는 대상에 대한 생각이 그것의 획득에 필요한 수단을 자극하는 데 도움을 주는 것이다. 이처럼 욕구는 순전히 충동적 상태가 아니며, 그렇다고 하여 순전히 지적 상태도 물론 아니다. 대상은 의식 속에 들어있을 수 있으나, 그저 하나의 대상으로만 고려될 뿐이다. 만약 대상이 활동의

자극을 일으키지 못한다면, 그 대상은 순전히 심미적이거나 이론적 지위만을 가질 것이다. 그런 대상은 능동적 욕구를 일으키지 못하고, 기껏해야 종교적 소망이라든가 막연한 감정적 갈망만을 일으킬 것이다.

[47] 이처럼 욕구의 참된 도덕적 기능은 감정의 도덕적 기능과 동일하다. 아닌 게 아니라 욕구의 도덕적 기능은 단지 감정적 기능의 특수한 한 국면일 뿐이다. 도덕적 삶에서 욕구의 지위는 에너지를 불러일으키고 목적의 실현을 이루기 위해 필요한 수단을 자극하는 데 있다. 이와 다른 목적이 있다면 순전히 이론적이거나 심미적 목적일 것이다. 일정한 방향성을 갖는 우리의 욕구란 단지 어떤 목적이나 관념이 우리에게 미치는 영향력을 나타낼 뿐이다. 우리의 욕구는 인격적 힘이며, 그 힘의 방향으로 나아가려는 '열망Drang'을 '나타낸다.' 욕구를 통해 인격의 진실성을 '검사한다.' 욕구를 일깨우지 못하는 목적의 제시는 겉치레에 지나지 않는다. 그러한 목적의 제시는 인격의 점진적 분열과 험악한 위선의 징후일 뿐이다.

[48] 욕구를 감정의 경우처럼 도덕적으로 취급하려면 어떤 균형을 확보하는 일이 필요하다. 욕구 자체는 지속적으로 극단으로 치우치는 경향이 있다. 욕구는 자극받은 에너지의 특징을 띠고 수단의 역할을 한다. 그러나 일단 자극을 받은 에너지는 목적과 무관하게 독립적으로 표출되는 경향이 있다. 욕구는 걸신들린 듯이 너무 바삐 서둔다. 그리하여 욕구를 경계하지 않으면 행위자를 지나치게 서두르게 만든다. 욕구가 그를 훔쳐 달아나 버리는 것이다. 목적을 숙고해서 충동과 습관을 자극하는 것만으로는 충분치 않다. 목적의 의식意識은 충동과 습관이 자극받은 이후에도 살아남아 생성된 에너지를 이끌어주는 것이어야 한다.

쾌락과 욕구의 관계

[49] 그리하여 우리는 욕구와 관련된 쾌락의 정상적 지위에 대한 하

나의 준거를 얻게 된다. 의심할 바 없이, 욕구는 항상 다소간은 만족스러운 것이다. 자기표현의 목적이 의식 속에 있는 한 욕구는 만족스러운 것이다. 왜냐하면, 목적이 만족을 뜻하기 때문이다. 따라서 일체의 목적의 관념은 만족의 심상을 일깨우며, 그런 만족의 심상이 지속되는 한 목적의 관념은 그 자체로 즐거움을 준다. 이러한 쾌락의 용법은 이상적 조건을 넘어서 실현의 조건으로 나아갈 수 있도록 목적을 행위자의 영향력 밑에 두는 것이다. 정상적 쾌락은 엄밀히 수단적 지위만을 차지할 뿐이다. 정상적 쾌락은 한편으로는 목적의 사고에 '기인한' 것이요, 다른 한편으로는 목적의 실제적 효율성에 '기여하는' 것이다. 자기 탐닉의 경우 목적이란 그저 만족스러운 의식 상태를 자극하는 데 쓰일 뿐이라서, 만족의 상태가 다하고 나면 목적은 부정되고 만다. 이제 쾌락이란 마음을 목적에 붙잡아두는 것이 아니라 쾌락 자체가 목적이 되고 마는 것이다.[7]

욕구와 흥미의 관계

[50] 그렇다면 "욕구와 흥미의 문제는 어떤 관련성을 맺고 있는가?"라는 질문이 제기될 수 있다. 엄밀히 보면 다음과 같다. 욕구를 분석할 때 우리는 정확히 간접적 흥미의 문제를 다시 떠올리게 된다. 정상적 욕구란 단지 적절히 중재된 흥미의 한 사례일 뿐이다. 한쪽 진영에는 충동이 있고, 다른 쪽 진영에는 이상 또는 목적이 있다. 두 진영 간의 적절한 균형을 이루는 문제는 바로 목적에 대해 충분한 관심을 가짐으로써 너무도 갑작스러운 에너지의 낭비를 막는 문제다.—곧, 자극받은 에너지를 인도하여 목적의 실현에 기여할 수 있게 하는 것이다. 여기서 목적에

---

7. (역주) 정상적 쾌락은 목적 달성을 위해 수단적 지위를 갖는 데 비해, 비정상적 쾌락은 쾌락 그 자체가 목적이 되는 경우를 말한다. 듀이가 보기에 비정상적 쾌락은 즉각적 욕망의 충족일 뿐, 유목적적 활동과 성장에는 보탬이 되지 못한다.

대한 관심은 수단에 대한 관심으로 넘어가게 된다. 다시 말하면, 흥미는 자극받은 감정적 세력이 작용한다는 사실을 나타낸다. 흥미에 대한 우리의 정의는 이것이다. 즉, 그것은 자기표현의 관념과 관련해 작용하는 충동이라는 것이다.

[51] 목적에 대한 흥미는 욕구가 차분하면서도 안정적이라는 것을 보여준다. 과민한 혐오감처럼 지나친 욕구는 자신을 파멸시킬 뿐이다. 젊은 사냥꾼은 경기를 압도하고자 너무 조바심을 내고, 또 자신의 목적 달성의 일념에 너무 치우쳐 있어 견실한 목적을 취할 만큼 자기 자신을 충분히 통제할 수 없다. 그는 거칠게 소리를 지른다. 성공적 사냥꾼도 자신의 목적이나 경기를 압도하는 데 관심이 없는 사람은 아니다. 다만 그는 이러한 관심을 목적 달성에 필요한 수단으로 온전히 전환할 수 있는 사람이다. 이제 성공적 사냥꾼의 의식 자체를 사로잡는 것은 경기의 압도가 아니라, 자신이 수행해야 할 단계들을 생각하는 것이다. 한 번 더 말하자면, 수단이 목적과 일체화되며 이때 욕구는 간접적 흥미가 된다. 이상理想이란 수단적 능력으로 다시 살아나지 못하면 그야말로 죽은 이상이 되고 만다.

목적의 분석

[52] 이제까지 우리는 수단의 관점에서 간접적 자기-표현의 과정을 논의했다. 이제는 지적 분석에 역점을 두어 목적의 측면에서 간접적 자기-표현의 과정을 고찰할 차례다. 앞서 얼마간 논의한 바 있기 때문에, 여기서는 목적이나 이상을 기원과 기능의 측면에서 각각 간략히 고찰할 것이다.

[53] 첫째, 기원의 문제다. 이상은 정상적으로 마음의 능동적 능력이 투영된 것이다. 이상은 진공 상태에서 발생하는 것이 아니며, 그렇다고 하여 실제로 표출하려고 애쓰는 외적 충동들과 습관들이 마음속에 이

입移入된 것도 아니다. 이상은 단지 그 능동적 능력들이 활동을 멈추고 스스로를 잘 살펴서 자신의 능력이 어떠한 것인지 아는 것, 곧 그 능력들이 최종적 관계 면에서 전체적, 영속적으로 어떠한 것인지 아는 것이다. 그리하여 그 능동적 능력들을 단지 순간적이고 상대적 고립 상태에 있는 것으로 봐서는 안 된다. 다시 말하면, 이상은 충동의 자기의식이다. 이상은 충동의 자기 해석이며 이상의 가치는 그 실현 가능성에 비추어봐야 한다.

[54] 둘째, 기능의 문제다. 만약 이상이 능동적 능력과 무관하게 발생하는 것이라면, 우리는 도대체 이상이 어떻게 작동할 수 있는지 알 수 없을 것이다. 그리하여 그야말로 이상으로만 그치지 않고 이상을 현실화하는 정신적 장치가 필요하다. 그러나 엄밀히, 이상은 정상적으로 보면 능동적 능력을 지성적 조건으로 투영한 것이기 때문에 능동적 질적 특성을 띨 수밖에 없다. 이상에는 이런 역동적 요소가 머물고 있다. 동기로서 역동적 요소의 외양外樣은 본질적으로 이상으로서 역동적 요소의 외양과 다른 것이 아니다. 동기화는 바로 이상에 원래 결부되어 있는 능동적 가치의 실현이다.

이상의 갈등

[55] 다시 말해보자. 이상이 동기의 기능(활동을 이끄는 힘)을 가진다는 것을 고려해 보면, 우리가 명확히 알 수 있는 사실은 이러하다. 즉, 수단의 측면에서 볼 때와 마찬가지로 목적의 관점에서 볼 때도 이상은 이제 막 욕구가 간접적 흥미로 넘어간 것으로 볼 수 있다는 것이다. 이상이 하나의 동기가 되지 못한다면 그것은 이상 자체가 아직 명확히 형성되지 못했다는 표시다. 이상들 간에는 갈등이 있다. 행위자는 목전目前에 두 가지 실행 가능한 목적을 가지고 있다. 하나는 일단의 능동적 능력에 상응하는 목적이요, 다른 하나는 일단의 충동이나 습관에 상응하

는 목적이다. 따라서 사고나 반성은 어떤 한 방향에만 초점을 두는 것이 아니다. 자아는 아직 그 자신을 발견하지 못하고 있다. 자아는 자기가 진정으로 원하는 것이 무엇인지 모른다. 자아는 먼저 하나의 자아를 시도해 보고, 그다음 또 다른 자아를 시도하여 그것들이 얼마나 자기에게 합당한지 알아보는, 자기표현의 시험적 과정에 놓여 있다. 하나의 단일한 목적의 달성 혹은 하나의 최종적 이상의 규정은 자아가 자기표현의 통일성을 발견했음을 보여준다. 이 정확한 도달점에서 이상은 더 이상 그것을 저지할 만한 반대가 없기 때문에 명백한 행위로 나타나기 시작한다. 이상이 하나의 동기가 된 것이다. 이제 목적에 대한 흥미는 충동과 습관으로 넘어가게 되고 이들 충동과 습관이 현재의 목적이 된다. 동기는 충동과 습관이 매개된 이상에 대한 흥미다.

정상적 노력의 의미

[56] 엄밀히 보면, 정상적 노력이라는 것은 이와 같은 이상의 자아실현적 경향—곧, 행동의 동인대로 나아가려는 분투奮鬪다. 공허하거나 형식적 이상은 행위자의 능동적 능력을 통해 제안되거나 발생한 목적이 아니다. 그러한 이상은 역동적인 질적 특성이 결여되어 있기 때문에 이상 자체를 옹호하지 못하며, 하나의 동력이나 동인도 되지 못한다. 그러나 이상이 참으로 자기표현의 투영이나 해석일 경우에는 언제나 그 이상을 옹호하기 위해 분투할 것이 틀림없다. 이상은 장애물을 뚫고 살아남아야 하고, 장애물을 이상 자체를 실현하는 수단으로 변형시키도록 노력해야 한다. 이상이 존속하는 정도는 단지 그것이 현실화되는 범위를 나타낼 뿐이다. 이상은 단지 명목상으로만 참된 이상이거나 자기표현의 형식으로 인식되는 그런 것이 아니다.

[57] 좋은 의도나 선의善意의 문제는 이러한 원리의 적절한 예가 된다. 표면상 자신의 의무를 다하지 못한 사람이 행위를 정당화하거나 변

명하기 위해 자신이 좋은 의도였다고 말한다면, 그의 변명을 받아들일 것인가, 말 것인가를 결정하는 것은 무엇인가? 엄밀히 보면 이 문제는 그가 자신의 의도와 이상이라는 면에서 그 의도나 이상 자체를 실현하려는 노력을 보여줄 수 있는가, 없는가, 또한 그가 명백한 실현의 지점까지 이르는 데에 자기표현을 방해한, 외부로부터 개입한 장애물을 보여줄 수 있는가, 없는가 하는 데 달려 있는 것이 아닌가? 만약 그가 외부로부터 야기된 엄청난 간섭을 보여줄 수 없다면, 우리가 내릴 수 있는 결론은 둘 중 하나다. 즉, 행위자가 우리를 속이고 있거나, 아니면 자기기만을 하고 있다는 것,―다시 말해 소위 그의 좋은 의도는 사실상 모호한 감정적 바람에 불과하거나, 아니면 그에게 실질적 영향이 없는 어떤 인습적 이상理想과 간접적 관련을 맺고 있다는 것이다. 우리는 항상 장애물에 대항하는 하나의 목적 지속성을 그 목적의 생명력이나 진실성을 가리는 검사로 활용한다.

긴장으로서의 노력

[58] 한편, 흥미가 결핍된 긴장의 의미에서 노력이란 비정상적 노력을 한 증거다. 이러한 의미에서 노력의 필요성이 암시하는 바는, 명목상으로 견지된 목적은 자기표현의 형식으로 인정되지 않는다는 것―곧, 그와 같은 목적은 자아의 바깥에 있어서 흥미를 갖지 못한다는 것이다. '의식적으로' 노력하도록 부채질하는 것은 자아 자신에게 중요한 부분이 아닌 목적에 도달하는 시도를 할 때 수반되는 비현실적 긴장을 나타낼 뿐이다. 이 경우 긴장은 항상 인위적인 것이라서 그 상태를 지속시켜 나갈 이런저런 부류의 외적 자극을 필요로 한다. 그리하여 언제든지 기진맥진하는 상태에 이르게 된다. 참된 의미에서 노력이 도덕적 훈련에서 그 역할을 다하지 못할 뿐만 아니라, 분명히 부도덕한 역할도 하게 된다. 목적의 외재성外在性은 능동적 충동을 일깨우지 못하고 목적 자체의 실

현을 위해서도 지속적이지 못한 것으로 드러난다. 이러한 목적의 외재성으로 인해, 목적에 도달하려는 긴장은 비교적 부도덕한 동기 말고는 다른 어떤 동기도 가질 수 없게 된다. 사실상 이러한 경우 하나의 동기가 있다면, 그것은 오직 자기 본위적 불안이나 어떤 외부 세력에 대한 공포, 아니면 순전히 기계적 습관, 그것도 아니면 어떤 외적 보답의 소망이라든가 다소간 교묘한 형식을 띤 미끼일 뿐이다.

요약

[59] 이렇게 해서 우리는 동기로서 쾌락 이론과 동기로서 인위적 노력 이론이 어떻게 동일한 실제적 결과를 낳는지 알게 되었다. 긴장의 이론은 항상 현실적인 지배적 동기로서 쾌락이나 고통 중 어느 한쪽과 관련되어 있다. 그리고 쾌락의 이론은 정신력을 유지하고 이끄는 본질적 목적이 결핍되어 있기 때문에, 맥 풀린 정신력을 자극하기 위해 지속적으로 모종의 외적 유인에 의존해야 한다. 도덕에서 흔해 빠진 말이지만, 습관적으로 쾌락을 좇는 사람이나, 쓸모없이 노력만 제안하는 사람이나 마찬가지로 문제가 있다.

[60] 그리하여 우리의 심리학적 분석의 결과는 실제 교육적 측면에서 숙고한 결과와 동일하다. 이 점에 관해 우리가 발견했던 것은 이것이다. 즉, 사태 자체가 흥미 있는 것이 아니라, 사태를 흥미 있게 만들고 사태가 주는 쾌락의 자극에 호소하는 것은, 하나의 공통된 경험의 문제로서 과도한 자극과 둔감한 무관심 사이를 왔다 갔다 하는 사태를 초래한다는 것이다. 여기서 우리는 하나의 목적으로서 쾌락의 욕망이란 그 필연적 결과로 한편으로는 에너지를 무익하게 자극하고, 다른 한편으로는 방향성이 없는 힘의 낭비를 초래한다는 것을 알게 되었다.

[61] 교육적 측면에서 우리는 사물에 관한 흥미와 별개로, 소위 순전한 '의지'의 힘에만 호소하는 것은 주의를 분산시키는 습관을 낳는다는

것을 살펴보았다.—어떤 일을 하는 데 있어 한편으로는 순전히 피상적 방식으로 기계적으로 임하면서, 다른 한편으로는 제멋대로 통제되지 않는 상상력을 발휘하는 것이 그 예다. 심리학적 측면에서 우리가 확인한 것은, 하나의 목적이나 사물에 관한 흥미는 간략히 말해 자아가 특정한 방향으로 자신의 움직임이나 출구를 발견한다는 것, 따라서 바람직한 목적을 실현하는 데 노력과 힘을 들일만한 동기가 있음을 뜻한다는 것이다.

[62] 교육적 측면에서 우리는 정상적 흥미와 노력이 자기표현의 과정과 동일하다고 간주하게 되었다. 이제 우리는 중재된 자기표현의 과정을 통해서 실제 교육의 기본원리에 대한 상당히 적합한 심리학적 정당화를 확보한 셈이다.

Ⅲ. 칸트 대 헤르바르트: 욕망과 의지의 이론

[63] 흥미와 도덕적 훈련의 관계에 대한 일반적 논의는 주로 칸트와 헤르바르트의 욕망과 의지의 이론이 갖는 상대적 장점에 관해 집중되어 왔다. 내가 알기로, 두 이론은 어느 쪽인가 하면 오십보백보五十步百步 사례에 해당한다. 앞서 논의 결과로 판단하건대, 두 이론 중 어느 쪽도 흥미나 도덕적 의지에 관해 적합한 개념 규정을 하지 못한 것이다.

[64] 칸트 이론에 대한 비판은 독일에서 헤겔Hegel과 슐라이어마허Schleiermacher에 의해, 또 최근 영국에서는 브래들리Bradley, 그린Green, 케어드Caird에 의해 아주 철저하게 이루어졌기 때문에 여기서는 아주 간략한 요점만 제시하는 것이 좋을 것이다. 칸트에 의하면, 욕구의 유일한 목적 혹은 대상은 쾌락이다. 다시 말하면, 욕구는 나쁜 의미에서 항상 이기적이라는 것이다. 그러므로 욕구에 따라 설정된 목적은 도덕적 동기부여의 대상이 될 수 없다. 행위자는 이성에 의해 규정된 목적인 도덕률moral law을 자신의 목적뿐만 아니라 자신의 동기로 받아들여야 한

다. 그러나 모든 특수한 목적은 이성의 목적에서 배제된다. 왜냐하면 특수한 목적은 경험적인 것이라서 이성의 필연성과 보편성에 적합하지 않기 때문이다. 그리하여 이성은 순수 형식적인 것이 된다. 이런 이성은 내용이 없기 때문에 공허한 것이다.

[65] 도덕적 동기의 내용을 구성하는 데 있어 모든 특수한 구체적 목적들을 배제하는 이론이 부적합하다는 점은 거의 숙고할 필요가 없을 것이다. 이와 같은 이론은 한편으로는 그 실제적 결과로 선의善意만을 신성시하거나, 그렇지 않으면 다른 한편으로 경직되고 고정된 규칙만을 설정할 것이다. 교육자의 목적상 이런 이론이 비효율적이라는 것은 역시 두말할 나위가 없다. 아동들의 주의를 추상적 도덕성에 집중하게 하거나, 아동들을 통제하는 동인으로서 형식적 의무의 법칙에 따라 행동하도록 유도하는 것은 아동들의 교육자가 할 일이 아니다. 교육자가 할 일은 어느 편인가 하면, 아동들로 하여금 매우 특수하고 구체적 사례에 임해서 어떤 일반적인 추상적 도덕성의 요구가 필요한지 깨닫게 하고, 마치 의지가 아동들에게 운동력을 부여하는 것처럼 그런 특수한 도덕적 목적들에 대해 관심을 갖게 하는 일이다. 확실히 칸트의 이론은 이점에서 방법에 관한 어떤 안내도 제시해 주지 못한다. 칸트의 이론에 근거해서 가르치는 일을 시도했던 교사가 학생들에게 조금이라도 영향을 미쳤다고 한다면, 그것은 결국 학생들을 감상주의자나 학자연하는 사람으로 길러내는 일일 것이다. 그러한 교사는 나쁜 의미에서 자의식이 강한 사람들, 말하자면 행위 자체보다는 도덕성에 대한 그들 자신의 태도에 관심을 두는 사람들을 길러내고 있는 셈이다.

[66] 그러나 칸트의 심리학에서 아마 한두 가지 논점은 언급할 만한 가치가 있을 것이다. 한편으로 우리는 인간의 충동적이고 탐욕스럽고 욕망을 품는 특질 전반이 도덕적 악을 향해 작동하며 이기적이라는 칸트의 가정을 알고 있다. 감각과 이성의 이원론은 칸트 지식론의 핵

심이며 그의 의지 비판에서도 다시 등장한다. 자아는 두 가지로 갈라진다. 한 국면은 오직 특수한 것일 뿐이요, 다른 국면은 단지 보편적인 것일 뿐이다. 이 두 자아의 국면은 생물학적 관점에서든, 심리학적 관점에서든, 논리적 관점에서든 모두 정당화되지 않는 가정이다. 생물학적으로 보면, 충동과 욕망은 쾌락의 추구가 아닌, 삶의 과정을 유지하고 촉진하기 위한 노력을 나타낸다. 심리학적으로 보면, 충동은 항상 어떤 목적을 실현하기 위한 수단이요 도구다. 쾌락은 그것을 활성화하고 목적으로 둔다고 해서 이루어지는 것이 아니라, 활동을 수반함으로써 이루어진다. 논리적으로 보면, 개별적인 것은 하나의 유기적 전체의 특수한 활동 양상으로 보아야 하며, 보편적인 것은 개별적인 것들을 통일된 전체로 조직하는 원리로 보아야 한다.

[67] 더욱이, 칸트가 최종적으로 인정한 특수한 종류의 흥미를 고려해 보면 그것이 교육자의 필요에 적합하지 않다는 것은 너무도 명백하다. 도덕률의 존중은 칸트가 인정한 감정의 한 형식이다. 그러나 이러한 흥미는 필연적으로 발달의 과정상 후기에 오는 것이다. 이러한 진술은 인종에 대해서든, 개인에 대해서든 관찰해 보면 정당화된다. 이미 도덕성이 형성되어 있다면, 의심할 바 없이 이런 흥미에 대한 호소는—특히 도덕적 압력이 있는 결정적 시기에—가치를 지닌다. 왜냐하면, 성숙한 인격에서조차 수많은 행위에 있어 목적 자체에 있는 가치를 믿는 것보다는, 도덕률을 뚜렷이 의식하는 것이 더 권할 만한 일이 아닌가 하는 의문이 제기될 수 있기 때문이다. 그러나 교육자의 과제는 어떻게 하면 도덕률의 존중 자체가 의미를 갖는 그런 인격 형성에 도달하는가에 있는 것이 아니다. 그의 과제는 현재의 흥미들과 특수한 목적들을 어떻게 활용하면, 머지않아 결정적 유혹의 시기에도 인격을 유지하고 강화할 수 있을 만큼 도덕률의 감각과 도덕률이 요구하는 감각을 성장시킬 수 있는가 하는 데 있다.

[68] 우리는 헤르바르트 학파의 주장에서 다음 사항들을 발견하게 된다. 첫째, 흥미는 정신적 활동이다. 흥미는 자아를 내적으로 활성화하고 자아를 북돋아 주는 것이다. 흥미가 충족되면 즐거움을 느끼고 정신적으로 편안한 작용이 촉진된다. 둘째, 흥미가 대상과 결부되어 있는 까닭은 대상 그 자체로 인한 것일 뿐, 그 대상이 앞으로의 목적에 기여할 수 있기 때문이 아니다. 헤르바르트 학파에 따르면, 진정한 흥미는 항상 직접적인 것, 즉 대상의 가치에 열중하는 것이다. 흥미는 비자발적인 것으로서, 일체의 욕구에 눈뜨는 것보다 우선하는 것이며, 또 일체의 욕구와 독립적인 것이다. 간접적 흥미는 대상 자체와 결부된 것이 아니라 쾌락이나 성공과 같은, 좀 더 멀리 떨어진 목적의 도달에 유용한 것인 만큼 보통은 불순한 흥미로 불린다. 셋째, 흥미는 특정한 관념들, 그리고 관념들 간의 특정한 연관성을 확립하고 강화할 수 있는 수단이므로 실제로 아동의 행동을 지도하는 데에 영향을 주게 된다.

[69] 이런 흥미 개념들은 내게 모두 건전한 교육적 의미를 지닌 것으로 보인다. 직접적 흥미와 간접적 흥미라는 말의 상이한 용법을 고려해 보면, 실질적으로 헤르바르트 학파의 주장은 이미 우리가 행한 분석과 일치한다. 그러나 흥미의 심리학으로 나아가게 되면, 앞서 헤르바르트 학파의 진술은 정당화되지 않을 뿐만 아니라 사실상 앞서 진술과 모순되는 하나의 설명을 발견하게 된다.

[70] 헤르바르트의 심리학적 관점에 따르면, 흥미는 정신적 활동이 아니라 관념들의 작용과 반응의 산물이다. 흥미는 단지 감정의 한 사례일 뿐이며, 모든 감정은 관념들의 역학 구조에 의존한다. 헤르바르트는 '능력' 심리학을 배제하고자 하는 바람에서 충동에 대해서든 감정에 대해서든 어떤 근원적 혹은 원초적 특성을 부정한다. 이런 관점에서 보면 흥미는 오직 하나의 성과요 결과일 뿐이다. 헤르바르트의 흥미는 교육의 결과라고 말할 수 있지만, 도저히 교육의 수단이나 동기라고 말할 수 없

다. 그의 흥미는 관념들을 지도하는 것이 아니라 관념들의 수동적 반영
에 지나지 않는다.

[71] 어떤 관념Vorstellung이 의식역意識閾; threshold of consciousness 아
래쪽에, 혹은 의식역 아래쪽을 향해 운집雲集하면, 그 관념은 그것과 반
대되는 관념들과 긴장 관계를 일으킨다.[8] 관념은 그 자체로 힘이 없지
만, 정신적 압박을 통해 힘을 갖추게 되며, 자기 보존의 저항을 통해 그
런 압박에 대항하는 힘을 발휘하게 된다. 이렇듯 관념들이 앞뒤로 왔다
갔다 하며 애쓰는 가운데 어떤 관념들이 융합된다. 즉, 옛 관념과 새 관
념이 제휴提携하는 것이다. 이러한 융합(통각의 본질)은 얼마간 즐거움과
편안함의 감각을 가져다준다. 이런 까닭으로 나온 것이 흥미로 알려진
독특한 종류의 감정이다. 흥미는 어떤 특수한 '관념'이 아니라, 통각적
apperceptive 과정의 반복을 요구하는 것이요, (연합이 주는 독특한 즐거
움 때문에?) 옛 관념과 새 관념 간의 연합의 반복을 요구하는 것이다. 흥
미는 바로 이와 같은 활동에 한층 더 몰입하려는 욕구다.

[72] 다시 말하면, 흥미는 관념들의 본질적 가치를 식별하는 데 목적
을 둔 관념들의 '내용'과 결부된 것이 아니라, 전적으로 관념들의 형식적
상호작용에 의존하는 것이다. 그리하여 흥미는 특별히 통각된 일단의
관념들과 별개로, 통각의 과정 그 자체를 따라 일어나는 것이다.

[73] 내가 보기에 헤르바르트 심리학과 교육학의 약점은 바로 여기
에 있다. 즉, 그것은 관념에 일종의 외적 존재, 하나의 기성既成의 특성,
하나의 존재를 부여하고 또한 개인이 이전에 한 활동과 무관한 내용을

---

8. (역주) 독일어 'Vorstellung'은 철학적 용어로 보통 표상(表象)이라는 용어로 번역되지
만, 원문에 나오듯이 영어의 'idea'나 'representation'과 유사한 의미를 갖는다. 한편,
'의식역'의 아래쪽에 있다는 것은 우리의 의식을 벗어난 상태이며, 의식역 위쪽에 있다는
것은 의식역 아래에 있던 것이 어떤 계기로 인해 의식역 위로 올라와 우리의 내적 지각
의 대상이 된 경우를 말한다. 이에 대해서는 이환기(1995). 『헤르바르트의 교수이론』. 서
울: 교육과학사. 제2장 제3절 참조.

부여한다는 점에 있다. 헤르바르트의 이론은 칸트적 이론과 똑같이 관념을 충동과 분리함은 물론, 충동에서 비롯된 활동과도 분리한다. 칸트적 관념들은 범위와 포괄성의 측면에서 이점을 지닌다. 반면 헤르바르트적 '관념들'은 명확성과 직접적 유용성의 측면에서 이점을 지닌다. 그러나 칸트와 헤르바르트의 이론은 둘 다 관념의 발생과 목적의 인식이 구체적인 자발적 행위로부터 비롯된다는 사실을 인식하지 못한다. 동시에 두 이론은 관념들이 본능적 행위 경향의 안내자요, 지도자로서 기능을 한다는 것도 인식하지 못한다.

[74] 내가 보기에 헤르바르트주의는 본질적으로 교사의 심리학일 뿐, 아동의 심리학이 아니다. 헤르바르트주의는 권위와 개별적 인격 형성을 대단히 강조하는 국가적 차원의 당연한 표현이다. 개별적 인격의 형성은 전쟁이나 시민 행정에서 당국이 제시한 윤리적 요구를 명백히 인식하고 따르는 데서 이루어진다. 모든 개인이 자기 안에 권위의 원리를 지니고 있다는 것, 그리고 질서는 복종이 아니라 조정이라고 공언하는 것은 국가적 차원의 심리학이 아니다. 모든 헤르바르트주의자들은 특정한 관념들, 그리고 관념들 간의 특정한 관계성을 형성하는 일이 도덕적으로 중요하다고 말한다. 또한 그들은 수업의 내용과 형식에 있어 지적 측면을 옳게 사용하느냐, 그릇되게 사용하느냐에 따라 인격이 형성될 수도, 붕괴될 수도 있는 그 한계에 대해서도 말한다. 헤르바르트주의자들이 말하는 이런 사항들을 충분히 인식하지 못한다면 어리석은 일일 것이다. 그러나 우리의 심리학에서 관념들은 활동에 대한 정의定義로 발생하며 활동을 새로운 표현들로 이끄는 역할을 한다. 우리가 필요로 하는 교육학도 이와 꼭 마찬가지로 학교에서 직접적 경험의 조건을 보장하고, 구성적 활동들을 통해 점진적 관념의 발전을 보장하는 데 더욱 역점을 둘 것이다. 일체의 관념은 이런 면에서 보면 활동의 중요성과 동력 그리고 활동의 관심도를 측정하는 자연적 경향성을 투영하고 있는

것이다.

[75] 우리는 심리적 측면은 물론 역사적 측면에서도 칸트와 헤르바르트 그 어느 쪽과도 결부되어 있지 않다. 우리는 "교육이란 사랑을 요구하는 것을 즐거워하고 사랑하며, 미움받을 만한 것에 고통을 느끼고 미워하도록 학생을 인도하는, 쾌락과 고통에 관한 특별한 훈련"이라는 플라톤과 아리스토텔레스의 단언으로 거슬러 올라갈 수 있다. 아니면, 우리는 "마음과 의지의 실제적 합리성은 오직 지성의 보편성 안에서만 숙련될 수 있다"고 말하는 헤겔의 입장으로 나아갈 수도 있다. 헤겔은 여전히 다음과 같이 적고 있다. "충동과 성향은 전적으로 그것들이 주는 불이익과 관련하여 어떤 때는 의무 자체를 위한 의무의 도덕성과 대조되기도 한다. 그러나 충동과 열정은 실로 모든 행위를 살아있게 하는 혈맥血脈이다. 만약 개인이 자신의 목적과 그 실행에 참으로 관심을 두고 있다면, 충동과 열정은 필수 불가결한 것이다. '도덕성'과 관계있는 목적, 이상이란 그 자체로 횅댕그렁한 내용이요, 일반적인—비활성적非活性的인 것일 뿐이다. 목적의 현실화는 행위자에게 달려 있다. 오직 목적이 행위자에게 내재해 있고 그의 '관심사'일 때 한해서만 목적은 현실화된다. 더구나—목적이 행위자의 전체적 효율적 주관성을 몰입시킨다고 주장하려면,—목적은 그의 열정의 대상이어야 할 것이다."

Ⅳ. 흥미와 교사, 그리고 아동과의 관계

요약

[76] 이제는 교육적 측면에서 전체적 논의를 간략히 요약하는 일만 남아있다. 흔히 우리가 듣는 것은 교육에서 흥미의 교조는 성인의 훈련되고 완성된, 폭넓은 시야와 경험을 아이의 미성숙하고 거칠고 변덕스러운 능력과 식견으로 바꿔치기하는 결과를 낳는다는 것이다. 앞서 우

리의 논의는 이 문제를 바로잡을 수 있게 해준다. 아동의 입장에서는 현재 자연스러운 흥미가 있다. 아동의 흥미는 어느 정도는 그가 속한 발달 단계에 기인하는 것일 수 있고, 또 어느 정도는 이전에 형성된 그의 습관과 그를 둘러싼 환경에 기인하는 것일 수 있다. 이런 흥미들은 비교적 거칠고 불확실한 데다가 순간순간 변하는 것이다. 그럼에도 이런 흥미들은 말하자면 아동에게 존재하는 모든 것이다. 아동의 흥미는 교사가 마음에 두어야 할 모든 것, 곧 출발점이요 주도권이며 유효한 작업 수단이다. 그렇다면 이로부터 교사는 아동의 흥미를 최종적인 것으로 받아들이고, 하나의 표준으로 따라야 하는가? 교사는 아동들이 정확히 있는 그대로 흥미 자체의 충족을 위해 행동하도록 자극한다는 의미에서 흥미에 의존해야 하는가? 결코 그렇지 않다. 이렇게 흥미를 해석하는 교사가 있다면 그는 참된 흥미의 관념에 대한 유일하게 심각한 적군인 셈이다. 흥미의 중요성은 무엇인가로 '이끈다는' 데 있다. 흥미는 새로운 경험을 가능하게 하고 새로운 능력을 형성하는 경향이 있다. 아동의 충동과 습관은 '해석될' 필요가 있다. 교사의 가치는 엄밀히 보면 그가 지닌 폭넓은 지식과 경험으로 아동의 충동과 습관을 초보자 입장뿐만 아니라 결과와 가능성의 면, 즉 이상의 면에서도 볼 수 있다는 점이다. 여기에 다섯 가지로 분류되는 헤르바르트의 다면적 흥미가 있다.[9] 다면적 흥미에는 자기 자신에 관해서, 또 자신의 놀라운 경험에 관해서, 또 자신의 친구들과 그들의 남다른 행위에 관해서 이야기하는 아동의 흥미가 있다. 이런 흥미가 이끄는 것은 무엇일까? 이런 흥미를 통해 일어날 만한 결과는 무엇일까? 흥미에는 낙서하기, 집 만들기, 또한 사람들과 개들에 대한 흥미도 있다. 이런 흥미는 어떤 결과에 '이르며' 어떤 상태가 '되는

---

9. (역주) 헤르바르트 『일반교육학』에서는 흥미를 여섯 가지로 분류하고 있다. 즉, 지적 흥미로서 경험적, 사변적, 심미적 흥미, 윤리적 흥미로서 공감적, 사회적, 종교적 흥미가 그것이다. 여기서 듀이가 헤르바르트의 다면적 흥미를 다섯 가지로 분류한 것은 오기가 아니라, 흥미를 의지의 훈련과 연관하여 재해석한 결과라고 보인다.

가'? 이렇게 끝까지 질문을 계속해간다. 이와 같은 질문들에 대답한다는 것은 아동심리학을 아는 것에만 국한된 것이 아니라, 성인의 지혜, 역사와 과학의 지식, 그리고 예술적 자산에 최대한 무거운 부담을 지우는 일이 된다. 아주 정제되고 포괄성을 갖춘 교과는 다음 질문에 대한 대답을 위한 하나의 명칭이다. "이들 움트기 시작하는 능력들은 어떤 결과에 이르는 것일까?"

[77] 그러나 그 길은 처음부터 끝까지 아동의 현재 필요와 기호嗜好로부터 성숙된 성장으로 나아가는 긴 노정이다. 지역은 차근차근 여행해야 한다. 이러한 노정은 항상 교사의 업무에서 '오늘'에 해당한다. 교사는 어떻게 하면 아동의 흥미를 '즉각적이고 직접적으로 활용'하여 아동이 바람직한 노선, 바람직한 방향을 따라 나아가게 할 수 있을지 파악해야 한다. 낙서에 대한 흥미는 현재로부터 10년 후 아름다운 편지를 쓴다거나 세련된 부기를 하기 위해서가 아니라, 아동이 지금 그 낙서로부터 무엇인가 이점을 얻을 수 있도록, 또한 아동이 미리 또 다른 단계를 열어 자기 자신의 조야한 상태를 벗어나는 활동을 할 수 있도록 '현재'를 활용하는 것이어야 한다. 이런 흥미와 습관을 활용하여 흥미를 더욱 충분하고 더욱 폭넓게 하고 더욱 정련精鍊하여 보다 나은 통제 범위에 두는 것은 교사의 전반적 의무로 규정될 수 있다. 항상 흥미를 활용하는 교사라면 그는 결코 흥미에만 빠지지 않을 것이다.

사실상 흥미는 움직이는 것이요 성장하는 것이며, 경험을 더욱 풍부하게 하고 능력을 더욱 무르익게 하는 것이다. 정확히 어떻게 흥미를 활용하여 지식과 효율성 면에서 성장을 보장하는가 하는 것이 수석 교사의 과제다. 여기서 이 문제에 대해 대답할 지면은 없지만, 앞서 논의로 보면 다음 사항이 명백해진다. 즉, 아동들이 대체로 수단과 목적이 서로 밀접하게 연관된 직접적 흥미의 단계에 있는 경우냐, 아니면 아동들이 의식적으로 행위와 관념을 서로 관련시키고 관념에 비추어 행위를 해석하는 간접적 흥미의 능력에 도달해 있는 경우냐에 따라 한 가지 구분이 있을 수 있다는 것이다. 첫째로, 초등교육의 시기에는 명백히 아동으로 하여금 주로 직접적이고 개방적이며 적극적 활동에 전념할 수 있도록 해야 한다. 이런 활동을 통해 아동의 충동은 완성을 보게 되고, 완성을 통해 충동은 의식적 가치를 갖게 된다. 둘째로, 중등교육의 시기는 반성과 의식적 형식화, 그리고 일반화를 위한 기초 시기다. 또한 이 시기는 경험의 요소들을 잘 살펴보고 의식적으로 경험의 요소들을 규정하며 그 요소들을 관련짓는 마음의 후향적後向的인 활동을 위한 기초 시기다. 여기서 교사는 아동으로 하여금 자기 자신의 능력과 경험이 지닌, 보다 확대된 의미를 의식에 떠올리게 할 수 있다. 이 일은 아동에게 그저 관계들을 지각하는 수단을 제공한다고 해서 가능한 것이 아니라, 간접적이고 대리적으로 타인들의 경험에 대해 반성하고 몰두하게 함으로써 이루어질 수 있다.

흥미와 도야

[78] 흥미는 그야말로 뻗어나가는 것이요 충동을 실현하는 성장과 확대의 사태이기 때문에, 흥미를 참되게 활용하는 것과 흥미의 능력과 효율성을 보장하는 훈련된 마음 ― 실제 '도야'를 이루는 마음 ― 사이에는 충돌이 있을 수 없다. 흥미는 삶 속에서 '애써 성취해야' 하는 것이고 단순히 흥미 자체에 빠지는 것이 아니기 때문에 극복해야 할 난점들과 장애물들의 여지가 많다. 이러한 난관의 극복이 '의지'를 형성하며 유연하고 확고한 인격의 정신력을 발달시킨다. 흥미를 '실현한다는' 것은 무엇인가 '행한다'는 뜻이다. 그런 행함에 있어서는 저항을 만나고 저항에 직면하기 마련이다. 이제 난점들은 본질적인 것일 뿐이다. 난점들은 중요하며 그 진가가 제대로 인정받게 된다. 왜냐하면, 충동이나 습관을 완성하는 일과 관련하여 난점들을 느끼기 때문이다. 더 나아가서는,

바로 이런 이유 때문에 단번에 낙망하거나 의식이 몽롱한 상태로 어떤 회피의 방법에 의존하거나, 혹은 문제와 관계없는 희망과 공포의 동기에 의존하는 것이 아니라,—희망과 공포의 동기는 외부적인 것이므로 '의지'를 훈련하는 것이 아니라 단지 다른 것들에 대한 의존으로 이끌 뿐이다—정신을 바짝 차려 난점들을 대면하고 지속적으로 그에 대처하려는 동기가 생긴다.[10]

[79] 현재 도야의 개념에서 대부분의 불합리한 점은, (1) 본질과 무관한 난점, 그저 단순한 과업으로서의 과업, 문제로 구성된 문제가 교육적 노력 혹은 에너지의 방향성을 일으킨다고 가정한다는 것, (2) 능력이 존재하되, 대체로 그 능력은 적용과 별개로 훈련될 수 있다고 가정한다는 것이다. (1) 문제라는 것은 정신적이고 심리적인 것이다. 문제는 그 문제 자체가 나타난 사람 쪽에서 보면 특정한 정신적 태도와 과정을 수반한다. '문제'라는 이름이 붙었기 때문에, 혹은 교사에게 문제로 보이기 때문에, 아니면 심지어 문제가 '다루기 어렵고' 싫기 때문에 진짜 문제가 되는 것은 아니다. 하나의 문제를 그야말로 문제라고 충분히 인식하기 위해서는 아동은 그 문제를 자신의 경험 속에서 발생한 자기 자신의 어려움으로 느껴야 하며, 또한 자신의 목적을 달성하고 결점缺點이 없는 완전한 경험을 확보하기 위해 극복해야 할 하나의 장애물로 느껴야 한다. 그러나 이 말이 뜻하는 바는, 문제들이란 아동 자신의 충동, 관념, 습관으로부터, 또한 그것들을 표현하고 성취하려는 시도로부터—한마디로 말해 자신의 관심거리를 실현하려는 노력으로부터—발생하고 성장한

---

10. (역주) "정신을 바짝 차려 난점들을 대면하고 지속적으로 그에 대처하려는 동기"라는 구절은 삶의 난관과 고통을 회피하지 않고 적극 대처할 것을 요구한다는 점에서는 '실존주의(existentialism)'와 유사한 면모를 보여준다. 물론 듀이의 입장이 삶의 번민, 공포, 불행을 부각시키는 실존주의와 동일하다고 보기는 어렵다. 다만 듀이가 말하는 삶의 '문제 상황'의 범위가 매우 광범위하다는 것, 또한 곤혹스러운 문제 상황의 해결이 '경험의 성장'에서 중요한 위치를 차지하고 있다는 점을 고려하면, 그의 '문제 상황'은 소위 실존주의적 고통과 난관의 요소도 포괄한다고 볼 수 있을 것이다.

다는 것이다. (2) 도야 혹은 훈련된 능력이란 오직 그 능력을 써먹을 때가 있기에 존재하는 것이다. '도야'의 다른 개념은 심지어 '도야'를 전문적 정신 단련의 수행자 수준으로 몰아가기도 한다.—이것은 속임수를 쓰는 것과 다름없다. 만일 누군가 잡지의 퍼즐란에—'특별히' 퍼즐로 고안된—몸짓 알아맞히기와 수수께끼 푸는 기술을 얻는 데 전력을 다하고 있다면, 그는 대체로 정신 도야의 현재 통념에 따른 답변을 하는 사람일 것이다. 그러나 이와 같은 생각을 논박할 필요는 없다. 누군가 본질적으로 행할 만한 가치가 있는 일에 자신의 능력을 효율적이고 자유롭게, 또한 충분하게 발휘할 수 있을 때만 도야가 이루어지는 법이다. 수학이 그 자랑거리인 도야의 기능을 다하지 못하는 것은, 엄밀히 보면 대부분 수학과 그 적용을 분리한 데서 기인한다. 입만 나불대며 복잡한 분수의 수치를 조작하는 아동은, 필시 실제적 삶 속에서는 아주 단순한 적용 사례를 발견하는 일조차 제대로 해내지 못할 것이다. 그런 아동은 "전에 결코 그런 종류의 일을 해보지 않았거나", 혹은 "어떤 규칙을 적용해야 할지" 알지 못하는 것이다. 대체로 아동은 남아도는 여분의 시간을 도야로 보낸다. 하지만, 아동 자신의 지식과 습관을 자연적 경험의 과정에서 야기되는 난점들에 맞게 조절하는 능력의 도야는 거의 이루어지지 않는다. 이것이 가슴 아픈 일—흔히 '비극적'이라 하는 일—이 아니라고 하면 헛웃음만 나올 것이다. 그런데 학교의 영향력과 도야를 세상의 일상사와 요구로부터 불가피하게 분리해야 할 때가 있다. 그것은, 아동 자신의 자연적 경험이 전개되는 과정에서 지적인 문제들을 야기하는 조건을 확보하지 않고, 아동 '스스로' 지적인 문제들을 만들어보는 것이 도야를 보장한다고 생각할 때다.

결론

[80] 결론적으로 말할 수 있는 것은 이것이다. 즉, 흥미 자체를 목적

으로 삼아 이루어낼 수 있는 일은 거의 없다는 것이다. 행복에 관해서도 흥미와 마찬가지로 말할 수 있다. 행복은 최소한 그것을 의식적 목적으로 두지 않을 때 최대한 얻어진다. 우리가 해야 할 일은 흥미에 대해 노심초사勞心焦思하지 않으면서도 흥미를 일으키는 조건들 — 곧, 아동 자신의 능력과 필요, 그리고 그것들을 실현하는 수단과 재료들 — 을 알아내는 데 있다. 만약 우리가 아동의 긴급한 충동과 습관을 발견할 수 있다면, 또한 적절한 환경을 조성함으로써 아동의 충동과 습관을 유익하고 질서 있는 방식으로 작용하게 할 수 있다면, 우리는 아동의 흥미에 관해 그다지 마음고생할 필요가 없을 것이다. 이렇게 되면 아동의 흥미 문제는 대개는 그냥 놔두어도 자연히 해결될 것이다. 나는 아동의 '의지'의 훈련도 이와 마찬가지라고 아주 굳게 확신한다. 사실상 흥미와 의지의 분열이라는 가정은 인공심리학人工心理學에 그 뿌리와 생명력을 두고 있다. 인공심리학에서는 독립적 실체들과 능력들에 대한 그 나름의 분석적 추상을 통해서 흥미와 의지의 구분을 내세웠다. 어떤 방식을 취하든 그 모든 기저에는 오직 사람—성인 혹은 아동—이 있을 뿐이다. 그리고 실지로 그 사람을 훈련하는 것이 무엇이든 질서와 능력, 자주성, 그리고 지력을 그의 경험 속에 들여오는 것이라면 가장 확실한 의지의 훈련이 될 것이다. 우리는 개별 인간에 있어 명확히 의지라 불릴 만한 것이 있다고 믿는 사람들에게 마음 놓고 의지의 훈련을 맡길 수도 있다. 이런 사람들은 개인의 능동적 구성과 균형 바깥에서, 또 그것과 별개로 의지의 훈련 방식을 고안하려는 사람들이다. 반면, 의지가 전체적 존재의 특정한 태도와 과정, 주도력, 그리고 목적 달성을 위해 수단을 지속적이고 지적으로 조절하는 능력을 뜻한다고 믿는 사람들이 있다. 이런 사람들에게는 자립적 성장에 도움을 주고, 진지한 숙고와 합리적 통찰력이 결부된, 확고한 행위에 도움을 주는 것이라면 무엇이든 의지의 훈련에 해당한다.

잭슨빌(Jacksonville)에서의 토론

[81] 1896년 2월 20일 플로리다주 잭슨빌에서 열린 헤르바르트Herbart 원탁회의에는[11] 듀이의 이 논문을 읽고 토론에 대단한 관심을 보인 일단의 주목할 만한 학자들이 참여했다. 가모Charles De Garmo 박사가 사회를 보았다.[12]

[82] 듀이 박사는 몸이 아파 참석을 못했기 때문에 맥머리C. A. McMurry 박사가 논점을 간략히 진술하고 토론의 도입을 하도록 요청받았다. 토론은 이후 한 시간 반 동안 중단 없이 진행되었다. 이하의 내용은 토론에서 제안된 몇몇 논점들을 간략히 진술한 것이다. 이 진술문은 듀이 박사에게 제출되었다. 종결 부분에는 듀이 박사의 짤막한 답변을 덧붙였다.

[83] 듀이 박사의 논문에 대한 첫 번째 주요 비판은 에버레스트Everest 박사 등에 의해 제기되었다. 이들의 비판은 듀이 박사가 쓴 자기활동self-activity, 자기표현self-expression, 흥미interest와 같은 몇몇 용어들이 명료히 규정되지 않아 그 의미를 정확히 구별할 수 없다는 것이었다. 브라운G. P. Brown은 듀이 박사가 그의 심리학에서 쓴 전문용어를 아는 것이 이 논문을 이해하는 데 필수적이라고 제안했다. 자기활동과 자기표현이란 말은 심리학적 사고 영역에서 친숙한 용어들이다. 예컨대, 아동은 놀이를 하면서 자신을 실현하고자 한다. 꽃과 식물은 뿌리 속에 깃든 생명력의 자기실현이다. 자기표현은 동식물에 작용하는 자연적 활동의 소산이다. 에버레스트 박사는 자기실현이 나쁜 쪽으로 흐를 수도 있다고 지적했다. 가령 한 소년이 나쁜 책을 읽는 것처럼 악한 방향으로 자기실현을 추구할 수 있다는 것이다.

---

11. (역주) Jacksonville: 미국 플로리다주 북동부에 있는 항구도시.
12. (역주) 사회를 맡은 가모(Garmo, 1849-1934) 박사는 헤르바르트 교육철학에 영향을 받은 미국의 교육학자로서 일리노이(Illinois) 대학, 코넬(Cornell) 대학 등의 교수를 역임했다.

[84] 해리스Harris 박사는 브라운의 요청을 받고 다소간 다음과 같이 답변했다: 듀이 박사의 논문은 매우 유능한 저작이었다. 해리스 자신도 듀이의 논문을 읽었지만, 그 의미에 대해서는 아직 충분히 납득하지 못했다. 듀이 박사의 모든 저작이 그러하듯이 이 논문도 아마 몇 번씩 읽을 만한 가치가 있을 것이다. 그는 듀이 박사가 흥미에 대한 해석으로 상황을 몰아간다는 생각이 들었다. 듀이 박사는 자신의 관점을 헤겔Hegel의 '법철학Philosophie des Rechts'에서 취한 것으로 보인다. 의지는 가장 순수한 존재의 중심이요 핵심이다. 신神이 자유와 진화의 우주를 만든 것이다.

[85] 다음 말은 시스티나 성당Sistine Chapel에서 내려다본, 신에 대한 예술가의 작품 해석이다. 하나님의 뜻으로 소망을 이룬다.[13] 듀이 박사는 자기표현을 강조하고, 그것을 흥미를 향한 논점으로 변경했다. 그러나 흥미는 쾌락을 지향한다. 흥미와 대조해 보면, 쾌락주의Hedonism에 대한 칸트의 비판은 언제나 옳다. 쾌락이란 좋게도, 나쁘게도 해석될 수 있는 애매한 용어다. 당신은 쾌락이라는 말의 불확실성에 숨어 '마음대로ad libitum' 변장할 수 있다. 또한 쾌락과 똑같이 애매한 용어인 흥미에 대해서도 그와 같이 변장할 수 있다. 흥미는 저속한 것이기도, 고상한 것이기도 하고 그 중간쯤 되는 것이기도 하다. 흥미는 너무도 많은 것을 덮어버리는 모자와 같다. 좋은 것과 나쁜 것이 하나의 용어에 모여 있는 것이다. 흥미의 옹호자라면 그 용어가 정확히 무엇을 뜻하는지 구체화해야 할 것이다. 자기활동 자체가 하나의 발달 법칙이 되는 것은, 오직 인간이 전반적으로 최선의 자기활동을 진척하기 바랄 때만 해당한다. 듀이 박사의 잘못은 칸트에 대한 이러한 해석에 있다. 수업 자료를 선택했을 때 교사가 그 자료를 아동들에게 흥미 있게 만드는 것은 적합

---

13. 원문: Will wills will.

한 일이다.

[86] 화이트White 박사는 흥미가 모호하고 불명확한 용어라고 생각했다. 흥미는 욕구나 동기로 이어지지 않는다. 만약 흥미가 행위를 결정하는 것이라면, 모든 도덕률을 폐기 처분한다는 결론을 어떻게 피할 수 있는가? 흥미 있는 방향으로 행동하는 것은 더 쉬운 법이다. 그러나 의무의 입장에서는 가장 관심이 많은 일에 흥미를 두지 않는 법이다.[14] 이런 흥미의 관념은 수프 이론과 같다.[15] 아동들을 흥미가 있는 방향대로 달려가게 허용해서는 안 된다. 적어도 우리는 삶과 경험에서 실질적 모든 노력을 다하면서 의무를 위해 쾌락을 희생하라는 요구를 받는 것이다.

[87] 해리스 박사는 화이트 박사의 생각이 흥미라는 말이 지닌 의미의 애매성에 기초한 것이라고 말했다. 우리는 아동의 진짜 목적에 주목해야 한다. 프랭크 맥머리Frank McMurry는 사랑이 행위를 촉진한다는 사실에 주의를 환기시켰다. 화이트 박사는 사랑이 흥미와 무슨 관계가 있는지 알기 바랐다. 그 대답은 사랑이 좀 더 강렬한 형태의 관심인 만큼, 사랑과 흥미는 동일한 종류에 속한다는 것이었다. 길란Gillan은 흥미가 고통 속에서도, 가령 치통을 앓거나 팔이 절단된 가운데서도 존재하는지 여부를 알기 바랐다. 파우웰Powell은 고통을 제거하려는 노력을 하나의 간접적 흥미라고 생각했다. 서튼Sutton은 다음과 같이 시작하는 문장에 주의를 환기했다. "무엇인가 불쾌하다는 사실은 그것들이 본질

14. 원문: duty set its heel on interest in the highest concerns.

15. (역주) 수프 이론이란 생명 발생론의 일종으로 생명체가 유기 수프에서 생겨났다는 이론이다. 이 이론은 유기 수프가 화학적 반응들을 일으킬 힘이 전혀 없다는 점에서 원시적 이론이라고 비판받는다. 본문에서 화이트 박사가 흥미의 관념을 수프 이론과 같다고 말한 것은 곧 흥미를 신뢰할 수 없다는 뜻이다. 의무론의 관점에서 보면 흥미에 치중한다는 것은 쾌락으로 치달아 성장에 보탬이 되지 않기 때문이다. 그러나 듀이의 입장에서 보면 의무론은 교육적 흥미를 바라보는 올바른 접근 방식이 아닐뿐더러, 얼마든지 종래 노력 이론의 폐해를 초래할 위험성이 있다.

적으로 우리가 바라는 목적과 관련되지 않은 것으로 생각한다는 것을 나타낸다." 등. 더 나아가, 고통 자체는 동기의 원천이 아니라는 점도 언급되었다. 고통이나 어떤 장애물을 제거하기 위해 건강을 바란다면 그것이 진짜 흥미의 원천이라는 것이다.

[88] 트뢰들리Treudley와 해리스Harris 박사는 인간의 의지를 신의 의지와 관련된 것으로 볼 수 있는가, 그리고 유한자의 의지가 얼마만큼 무한자의 형식이나 표현이 될 수 있는가 하는 논의에 마음이 끌렸다. 토론의 말미에 찰스 맥머리Charles McMurry는 흥미의 교육적 가치에 대해 질문을 제기했다. 가르치는 일의 필수적 요소로서 흥미를 옹호하는 사람들은 흥미에 좋은 흥미와 나쁜 흥미라는 애매성이 있다는 점에서 비판받는다. 그러나 흥미의 반대자들은 좋은 흥미든 나쁜 흥미든 둘 다 거부한다. 이들은 흥미의 가치를 '완전히in toto' 거부하는 것이다. 이들은 적어도 흥미 이론의 지지자와 같은 잘못을 범하고 있다. 흥미 이론의 옹호자들은 그들이 함양하기 바라는 흥미에 대해 조금도 의심하지 않는다. 그들이 촉진하기 바라는 것은 바로 참되고 수준 높은 흥미요, 이상理想이다. 아무도 이 점을 의심하지 않는다. 철학자로서 헤르바르트는 참된 흥미의 여섯 가지 중요한 원천을 지적하고자 했다. 그리하여 그 누구도 흥미의 옹호자들이 본질적으로 무엇을 말하는지에 대해 의심할 리 없었다. 더구나, 대부분 모든 중요한 용어들은 흥미라는 말에 담긴 애매성과 동일한 애매성을 띠고 있다. 가령 의지의 훈련은 좋은 것일 수도, 나쁜 것일 수도 있다. 자기활동도 좋은 것일 수도, 나쁜 것일 수도 있다. 교육도 마찬가지로 좋은 것일 수도, 나쁜 것일 수도 있다. 그럼에도 여전히 우리는 그런 용어들을 사용하며 우리가 의도한 대로 그 용어들을 이해하는 것이다.

[89] 우리는 다음 질문에 대답할 필요가 있다. 우리는 듀이 박사의 흥미의 심리학에 대한 분석을 받아들일 것인가? 듀이는 관념, 흥미, 욕

구, 동기, 그리고 노력과 관련된 자연스러운 움직임에 대해서 충분하고도 대가다운 분석을 제기했다. 우리는 학습의 과정에 있어 그가 제시한 흥미의 지위와 가치를 받아들일 것인가? 교육적 문제란 단순하고도 직접적인 것이다.

[90] 듀이 박사는 토론에 참석할 수 없었기 때문에 전술한 보고서에 다음 사항을 덧붙이기를 바랐다. "말할 필요도 없이, 흥미라는 용어가 해명이나 토론 없이 취급된다면 애매한 것이다. 만약 흥미라는 용어가 충분히 정련되어 보편적으로 인정된 의미를 갖는다면, 어떤 과학적 흥미라고 하더라도 더 이상 토론에 덧붙일 만한 것이 없을 것이다. 주어진 시간에 토론의 핵심이 되는 모든 용어들은 흥미와 유사한 애매성을 띤다. 엄밀히 보면, 토론은 이와 같은 애매성을 일소―掃하기 위해 하는 것이다. 앞서 나의 논문 전체는 심리학적 근거에서 흥미라는 말에 결부된 참된 의미가 무엇인지, 그리고 흥미를 교육적으로 적합하게 사용하는 데서 오는 필연적 결과가 무엇인지 발견하려는 시도다. 흥미에 대해 내가 한 분석과 적용이 꽤 부적절한 것일 수도 있다. 그러나 나는 이처럼 진술을 공식화하고 비평하는 일을 제외하곤 문제를 진전시킬 방도를 알지 못한다. 심리학적 분석과 조금도 관계없이 순전히 임의적 용어 규정에 의거해 흥미를 논한다면 쓸데없는 짓일 것이다. 또한 흥미의 용어를 쓴 참된 취지가 무엇인지 검토하지 않은 채 단지 그 말의 애매성에 대해 불평만 늘어놓는 것은, 토론자들이 발견한 바로 그 애매성만을 남게 할 뿐이다. 토론의 기초 중 하나로서 상세한 공식적 진술을 하는 것은 설사 오류가 있는 진술이라고 해도 유용한 것이 틀림없다. 나는 앞선 토론이 충분히 검토되고 비평을 받아서, 흥미의 정신적 본질과 그 교육적 적용에 대한 참된 관념을 갖는 데 기여하기 바란다. 심리학에서 틀에 박힌 정의들이란 추구할 것이 아니라 피해야 할 대상이다. 우리에게 필요한 것은 분석을 통해서 그런 틀에 박힌 정의들보다 앞서 나가는 것이

다. 그러나 누군가 나의 논문에 그러한 요약적 정의들이 나타나 있다고 말할지도 모르겠다."

참고사항

"내가 찾은 최선의 헤르바르트적 논의는 발렌스만Walesemann의 '흥미Das Interesse'라는 글이다. 이 논문은 그뢰슬러Grössler의 「다양한 흥미Das vielseitige Interesse」와 피트Viedt의 「다양한 흥미들Vielseitiges Interesse」과 비교될 수 있다. 케른Kern의 글 「교육학 개요Grundriss der Pädagogik」 또한 논지가 매우 명백한 글이다. 헤겔의 칸트에 대한 비판은 그의 저작 『법철학Philosophie des Rechts』 제135절 전체에 드문드문 나타나 있지만, 『법철학』 II권 304ff에 가장 잘 요약되어 있다. 헤겔의 인용은 그의 '정신 철학Philosophie des Geistes' 제475절에 근거한 것이다. 또한 헤겔은 동일한 구절에서 행위자는 흥미 없이는 결코 행동하지 않는다고 말하고 있다."

|제 2 장|

학교 교육과정의 심리학적 측면

The Psychological Aspect of the School Curriculum, 1897: EW5. 165–176

■

이 글에서 듀이는 학습자의 심리적 측면과 교과의 논리적 측면을 분리하는 이원론적 시각을 비판하고 양자를 통합적으로 보아야 하는 이유를 제시한다. 교육과정이 심리적 측면을 고려하지 않고 일방적으로 제시되면 학습자의 관심을 끌지 못하며 순전한 노력만을 강조하거나 그릇된 흥미의 방법에 매달리게 된다. 듀이가 보기에 교육적으로 의미 있는 교과란 지식의 객관적 조직체에 앞서 "개별적 경험의 양상 혹은 형식"으로서의 교과다. 학습자가 얼마간의 경험을 하고 경험한 바의 의미를 생생하게 깨달을 때에만 그는 비로소 경험과 관련된 사실들과 원리를 분석할 수 있는 준비를 갖춘 셈이다. 이렇듯 교육 내용에 심리적 측면이 존재한다는 사실을 고려한다면, 교육과정이나 교과를 지식의 논리적 측면에서만 보아서는 안 되며 학습자의 경험과 연계시켜 보아야 할 것이다. 소위 '교과의 심리화'란 바로 이런 연계와 관련된 일이다. 이러한 연계는, 예컨대 지리를 '어떻게' 가르치는가 하는 문제가 아니라 현재 가르치는 지리가 학습자에게 '어떤' 의미를 갖는가 하는 문제다. 결국 듀이가 이 글에서 말하고자 하는 바는 심리적 고려가 '교육 방법'은 물론 '교육 내용'의 차원에도 도입되어야 한다는 것이다.

[1] 현대 교육학적 저술에서 교육과정 또는 수업 내용을 방법과 구별하는 임시변통의 방식이 있다. 교육과정이나 수업 내용은 개인적 특성에 대한 어떤 특별한 고려도 없이 사회적, 논리적 고려 사항에 의해 확정된 객관성을 띠는 것으로 취급된다. 가령, 우리는 개인 심리학에서 나온 원리들에 의존하지 않고, 학교 교과목으로서 지리, 수학, 언어 등에 관해 토론하며 그 과목들을 특징지을 수 있다고 생각하는 것이다. 방법의 관점은 객관적으로 부여된 이러한 교재를 개인적 과정과 흥미, 능력에 맞게 제시하는 일을 고려해야 할 때 거론된다. 과목은 이미 거기에 정해져 있다. 따라서 방법의 분야는 제공된 사실들과 진리들을 어떻게 하면 학생들이 가장 쉽고 효과적으로 흡수할 수 있는가를 탐구하는 것이다.

[2] 작업상 편의를 위한 구분으로 수업을 두 가지 국면으로 나누어 논의하는 것도 크게 해로울 것 같지 않다. 그러나 작업상의 구분을 하나의 엄격한 원리로 밀어붙여 그 이상의 추론을 위한 기초로 삼거나, 다른 교육적 문제들을 해결하는 준거로 삼는다면 심각한 반대에 부딪힐 여지가 있다.

[3] 철학적 측면에서 보면, 이러한 관점은 내가 보기에 옹호할 수 없

는 이원론을 내세우는 것이다. 이원론은 어떤 관점에서 보더라도 의문의 여지가 있다. 더구나, 실제적 또는 교육적 측면에서 이원론적 구분을 견지하는 많은 저자들에게 이원론을 하나의 철학적 문젯거리로 제시한다면 확실히 그들은 문제를 인정하려고 들지 않을 것이다. 이원론은 정신적 작용과 지적 내용을 구분한다.—이것은 마음과 그 마음이 작용하는 대상을 구분하는 것, 혹은 더 전문적으로 말하면 경험상으로 주체와 객체를 구분하는 것이다. 이원론의 철학적 전제조건은 마음의 작용과 그것이 작용하는 대상인 교과 사이에는 어떻든 간에 틈이나 균열이 존재한다는 데에 있다. 교과가 심리학적 고려 사항과 어떤 관련성이 없어도 (즉, 개별 학습자의 특성, 행위 방식과 별도로) 당연히 선택되고 규정되고 배열될 수 있다고 본다면, 거기에는 사실들과 원리들이 마음의 방법이나 기능과 유기적 관련성을 맺지 않은 채 독립적이고 외적 방식으로 존재한다는 가정이 깔려 있는 셈이다. 이원론의 교조를 적합한 철학으로 받아들이기를 거부하는 사람들은, 이원론이 교육적 의상을 입고 나타난다고 해도 아마 그 교조에는 만족하지 못할 것이다.

[4] 이러한 이원론은 교육에서 심리적 요인을 공허한 정신 단련 gymnastic으로 전락시켜 버린다. 이원론에서는 심리적 요인을 지각력, 기억력, 판단력으로 불리는 몇몇 구별되는 능력들의 단순한 형식적 훈련으로 보고, 그러한 능력들은 교과와 유기적 관련을 맺지 않아도 독립적으로 존재하고 작용할 수 있다고 가정한다. 나는 '15인 위원회 보고서'에 나타난 해리스Harris 박사의 관점, 즉 교육적 가치를 확정하는 데에 심리학적 기초가 비교적 무가치하다는 생각이 현재 논의 중인 이원론의 필연적 결과임을 지적한 바 있었는지 알지 못한다. 만약 교과가 한쪽에 독립적으로 존재하는 것이라면 정신적 과정도 다른 한쪽에 그와 비슷하게 고립적 상태로 있게 될 것이다. 심리학적 관점에 대한 이러한 비난에 성공적으로 이의를 제기하는 유일한 방법은, 사실상 경험의 재료와 그

재료를 다루는 데 따르는 정신작용 사이에 존재하는 일체의 분리를 부정하는 데 있다.

[5] 논리적으로 보아 이원론의 교조가 실제로 수행된다면, 엄밀히 말해 이론적 측면에서 볼 때보다 한층 매력이 떨어지고 만다. 이원론의 관점에서 보면, 배워야 할 재료나 소재는 불가피하게 외부의 것이라서 관심을 끌지 못한다. 교재를 향한 선천적, 내재적 마음의 경향성이 있을 리 없다. 교재도 또한 정신력을 자극하고 불러일으킬 만한 어떤 본질적인 질적 특성도 지닐 수 없다. 이원론의 구분을 견지하는 사람들이 수업에 있어 흥미의 가치를 의심하고 오로지 필사적 노력만을 강조한다는 사실은 조금도 놀랄 만한 일이 아니다. 외부에 존재하는 교재는 학생의 마음에 다소간 거부감을 불러일으킨다. 이런 가정하에서는 학생 스스로 하게 내버려둔다면 필경 그는 공부가 아닌 다른 일에 착수할 것이다. 학생의 마음이 그 자신의 고유한 활동과 관심을 벗어나 이런 외부 자료로 옮겨가기 위해서는 의지력을 갖춘 순전한 노력이 필요하다.

[6] 다른 한편, 정신작용이 교재와 어떤 본질적 관련도 맺지 못한 채 진행된다고 가정하면, 방법의 문제는 아주 저급한 수준으로 전락하고 만다. 필연적으로 방법은 그저 경험적으로 유용하다고 발견된, 혹은 개별 교사의 재간으로 고안된 다양한 조치들과 연관된 것일 뿐이다. 거기에서는 방법의 주안점을 결정하는 데에 표준으로 쓸 만한 어떤 근원적이거나 철학적인 면이 부재한 것이다. 방법은 단순히 마음과 외부 교재 간의 자연적 마찰을 줄일 수 있는 임시방편과 책략을 발견하는 문제일 뿐이다. 한번 더 말하면, 부지불식간에 이원론을 견지하는 사람들은 (실제로 노력의 이론이 유효하게 작용한다고 보지 않는 경우) 재미를 뜻하는 흥미의 교조와 연대를 구하고 있으며, 또한 실제 수업의 활동은 어떻게 하면 내재적 흥미가 없는 과목들을 흥미 있게 만드는가—즉, 과목들에 인위적 매혹거리의 옷을 입혀 학생의 마음이 마치 쓴 약을 무의식적

으로 삼키듯이 할 수 있는가―하는 문제로 간주하는 것이다. 이는 그리 놀랄 만한 일도 아니다.

[7] 이러한 이원론적 가정은 한편으로는 교재를 학생 외부에 있는 무관심한 특성을 지닌 것으로 보며, 다른 한편으로는 방법을 사소하고 임의적인 것으로 간주해 버린다. 이러한 사실은 확실히 이원론적 가정을 의심할 만한 이유가 있음을 보여준다. 따라서 나는 이하에서 이원론의 전제조건을 검토하고자 한다. 이러한 작업은 사실상 심리학적 고려사항들, 곧 개별 학습자의 심적 구조와 능력을 다루는 일이 방법의 논의뿐만 아니라 교과의 논의에도 개입한다는 사실을 보여주기 위한 것이다.

[8] 나의 논문 "의지와 관련된 흥미"[1]에 대해 해리스Harris 박사가 말하는 비평의 일반적 논조는 아주 친절하고 사의謝意를 표하는 것이어서, 내가 다소간 심층적 문제를 제기하지 않은 채 논의를 계속한다면 혹평과 논란의 소지가 있을 것이다. 교육에서는 흥미의 지위뿐만 아니라 상호 관계의 의미와 가치에 대해서도 의견의 차이가 크게 존재한다. 이러한 의견의 차이는 내가 방금 말한, 보다 근본적 문제를 제기하지 못한데서 기인한 것이라고 확신한다. 또한 나는 현재 논의의 형편으로 보아 필요한 것은, 말하자면 그간 대부분 당연시해 온 무언無言의 논리적 가정을 명확히 함으로써 이 두 가지 문제의 측면을 파고 들어가는 데 있다고 확신한다.

[9] 그렇다면 교육과정敎育課程의 연구는 무엇을 뜻하며, 무엇을 나타내는 것인가? 학교의 과업에서 교육과정의 연구가 차지하는 위치를 확정하는 것은 무엇인가? 교육과정 연구에 목적을 제공하는 것은 무엇인

---

1. (역주) 듀이의 "의지와 관련된 흥미(Interest as Related to Will)"라는 글은 1895년 초판으로 발행된 것이며, 본서의 1장 "의지의 훈련과 관련된 흥미(Interest in Relation to Training of the Will)"는 앞의 글을 보완하여 1896년에 재판된 것이다.

가? 교육과정 연구에 한계점을 부여하는 것은 무엇인가? 우리는 어떤 기준으로 교육과정 연구의 가치를 재는가? 말할 필요도 없이, 보통의 학교 교사들에겐 이런 문제를 제기하지 않는다. 교사에게는 자신에게 부여된 특정 교과목들이 있다. 흔히 말하듯이, 교육과정은 준비되어 있으며 개별 교사는 그가 알고 있는 만큼 최선을 다해 교과목을 가르쳐야 한다. 그러나 교육의 본질에 대한 이론적 관심을 가졌거나, 실제로 수업 교과목을 조직해야 하는 교사들은—즉, 교육과정을 '설계하는' 교사들은—이런 질문들을 무시할 여유가 없다.

[10] 대체로 이제까지 미국에서 이런 질문들에 대한 가장 철학적인 대답은, 당연히 해리스Harris 박사의 유명한 세인트루이스 보고서St. Louis reports에 나타나 있으며, 보다 최근에는 헤르바르트적 상호 관계의 개념을 반박한 그의 논문들뿐만 아니라, 그의 15인 위원회 보고서Report of the Committee of Fifteen에도 명확히 나타나 있다. 사실상, 여기서 우리가 확인하는 발언들은 다음과 같다. 즉, 하나의 교과목이란 전형적인 사회적 삶의 측면과 관련된 사실들과 원리들을 모아 배열한 것이라거나, 그런 사실들과 원리들은 사회적 삶을 유지하는 근원적 도구를 제공한다는 것, 그리고 하나의 교과목을 선택하고 배치하는 표준은 학생이 태어난 문명의 필요에 그를 적응하게 하는 가치에 달려 있다는 것이다.

[11] 나는 어느 정도는, 적극적 측면에서 이런 진술에 이의를 달지 않는다. 내가 이의를 제기하는 논점은 이런 사회적 결정이 심리학적 결정을 도외시한다는 소극적 추론이다. 사회적 규정은 필요한 것이다. 그러나 그렇다고 하여 심리학적 규정이 덜 중요한 것인가? 가령, 특정한 교과목이 사회적 삶 속에서 '어떻게' 그것에 할당된 역할을 하는지 묻는다고 해보자. 그 교과목에 그런 기능을 부여하는 것은 무엇인가? 그 교과목이 그런 기능을 수행할 때 어떻게 작동하는가? 이렇게 가정해 보자. 우리가 아동에게 그가 태어난 문명의 구조와 과정을 설명해 줄 때,

단순히 지리학이야말로 사실상 어떤 중요한 위치를 차지한다고 말하지 않는다는 것을. 이에 더해 우리가 지리학이 어떻게 이런 과업을 수행하는지를 알기 원한다고 해보자. 본질적으로 이런 과업 수행에 알맞도록 지리학을 각색하고, 다른 과목이나 다른 과목들의 그룹으로 잘 수행할 수 없는 것을 지리학이 할 수 있도록 권한을 부여한 것은 무엇인가? 이런 질문에 대한 대답이 심리학적 영역에 진입하지 않고서도 가능한 일일까? 사실상, 우리는 지리학이 심리학적 측면에서 어떤 것인지를—말하자면, 하나의 경험 양상 혹은 형식으로서 지리학이 무엇인지를—탐구하는 것이 아닌가?[2]

[12] 더욱이 우리는, 일반적으로 수업재료를 선택하는 어떤 준거를 확보하기 전에, 더 나아가 특정한 연령층 혹은 특정한 사회적 환경의 학생들을 위한 수업재료를 선택하기 전에, 주어진 교과목이 어떻게 그것에 부여된 과업을 잘 수행할 수 있는가를 물어야 한다. 우리는 논리적 전체로서의 교과목과, 심리적 전체로서 고려된 동일한 교과목을 구분해야 한다. 논리적 관점에서 보면, 교과목은 타당하다고 간주된 사실들의 조직체 혹은 체계이며, 그것은 모종의 내적 관계와 설명의 원리들로 결합해 있다. 논리적 관점에서는 이미 발견되고 구별되고 분류된 조직화된 사실들이 존재한다고 가정한다. 논리적 관점은 객관적 관점에서 교과를 다룬다. 논리적 관점의 유일한 관심사는 사실들이 진짜 사실들인가, 또한 사용한 설명과 해석의 이론들이 이치에 맞는가 하는 것이다. 심

---

2. 나는 『수의 심리학(*The Psychology of Number*)』이라는 책 제목에 대해 많은 비평가들이 이의를 제기했다는 점을 주목하고 있다. 이의를 제기한 근거는, 한 비평가가 진술한 바와 같이, "심리학은 마음의 과학이라서, 사실상 '수에 대한 마음의 과학'으로 읽어야 하므로 제목이 불합리하다"라는 것이다. 이 비평가들은 수, 양 등이 경험의 양상이 아니라고 말하는 것인가? 또한 수나 양은 특수한 지적 태도와 작용이 아니라고 말하는 것인가? 과학적 관점과 구별되는 교육적 관점에서 보면, 수를 하나의 경험 양상으로, 그리고 하나의 정신적 태도와 기능적 과정으로 고려하는 것은 순전히 객관적 관점에서 수를 정의하는 것보다 훨씬 더 중요한 것이다. 비평가들은 이 점을 부정하는 것인가?

리적 관점에서 보면, 우리는 생생한 개별적 경험의 양상 혹은 형식으로서 교과목에 관심을 둔다. 지리학은 그 자체로 분류, 논의할 수 있는 일단의 사실, 원리들일 뿐만 아니라 실제로 어떤 개인이 세계를 느끼고 생각하는 방식이기도 하다. 지리학은 전자이기 이전에 후자를 거친 것이 틀림없다. 오직 후자가 정점頂點 또는 완성된 결과에 이를 때에만 지리학은 전자로 확립된다. 오직 개인이 얼마간의 경험을 겪고 혼자 힘으로 경험한 바를 생생하게 깨달을 때만, 비로소 그는 경험과 관련된 사실들과 원리들을 얼마간 떨어져서 분석할 수 있는, 객관적이고 논리적인 관점을 갖출 준비가 된 셈이다.

[13] 이제 교육의 으뜸가는 관심사는 의심할 여지 없이 완성된 사실들, 과학적으로 검증된 원리들의 조직체로서 교과가 아니라, 특수한 개별적 경험의 양상으로서 교과에 관한 것이다. 아동에게 지리학은 단지 그가 아동이기 때문에 지리학에 대한 학술논문을 쓴 사람에게 그것이 의미하는 바와 동일하지 않으며 동일할 수도 없다. 지리학에 대한 논문을 쓴 사람은 정확히 지리에 대한 경험을 가지고 있는데, 아동 편으로 그 사람의 경험을 이끌어오는 것이 바로 수업의 문제다. 7세나 15세의 학생에게 지리학이 의미하는 바를 훔볼트Humboldt나 리터Ritter에게 그것이 의미하는 바와 동일시하는 것은 말 앞에 마차를 놓는 악명 높은 사례이다. 아동을 가르치는 수업은 완성된 결과물이 아닌, 있는 그대로 아동의 상태에서 시작한다는 관점을 가져야 한다. 우리는 아동의 현재 경험 영역 내에서 (혹은 아동이 쉽게 도달할 수 있는 경험의 범위 내에서) 지리학적이라고 부를 만한 가치가 있는 경험으로 어떤 것이 있는지 찾아야 한다. 이것은 아동에게 지리를 '어떻게' 가르치는가 하는 문제가 아니라, 무엇보다도 지리가 아동에게 '무슨' 의미를 갖는가 하는 문제다.

[14] 본래부터 지리학, 자연사自然史 혹은 물리학이라는 이름으로 영구히 구획된, 고정된 사실들의 조직체란 없다. 정확히 동일한 객관적 실

재라 하더라도, 그것을 바라보는 관심과 지적 태도에 따라 위의 세 과목 중 어느 하나가 될 수도 있고 혹은 그 어느 것에도 속하지 않을 수 있다. 일 제곱마일의 땅을 예로 들어보자. 소유권의 측면에서 땅을 보면 삼각법을 쓸 필요가 있을 것이다. 다른 관점에서 땅을 보면 식물학적 사실이라고 부를 수 있을 것이다. 역시 또 다른 관점에서 보면 땅은 지질학적 사실일 수도, 광물학적 사실일 수도, 지리학적 사실일 수도 있으며, 또 다른 관점에서 보면 땅은 역사학적 사료가 될 수도 있을 것이다. 땅을 어떤 한 항목에 속한 것으로 묶어두는 사실이란 전혀 존재하지 않는다. 우리가 물을 수 있는 것은 오직 어떤 종류의 경험이 진행되는가, 어떤 개인이 실제로 취하는 태도가 어떤 것인가, 그리고 그 개인이 머릿속에 그리는 목적이나 결과가 무엇인가 하는 것이다. 이때야 비로소 우리는 어떤 개별 교과목의 이름 아래 들어가는 사실들을 선택하고 배열하는 하나의 기초를 발견한 셈이다.

[15] 따라서 우리는 가장 논리적이고 객관적인 고려 사항에서조차 실지로 심리학적 관점을 벗어나지 않는다. 우리는 어떤 경험을 가진 사람의 모든 관련 사항에서 벗어나지 않으며, 또한 그가 어떻게, 어째서 그런 경험을 갖게 되었는가 하는 논점에서도 벗어나지 않는다. 우리는 그야말로 성인의 심리학, (즉 이미 일련의 특정한 경험을 거친 사람의 심리학), 그러니까 특정한 성장 배경과 방향성을 가진 사람의 심리학을 다루고 있으며, 아동이 지닌 조야하고 다소간 맹목적인 경향을 성인이 지닌 성숙하고 발달된 흥미로 대체하고자 하는 것이다. 만약 우리가 교육적 과업에서 이러한 구분에 따라 활동한다면, 그것은 아동의 의식을 성인의 의식 수준으로 대체하는 일이 될 것이다.

[16] 그러므로 반복하건대 교과목에 관한 첫 번째 문제는 심리적인 것이다. 생생하고 직접적이고 개별적 경험의 형식으로 고려된 교과목이란 어떤 것인가? 그런 경험에 있어 흥미란 무엇인가? 그런 경험의 동기

나 자극은 무엇인가? 그 경험은 다른 형식의 경험과 어떻게 작용하고 반응하는가? 그 경험은 점차로 다른 경험들과 어떻게 차별화되는가? 그리고 그 경험은 어떻게 다른 경험들에 부가적인 명확성과 의미의 풍부함을 가져다주는 기능을 하는가? 우리는 일반적 아동뿐만 아니라 특수한 아동—특정한 연령대의 아동, 특정한 정도의 성취를 한 아동, 그리고 특수한 가정, 이웃과 접촉하는 아동—에게도 이러한 질문들을 제기해야 한다.

[17] 이런 질문들을 하기 전에 학교의 교육과정을 숙고한다는 것은 임의적이고 불완전한 일이 되고 만다. 왜냐하면, 우리에게는 의사결정을 위한 궁극적 준거가 없기 때문이다. 문제는 단순히 아동이 파악할 수 있는 사실들이 무엇이냐 혹은 아동이 흥미를 가질 만한 사실들이 무엇이냐가 아니라, 아동 자신의 경험이 어떤 일정한 방향으로 나아가느냐 하는 것이다. 교과는 경험 자체의 법칙에 따른 교과의 경험과 구별되어야 한다. 만일 우리가 이 경험의 법칙이 무엇인지 모른다면, 또한 특정한 경험의 형식이 지닌 본질적 자극, 작용 양상 그리고 기능이 무엇인지 모른다면, 우리는 사실상 교과의 경험을 다루는 데 있어 손쓸 수 없는 상태가 되고 만다. 우리는 판에 박힌 일과를 따를 수도 있고 추상적인 논리적 고려 사항을 따를 수도 있지만, 결정적인 교육적 준거가 없는 것이다. 이러한 질문들에 대답하는 것이 바로 심리학의 과제다. 이러한 질문들에 대답하게 될 때 우리는 경험의 내용을 분명히 하고 축적蓄積하며 또 질서 있게 배열하는 방법을 알 수 있을 것이다. 이렇게 되면 머지않아 경험의 내용은 성인의 의식이 이미 소유하고 있는 체계적 사실들의 조직체를 포함할 만큼 성장할 것이다.

[18] 이런 문제는 명백히 실제적인 것이다.—곧, 실제 교실의 작업과 관련된 문제일 뿐, 그저 교수용 의자에 앉아 펜대만 굴리는 일이 아니라는 것이다. 대체로 보아, 나는 오늘날 수업에서 묵과할 수 없는 악폐는

전체적으로든, 다양한 단계에서든 교육과정의 교과를 심리학적 기초가
아닌, 객관적 혹은 논리적 기초에 의거해 선택, 결정한다는 점에 있다고
믿는다. 소박한 교육자는 이론적 과학연구에 종사하는 저자들이 수 세
기의 경험과 고통스러운 숙고 끝에 정련精鍊한 완전한 체계의 수용을 기
다리면서, 그의 입과 손을 크게 열어젖히며 지지를 표한다. 그는 이렇듯
기성의 '교과'를 신뢰하는 방식으로 받아들이므로, 학생에게도 계속 기
성의 방식과 똑같이 교과를 전달하고자 한다. 여기에 개입하는 의사소
통의 매체가 있다면 단지 '방법'으로 불리는 장치들과 책략들의 외적 부
착물에 불과하며, '흥미의 환기'라는 구실 하에 학생을 외적으로 유인하
려는 설탕 발림에 지나지 않는다.

[19] 이런 모든 조치는 첫 번째 교육학적 질문이 제기한 것, 즉 어떻
게 하면 아동이 이미 가지고 있는 조야하고 소박한 경험을 벗어나서, 성
인의 의식이 지닌 완전하고도 체계적인 지식을 서서히 조직적으로 성취
해 가는가 하는 논점을 간과한 것이다. 이 첫 번째 질문은 어떻게 경험
이 성장하는가를 묻는 것일 뿐, 성인이 아동기로부터 성숙기로 발달하
는 과정에서 성공적으로 모아둔 경험이 어떤 것인가를 묻는 것이 아니
다. 원천적 경험의 배경을 가진, 또 온전한 성장의 시기를 거친 학문적
저자라면, 그는 어떤 문제도 없이 자신의 경험을 몸에 지니고 잃어버리
지 않을 것이다. 그에게 유효한 교과란 언제나 경험의 타당한 관점과 관
계에 있다. 그러나 이런 성인의 재료가 기성의 형식으로 아동에게 전달
될 때, 경험적 관점은 무시되고 교과는 그릇되고 임의적 관계를 맺으며
내재적 흥미를 끌지 못하게 된다. 게다가 아동이 이미 한 경험은 생생한
학습의 도구가 될 수 있음에도 불구하고 써먹지 못한 채 퇴락하고 만다.

[20] 참된 방향의 조치는 다음과 같이 진술될 수 있다. 첫째로, 우리
는 아동에게 주의를 기울여서, 특수하게 선택된 시기의 아동에게 적합
한 경험이 어떤 종류의 경험인지 찾아내야 한다. 또한 가능하다면 그 시

기 아동 경험의 특수한 특징을 구성하는 것이 무엇인지, 동시에 아동의 경험이 어째서 다른 형식 말고 이런 형식을 취하는가 하는 이유도 알아내야 한다. 이것은, 아동에게 최대한의 의미와 가치를 지니는 경험들이 어떤 것인지, 또 아동이 그 경험들에 대해 취하는 태도가 어떤 것인지 자세히 관찰해야 한다는 것을 뜻한다. 우리는 이들 경험에 내재한 흥미의 요점 혹은 초점을 탐색한다. 우리는 그 경험들이 아동에게 어떤 쪽으로 파악되며, 어떻게 아동의 마음을 끄는지 묻는다. 우리는 관찰과 반성을 통해 아동의 어떤 취향과 어떤 능력이 그러한 경험을 확보하는 데 유효한 작용을 하는지 알기 위해 애쓴다. 우리는 아동에게 어떤 습관이 형성되고 있는지, 또한 어떤 결과들과 목적들이 제안되고 있는지도 묻는다. 우리는 자극이 무엇이며 아동이 하는 반응이 어떠한지 탐구한다. 우리는 어떤 충동들이 표출을 위해 경쟁하고 있는지 묻는다. 더 나아가, 충동들이 어떤 특징적 방식으로 출구를 발견하는지, 그리고 그 여러 충동의 표출이 아동에게 어떤 결과를 가져다주는지도 묻는다.

[21] 이상의 모든 질문이 심리학적 탐구에 속한다. 심리학적 탐구는 만약 이 단어를 써도 된다면 '흥미'라는 표제 하에 요약할 수 있을 것이다. 우리의 연구는 아동의 실제적 흥미가 무엇인지를 찾아내는 것, 또는 객관적 측면에서 말하자면 사물들과 사람들로 이루어진 세계에서 아동의 주의를 끌고 그의 주의를 유지하게 하는 것이 무엇인지, 또한 아동의 삶에서 중요하고 가치 있는 것이 무엇인지를 발견하려는 것이다. 물론 아동들의 흥미가 발견된다고 해서 그것들이 학교 과업의 궁극적 표준을 제시해 준다거나, 최종적으로 규정된 가치를 가진다고 볼 수 없다. 최종적 표준이란 앞서 말한 예비적 탐구를 거치지 않고서는 발견할 수도, 쓸 수도 없는 것이다. 오직 앞서 말한 심리학적 질문들과 그 대답들을 통해서만 우리는 아동이 실지로 어디에 위치하는지, 아동이 할 수 있는 것이 무엇인지, 아동이 정신적으로나 신체적으로나 시간과 힘의 낭비를 최

소화하며 최대한의 장점을 살릴 수 있는 것이 무엇인지를 찾아낼 수 있다. 여기서 우리는 아동에게 합당한 사실들과 관념들의 범위에 관한 지표 혹은 지침들을 발견하게 된다. 교과의 선택에 있어 절대적 규칙을 확보하지 못하더라도, 우리는 가장 적극적 측면에서 교과의 선택을 위한 열쇠를 얻게 된다. 아니 그 이상으로, 우리는 여기서 교사가 수업 활동을 하는 데 고려할 만한 자원들과 지원군들을 밝힌 셈이다. 이들 자연적으로 존재하는 흥미, 충동 그리고 경험들은 모두 교사가 가르치는 일에 있어 수단이 된다. 교사는 이러한 수단들과 연계해야 한다. 그렇지 않으면 가르치는 일에 전적으로 실패할 것이다. 아닌 게 아니라 수단과 연계라는 바로 이 단어들은 실제로 존재하는 것보다 더 외적인 관계를 암시한다. 새로운 학습자료는 이런 경험에 부속하거나 외부로부터 경험에 의존하는 것일 수 없지만, 내부로부터 경험과도 구별된다. 아동은 자신이 이미 겪은 경험과 관심의 소양으로부터 성장하지 않은 사실은 결코 깨달을 수 없고 또 그러한 관념은 결코 소유할 수도 없다. 그러므로 수업의 문제는 어떻게 하면 이러한 성장을 일으키는가 하는 데 있다.[3]

[22] 그리하여, 흥미는 전조 현상들로 연구해야 한다. 오직 아동이 행하는 것을 통해서만 우리는 그가 어떤 상태에 있는지 판단할 수 있다. 외적으로 드러난 행위를 내적 의미로 해석할 수 있게 해주는 것은 흥미의 견지에서 행위를 읽는 능력이다. 만약 우리가 아동이 지닌 흥미를 안다면, 그것은 단순히 표면상 드러난 행위를 안다는 것이 아니라 아동이 어째서 그런 행위를 하는가를 안다는 뜻이다. 여기서 우리는 아동의 흥미와 그의 존재 자체와의 연관성을 찾을 수 있다. 흥미가 있는 경우는 어디서든 능력의 싹이 트기 시작하는 기미가 있다. 흥미가 결여된

---

3. (역주) 듀이의 교육목적으로서의 성장(growth) 개념은 루소나 프뢰벨이 말하듯이 순전히 마음 안에서의 발현(unfolding)이 아니라 개인의 마음과 외부 환경 간의 교호작용을 통한 경험의 성장을 추구한다. 이에 대해서는 듀이『민주주의와 교육』제5장; 졸고 (2016). '듀이의 교육목적관에 대한 일 고찰'.『교육철학연구』. 38(3). 27-47쪽 참조.

현상들을 접하거나 거부감을 보이는 경우는 어디서든 아동이 자유롭게 역할을 다할 수 없고, 아동이 하고자 하는 만큼 자신의 경험을 통제하고 관리할 수도 없다. 이는 확실히 증거가 있는 말이다. 해리스Harris 박사의 "그럴듯한 전문적 용어"를 써서 말한다면, 아동은 손쉽고 자유롭게 "자기 자신을 표현할" 수 없는 것이다. 한 번 더 말하자면 이러한 흥미의 현상은 최종적인 것이 아니다. 흥미의 현상은 가령 교사에게 다음과 같이 말하지 않는다. "우리가 선생님의 최종 목적입니다. 당신의 모든 에너지는 정확히 있는 그대로 우리 흥미를 계발하는 데에 바쳐야 할 것입니다." 그럼에도 불구하고 흥미의 현상은 지표요, 수단이다. 흥미의 현상은 어떤 경험이 참된 경험이고 단지 명목상의 경험이 아닌지 가려내는, 어쩌면 교사가 가질 수 있는 유일한 단서일 것이다. 흥미의 현상은 어떤 교과이든 아동에게 이해되기 위해서는 어떻게 교과를 제시해야 하는가 하는 일반적 관점을 제시해 준다. 교사의 문제는 표피적 현상 이면에 있는 심층적 근원을 읽어내는 데에 있다. 심지어 파괴적 흥미처럼 '나쁜' 흥미들이라 하더라도, 그것들은 찾아내고 이용해야 할 모종의 내적 능력의 신호들인 셈이다.

[23] 둘째로, 이러한 심적 현상들이 기회를 제공하고 단서를 부여하며 수단을 공급해 준다고 말한다면, 사실상 우리는 심적 현상들이 탐구 문제들을 부과한다고 말하는 셈이다. 심적 현상들은 해석될 필요가 있다. 심적 현상들은 신호로서 가치를 지닌다. 모든 신호가 그렇거니와, 심적 현상들도 그것들이 나타난 현실 속에서 해석되어야 한다. 이제 이러한 해석 작업에 있어 논리적, 객관적 측면에서 우리를 도와주는 것이 바로 교과의 영역이다. 우리는 결과에 비추어 시작을 해석함으로써 시작의 의미를 알고, 성숙함에 비추어 조야함을 해석함으로써 조야함의 의미를 알게 된다. 예컨대, 우리는 최초로 옹알거리는 본능과 충동이 사회적 의사소통과 논리적 사고 그리고 예술적 표현의 수단으로서 분절적

_{分節的} 언어의 구조를 예기豫期하는 것임을 안다. 계산과 측정에 대한 아동의 흥미가 무엇을 나타내는가는 대수와 기하학의 발달된 체계를 보면 안다. 최초의 현상들은 예언이다. 예언의 전체 범위와 가망성, 그리고 그 효력을 실현하려면 우리는 예언을 고립적 상태가 아닌, 그 예언의 달성 면에서 보아야 할 것이다.

[24] 이러한 원칙이 오해되는 경우는, 아동의 경험을 성인의 완성된 경험의 결과로 대체할 수 있다거나, 수업 매체를 통해 아동의 의식 속에 성인의 경험을 직접적으로 주입할 수 있다거나, 혹은 어떤 외적 장치를 통해서 성인의 경험을 아동에게 접합시킬 수 있다고 생각하는 것이다. 흥미의 현상이 수업의 최종적 기준과 목표를 제공하지 않는 것과 마찬가지로, 성인 경험의 가치가 수업의 직접적 재료나 내용을 제공해 주지 않는다. 엄격히 보면, 이렇듯 질서정연하게 배열된 경험의 기능은 해석적 혹은 중개 기능을 할 뿐이다. 아동이 흥미를 표출할 때 그 흥미의 가치를 잘 이해하고 평가하기 위해서는 이런 경험의 기능을 염두에 두어야 한다.

[25] 셋째로, 이렇게 해서 우리는 수업재료의 선택과 결정 그리고 수업재료를 학습의 과정에 적용하는 문제에 이르게 되었다. 학습의 과정은 방금 살펴본 두 관점의 상호작용을 수반한다. 상호작용이란 한쪽에서 다른 쪽으로 왔다 갔다 하며 작용하는 것이다. 아동의 생활에 있어 일시적이고 다소간 피상적 현상들은 그것들의 풍부한 결실에 비추어 바라보아야 한다. 성인의 의식이 소유한 객관적 성과들은 그 추상적이고 논리적인 특질은 제거하고 구체적 개인의 생생한 경험으로 이해해야 한다. 그렇게 되면, 우리는 교과와 수업 방법이 무엇을 뜻하는지 알 수 있을 것이다. 교과는 경험이 이끄는 관점에 비추어보면 아동의 현재 경험이다. 수업 방법은 개인의 실제적 삶의 경험으로 번역된 교과다. 그리하여 수업의 최종적 문제는 경험이 성숙해짐에 따라 경험과 연계된 것

으로 보이는 환경 여건을 마련해줌으로써 개별적 경험을 재구성하는 일이다.

[26] 우리는 두 쌍의 오류를 알게 되었다. 하나는 아동의 순간적이고 다소간 일시적 흥미에 호소하는 것이다. 이러한 오류는 아동의 흥미를 초기의 힘의 징조가 아니라 최종적이고 완전한 것처럼 취급하고 수단이 아니라 목적인 것처럼 취급하며, 문제의 설정이 아니라 이상을 제공해 주는 것처럼 취급하는 것이다. 다른 하나의 오류는 교과목들을 학문적 관점에서 고려하고 그런 교과목들이 교육과정의 내용을 제공한다고 보는 것이다. 흥미의 현상은 그 최대한의 실현 가능성에 비추어 통제될 필요가 있듯이, 교과목의 학문적 내용도 구체적 개별 학습자가 자기 자신의 충동, 흥미, 능력을 살려 경험이 가능한 것이 되도록 '심리화'를 통해 개조될 필요가 있다. 심리화는 임의적 요령들과 책략들의 영역에서 벗어나서 질서 있는 방법의 영역으로 우리를 인도하는 통제의 요소이다. 심리화는 곧 교과목이 학생의 '교과Lehrstoff'의 진정한 일부가 되도록 교과목을 개조하고 심리적으로 번역하는 일이다. 교육과정敎育課程에 심리적 측면이 존재한다는 말이 정당화되는 까닭은 바로 이와 같은 조치의 필요성, 곧 죽은 객관적 사실들을 어떤 개별 학습자의 사고와 감정과 행위로 바라봄으로써 변모시킬 필요성이 있기 때문이다.

[27] 현재 교육과정을 구성하는 실제 교과목들에 심리적 측면을 적용하는 일을 생각해 보자. 내가 보기에 누구든 부정할 수 없는 사실은, 인간성을 표명하는 언어, 문학, 역사, 예술을 그와 같은 측면에서 고려하지 않는다면 그 교과목들은 온전히 이해할 수 없을뿐더러, 수업 활동에서도 충분히 활용할 수 없다는 것이다. 그러나 우리는 한 단계 더 나아가 다음의 사실을 인식해야 한다. 즉, 우리가 교육에 있어 관심을 둘 것은 이제까지 회자膾炙되었던 언어, 창조되었던 문학, 살아왔던 역사가 아니라, 오직 한 개인이 보고하고 표현하고 살아가는 것의 일부가 되는 그

런 언어, 문학, 역사다. 개인과 거리가 먼 문제를 취급하는 것으로 보이는 과학에서조차, 우리의 교육적 과업은 고정적 사실과 진리의 조직체로서의 과학이 아니라 하나의 경험적 방법과 태도로 과학을 취급하는데 있다는 것을 명심할 필요가 있다. 우리가 책에서 보거나 강의로 듣는 의미의 과학은 수업에서 과학 교과와 다르다. 책이나 강의의 형태로 제시되는 것은, 그것이 어떤 것이든 단지 하나의 지표요 수단일 뿐이다. 이 점은 우리 앞에 목표를 제시해 준다. 그 목표는 우리가 이끌고 가길 바라는 그런 종류의 경험이요 마음가짐이다. 과학을 심리적 용어로 다시 읽을 때 과학은 우리의 이런 목표에 가까워지도록 도움을 준다. 그러나 심리적 번역이 없다면 과학은 무기력하고 기계적이며 죽은 것이 되고 만다.

[28] 실제적 교과는 추상적이거나 앞으로 가능성 있는 교과와 다른 것으로서, 단순히 사실과 원리들을 정돈해 놓은 집합체가 아니라 개별적 경험의 한 양상이다. 그렇기 때문에 전반적 교육과정과 모든 구체적 교과목은 심리적 측면을 가지고 있다. 이런 심리적 측면을 외면하고 부정하면 교육이론에서 혼란을 유발하며, 교육 실제에서는 역사적 선례와 판에 박힌 일과를 죽은 듯이 따라 하거나, 아니면 활기차거나 개별적인 것 대신 추상적이고 형식적인 것이 들어서게 된다.

제 3 장

새로운 심리학

The New Psychology, 1884: EW1. 48-60

이 글에서 듀이는 기존의 심리학이 삶의 복잡성과 특수성을 고려하지 않
고 인간의 마음을 기계적으로 취급하는 "도식주의와 최종성의 분위기"에
젖어 있었다고 비판하며 '새로운 심리학'을 제의한다. 하나의 운동으로서
'새로운 심리학'을 태동胎動시킨 최초의 발단은 '생리학적 심리학'이다. 생
리학적 심리학에서는 오래된 '내관법'을 보완, 교정하는 새로운 수단으로
실험적 방법을 도입했다. 또한 생물학과 심리학이 밀접한 관계를 맺는 가
운데, '유기적'이라는 생물학적 개념은 정신적 삶을 하나의 유기적, 통일적
과정으로 인식하는 계기를 마련해주었고, 동시에 사회적 관계와 연대 의
식의 면에서 해석되어 심리학의 범위를 넓히는 데에 기여했다. 이렇듯 '새
로운 심리학'은 생리학적 심리학에서 비롯된 실험적 방법을 중시하되, 종
래의 좁은 실험실 연구로부터 벗어나 삶의 사회적 맥락과 연계하고자 한
다. 새로운 심리학은 이러한 맥락에 입각해 있기 때문에, 인간의 관념을
고립적, 독립적 요소들의 집합체로 보는 원자론적 접근, 지식을 개별적 실
물 경험으로 해석하는 유명론적唯名論的 논리, 그리고 정신 현상을 내적
의식의 관찰로만 접근하려는 내관법을 모두 비판하고 있다. 듀이가 '새로
운 심리학'이 "사실의 논리, 과정의 논리, 삶의 논리"라고 강조한 까닭도
이런 맥락에서 이해되어야 한다.

[1] 마음이 통일성과 단순성을 지향하는 경향이 있다는 베이컨Bacon의 언명은, 비록 그 설명에서 물질이 희생되는 면이 있다고 하더라도, 심리학적 자산에서 그 뚜렷한 증거를 찾아볼 수 있다. 적어도 과학의 발달로 인해 심리학은 지난 백 년간 발표된 보고서들로 가장 완전하게 종결된 분위기를 띠고 있다. 가장 단순한 정신적 삶이라고 하더라도 무한한 전말顚末과 복합성을 갖추고 있으며, 물리적 유기체는 물론이거니와 사회적 유기체로서의 타자들의 삶과 얽혀 있다. 그런데 이런 점들이 종래의 심리학에서는 어떤 특수한 난점도 발생시키지 않았다. 우리는 제임스 밀James Mill의 『분석Analysis』과 같은 책에서 모든 정신적 현상이 그냥 설명되는 것이 아니라, 하나의 원리에 비추어 설명되고 있음을 알게 된다. 동일한 삶이라 하더라도, 두 국가, 두 개인, 두 순간에는 결코 동일한 삶이 아니다. 이렇게 풍부하게 윤색된 경험은—가령 삶의 생각, 욕구, 두려움, 희망은 호머Homer와 초오서Chaucer, 소포클레스Sophocles와 셰익스피어Shakespeare의 저작 그리고 저술되지 않은 일상생활의 비극과 희극에 이르기까지, 이제까지 발달해온 여러 세대의 문학 재료를 장식해 왔다—주의 깊게 적절히 분류되었고 그렇게 분류된 것들은 라벨이 붙여졌고 적절한 분류함에 들어가게 되었다. 분류 일람표가 채택되었고

해당 경험 전체에 '완성품un fait accompli'이라는 도장이 찍혔다. 도식주의圖式主義가 최상의 것이고 최종적 상태라는 분위기가 만연하게 되었다.

[2] 이제 우리는 더욱 잘 알고 있다. 인간 삶의 전개가 심리학에 재료를 공급해 준다는 것이 인간이 조사할 수 있는 것 중 가장 어렵고 복잡한 주제라는 것을. 우리는 인간의 삶이 세분화되어 있고 연관성을 띤다는 것을 의식한다. 우리는 인간이 다소간은 적절하게 끼워 맞춘 정신적 기계 그 이상의 존재라는 것도 안다. 정신적 기계란 마치 세밀히 조사된 분석표가 붙은, 적절히 분석된 한 명의 고립적 개인과 같다. 우리는 인간의 삶이 '민족 기풍'과 '관례' 속에서 사회, 국가적 삶과 연계되어 있다는 것도 안다. 또한 인간이 교육, 전통 그리고 유전의 노선을 따라 전적으로 과거와 밀접하게 연관되어 있다는 사실도 알고 있다. 아닌 게 아니라, 우리는 인간이 시간과 공간의 세계, 심적 세계와 물적 세계의 풍부함을 자기 자신에게 끌어모으는 소우주와 같다는 사실도 알고 있다. 우리는 또한 개별적 삶의 복잡성도 안다. 인간의 정신적 삶은 연쇄 삼단논법이 아니라 삶의 구성원들 대부분이 무엇인가 억누르는 것이 있는 생략 삼단논법과 같다는 것도 알고 있다.[1] 우리는 광대한 지역이 결코 의식 속에 들어오지 못한다는 것, 의식 속에 진짜 들어오는 것들은 그 의미를 이해하거나 읽기 어려울 만큼 모호하고 일시적이라는 것도 알고 있다. 또한 우리는 의식 속에 들어온 것들은 개인의 전체 삶의 역사적 흔적을 수반하므로 대단히 복잡하다는 것, 혹은 의식 속에 들어온 것들은 오직 그것들이 상징하는 것만 의미를 지니므로 대리적 특성을 띤다는 것도 알고 있다. 또한 정신적 삶은 "뚜렷이 분리된 존재의 관념들"로 쪼갤 수 없는 만큼 연속성을 보인다는 것, 그리고 분석은 단지 추상抽象

---

1. (역주) 연쇄 삼단논법은 하나의 삼단논법의 결론에서 새로운 전제와 결론으로 나아가는 연쇄식 논법이며, 생략 삼단논법은 대전제, 소전제, 결론 가운데 어느 하나를 생략하는 논법이다.

의 과정일 뿐이어서, 우리에게 '정신적 유대'가 결여된 부품들의 무더기 만 남겨준다는 것도 안다. 우리는 구분이란 것이 아무리 필요하다고 하 더라도 비현실적이고 대체로 임의적이라는 것, 또한 마음은 칸막이 상자 가 아니요, 부서별 권한을 갖춘 사무국도 아니라는 것을 알고 있다. 요 컨대, 우리는 영혼의 실제적 활동과 과정에 대해 거의 아는 바가 없다 는 사실을 아는 것이다. 우리는 과거의 심리학이 대부분 존재하지 않는 것을 기술했고, 그것도 기껏해야 기술記述하는 데 그칠 뿐, 해명하지 못 했다는 사실도 알고 있다.

[3] 이렇게 말한다고 해서 내가 초기 심리학자들이 저작한 것의 가치 를 깎아내리려고 하는 것은 아니다. 그들에게 돌멩이를 던질 필요는 없 다. 그들은 해야 할 일이 있었기에 그 일을 잘 처리했던 과거의 지나간 사람들이다. 윌리엄 해밀턴William Hamilton 경, 존 스튜어트 밀J. Stuart Mill과 함께 초기 심리학파도 사라졌다.[2] 사실상 많은 심리학자가 여전히 그들의 언어를 쓰고 있고 그들의 개별적 유형을 따르고 있다. 의심할 여 지가 없이, 아직까지 그들의 영향력은 도처에서 느껴진다. 그러나 우리 에게 주어진 조건은 달라지고 있다. 단지 혁명에 그치고 마는 사상은 퇴 보할 뿐이다. 과거의 심리학은 생리학이나 물리학보다 더 나을 것이 없 었다. 그러나 뉴턴Newton이 오늘날의 물리학적 지식을 예견하지 못했고 하비Harvey가 오늘날의 생리학적 지식을 예견하지 못했다고 해서 그들 을 비난할 필요가 없듯이, 흄Hume과 리드Reid가 충분하고 완전한 과학 을 탄생시키지 못했다고 해서 그들을 비방할 필요는 없다.[3]

[4] 초기 심리학자들의 저작은 명확히 당시의 과학적 여건과 시대적

2. (역주) 윌리엄 해밀턴(1788-1856)은 영국의 철학자로서 의식과 독립적인 세계를 인정함 으로써 자신의 입장을 '자연적 실재론'으로 칭했다. 존 스튜어트 밀(1806-1873)은 인간 은 누구나 정상적 환경에서 자란다면 공중의 행복을 바랄 것이라는 이타적 인간관을 전 제함으로써, "최대 다수의 최대 행복"을 주는 행위를 선한 행위로 간주하는 스승 제레미 벤담(J. Bentham, 1748-1832)의 결과론적 윤리설을 공고히 했다.

추세와 필연적 관련성을 맺은 것이었다. 만약 초기 심리학자들이 과학이라는 학과의 복잡성을 알고도 그것을 다루려고 덤벼들었다면, 과학은 결코 시작되지 못했을 것이다. 과학의 존재 조건, 바로 그것은 대부분의 재료를 무시하고 소수의 도식적 아이디어와 원리를 포착하여 그것들을 보편적 설명을 하는 데에 쓰는 것이다. 의심할 여지 없이, 우리에게 매우 기계적이고 추상적으로 보이는 것은 마음을 몇몇 능력들로 구분하고, 정신 현상을 규칙적이고 단계적이며 명확한 계열의 감각, 이미지, 개념 등으로 분류하는 것이다. 그러나 누군가 자기 자신의 마음에 일어나는 실제적 과정과 거기서 드러난 정신적 삶의 실제적 흐름을 들여다본다고 하자. 만일 마음에서 일어난 것의 대부분을 전적으로 무시하지 않는다면, 그리고 마음에서 일어난 어지러운 무질서를 외관상 질서 있는 것으로 바꾸는, 약간의 광범위한 도식적 규정을 포착하지 못한다면, 그는 마음에서 일어난 것의 기술記述은 물론이거니와, 그것의 해명은 완전히 불가능한 일임을 깨닫게 될 것이다.

[5] 다시, 모든 과학의 역사가 보여주는 것은 대부분의 과학적 진보가 문제들을 구명究明하는 데서 이루어진다는 것이다. 비과학적 마음의 특징은 문제 해결 능력의 결핍이라기보다는 문제의식의 결핍에 있다. 문제들은 그것들을 파악해서 진술할 때 비로소 해결이 가능해진다. 초기 심리학자들의 저작은 주로 이런 부류의 작업으로 구성된 것이었다. 더 나아가, 초기 심리학자들은 18세기 당대의 시대정신Zeitgeist과 계몽사조Aufklärung로 가득 차 있었다. 이러한 사조 하에서 그들은 어려울 것이 없었다. 그들은 신비함과 복잡성을 혐오했고 원리상 보다 단순하고 추상적인 것을 진심으로 더 좋은 것이라고 믿었으며 완성에 대한 열정

3. (역주) 하비(W. Harvey, 1578-1657)는 혈액의 순환 원리를 발견한 영국의 의학자이며, 데이비드 흄(D. Hume, 1711-1776)과 리드(T. Reid, 1710-1796)는 스코틀랜드 철학자다. 특히 흄은 데카르트적 확실성을 부정한 경험론적 회의주의(懷疑主義) 철학자로 널리 알려져 있다.

을 지니고 있었다. 당대의 다른 사상가들뿐만 아니라 심리학자들은 이런 정신 하에 숙련되었고, 또 이런 영향 속에서 사유하고 저술했다.

[6] 이처럼 초기 심리학자들의 저작은 과학 자체의 성격과 그들이 살았던 시대에 영향을 받은 것이었다. 그들이 만들어 놓은 저작 그리고 그들이 우리에게 남겨준 문제, 용어, 원리 등의 유산은 우리가 해결하거나 거절하거나 혹은 최대한 활용해야 할 것들이다. 그리하여 우리가 할 수 있는 최선의 일은 그들에게 감사하고 그다음 우리들 '자신의' 일을 착수하는 것이다. 가장 나쁜 것은 그들을 분할된 노선의 학파로 구분하거나, '그들이' 내건 기치에 응수하는 적대적 진영을 차리는 것이다. 우리는 초기 심리학자들을 옹호하라는 요구를 받지 않는다. 그들의 저작은 과거의 것이기 때문이다. 우리는 그들을 공박하라는 요구도 받지 않는다. '우리의' 과업은 미래를 향한 것이기 때문이다.

[7] 이런 태도의 변화를 가져오고 이른바 '새로운 심리학New Psychology'을 일으킨 몇몇 운동들과 경향을 간략히 다루어보는 것은 더욱 유용한 일일 것이다.

[8] 물론 이러한 운동들은—비록 혼란스러운 면이 없진 않지만—분명하면서도 추상적인 18세기의 원리를 벗어나, 구체적 전말顚末을 지향하는 금세기(19세기)의 반작용으로 일어난 것은 전혀 아니었다. 거의 파괴적 결과로 끝난 18세기의 일반적 실패로 인해 사람들은 결국 우주가 아주 단순하고 쉽게 취급될 문제가 아니라는 사실을 깨닫게 되었다. 또한 당대 사람들은, 신은 말할 필요도 없고 철학이 국가, 사회, 종교 혹은 과학의 노선을 따라 적용되건, 적용되지 않건, 명료성과 추상의 철학에서는 꿈꾸지도 못했던 수많은 것들이 세상에 존재한다는 사실을 깨닫게 되었다. 세계는 체계에 염증이 났고 사실을 열망했다. 시대는 실재론적 시대가 되었다. 이 시대의 운동은 많은 방면에서 최소한 일시적 손실을 초래했다. 이상이 사라지고 숭고한 목적이 망각되었으며 열광이 시들

해지고 사소한 것에 몰입하며, 현재에 확고히 만족하거나, 아니면 현재이든 미래이든 냉소적 비관주의가 등장했다. 이러한 사실은 의심할 여지가 없다. 그러나 또 하나 의심할 수 없는 사실은, 그 운동은 인간 안타이오스Antaeus를 어머니 경험의 땅으로 되돌려,[4] 거기서 힘과 바로 그 생명력을 얻을 필요성이 있었다는 것, 그리고 그 운동이 갈망하는 이상과 목적이 하늘의 구름처럼 묽고 수분이 많아 실체 없는 증기로 사라져 버리는 사태를 막을 필요성이 있었다는 것이다.

[9] 이러한 운동으로부터 그 최선의 국면 중 하나로서 자연의 비밀에 대한 조직화되고 체계적이며 정력적인 연구가 나왔다. 그 연구에서 진부하거나 부정不淨한 것은 없었으며, 그 연구 하에서 고된 일이란 없다고 생각했다. 아니 더 정확히 말하면, 고된 일이 조금도 없다고 생각했던 것이다. 이러한 운동은 그 운동의 결과와 더불어서 19세기에 이루어진 중대한 발견이었다. 이러한 운동 속에서 심리학은 자기 자리를 잡았다. 그리고 심리학에 뒤따라 생리학이 성장하는 가운데, 비록 가장 중요한 유인은 아닐지라도 나는 '새로운 심리학'을 발달시킨 그 첫 번째 유인을 발견한다.

[10] 누구나 알고 있듯이, 신경계의 구조와 기능에 관한 지식이 증가함에 따라, 생리학적 심리학으로 알려진 과학의 한 분과가 나타났다. 생리학적 심리학은 이미 정신적 문제들에 대해 큰 빛을 던져준 바가 있다. 그러나 만약 내가 정신적 문제에 관한 대중의 의견을 전적으로 오해한 것이 아니라면, 생리학과 심리학의 관계에 관한 대중의 의견에는 대단히 중대한 혼동과 오류가 있다. 내가 올바로 추정한 것이라면 대중의 의견은 다음과 같다. 즉, 생리학적 심리학은 모든 정신적 삶을 신경계의

---

4. (역주) 그리스 신화에 나오는 안타이오스는 땅의 여신인 가이아(Gaia)와 바다의 신 포세이돈(Poseidon) 사이에 태어난 거인이다. 안타이오스는 어머니 성향을 띠어 땅에서 강해지는 특성이 있어 그 누구도 그에게 대적할 수 없었지만, 헤라클레스가 안타이오스의 약점을 알고 그의 발을 땅에서 떼어내어 처치했다고 한다.

특성에 비추어 설명하거나, 적어도 그렇게 설명할 것을 요구하는 과학이라는 것이다. 예를 들어 말해보자. 일반인들뿐만 아니라 과학적 탐구 결과를 대중화했다고 자처하는 사람 대다수는 망막의 해부학, 망막과 두뇌의 신경 조직상 연결 그리고 시력의 기능에 도움을 주는 두뇌의 신경 중추에 대한 온전한 지식을 갖추면 비로소 시각의 심리학 전체가 해명된다고 생각하는 것 같다. 혹은, 이들은 만약 모종의 두뇌 세포가 신경 인상들을 축적하고 모종의 섬유질이 이러한 두뇌 세포들을 연결하는 데에 도움을 준다는 사실을 발견한다면 기억에 관한 모든 것을 알 수 있다고 생각하는 것 같다.—섬유질이 관념들의 연합을 산출한다면, 두뇌 세포는 관념들의 재생산을 일으키는 원인이 된다. 요컨대, 생리학적 심리학에 대해 가장 일반적인 견해는 우리의 정신적 삶의 사건 일부 혹은 전부가 신체적으로는 특정한 신경 구조에 의해 좌우되는 만큼, 이에 의거해 정신적 삶의 사건들을 '해명하는' 과학이 바로 생리학적 심리학이라는 것이다. 그러나 이는 사실과 전혀 다르다. 내가 알고 있는 한, 모든 주요 연구자는 특히 정신적 사건들을 '해명하려면' 그 해명 자체가 생리적인 것이 아니라 정신적인 것이어야 한다고 본다. 우리가 방금 말하고 있었던 그 지식이 생리학상 아무리 중요한 것이라고 하더라도, 생리학적 지식은 '그 자체로' 심리학적 가치가 없다는 것이다. 생리학은 단지 생리적 요소들이 정신적 행위의 기초로서 역할을 하는 내용과 방법을 알려줄 뿐이다. 그리하여 생리학은 정신적 행위가 무엇인지, 혹은 정신적 행위들을 어떻게 해명할 수 있는지에 대해서는 알려주는 바가 전혀 없다는 것이다. 한 나라의 물리적 지리학만으로는 그 나라에 거주해 온 국민의 역사를 구성하거나 설명할 수 없다. 이와 마찬가지로, 생리학 자체만으로는 정신적 삶의 내용, 이유 그리고 방법을 우리에게 제공해 줄 수 없다. 국민 역사의 기초로서 전체적 질적 특성을 갖는 땅이 아무리 소중하고 필수 불가결하다고 하더라도, 그 역사 자체는 오직 역사적 기록들과 역사적 조건들을 통해서만 확인되고 설명될 수 있다. 이와 마찬가지로, 정신적 사건들은 오직 정신적 수단을 통해서만 관찰되고, 정신적 조건들과 사실들에 의해서만 해석되고 설명될 수 있다.

[11] 그렇다면 생리학적 심리학의 대두가 심리학에 하나의 혁명을 일으켰다는 것은 무엇을 의미하는 것일까? 그 대답은 이것이다. 생리학적 심리학은 새로운 도구를 제공했고, 오래된 내관법內觀法을 보완, 교정하는 새로운 '방법'으로서 실험적 방법을 도입했다는 것이다.[5] 정신적 사실들은 여전히 정신적인 것일 뿐이다. 따라서 그런 사실들은 정신적 조건들을 통해 해명되어야 한다. 그러나 이 정신적 사실들이 무엇이며 어떤 조건의 제한을 받는지 확인하는 수단은 무한히 확대되어 왔다. 실험적 방법의 두 가지 주요 요소는 실험자의 의지와 통제에 따른 실험 조건의 변화, 그리고 양적 측정법의 사용이다. 이 두 요소 중 어느 것도 내관의 과정을 통해서는 적용될 수 없다. 두 요소 모두 생리학적 심리학을 통해 적용될 수 있다. 생리학적 심리학은 정당한 근거가 있는 사실들로부터 출발한다. 즉, 감각으로 알려진 정신적 사건들은 신체적 자극을 통해 일어나며, 의지로 알려진 정신적 사건들은 신체적 움직임을 일으킨다는 것이다. 생리학적 심리학에서는 이러한 사실에서 실험적 방법의 적용 가능성을 발견하게 된다. 신체적 자극과 운동은 직접적으로 통제되고 측정될 수 있으며, 이에 따라 신체적 자극과 운동이 일으키거나 표출하는 정신적 상태도 간접적으로 통제되고 측정될 수 있다고 생각하는 것이다.

[12] 오늘날 어떤 과학에서든 실험의 적용으로부터 파생되는 이점을 숙고할 필요는 없다. 우리는 실험의 적용이 분석력을 무한히 증대시키고 정확한 측정을 가능하게 하여 관찰을 보조한다는 것, 또 한편 실험의

---

5. (역주) 내관법(method of introspection)은 자신의 심리 상태를 스스로 주의 깊게 관찰하거나 타인이 자기 관찰을 한 것을 활용하는 심리학의 연구 방법 중 하나다. 내관법은 인간 마음을 이해하는 데에 내적 접근을 중시한다는 점에서 외적 자극이나 조건을 중시하는 행동주의적 접근과 대조된다.

적용이 연구 문제의 구성 요소들에 변화를 주고 필수적 요소를 선택하게 하여 설명을 보조한다는 사실을 잘 알고 있다. 내관만이 유일한 직접적 관찰 수단이 되는 과학에서는 특별히 실험의 중요성에 주의를 기울일 필요가 없다. 우리는 내관의 약점을 충분히 알고 있다. 우리는 내관법이 관찰 수단으로서 제한되고 결함이 있으며 흔히 환상적이라서 직접적 설명이 불가능하다는 것도 알고 있다. 설명한다는 것은 중재하는 일, 즉 주어진 사실을 미지의 원리와 연관 짓는 일이요, 현상을 선행된 조건과 관련짓는 일이다. 반면, 내관은 오직 직접적 현재와 지금 주어진 것만을 취급할 수 있다. 심리학적 영역에 실험을 적용함으로써 나온 특수한 결과를 상술詳述하는 것은 내관의 역할이 아니다. 그러나 내관에 대해 아마도 두 가지 설명은 가능할 것 같다. 하나는 감각의 영역으로서 달리 분해할 방법이 없는 의식 상태를 어떻게 분석할 수 있는지 보여준다는 것, 다른 하나는 지각의 영역으로서 내관법 없이 도달할 수 있는 과정들을 어떻게 드러내는지 보여준다는 것이다.

[13] 이제는 의식 속에 존재하는 어떤 감각도 단순하거나 궁극적이지 않다는 사실이 잘 알려져 있다. 예컨대, 모든 색깔의 감각은 적어도 세 가지 근본적 감각적 '특질들', 필시 빨강, 초록, 보라색의 특질들로 이루어져 있을 것이다. 그런데 이런 각각의 질적 특성들은 단순하기는커녕 무수히 많은 동종의 단위 요소들로 구성된다고 가정할 만한 충분한 이유가 있다. 그리하여 가장 단순한 음악적 감각도 실제로는 단순하지 않으며 이중적으로 복합적이라는 사실이 실험적으로 증명되었다. 첫째로, 음악적 감각을 구성하는 질적으로 유사한 단위 요소들이 있다. 그 단위 요소들은 서로 대기하는 시간적 관계에 따라서 음조音調의 정점頂點을 일으킨다. 둘째로, 이런 단위 요소들의 질서가 다른 이차적 질서들과 맺는 관계가 있다. 이러한 관계는 소리의 독특한 '음질' 혹은 음색을 일으킨다. 한편, 그러한 관계들은 이어지는 음조 속에서 멜로디와 하모니를

산출하는 관계들을 통해 한층 더 복잡해진다. 이런 모든 복잡성은 만일 그것이 기억된다면, 내관상으로는 동종의 궁극적 의식 상태에서 일어난 것이다. 이 점에서 보면, 현미경이 생물학에 상응하고 분석이 화학에 상응하듯이, 생리학은 심리학에 상응하는 것이다. 그러나 실험적 방법은 숨겨진 부분들을 드러내거나 그 부분들을 더욱 단순한 요소들로 분석하는 것 그 이상의 일을 해왔다. 실험적 방법은 하나의 정신적 사건의 조건을 결정하는 과정을 보여줌으로써 관찰뿐만 아니라 설명에도 기여했다. 이 점은 무엇보다도 시각적 인식의 예에서 잘 드러난다. 이미 대부분 알려져 있듯이, 가령 우리 눈앞에 보이는 아주 복합적 풍경도 심리학적으로 말하면 단순한 궁극적 사실이 아니요, 그렇다고 하여 외부로부터 도장 찍힌 인상印象도 아니다. 그런 복합적 풍경은 관심, 주의 그리고 해석이라는 정신적 법칙들에 의해, 어쩌면 제한이 없는 확장의 느낌을 동반한 색조와 근육의 감각들로 구성된 것일 수 있다. 요컨대, 시각적 인식은 그 자체 내에 감정적, 의지적, 지적 요소들을 포괄하는 복합적 판단이다. 우리가 이런 요소들의 본질에 대해, 그리고 이런 요소들을 결합하여 복합적 시각적 장면을 규제하는 법칙에 대해 알게 되는 것은, 생리학적 심리학이 우리에게 부여한 새로운 탐구 수단에 힘입은 것이다. 이와 같은 발견의 중요성은 결코 과대평가된 것이라고 할 수 없다. 사실상 우리의 지각이 직접적 사실이 아니라 중재된 정신적 과정이라는 이론은, 헬름홀츠Helmholtz가 말한 바와 같이 이제껏 달성된 심리학적 연구 결과 중 가장 중요한 것이다.[6]

[14] 그러나 그 밖에도, 우리의 실험적 방법은 생리학에 빚을 지고 있다. 그것은, 생리학이 우리의 수중에 하나의 간접적 탐구 수단을 쥐여 주었다는 데에 기인한다. 아마도 두 과학(생리학과 심리학) 사이에 존

---

6. (역주) 헤르만 폰 헬름홀츠(H. v. Helmholtz, 1821-1894): 독일의 물리학자, 생리학자, 철학자.

재하는 관계에 대해 오해를 일으킨 것은 바로 이러한 사실의 양상 때문일 것이다. 정신적 활동의 본질이나 원인에 관한 직접적 결론이 신경 구조나 신경 기능의 특성으로부터 도출될 수 있는 것이 아니다. 그렇지만, 한쪽 분야에서 다른 쪽 분야를 간접적으로 추론하여 유사점을 끌어내고 확증을 추구하는 일은 가능하다. 말하자면, 만약 특정한 신경 장치가 존재하는 것으로 판명된다면, 거기에는 항상 그 신경 장치에 상응하는 하나의 정신적 과정이 존재한다는 강한 추정이 들어있는 셈이다. 혹은, 두 가지 생리학적 신경 과정 간의 연관성이 특정한 성격을 띠는 것으로 드러난다면, 우리는 그에 상응한 정신적 활동들의 관계도 다소 유사할 것이라고 추측할 수 있을 것이다. 이런 식으로 해서 사람들은 순전한 생리학적 발견을 통해 이제까지 간과해온 어떤 정신적 활동이 존재한다는 것을 추정할 수 있었고, 정신적 활동의 작용에 주의를 기울이거나 이제까지 모호했던 논점에 빛을 던질 수 있게 되었다. 확실히 독일 심리학자들이 다양한 정신적 활동에 들어간 시간에 관한 획기적 연구들을 하도록 이끈 것은 바로 하나의 신경 자극의 전달에 들어간 생리학상 시간의 발견이었다. 그리하여 마음의 지적, 의지적 영역의 관계에 관한 현재의 심리학적 이론들이 또한 의심할 여지 없이 제안되었고, 감각과 운동 신경의 뚜렷한 특성에 대한 벨Bell의 발견을 유추類推해 심리학적 이론이 크게 발달했다.[7] 다시, 현재 심리학적 이론에서 기억은 관념들의 흔적이나 자취를 저장하는 방이 아니라, 마음의 습관적 작용을 따르는 활동의 노선이라고 본다. 확실히 이러한 심리학적 이론은 다음과 같이 성장하는 생리학적 믿음으로부터 시사된 것이었다. 즉, 물리적 기억의 기초를 형성하는 두뇌 세포들은 어떤 식으로든 과거의 인상이나 흔적을 축적하는 것이 아니라, 과거의 인상을 통해 그 인상의 구조를 조정

---

7. (역주) 찰스 벨(C. Bell, 1774-1842): 스코틀랜드 의학자.

함으로써 특정한 기능적 활동 양상을 일으킨다는 것이다. 그리하여 수 많은 중요한 일반화 사항들이 언급되었는데, 이것들은 생리학적 발견을 유추하여 제안되고 발달된 것이었다.

[15] 일반적으로 생물학이 심리학에 미친 영향은 대단히 큰 것이다. 과학에 있어 모든 중요한 발달은 대중의 의식에 기여하며, 아닌 게 아니라 철학에도 기여한다. 과학에 있어 어떤 새로운 개념은 한동안 가장 가치 있는 분류와 설명의 범주로서 기능을 한다. 유기체의 개념은 바로 생물학에서 연유한 것이다. 관념의 흔적은 생물학의 위대한 출현이 있기 훨씬 전부터, 또한 특별히 칸트가 관념에 대해 온전하고 주의 깊은 설명을 하기 훨씬 전부터 발견된 바 있다.[8] 그러나 의심할 바 없이 '유기적' 이라는 개념이 최근에 큰 역할을 발휘한 것은 대부분 생물학의 성장으로 인한 것이다. 심리학에서는 이 '유기적'이라는 개념의 덕택으로 정신적 삶을 전체적 삶의 법칙에 따라 발달하는 하나의 유기적 통일적 과정으로 인식하게 되었다. 또한 정신적 삶이 독립적이고 자율적 재능을 보여주는 공연장이 아니요, 그렇다고 해서 독립적 원자적 감각들이나 관념들이 모여 피상적 교제를 하고 나서 영원히 흩어져버리는 그런 '회합 rendezvous'도 아니라는 점을 인식하게 되었다. 이런 정신적 삶의 연대의식을 인식하게 됨에 따라 사람들은 정신적 삶이 사회적으로 조직된 다른 삶과 맺는 관계성도 인식하게 되었다. 환경의 관념은 유기체의 관념에 필수적이었다. 또한 환경의 개념과 더불어 정신적 삶도 진공 상태에서 발달하는 개별적이고 고립적인 것으로 볼 수 없다는 점을 인식하게 되었다.

[16] 개인은 그가 태어난 조직화된 사회적 삶과 유기적 관계를 맺고 있다. 개인은 사회적 삶으로부터 지적, 정신적 자양분을 흡수하고 사회

---

8. (역주) 생물학의 위대한 출현이란 찰스 다윈(C. R. Darwin)의 『종의 기원』에 나타난 생물학적 진화론을 염두에 둔 발언으로 보인다.

적 삶 속에서 적절한 기능을 수행해야 한다. 그렇지 않으면 개인은 필시 정신적, 도덕적으로 폐인이 되어버릴 것이다. 이러한 유기적 관계의 관념은 다른 쪽으로 중대한 영향을 미치는 전이轉移를 만들어낸다. 나는 이런 전이가 '새로운 심리학'을 발달시키는 데에 작용했다고 본다. 나는 사회학이나 역사학처럼—이 학문들은 다양한 인간 활동 영역의 기원과 발달을 다룬다—그 범위가 광대하면서도 여전히 의미하는 바가 모호할 수 있는 불확정한 탐구 주제들의 성장에 대해 말하고자 한다. 이런 학문들의 발달로 인해 심리학이 모든 실질적 생명력이 다했다고 할 만큼 그 범위를 좁게 가두고 한정해 왔다는 일반적 정서가 대두되었다. 그리하여 이제는 이런 모든 학문들이 자체의 심리학적 측면을 지니고 있고 심리학적 재료를 제공하며, 또 심리학적 방면으로 취급과 설명을 요청한다는 사실이 인정되고 있다. 이로부터 심리학의 범위뿐만 아니라 심리학의 재료도 무한히 확대되었다. 언어의 문제를 예로 들어보자. 언어가 제공하는 재료나 문제들이 얼마나 풍부한가! 언어는 어떻게 시작되었는가? 언어는 사고의 언어와 함께 동시에 발생했는가? 아니면 언어는 사고의 언어를 뒤따랐는가? 언어와 사고의 언어는 어떻게 서로 작용과 반응을 해왔는가? 어떤 심리학적 법칙들이 언어의 발달과 분화, 언어의 구조와 구문론의 발달, 단어들의 의미 그리고 모든 수사학적 언어 장치의 기초를 이루게 되었는가? 어찌 되었든 현대의 언어적 논의에 익숙한 사람들이 일견—見한다면, 이러한 문제들에 대한 심리학적 제안과 논의는 그 자체로 심리학을 다루는 옛 방법을 변혁시키는 데에 거의 충분하다고 볼 것이다. 더욱이 언어 자체만 보더라도 우리는 풍부한 자원을 가지고 있다. 이러한 자원은 지성 발달의 기록으로서, 동물과 식물의 삶을 공부하는 학도에게는 그야말로 고생물학적 기록이 갖는 중요성에 비견比肩할 만한 것이다.

[17] 그러나 이러한 예는 심리학 전체 영역으로 보면 오직 한 측면일

뿐, 비교적 광범위한 것이 아니다. 민속학, 원시 문화, 민족학 그리고 인류학은 모두 심리학의 재료로 기여하며, 동시에 우리에게 설명의 필요성을 요청하는 것들이다. 신화의 기원과 발달 그리고 신화가 포함하는 모든 것이 국민성, 언어, 윤리적 관념, 사회적 관습, 정부 그리고 국가와 맺는 관계는 그 자체로 이전 세기에 알려진 어떤 분야보다도 훨씬 광범위한 심리학적 분야이다. 심리학적 분야와 밀접하게 연관된 것으로서 윤리적 관념들의 성장 그리고 윤리적 관념들과 그것들이 발원發源한 국가에 대한 의식意識, 활동과 맺는 관계가 있으며, 또한 윤리적 관념들이 실제적 도덕성, 예술과 맺는 관계가 있다. 이렇게 나는 다양한 인간 활동의 영역들을 자세히 검토하여, 어떻게 그것들에 심리학적 문제들과 재료가 온전히 스며들어 있는지 지적할 수 있었다. 그러나 가장 광범위한 측면에서 역사란 그 자체로 가장 풍부한 재료 자원을 제공해 주는 심리학적 문제라고 말해도 충분할 것이다.

[18] 이 문제와 밀접히 연관되어 있고 또한 '새로운 심리학'의 발달에 영향을 준 것은 정상적이든, 비정상적이든 모든 일상적 삶의 형식에서 가장 공통된 사고라고 기술될 수 있는 운동이다. 19세기 후반에 요람과 보호소는 심리학자들의 실험실이 되어가고 있다. 아동의 마음에 대한 연구, 유년기에 나타나는 실제적 사고와 감정의 발견, 유년기에 있어 정신적 삶의 발달 순서와 본질 그리고 유년기의 정신적 삶을 통제하는 법칙에 대한 연구는 가장 중요한 가치를 지닌 심리학의 보고寶庫라고 기대된다. 정신이상이 초자연적 장애물이 아니요, 그렇다고 하여 전적으로 해명 불가능한 '재앙'도 아니라는 점을 알게 되었을 때, 그것은 단지 마음의 어떤 정상적 작용이 과장된 것이거나, 혹은 마음의 작용에 있어 적절한 조화와 조정의 결핍을 나타낸다는 사실이 점차 분명해졌다. 그리하여 태생적 면에서 수행된 정신적 실험에 대한 또 다른 탐구 분야가 우리에게 공개되었는데, 그것은 충분히 가치가 있는 결과물들을 가져다

주었다. 심지어 감옥과 교도소조차 나름대로 심리학에 기여했다.

[19] 만약 앞선 논의를 일반화할 필요가 있다면, '새로운 심리학'의 발달은 한편으로는 우리에게 실험의 방법을 제공한 생리학의 성장에 기인한 것이요, 다른 한편으로는 우리에게 객관적 관찰의 방법을 제공한 인문학 일반의 성장에 기인한 것이라고 말할 수 있을 것이다. 생리학과 인문학 모두 무한정으로 과거의 주관적 내관법을 보완, 교정하고 있는 것이다.

[20] '새로운 심리학'을 일으킨 원인들과 방법에 대해서는 이쯤 해두기로 하자. 새로운 심리학에는 어떤 결과가 요청되는 것일까? 이미 언급한 바로부터 추정하자면, 새로운 심리학의 결과는 수학적 이론의 결과처럼 흑백이 분명한 것으로 기록할 수 없을 것이다. 새로운 심리학은 하나의 운동이지 체계가 아니다. 그렇지만 하나의 운동으로서 새로운 심리학에는 몇 가지 일반적 특징이 있다.

[21] 확실히 과거의 심리학과 구별되는 새로운 심리학의 주요한 특징은 심리학의 모델과 검사와 같은 하나의 형식논리를 거부하는 데에 있다. 과거의 심리학자들은 거의 예외 없이 유명론적唯名論的 논리를 견지했다. 유명론적 논리는 필연적 경향을 띠지 않았다면, 또한 생생하고 구체적인 경험적 사실들을 추상적이고 생기 없는 사고의 가정적 규준들에 짜맞추어, 경험적 사실들을 형식적 개념들과 일치시켜 해석하려는 시도가 없었다면 그 자체로 대단한 중요성을 띠는 문제는 아니었을 것이다. 이와 같은 유명론의 경향은 '경험'이 모든 지식의 유일한 원천이라고 선언한 사람들에게서 가장 강력한 경우를 찾아볼 수 있다. 이런 선언을 하는 사람들은 자신들의 논리적 개념으로 경험을 다룰 때까지는 경험의 활력을 무력화한다. 이들은 경험을 잘라내어 그들의 논리적 박스에 맞게 끼워 맞추기를 한다. 이들은 경험이 자신들의 법칙에 아무런 충격을 가하지 않도록 산뜻하게 길들일 때까지 경험을 가지치기하는 셈

이다. 또한 이들은 경험이 자신들의 추상이라는 관棺에 들어맞을 때까지 경험의 생명력을 갉아먹어 버린다. 이뿐만 아니다. 소위 '학교'도 유명론적 경향에서 자유롭지 못했다. 흄Hume이 남긴 두 가지 근원적 원리의 유산은 다음과 같다. 즉, 모든 분명한 관념은 하나의 분리된 존재라는 것 그리고 모든 관념은 양적, 질적 면에서 명확히 규정되어야 한다는 것이다. 흄은 첫 번째 원리에 근거하여 우발적 사건 이외의 모든 관계를 파기破棄해 버렸다. 그리고 두 번째 원리에 근거하여 모든 보편성을 부정했다. 그러나 흄의 두 원리는 순전히 논리적 모델을 따라 만들어진 것이다. 그 두 원리는 어느 편인가 하면, A는 A이고 A는 B가 아니라는 동일성과 차별성의 추상적인 논리적 원리를 심리학적 표현으로 가장하여 제시한 것이다. 그런데 구체적 경험과 성장 그리고 발달의 논리는 이와 같은 추상을 거부한다. 삶의 논리는 유명론적 사고의 논리를 능가한다. 흄에 대한 반발은 무엇인가 신비스러운 마음의 단순 능력을 통해 직접적으로 인식되는, 모종의 궁극적이고 분해 불가능하며 필연적 제일 진리에 의지하는 것이었다. 여기서 다시 논리적 모델이 명백히 드러난다. 그와 같은 직관은 심리적인 것이 아니라 논리적 영역에서 들여온 물질적 개념이다. 직관의 발생, 검사 그리고 특성은 모두 논리적인 것이다. 그러나 새로운 심리학에서는 원리들에 관한 필연적 진리를 가지고 있지 않으며, 영혼의 삶 속에서 실재와 접촉하고자 한다. 새로운 심리학은 '역동적'이라는 말이 잘 들어맞는 만큼 형식주의적 직관론을 거부한다. 새로운 심리학에서는 실재에 관한 필연적 믿음을 갖고 있지 않으며, 진리와 실재가 영혼이 발달하는 생생한 경험 속에서 주어진다고 믿는다.

[22] 경험은 현실적인 것일 뿐, 추상적인 것이 아니다. 정신적 삶은 이러한 경험을 가장 충만하게, 가장 심층적으로, 가장 풍부하게 표명하는 것이다. 새로운 심리학은 이런 경험으로부터 그 자체의 논리를 얻는 데에 만족할 뿐, 경험을 어떤 추상적 선입관념에 억지로 끼워 맞춰 경험

의 존엄성과 진실성을 왜곡하지 않는다. 새로운 심리학에서는 사실의 논리, 과정의 논리, 그리고 삶의 논리를 원한다. 새로운 심리학은 내부에 정신적 정역학靜力學이라는 지식의 분과를 두지 않는다.[9] 왜냐하면, 새로운 심리학에서는 어디서도 정지된 정신적 삶을 찾아볼 수 없기 때문이다. 이러한 까닭으로 새로운 심리학에서는 논리학적, 수학적 유추들과 규칙들에 대한 모든 합법적 의제擬制를 배제한다.[10] 또한 경험을 낳게 한 원천이 경험을 배신하는 일이 없다고 믿으면서 기꺼이 경험에 의지하고자 한다. 새로운 심리학은 이와 같은 경험을 좌우하려는 어떤 시도도 하지 않으며, 학문적 논리에 맞춰서 경험이 어떤 것인지 말해 줄 뿐이다. 그리하여 새로운 심리학에서는 삶과의 접촉이라는 실재론적인 도장을 찍는 것이다.

[23] 이런 일반적인 특징으로부터 새로운 심리학의 특징들 대부분이 나온다. 이미 지적한 바와 같이, 새로운 심리학에서는 정신적 삶을 원자적 요소나 독립적 능력들로 쪼개어 보는 추상적 이론에 반대하고 정신적 삶의 통합성과 연대성을 강조한다. 새로운 심리학은 의지에 상당한 강조점을 둔다. 그러나 의지는 동기가 결여된 선택을 하는 추상적 능력이 아니며, 또한 정신적 통치기관의 입법부인 오성悟性의 명령을 준수하는 실행력도 아니다. 의지는 '모든' 정신적 활동을 연결하고 조건 짓는 생생한 끈으로서 의미를 가진다. 새로운 심리학은 목적론적 요소를 강조한다. 어떤 의미에서인가? 그것은 어떤 기계적이거나 외인적外因的인

---

9. (역주) '정역학(statics)'은 물체가 평형 상태에 있을 때 나타나는 힘의 균형을 다루는 물리학의 한 분야이며, 이로부터 차용(借用)한 것이 '정신적 정역학'이다. '정신적 정역학'은 인간의 마음이 균형 혹은 안정 상태에 머물 때의 조건들을 탐구한다. 그런데 듀이가 보기에 인간 마음은 외부 환경과 상호작용을 하여 끊임없이 변화를 일으키므로 마음을 안정된 균형 상태로 가정하고 그 정신적 조건이나 과정을 탐구하는 것은 큰 의미가 없다.

10. (역주) '합법적 의제'란 법적 용어로서 제도나 규정으로 인해 일어난 현실적 문제점을 타개하기 위해, 의도적으로 진실이 아닌 것을 진실로 가정하거나 상이한 것을 동일한 것으로 취급하는 것을 말한다.

의미에서가 아니라 생명을 하나의 유기체로 보는 것이며, 유기체에 내재한 관념들 혹은 목적들이 경험의 발달을 통해 그 자체를 실현하고 있다고 보는 것이다. 그리하여 현대 심리학은 윤리적 경향성이 강하다. 현대 심리학은 추상적 관념들을 독립적 개체들로 실체화하는 것을 거부하고 인간 삶에서 자율적이고 자발적 요소를 강조하는 만큼, 인간의 종교적 본성과 경험에 합당한 심리학을 처음으로 가능하게 만든다. 현대 심리학은 인간 본성의 심층을 다루므로, 그 초석礎石으로서 인간 생명의 혈기, 헌신, 희생, 신앙 그리고 이상주의라는 본능적 경향성을 찾아낸다. 이러한 것들은 신神을 향해 올라가는 제단祭壇의 계단에서 모든 민족이 분투하는 영원한 기초다. 현대 심리학에서는 신앙과 이성의 관계에 있어 극복할 수 없는 문제들이란 없다. 왜냐하면, 상세한 조사를 한다고 해도 신앙에 근거하지 않은 이성이란 발견할 수 없으며, 동시에 그 기원과 경향성 면에서 합리적이지 못한 신앙도 발견할 수 없기 때문이다.[11] 그런데 어떻든 새로운 심리학의 이와 같은 특징들에 대해 상세한 설명을 하려면, 최근 윤리학과 신학에서 이루어진 많은 논의를 살펴보아야 할 것이다. 결론적으로 우리는 이렇게 말할 수 있다. 새로운 심리학이란 삶의 논리를 따라 삶을 이해하려는 시도라는 것이다.

11. (역주) 듀이가 이 글을 쓴 시점인 1884년은 존스 홉킨스(Johns Hopkins) 대학원을 졸업하고 미시간(Michigan) 대학 강사를 하던 20대의 젊은 시절로, 대체로 이 시기는 집안의 영향을 받아 기독교적 신앙을 받아들인 시기로 보인다. 그가 교회로의 발걸음이 뜸해진 것은 윌리엄 제임스(W. James, 1842-1910)의 『심리학 원리』가 출판된 1890년 이후 30대 시기로 평가된다. 그러나 주목할 점은 그가 30대 이후 교회와 거리를 두었다고 해도 '종교적 경험'이 주는 교육적 가치마저 부정하지 않았다는 점이다. 다시 말해, 듀이는 명사적 의미로서 '종교' 자체보다는 동사적 의미의 '종교적 경험'이 주는 가치, 즉 개개인이 삶 속에서 순간순간 느끼는 삶의 이상과 열망은 개인의 성장을 촉진하는 중요한 의미를 띤다고 본 것이다.

| 제 4 장 |

영혼과 육체

Soul and Body, 1886: EW1. 93–115

이 글에서 듀이가 말하는 '영혼과 육체의 관계'는 소위 죽음 뒤의 영혼의 세계나 어떤 초월적 세계와 육체의 관계를 논하는 것이 아니다. 이 글에서 말하는 '영혼'이란 '정신' 혹은 '마음'이라고 보아도 좋다. 듀이는 이 글을 통해 영혼과 육체, 정신과 물질이 분리된 것이 아니라 상호 기능적으로 통합되는 것임을 밝히고 있다. 종래의 유물론은 정신작용을 중시하면서도 그것을 물질의 기능이나 속성으로 환원시켜 버린다는 점에서 사태의 본질을 놓치고 있으며, 유심론은 물질적 현상을 정신작용의 결과로만 보아 사고의 계기가 되는 감각 세계의 중요성을 간과하고 있다. 듀이는 유물론과 유심론의 문제점을 모두 비판하고, 영혼(심적인 것)이 육체(물적인 것)에 내재하면서 육체를 유목적적 적응의 수단으로 활용하고 있다고 말한다. 가령, 단순한 신경 작용도 자극에 따른 기계적 반응이 아니라 유기체의 선택과 억제와 반응을 수반하는 것이다. 특히 유기체의 지적 기능이 높은 수준에 이르면 좁은 범위의 '국소적' 신경 중추가 점차 사라지고, 경험과 학습을 통해 지속적 자아 발달을 추구하게 된다. 요컨대, 영혼(정신)은 육체에 '내재'하면서 특정한 목적을 향해 육체를 '이끌어간다는' 점에서 '내재성'과 '초월성'의 두 측면을 동시에 지니고 있다.

[1] 영혼과 육체의 관계에 대해서는 영혼이 있고 육체가 있다는 것, 그것으로 끝이며 그 외에 말할 만한 것은 아무것도 없다고 믿도록 학교 훈련을 받은 독자가 있다면, 영혼과 육체의 문제는 그에게 해결할 수 없는 것을 해결하려는 시도로 보일 것이며, 아마 출발점부터 싫증이 나서 그 문제를 외면하려고 들 것이다. 이렇게 되지 않도록—오해를 피하기 위해 한두 마디 하고자 한다. 로츠Lotze는 어디선가 다음 사실에 주의를 환기시킨 바가 있다. 즉, 한 역사적 세대의 자연스러운 경향은 당대의 역사적 감각에 자부심을 갖고 역사적 연구법historical method으로 작업하면서,[1] 이해력을 상상력에 양도하고 원리 대신에 영상映像을 요구한다는 것이다. 우리는 내용을 일련의 명확한 외양外樣으로 '볼' 수 있어야 비로소 만족한다. 우리가 원하는 것은 설명이 아니라 우리들 눈앞에 펼쳐지는 하나의 극적 사건이다. 내가 보기에, 영혼과 육체의 관계에 대한 문제를 둘러싸고 특수한 종류의 난점이 있다고 추정되는 것도 바로 사람들의 이러한 경향 때문이다. 영혼과 육체의 관계에 대한 문제는 그 주제를 숙고하려는 모든 시도를 필연적으로 쓸데없는 것으로 만들어버린다.

1. (역주) '역사적 연구법'이란 가시적 실증 자료를 중시하는 연구법을 말하는 듯하다.

한편으로 사람들은 이렇게 가정하는 것으로 보인다. 즉, 우리가 두뇌를 구성하는 분자들의 내부를 들여다볼 수 없다면, 또한 분자들 상호 간의 인력과 반발, 그리고 감각과 사유의 발생을 바라볼 수 없다면, 영혼과 육체의 관계에 대해서는 아무것도 말할 수 없다는 것이다. 다른 한편으로 사람들은 이렇게 가정한다. 즉, 영혼과 육체의 관계에 대해 무엇이든 알기 위해서는 영혼이 육체의 왕좌로 자리매김한다는 것, 이로부터 영혼은 그의 배달꾼(메신저)을 파견하여 신경섬유들을 붙잡고, 그들로 하여금 영혼의 영역의 변방에서 진행되는 것을 보고하게 하거나, 혹은 다루기 어려운 신하들 가운데서도 영혼의 명령을 실행하게 한다는 것을 고려할 수 있어야 한다는 것이다. 영혼과 육체의 관계에 대해 무엇인가 아는 유일한 방식이 얼마간 이와 같은 상상력의 공功이라면, 이 문제는 온전히 해결될 만한 것이 아니다. 그러나 과학과 철학이 잘 입증하는 바와 같이, 흔히 문제들이 해결 불가능한 까닭은 해당 사건의 본래 성격에 기인한다기보다는 모종의 불필요하고 불합리한 가정 때문이다. 그리하여 내가 보기에 이러한 노선의 모든 시도가 실패하는 것은 문제 자체가 불합리해서가 아니라 탐구의 방식이 불합리한 데서 비롯된 것이다. 우리는 상상력뿐만 아니라 이해력도 갖추고 있다. 그림이 시각의 대상이라면 원리는 사고의 대상이다. 파노라마가 존재하는 것과 마찬가지로 법칙들도 존재한다. 우리는 신경계로부터 정신적 과정으로의 전이를 알아보기 위해 그 전이 과정을 상상하려는 시도를 쉽게 포기할 수 있다. 보다 희망적인 것은, 정신과 육체의 관계가 실제로 알려진 것인 한, 양자의 관계를 명료히 하기 위해 어떤 원리들을 쓸 것인가를 탐구하는 비가시적 과제에 우리의 주의를 국한할 수 있다는 것이다. 우리는 생리학과 심리학에서 공표한 특정한 사실들을 알고 있다. 유일한 문제는 이것이다: 이러한 사실들을 설명하려면, 즉 생리학적, 심리학적 사실들에 대해 일관되고 이해 가능하게 설명하려면 어떤 원리들, 어떤 개념들을 쓸 것인가 하는 것이다. 이 일이 이루어질 수 없다고 말한다면, 그것은 우주에는 전적으로 불합리한, 의미 없는 사실들만 있다고 말하는 것에 지나지 않는다. 그리고 누군가 자신의 판단으로 특정한 사실들이 비합리적이라고 밝힐 능력이 있다면, 그는 내가 말하고자 하는 사람이 아니다.

[2] 그러므로, 다시 말해 이 글의 목적이 영혼과 육체의 관계를 숙고하는 데 있다면, 나는 그 목적이 본성의 내부로 들어가서 치명적 시각으로 거기서 진행되는 것을 바라본다는 뜻이 아니라, 영혼과 육체의 관계라는 사건에 의미를 부여하기 위해서 어떤 원리들을 써야 하는가를 탐구하는, 그다지 야심적이지 않은 목적으로 이해되기를 바란다. 생리학적 심리학의 사실들은 어떻게 해석될 수 있을까?

[3] 생리학적 심리학의 사실들이란 어떤 것일까?

첫째, 신경계는 복잡하긴 하지만 근본적으로 섬유와 세포로 구성되어 있다. 정상적으로 보면, 섬유는 신경자극들을 감각기관으로부터 몇몇 세포들의 집합체나 신경절節로, 혹은 배면 중추로부터 근육과 선腺으로, 혹은 하나의 신경중추로부터 다른 신경중추로 인도하거나 이행시키는 기능을 한다.[2] 반면, 세포는 표피表皮로부터 들어온 자극들을 수용하고 자체적으로 공급되는 힘을 통해서 자극들을 중화하거나, 아니면 세포들 자체의 신경 에너지를 자유롭게 풀어놓는 식으로 자극들에 반응한다. 요컨대, 섬유는 신경 에너지를 수행하고, 세포는 신경 에너지를 산출하고 에너지의 분배를 조절하는 일을 한다. 섬유와 세포의 작동 방식에는 이런 구분이 존재한다. 그러나 흔히 이러한 구분은 섬유와 세포가 사

2. (역주) 생리학에서 섬유는 인체의 조직을 이루는 가느다란 실 모양의 물질이며, 세포는 인체를 이루는 기본 단위다. 신경절(節)(ganglion)은 말초신경계에 신경 세포체가 모여 있는 것을 말하며, 배면 중추(centre back)는 등 쪽의 신경 세포가 모여 있는 부분으로 신경섬유를 통해 들어오는 자극을 받고 통제하며 다시 근육과 선(腺; glands)으로 자극을 전달하는 역할을 한다. 선(腺)은 체내의 물질을 분비·배설하는 기능을 하는 세포들의 집합체를 의미한다. 이하 생리학 및 의학용어의 설명에 대해서는 일반사전과 '정인혁 외(편)(2010). 『우리말 의학사전』. 서울: 현문사'를 참조했다.

실상 분리된 기능을 하는 것처럼 간주되어 왔다. 이러한 경향은 출발점부터 신경계의 작용에 이원론을 도입하는 것이다. 섬유는 순전히 수동적이고 수용적인 데 반해, 세포는 능동적인 것으로 취급된다. 이러한 관념은 다음의 결과에 이르고 만다: 세포들만이 오로지 정신적 의미를 가지므로, 두뇌가 유일한 마음의 기관이라는 것이다. 신경과 말초적 기관들이 배제된다. 심지어 누군가는 두뇌 속에 모든 자극을 인도하는 일단의 특별한 세포가 있고, 이러한 두뇌의 세포만이 영혼의 기관이라고 주장하기까지 이른다. 처음부터 우리는 이와 같은 오류를 피해야 한다. 사실은 어떤가 하면, 섬유와 세포의 구분은 상대적인 것이다. 세포뿐만 아니라 섬유도 세포들이 수행하는 것처럼 그 자체의 활동을 갖추고 있다. 섬유 자체는 과정과 무관하게 그럭저럭 머물다가 한쪽 끝에서 잡아당기면 다른 쪽 끝의 종이 울리는, 그런 줄과 같은 것이 아니다. 세포가 전체적 자극에 반응하는 것과 같이 섬유도 앞선 자극에 각각 반응하는 일련의 신경 요소들이며, 세포가 에너지를 분배하는 것과 같이 섬유도 앞선 자극을 다음의 자극으로 넘기는 일련의 신경 요소들이다. 사실상 섬유는 일련의 연결된 세포들이다. 엄밀한 의미에서 섬유가 세포와 다르게 작용하는 까닭은, 섬유가 저항하는 힘이 아주 작고 그 축적된 에너지가 상대적으로 아주 미약하기 때문이다. 반면, 세포는 하나의 폭발물 그 이상의 것이다. 세포는 하나의 지휘자다. 화학적으로 보면, 화약을 실은 열차의 점화와 그에 따른 화약고의 폭발은 차이점이 없다. 이와 마찬가지로, 생리학적으로 보면 신경과 세포의 과정 간에도 차이점이 없다. 화학적 사례와 생리학적 사례에 있어 결과의 차이란 얼마간은 사용 가능한 해방 에너지의 양에 기인하지만, 더 크게는 여전히 저항하는 힘의 차이에 기인한다. 세포에는 도입된 에너지를 실어 나르는 통로가 정해져 있지 않다. 도입된 에너지는 저항과 마찰을 맞닥뜨린다. 도입된 에너지의 축적은 세포 에너지가 에너지 도입을 금할 때까지, 혹은 도입된 에너지

에 반응하여 에너지를 증가시키고 신경을 통해 에너지를 방출할 때까지 지속된다.[3]

[4] 나는 너무 단순한 논점을 불필요하게 길게 논의했는지도 모른다. 그러나 이것은 올바른 심리-생리학적 관계 이론에 보다 폭넓게 접근하기 위한 기초가 된다. 이런 측면에서 심리-생리학적 관계 이론이 보증하는 결론은 아주 중요하다. 간략히 말해 결론은 다음과 같다. 정신적인 것과 생리적인 것은 '동질적인 것으로' 연관되어 있다. 정신적인 것과 신경의 관계라면 무엇이든 모든 신경 계통의 부분에도 동일한 방식으로 관련된다. 두뇌는 척수脊髓 이상의 마음의 기관이 아니며, 척수는 또한 신경섬유의 주변적 말단에 지나지 않는다.[4] 의심할 바 없이 두뇌는 영혼의 삶과 아주 밀접하게, 또 아주 유력하게 연관되어 있다. 그러나 이러한 영혼과의 연관성은 신경계의 다른 모든 요소에도 동일하게 해당한다. 이제 이러한 연관성은 우리에게 단지 다음의 양자택일을 제시할 뿐이다. 즉, 어떤 점에서 보건 영혼과 육체는 확실히 아무런 연관성이 없거나, 아니면 영혼은 신경계를 통하여 육체 전체에 현존한다는 것이다. 후자가 의미하는 바는, 정신은 육체에 내재한다는 것이다. 이것을 부정하는 것은 데카르트적 입장으로 되돌아가는 것이며, 물질 전체에 대한 기적을 행하는 것—곧, 완전히 외적인 어떤 힘을 불러들여 실제로 확인되는 전이를 일으키는 것이다. 이렇게 되면 우리의 영상映像에 대한 사랑에는 부응할지 모르지만, 우리가 스스로 규정한 노선을 저버리는 셈이다. 양면적 실체a double-faced substance라는 19세기의 대안은 단지 상상으로 스케치해놓은 나라에 들어가는 또 다른 여행일 뿐이다. 양면적 실

3. 이것은 이론이 아니라 생리학적 사실이다. 실험적 자료들과 그 보증된 결론들은 분트(Wundt)의 제안에서 찾아볼 수 있다. *Mechanik der Nerven, and Grundzüge der physiologischen Psychologie*, vol. i. pp. 240-264.
4. (역주) 척수란 뇌의 연수(延髓)로부터 뻗어있는 주요 신경로(神經路)로서 뇌에서 자극을 받거나 뇌로 자극을 전달하는 신경섬유로 이루어져 있다.

체의 대안은 상상력을 존재론의 원천으로 간주한다. 그러나 이것은 데카르트 학파의 기획보다도 사태를 한층 더 나쁘게 만든다.[5] 양면적 실체는 사고의 대상이 될 수 없을 뿐만 아니라, 본격적으로 말하자면 상상의 대상도 될 수 없다. 양면적 실체란 사고를 게을리한 결과일 뿐만 아니라 상상력이 노후화老朽化된 결과이기도 하다. 우리가 원하는 것은 상상력으로 바라보는 색조가 아니라 이해력으로 생각하는 원리이다. 만약 영혼과 육체의 연관성을 가능한 작은 공간에 들어갈 만큼 축소할 수 있다면, 그래서 처음에는 양자의 연관성을 섬유에서 배제하고, 그다음 척수에서 배제하고, 그다음 기저핵基底核, 소뇌에서 배제하고, 그다음 뇌피질皮質을 제외한 대뇌 전체로부터 배제하여 뇌 피질상 하나의 점으로 축소할 수 있다면, 영혼과 육체의 관계성의 문제가 단순화될 것이라고 생각하는 그런 타협은 또한 포기되어야 할 것이다. 사실은 어떤가 하면, 신경 조직의 작용은 종류상 대뇌 피질과 말초적 섬유에 있어 동일한 것이다. 따라서 만약 신경계의 어떤 부분이든 그것이 성격상 초자연적이지 않은 영혼과 어떤 연관성을 맺는 것이라면, 신경계의 모든 부분은 종류상 동일하다고 보아야 할 것이다. 전부냐, 아니냐 하는 것이 우리에게 부과된 선언적選言的 판단의 문제다. 그러므로 정신은 육체에 내재한다는 것이 장차 우리의 탐구의 기초다. 이제 그 내재한다는 것의 본질을 탐구해야 한다. 세포와 섬유에서 기능의 통일성이 있다는 것은 인정된다. 이러한 기능이 무엇이며, 이러한 기능이 보증하는 결론이 무엇인가 하는 것은 이제 알아보아야 할 문제들이다.

[5] 둘째, 신경의 근원적 활동은 적응의 과정이다. 이 적응의 과정은

---

5. (역주) '양면적 실체'의 대안은 하나의 실체가 정신과 물질이라는 두 가지 상이한 면모를 띤다고 보는 입장이다. 이 대안은 존재의 근거를 상상에 둠으로써 치밀한 사고를 결락(缺落)했다. 이로부터 듀이는 양면적 실체의 대안이 엄격한 사고 방법의 준칙을 설정한 데카르트(R. Descartes) 학파의 기획보다 사태를 더욱 모호하고 나쁘게 만들었다고 비판하는 것이다.

자극과 반응 혹은 억제라는 동시 발생의 이중적 과정으로 이루어진다. 만약 우리가 섬유와 세포 작용의 동질적 특성을 알기 때문에 양자의 동일한 생리적 영향력에 관심을 둔다면, 우리는 그 작용이 어떠한 것인지 알 수 있을 것이다. 우선, 신경 조직은 그 부위가 어디이건 고도의 불완전한 화합물이다. 일체의 자극은 신경 조직을 상대적으로 더욱 단순하고 안정된 화합물로 바꾸는 화학적 변화를 일으키는 경향이 있다. 그리하여 낮은 수준의 화합물을 보다 높은 수준의 화합물로 다시 끌어올리는 데 필요한 에너지가 요구되는 양만큼 방출된다. 요컨대, 불안정한 혼합물이 지닌 잠재적 에너지는 활동성을 지닌 것이다. 그러므로 신경 작용에서 제일의 요소는 흥분이나 자극이며, 이런 흥분이나 자극의 결과로 신경 에너지를 풀어놓는 것이다. 그러나 이것이 전부라면, 신경계의 에너지는 곧 소모되고 말 것이다. 모든 자극이 신경의 힘을 풀어놓을 것이고, 그 결과 육체는 아무리 사소한 자극이라도 모든 자극에 다 반응할 것이며, 이런 과정은 결국 힘이 완전히 고갈되고 나서야 그칠 것이다. 신체적으로 우리는 무도병舞蹈病을 가진 상태에 놓일 것이고, 정신적으로는 무엇인가 비정상적 상태에 놓일 것이다. 지적이든, 감정적이든 힘을 비축하지 않은 채 모든 감각 인상에 격렬하게 반응하여 결국 반응 과정만을 되풀이하는 무감각 상태에 빠질 것이다. 요컨대, 무엇인가 통제하고 반응을 조절하고 또한 예비적 힘을 확보해 두는 것이 있어야만 한다. 자극적 활동에 맞서 저항하고, 불안정한 전체적 화합물로서 사용 가능한 전체 힘을 다 쓰지 않도록 해야 한다. 이것이 또한 에너지를 쓴 만큼 에너지를 복구하게 하는 것이다. 이렇게 해서 우리는 에너지를 보충하는 과정이 있음을 알게 된다. 에너지는 끊임없이 힘을 발휘할 뿐만 아니라 끊임없이 저장되거나 잠재된 상태로 있다. 하나의 신경 요소에 이른 모든 힘이 불안정한 화합물을 분쇄하는 데 쓰이지 않으므로 에너지를 잃어버리지 않는다. 부분적 힘이—어떤 경우에는 훨씬 많은 부분적 힘이―이런 불안정한 화합물을 재건再建하고 장차 사용을 위한 에너지 저장소를 만드는 데에 쓰이게 된다. 한편, 이런 과정 자체는 자극적 요소를 억제하고 통제하는 구실을 한다. 그러므로 모든 신경 작용이란 자극과 흥분과 억제의 상호 보완적 기능, 곧 억압을 통한 통제의 보완적 기능이다. 모든 신경 활동은 본질적으로 하나의 적응이다. 자극이 모든 신경 활동을 불러일으키지만, 자극만이 유일한 요인은 아니다. 자극은 제멋대로 왔다 갔다 하는 것이 아니라, 억제라는 반응 활동이 있어 점검되고 지도된다. 물론 이 일은 섬유에서 일어나든, 세포에서 일어나든 관계없이 모든 과정에 해당한다. 그러나 이미 말한 바와 같이, 섬유와 세포의 구조적 차이점 때문에 섬유의 작용 양상은 섬유의 억제 양상보다 훨씬 '더 우세하다.' 이에 반해 세포에서 억제 활동은 자극을 희생할 정도로 힘이 강하다. 전체적 면에서 섬유는 말초신경계에 상응하고 세포는 중추신경계에 상응한다. 그런 만큼 자극이나 흥분은 말초적인 것이고 반응과 통제는 중추신경이나 신경절에 해당한다고 말해도 사실상 충분할 것이다.

[6] 이런 관점에서 보면, 단위 신경 활동은 명백히 반사 작용으로 알려진 활동이다. 반사 작용에 있어 우리는 엄밀히 한편으로는 자극을 받고, 다른 한편으로는 방금 말한 바 있는 적응 활동을 하는 관계를 맺는다. 우리의 결론은 다음과 같다: 근원적 신경 활동의 양상이 있으며, 이 신경 활동의 양상 속에 정신적인 것이 내재한다. 이런 활동 양상은 하나의 적응 활동이다. 그러므로 정신은 육체에 내재하면서 특정한 결과를 향해 활동을 이끌어가는 것이다. 정신은 그저 내재하는 것이 아니라 목적론적으로 내재한다. 이러한 목적론적 성격은 방금 기술한 기능 그 자체의 성격에서 드러난다. 자극과 억제 활동 간의 적절한 균형을 잃어버리는 것은 섬뜩한 무질서의 징후다. 그것은 병적病的이다. 만일 중추신경이 미약한 자극들에도 반응한다면, 별것도 아닌 것에 끊임없이 장단을

맞춤으로써 중추신경은 힘을 소진하고 말 것이다. 또한 중추신경이 아주 강한 자극들에만 반응한다면, 중추신경이 내포한 힘은 정작 유기체의 적절한 적응 활동이 필요할 때 결코 그 힘을 발휘하지 못할 것이다. 그러나 우리는 정상적 삶에서 자극과 억제 활동 간의 정확한 균형이 힘의 소모를 보장하며, 이때 힘의 소모는 유기체의 이익, 그야말로 오로지 유기체의 이익을 위한 것임을 알게 된다. 가장 단순한 신경 작용의 예로, 척수를 제외하고 모든 신경 장치를 제외한 냉혈동물에서 일어나는 것을 보면, 우리는 객관적으로 더욱 뚜렷한 목적론적 특성이 드러난다는 것을 알 수 있다. 다음 분트Wundt의 진술을 살펴보자.

[7] "목이 잘린 개구리는 집게로 자극받은 다리를 움직이거나, 피부에 떨어진 산성 물질을 발로 닦아낸다. 때때로 개구리는 도약을 한 번 해서 기계 자극이나 전기 자극에서 벗어나려고 힘쓴다. 만약 위치가 비정상적이라면, (예컨대, 뒤집어 놓은 상태라면) 개구리는 흔히 정상 위치로 되돌아온다. 자극은 일반적으로 단순 동작만 일으키는 것이 아니다. 자극의 강도强度가 증가하고 자극 감응성이 성장함에 따라 동작은 자극받은 부분으로부터 넓게 확산된다. 그러나 개구리의 움직임은 '외적 인상에 맞게' 적응한 것이다. 개구리의 움직임은 방어하는 것일 수도 있고, 자극을 제거하는 것일 수도 있고, 자극의 영향권으로부터 몸을 빼려는 것일 수도 있고, 아니면 종국적으로 이전의 상태를 복원하는 데에 목적을 둔 것일 수도 있다. '자극에 대한 이런 유목적적 적응'은 플뤼거Pflüger와 아우어바흐Auerbach의 실험에서 한층 명백히 드러난다.[6] 이들의 실험에서는 동작의 일반적 조건들이 다소간 변화된다. 예컨대, 산성 물질로 자극을 받은 쪽의 다리가 절단된 개구리는 처음엔 절단된 쪽의

---

6. (역주) 플뤼거(1829-1910)와 아우어바흐(1828-1897)는 19세기 독일의 생리학·해부학자이다. 이들의 연구는 생리학적 실험으로는 의미가 있지만, 생명윤리학의 입장에서 보면 말할 필요도 없이 문제의 소지가 있다고 보인다.

남은 부분으로 무익한 시도를 하다가, 그다음 균형을 잘 잡아 다른 쪽 다리를 선택한다. 다리가 끊기지 않았다면 다른 쪽 다리는 휴식 상태로 있는 것이 보통이다. 만약 목이 잘린 개구리를 등 쪽에서 죄고, 한쪽 넓적다리 안쪽에 산성 물질을 뿌린다면, 개구리는 두 넓적다리를 서로 문질러서 산성 물질을 제거하려고 할 것이다. 그러나 넓적다리를 움직여도 서로 멀리 떨어져 있다면, 개구리는 얼마간 헛되이 시도하다가 갑자기 한쪽 다리를 뻗어 비교적 정확하게 산성 물질로 자극된 부분을 짚는다. 마지막으로, 목이 잘린 개구리들의 위쪽 넓적다리를 꺾어 마비시키고, 동시에 넓적다리를 등 아랫부분의 배까지 뻗게 하면, 개구리들은 처리하기가 어려움에도 불구하고, 꺾인 다리의 발로 마비된 지점을 정확히 건드린다. 이러한 관찰은 비록 다양한 방식으로 변화될 수 있지만, 여건의 변화에 따라 동물이 자기의 움직임을 조절할 수 있음을 보여준다."Wundt, Grundzüge, vol. ii, p.404 [7]

[8] 말할 필요도 없이, 서로 조응照應하는 수많은 신경중추를 가지고 있는 한, 그리고 특정한 행위의 실행에 예속된 모든 것이 유기체의 보존이나 발달에 필요하다고 인정되는 한, 아주 단순한 형태의 신경 작용에서 드러난 것은 보다 수준 높은 형태의 신경 작용에는 더욱 잘 들어맞는다고 보아야 한다. 그러나 우리의 목적상, 이런 기초적 반사 작용의 형식에 대해 우리의 입장을 정하고 유물론자를 밑받침해 온 바로 그 습관적 기반을 잘라버리는 것만으로도 충분하다.

[9] 그리하여 우리의 결론은 다음과 같다. 정신은 육체에 내재한다. 곧, 정신은 육체에 내재하면서 육체를 어떤 결과를 향하도록 이끄는 것이다. 또한 이러한 결과를 얻기 위해 어떤 활동을 선택하고 다른 활동을 금지하며, 또 어떤 활동에는 반응하고 다른 활동을 통제하며, 가장

---

7. (역주) 분트(W. M. Wundt, 1832-1920)는 독일의 심리학자·철학자로서 근대 실험심리학의 기초를 마련하는 데 크게 기여한 인물이다.

단순하고 낭비가 덜한 방식으로 복합적 전체를 조절하고 조정함으로써 선택한 결과에 도달하는 것이다. 그러므로 우리는 가장 단순한 형식의 신경 작용에 있어서도 물질을 초월한 범주들이 수반된다는 것을 알게 된다. 원리에 비하면 물질 자체는 전적으로 국외자局外者이다. 물질 자체만으로는 물리적 인과성의 범주보다 높은 수준의 범주로 나아가지 못한다. 물리적 인과성에 있어 가장 고도의 법칙은 선행사건과 결과 간의 필연성에 대한 것이다. 우리는 신경 작용에서 목적론의 범주를 발견한다. 행위를 결정하는 것은 그 직접적 선행사건들이 아니라 앞으로 필요한 결과이다. 우리는 물질적 영역에서 벗어나 최종적 인과관계의 영역으로 나아간다. 이렇게 하여 우리는 순전히 물질적인 것에서 벗어나, 육체 속의 정신의 내재성으로 나아가며, 이때 정신은 그 자체의 결과와 목적을 향해 육체를 이끌어가는 것임을 알게 된다.

[10] 유물론자는 전도顚倒된 논리, 곧 고차원적인 것에 근거하여 저차원적인 것을 설명하는 것이 아니라, 저차원적인 것으로부터 고차원적인 것에 이르는 시도를 함으로써 사태의 본질을 완전히 놓치고 있다. 유물론자에 있어서는 (적어도 그가 사실을 알아보는 요소들 면에서 아주 충분히 앞선 사람이라면) 반사 작용과 유목적적 적응이라는 사실은 물질의 자기 충족성을 보여주는 증거다. 그는 즉시 유목적적 행위를 물질의 속성으로 보고, 또한 지적인 유목적성을 재료의 기능으로 간주한다. 유물론자는 자신이 이렇게 생각하는 동안 물질을 물질로 특징짓는 모든 것을 포기하고 있다는 것, 그리하여 사실상 자신이 정신의 우선성을 인정하고 있다는 사실을 깨닫지 못하고 있다. 만약 목적론이 물질의 본질에 속하고, 유목적적으로 조절된 행위가 재료의 특성에 속하는 것이라면, 물질과 재료는 일반적으로 존재(즉, 물질과 재료)로 간주될 수 없으며, 단지 정신과 심적인 것의 (거주 장소인) 은신처가 될 것이다. 내가 보기에, 논쟁은 어떤 용어를 쓸 것인가에 관한 것이 아니라, 어떤 원리를

쓸 것인가를 두고 일어난다. 다시 말해, 문제는 영상이 아니라 설명의 법칙에 관한 것이다. 우리가 물질에 대해 어떤 언어적 혹은 영상적 개념을 형성하는 일을 중지한다고 해보자. 과학적 목적상 우리는 이것이 물리적 인과관계의 원리, 곧 선행사건과 결과 간에 존재하는 일정불변의 관계들을 뜻함을 알 수 있을 것이다. 그 이상의 물질의 개념으로 들어가려는 시도는 보증되지 않는다는 점에서 비과학적이다. 만약 그러한 시도가 이루어진다면 모든 자연과학의 기초를 파괴하고 자연과학을 상상력에 의한 공상적 놀이의 장場으로 만들어버린다는 점에서 비과학적이다. 이런 측면에서 보면, 아주 높게 비상飛上한 그리스나 중세의 과학도 무의미한 것으로 가라앉아버릴 것이다. 이처럼 물리적 인과관계와 연속의 항상성 원리를 인식하는 것은 모든 자연과학의 이론적 기초다. 그 이상의 무엇인가를 포함하려는 시도는 이유 없이 원리를 파괴하는 일이며 무한한 혼란을 일으키는 일이 될 것이다. 일단 원리보다 말이나 외양을 앞세우는 코스에서 출발해 보면, 우리는 불합리의 심도를 보여주는 몇몇 징후들에 도달할 수 있다. 이런 징후들은 몇몇 독일 유물론자들의 노력에서 찾아볼 수 있다. 이들은 찬양받을 만한 일관된 노력을 하는 가운데, 본원적 원자들primordial atoms에 감각 작용을 보완할 필요가 있다는 점을 알게 되었고, 동시에 우주의 법칙들은 본원적 원자들의 원초적 사랑과 증오, 욕망과 분투로부터 추정할 수 있다고 생각했다. 이것이 유물론자에게 유일하게 일관된 입장이었다. 그러나 이때의 일관성이란 놀랍게도 배리법背理法과 같아 보이는 것이었다.[8] 게다가 이 입장은 자살행위다. 왜냐하면, 그것은 바로 유물론적 입장의 본질을 포기하고 물질

---

8. (역주) '배리법(reductio ad absurdum)'이란 '귀류법(歸謬法)'으로도 불리는 것으로서, 어떤 명제가 참이라는 것을 증명하는 대신, 그 명제를 부정하는 명제를 참이라고 가정하고 그 불합리성을 증명함으로써 원래 명제가 참임을 보여주는 증명법이다. 본문에서 유물론이 배리법과 같다고 한 이유는 유물론의 입장을 끝까지 밀고 나아가면 정신의 우선성을 인정할 수밖에 없다는 모순을 드러낸다는 데 있다.

적 재료의 본질과 법칙이 정신적인 것에 의해 구성된다는 사실을 인정하는 것이었기 때문이다. 이 경우, 정신적인 것은 결정적이고 우선적인 요소다. 정신을 물질적 재료로 삼켜버리려는 시도는 불합리할 뿐만 아니라 쓸모없는 짓이기도 하다. 왜냐하면, 정신은 항상 물질적 재료에 침투하여 보복하기 때문이다.[9] 그리하여 우리가 최종적으로 어떤 독립적인 물질의 얼룩이나마 찾아본다고 해도 거기에는 아무것도 없는 것이다. 물질은 모두 정신화되어 온 것이다. 혹여 거기에 하나의 얼룩이라도 있다면, 그것은 방금 규정한 물질의 개념에 비추어 말한 것이 틀림없다. 하나의 얼룩을 물질로 알아볼 수 있는 까닭은, 그것이 최종적 인과관계가 아니라 물리적 인과관계의 원리에 따라 작용했기 때문이며, 동시에 그 얼룩이 그 안에 자체적으로 작동한 어떤 목적에 의해 결정된 것이 아니라, 그것보다 앞선 사건에 의해 결정된 것이기 때문이다. 그리하여 결국 유물론자에 있어서 선택의 여지란 없다. 만약 그가 단 한 번만이라도 유목적적 행위라는 사실에 유의한다면, 그에게 다른 대안은 없을 것이다. 유물론자는 이러한 기능도 하나의 물질의 속성이라고 주장할 수 있을 것이다. 그러나 방금 살펴본 바와 같이 이와 같이 주장한다면, 그는 물질을 탈 물질화시키고 있는 셈이다. 그는 곧 물질의 원리와 법칙이 정신적인 인과관계의 원리와 법칙임을 인정하게 될 것이다. 그리하여 유물론자는 물질의 원리를 초월하는 것은 무엇이든 본질적으로 비물질적이라는 것, 또한 목적론적 작용이 시야에 들어오면, 우리는 물질의 영역을 벗어나서 물질에 내재한 정신의 영역으로 나아간다는 점을 알 수 있을 것이다. 이러한 인식이 합리적이다. 이러한 인식은 과장되고 불균형적인 모든 상상력의 운동으로부터 과학을 구원해 준다.

---

9. (역주) 여기서 '보복'한다는 것은 소위 앙갚음한다는 뜻이 아니라, 정신적인 것을 물질적 작용의 소산으로만 규정하려고 하면 반드시 물질에는 정신적 측면이 결부되어 있다는 반박에 부딪힌다는 뜻을 가진다.

[11] 원리보다 파노라마를 선호하는 사람에게 유목적적 행위의 중요성을 회피하는, 한편으로 무익하면서 다른 한편으로 매력적인 또 다른 방법이 있다. 현재로서는 이 방법이 더욱 유행하는 것이다. 요컨대 그것은 다음 사항을 인정하는 것이다. 즉, 행위들은 현재로서 목적론적이지만, 그 행위들은 장기간에 걸친 일련의 우연한 실험들을 통해 그와 같이 되었다는 것, (이러한 실험들은 어떤 결과에 도달하려고 애쓰지 않았던 만큼 실험 아닌 실험이다) 그리고 이러한 실험 중 몇몇은 어쩌다 유기체에 유리하게 작용한 만큼 존속하여 지금 우리에게 목적의 외양外樣을 제시해 준다는 것이다. 이 이론은 목적론적인 것을 우발적인 기계적 산물로 취급하려는 시도다. 일반적으로 이 이론은 생물학적 진화론과 연관된 과학적 용어들을 부과하면서 그 자체를 이면으로 숨긴다. 이 이론에서는 '변화', '선택', '적자생존', 그리고 '유전'이라는 용어를 쓰며, 결국 무에서 유를 얻듯이 우연한 사건으로부터 목적을 얻는다고 생각한다. 그러나 이러한 주장은 자멸적이다. 그것은 특수 사례를 하나의 일반적 법칙으로 바꿔치기한 것에 불과하다. 말하자면 그 주장은 바로 자연의 구조에 유목적성을 들여오고, 이에 따른 지력도 들여옴으로써, 특정한 반사적 행위의 원초적 유목적성을 제거하는 것이다. 이 이론이 말하는 것은 자연이란 단지 과학에 의해 확신하게 된 자연 그 자체의 법칙들을 관찰함으로써 목적을 향한, 그리고 목적에 따른 행위를 일으킨다는 것뿐이다. 내가 보기에 '명칭'으로서 변화, 선택, 유전으로는 그런 결과를 달성하지 못한다. 그런 결과는 사태와 효력과 원리들의 구성 바로 거기에 내장內藏되어 있다. 이와 같은 사태, 효력, 원리들이 작용과 반응으로 잘 돌아감에 따라 어떤 결과를 향한 활동인 유목적적 행위를 일으키는 것이다. 요컨대, 목적론적 행위를 일으키는 것은 신경계의 구조뿐만이 아니다. 자연의 구조 자체도 그런 특수한 종류의 유목적적 행위를 일으키는 것이다. 이런 특수한 경우, 누군가 목적론을 제거했고 이에 따라 지력

도 제거했다고 생각한다면, 그것은 목적론과 그에 따른 지력을 오직 하나의 보편적 원리와 작용인作用因으로 인식했기에 가능한 것이다. 다윈주의Darwinism는 이 원리를 뒤집기는커녕, 그것을 우주와 사태의 구조에 대한 일반적 법칙으로 확립한 것일 뿐이다.[10] 자연의 구석구석 전부가 목적론적으로 이루어져 있다는 것이다.

[12] 바라건대, 본론을 벗어난 이러한 논의는 가능한 오해를 피하고 논의를 진전시키기 위한 것이었다. 이제 결론으로 되돌아간다. 정신은 목적론적으로 육체에 내재해 있다. 가장 단순한 신경 작용이라고 해도 유목적적 적응의 요소를 배제할 만큼 단순한 것은 아니다. 가장 단순한 신경 작용도 늘 그렇듯 하나의 적응이다. 신경 작용은 결코 자극에 따른 단순한 기계적 결과가 아니라, 항상 선택과 억제와 반응을 수반한다. 유기체에 작용하는 엄청난 양의 자극 중에서 유기체가 잘 살아가는 데 보탬이 되는 자극이 선택된다. 특별히 유용하지 못한 자극들은 선택되지 않는다. 그리하여 행위는 유기체 자체의 필요, 즉 목적에 따라 일어난다. 만약 우리가 시야를 넓혀 유기체 전체에 합치하는 행위를 고려한다면 결론은 더욱 선명히 드러날 것이다. 거의 무한대에 가까운 다양한 감각적 근육 자극들이 항상 조정되고 조화롭게 결합한다. 척수신경, 척수 자체, 특수한 감각 신경, 소뇌, 기저핵, 소뇌의 반구는 그 각각을 이루는 무한한 섬유들, 세포들과 더불어 하나의 목적, 곧 유기체의 복지라는 단 하나의 목적을 위해 조절된 통일체로 작용한다.[11] 때때로 하나의 부분이 마치 단독으로 기능하는 것처럼 보이기도 하지만, 실은 항상 상

---

10. (역주) 듀이에 의하면, '적자생존', '변화', '도태' 등의 용어를 쓰는 다윈주의 이론은 특수한 우발적 적응 사례를 목적론적 행위로 간주하고 이를 보편적 법칙으로 간주함으로써, 환경과 교호작용을 하는 인간 행위의 본질을 제대로 드러내지 못한다. 말할 필요도 없이, 인간의 사고가 개입한 유목적적인 행위와 환경에 대한 우연한 적응은 당연히 구별되어야 한다.
11. (역주) 기저핵(basal ganglia)은 대뇌반구의 회백질에 있는 4개의 신경절을 의미한다.

호 관련된 독립성이라는 것이 드러난다. (그렇지 않은 작용이 있다면, 그것은 병적인 것이다.) 유기체의 목적이 가장 잘 달성되는 경우는 유기체의 특수 부위에서 일어나는 얼마간의 창조적이고 자기 실행적 작용을 허용하는 데 있다. 그러나 외관상 독립적으로 보이는 것도 철두철미 유기체 전체의 목적론적 특성의 증거일 뿐이다. 외관상의 독립성이란 유기체의 전체적 과업과 발달이 좀 더 속도감 있게, 경제적으로 실현되기 위한 노동의 분업을 나타낼 뿐이다. 여기에 공산주의적 계급이란 없으며, 잘 조직된 하나의 사회처럼 전체적 통일성 속에서 다양한 요소들의 정당한 등급 매기기와 예속隷屬이 있을 뿐이다. 요컨대, 자아실현이라는 유기체 전체의 목적을 향해 모든 신경 기관의 조정이 있고, 더 나아가 모든 신경 기관의 예속이 있는 것이다.

[13] 우리가 도달한 이와 같은 결론이 순수 생리학적 영역을 방치하는 것은 아니다. 그러나 우리의 결론은 모든 현상을 포괄할 만큼 확대되기까지는 일방적이고 협소한 것이다. 육체는 신경계를 거치는 것인 만큼 '생리학적' 유기체일 뿐만 아니라 '심리' 생리학적 유기체이기도 하다. 최소한의 조건으로 말하자면 모든 활동을 하나의 목적에 맞게 조절하는 일뿐만 아니라 '감각 작용'도 있다. 영혼의 영성靈性을 단언하는 사람들은 흔히 지나치게 높게 건축하는 일에 착수했다. 이들은 추상적 사고나 자유의지를 그들의 방어 요새로 삼았다. 아닌 게 아니라, 이제 이런 추상적 사고나 자유의지는 난공불락의 피난처를 제공해 준다. 그러나 그곳에서 전투 공세를 개시하면 모든 영토 권리에 의해 정신적 영혼이 토지 수용권을 갖는 땅을 포기하게 된다. 앞서 비유로 돌아가면, 최종적으로 우리는 더욱 폭넓은 기초인 감각을 기반으로 하기 때문에 더욱 높고 더욱 견고하게 건축할 수 있다. 너무도 흔히 듣는 유물론자의 주장은 이것이다. 즉, 감각 작용은 적어도 명시적인 것이든, 암묵적인 것이든 물질적 과정으로 설명될 수 있다는 것이다. 유물론자는 감각 작용과 신경

기관 그리고 두뇌 간의 직접적이고 밀접한 연관성이 입증될 수 있기 때문에, 감각 작용의 물질적 특성이 확립된다고 생각하는 것 같다. 근본적으로 이러한 생각은 태생 당시부터 시대에 뒤떨어진 하나의 은유로 살아남은 것이다. '인상impression'이라는 용어가 심리학에 끼친 해악은 결코 측정할 수 없을 정도이다. 생리학적 심리학이 우리에게 요구한 가장 중요한 것 중 하나는 '인상'이라는 용어와 개념을 영구히 추방해버렸다는 것이다. 심리학에서 정신 상태의 물질적 선행조건인 감각을 표현하는 말로 유일하게 자리 잡은 것이 있다면 '자극stimulus'이란 단어다. 헉슬리Huxley와 틴달Tyndall과 같은 준準 유물론자들은 늘 그렇듯 아주 과감하게 마음이 두뇌에 의존한다고 단언하면서 이렇게 진술한다: 두뇌의 물리학으로부터, 신경적 흥분으로부터, 그리고 운동과 물질의 변화로부터 하나의 의식적 사실, 하나의 정신적 상태, 그리고 하나의 감각으로 이르는 통로란 생각할 수 없는 일이요, 해명 불가능한 불가사의이며, 양자 간에는 상상력으로도 메울 수 없는 큰 간격이 있다는 것 등등. 이 외에도 얼마든지 예를 들 수 있다. 누군가 이렇게 생각할 수 있다. 즉, 헉슬리와 틴달이 그러한 이행移行을 그림으로 나타내려는 시도를 멈추고, 그것에 대해 '생각하려는' 노력을 한다면 그때 설명은 그들의 얼굴 표정에서 빤히 드러날 만큼 너무도 명백하다는 것이다. '불가사의'란 것도 실체 없는 진공 상태로 파열되어 버릴 것이다. 생각조차 할 수 없는 일이 일어나는 것은 그릇된 범주와 그릇된 원리를 썼기 때문이다. 우리가 제시할 수 있는 것은 이러하다. 즉, 육체와 정신이 원인과 결과로, 또한 생산자와 생산물로서 연관되지 않는다고 하면, 육체와 정신 중 어느 하나를 빼내려는 모든 시도는 지속적으로 '해명 불가능한', 완전한 '불가사의'에 빠지고 만다는 것이다. '해명 불가능하다는 것'이 최상으로 만족할 만한 궁극적 사실이 아니라, 그런 불가능 상태로 이끈 방법과 원리에 대한 적극적 비난이라는 것을 인정한다면, 우리의 과학자들은 자신들이 파악하지 못한 물리적 범주들을 정신적 영역으로 밀어 넣어 전체 논점을 교묘히 피하고, 또 그들 자신이 증인이 되어 전체 사태를 불합리성과 구별할 수 없는 불가사의로 빠뜨리기 전에 재차 숙고할 것이다. 몇백 년 전 기하학에서는 배리법이 최초 가설의 허위를 완전히 보기 좋게 입증하는 방법으로 인식되었다. 이제 우리가 품는 희망은 이것이다. 즉, 모든 사고의 통합성이라는 아이디어가 19세기 영어권 지역에서 철학적 사고와 계약을 맺었던 과학자들에게 마침내 나타날 것이라는 점, 그리고 과학자들은 모든 과학적 추론의 기초가 되는 것이 또한 철학적 추론의 기초 원리로도 유효함을 인정할 것이라는 점이다.

[14] 그리하여 우리는 명백히 상상 불가능한 것을 그림으로 나타내려는 모든 시도, 또한 그러한 것을 설명하려는 노력 따위는 하지 않을 것이다. 그러한 시도와 노력은 우리를 명백히 해명 불가능한 상태로 몰고 갈 뿐이다.[12] 우리는 사실들로부터 시작할 것이다. 그리고 사실들을 설명하기 위해 사실들이 우리에게 부과하는 원리가 무엇인지 탐구할 것이며, 하나의 원리로 시작하지 않을 것이다. 우리는 하나의 원리로 모든 사실을 의기양양하게 '설명한' 논문의 10분의 9를 본 후, 그것이 전적으로 해명 불가능하다는 것, 따라서 형언할 수 없는 '신비'의 점강법漸降法에 계속 빠지고 만다는 것을 인정하면서 마무리 짓고자 한다. 만약 사실들을 고려한다면 단지 다음과 같을 뿐이다. (1) 특정한 신경 과정 뒤에는 감각이라 불리는 정신 상태가 연속해서 나타난다는 것, (2) 이 둘 사이에는 물리적 인과관계, 즉 물질과 운동의 동일성과 같은 어떤 연관성도 전혀 없다는 것. 이러한 사실이 이끄는 원리는, 물리적 선행자는 어떤 감각의 산출에 필수 불가결한 자극이며 물리적 선행자만이 자극

12. (역주) 영혼과 육체, 정신과 물질의 관계를 올바로 탐구하기 위해서는 '상상'보다는 '이해', '그림'보다는 '원리'가 필요하다는 듀이의 관점을 다시 보여준다. 이 글의 제1문단 참조.

이라는 것이다. 비록 감각이 자극 '없이' 나올 수 없지만, 그렇다고 하여 감각이 자극'으로부터' 출현하는 것은 아니다. 감각은 신경 과정으로부터 오는 자체의 '유인'을 가지고 있다. 곧, 감각은 내부로부터의 '원인'을 가지고 있는 것이다. 신체적 과정은 마음을 일깨우고 행위를 자극한다. 거기서 마음은 자발적으로 자체의 법칙에 의해 그 자체로 감각 작용을 전개해 간다. 다양한 관련 요인들에 붙여진 특수한 명칭들은, 만약 그것들과 관련된 원리가 자극과 반응의 원리라면 중요한 것이 아니다. 반응은 존재로 보면 물리적 선행자先行者에 의존하지만, 내용과 성격상으로 보면 그 외의 다른 것에 의존한다. 비록 활동이 무한하거나 자기 생산적 활동이 아니라 외부의 우연한 충동에 의존한다고 하더라도, 우리는 물리적 인과관계의 원리를 넘어 자아 발달 활동의 원리에 이르게 된다는 것을 알아야 한다. 요컨대, 영혼은 목적론적으로 육체에 내재하면서 다양한 활동을 하나의 목적에 종속시키고 조정하는 일을 한다. 뿐만 아니라 육체도 영혼에 자극을 준다. 영혼은 활동을 불러일으키는 조건이다. 영혼은 마음에 불을 붙여 그 자체로 꺼지지 않는 불길을 밝히는 불꽃이다. 행위에 마음의 능력이 요구된다는 단서를 달고 보면 감각 작용, 더 나아가 모든 고차원적 신체 활동은 마음에 창조적이고 자기 결정적 능력이 있다는 증거이다. 우주 안의 모든 사실에 관해서, 도대체 그러한 사실이 존재한다는 것이 신비하듯이, 마음의 능력에도 똑같은 신비로움이 있다. 이와 관련된 원리들로서 물리적 혹은 화학적 사실의 해명만큼 신비로운 것은 없다. 궁극적으로 분석하면 정신적 원리는 그다지 신비로운 것이 아니며, 기계적 원리와 비교하면 알기 쉬울 만큼 투명한 것이다. 기계적 원리가 설명력과 타당성을 보증받는 것은, 그것이 바로 정신적 원리로부터 나왔기 때문이다.

[15] 만약 신경 작용의 순수 생리적 현상들뿐만 아니라 심리-생리학적 사실들도 조사 범위에 포함한다면, 우리는 영혼이 유기체의 활동을

지도하고 집중시킬 뿐만 아니라, 활동을 무엇인가 다른 활동으로 변형시
킨다는 결론에 이르게 될 것이다. 말하자면, 영혼은 육체가 부여한 미약
한 징후들을 실현하는 것이다. 영혼은 그 자체의 통일성과 목적을 구성
하는 만큼 그저 육체에 내재하는 것은 아니다. 영혼은 그 자체의 정신
적 목적을 위해 활동을 변형하는 만큼 육체를 초월하기도 한다.[13] 영혼
은 육체를 영혼 자체의 구조를 형성할 재료로 삼으며, 영혼 자체의 생명
력에 자양분을 주는 영양물로 활용한다. 사실들의 연구에 따르면, 영혼
의 내재성과 초월성이라는 이 두 원리는 독립적 방식으로 떨어져 있을
수 없다. 두 원리는 서로를 필연적으로 필요로 하는 통일성을 드러낸다.
우리는 다시, 이런 원리가 심리-생리학적 삶의 사실들과 연관되며 개념
들의 논리적 조작에만 머물지 않는다는 점을 확신하면서 심리-생리학적
삶의 사실들에 관심을 돌려보기로 한다.

[16] 심리-생리학적 삶의 사실들이란 명확한 심리-생리학적 기능
의 실행과 연관된 것이다. 넓은 의미에서 '기능의 국소화localization of
functions'라는 말을, 특수하게 조직된 어떤 신체 부위와 명확한 정신적
관계를 맺는 행위 수행을 뜻하는 것으로 이해한다면, 심리-생리학적 삶
의 사실들은 모두 '기능의 국소화'에 포함될 수 있을 것이다. 그리하여
중앙 뇌 반구의 세 번째 전두부 뇌회腦回에 있는 '언어 중추'의 추정 위
치뿐만 아니라, 척수에 의한 반사 행위의 수행도 기능의 국소화에 포함
될 것이다.[14] 이렇듯 기능의 국소화라는 말을 확장해서 쓸 수 있는 근
거는 현재 언급한 특수한 사실들뿐만 아니라 모든 신경 작용의 통일성
에 있다. 척수에서 규칙적이고 일정한 반사 작용의 '국소화'와, 두뇌의
한 부분에서 언어 중추의 '국소화' 간에 유일한 차이점이 있다면 정도상

13. (역주) 듀이는 영혼이 '내재'와 '초월'의 기능을 가진다는 것, 즉 영혼이 육체에 내재하
　면서 육체를 목적이 있는 활동으로 이끈다고 본다. 이러한 관점은 정신과 육체를 분리하
　는 기존의 데카르트적 심신이원론과 유물, 유심론을 비판하는 것이다.
14. (역주) '뇌회'란 대뇌 표면의 주름을 가리킨다.

의 차이일 뿐 종류상의 차이는 아니다. 이러한 차이는 국소화가 완전히 형성되었느냐, 형성 도중에 있느냐 하는 차이다. 그래서 기능의 조직화 organization of function가 더 나은 용어일 수도 있다.

[17] 우리의 전거典據에 다시 의거하면 실질적으로 다음의 사실들을 발견할 수 있을 것이다.

1. 이런저런 형태의 국소화, 혹은 더 나은 용어를 써서 말해 정신적 기능의 조직화라는 것은 사실상 육체 전체에 편재遍在한다. 육체는 하나의 전체이든 그 모든 부분이든 똑같이 영혼과 무관한 하나의 동질적 덩어리가 아니다. 그 반대로 육체는 전체이든, 부분이든 간에 영혼과 결코 중립적이지 않은 것이다. 영혼이 육체에 내재한다는 점을 고려할 때 우리는 육체가 하나의 전체로서는 물론, 그 어떤 부분에서도 영혼과 중립적이지 않다는 것, 그리고 육체는 동일한 원리를 세부적으로 적용한 것에 지나지 않음을 살펴본 바가 있다. 영혼은 육체에 내재할 뿐만 아니라 명확히 특수한 방식으로 내재하는 것이다. 하나의 전체로서 육체는 단지 영혼의 기관만은 아니다. 다양한 신체 구조들은 영혼의 다양한 능력과 경향성이 분화된 기관들이다. 이것이 기능 국소화의 의미다. 혹은 다소 규정적으로 말하면, 이것이 척수와 두뇌의 다양한 부위들에 있어 특정한 활동들이 특정한 신경 중추들을 가진다는 사실이 지닌 의미다.

[18] 이런 국소화의 특수한 증거를 대기 위해서는 신경계의 형태학과 생리학 전체를 되풀이할 수밖에 없을 것이다. 신경계 자체는 외배엽外胚葉의 분화일 뿐이다.[15] 특수한 감각 기관들은 단지 두뇌와 척수의 수많은 연속체에 불과하다. 만약 우리가 다양한 운동을 고려한다면, 가장 단순한 것으로부터 가장 복잡한 것으로 나아가고, 또한 단순한 반사 작용으로부터 가장 의식적인 유목적적 운동으로 나아가는 데 있어, 이

---

15. (역주) 배엽(胚葉)은 동물의 발생 과정에서 형성한 세포층이다. 외배엽은 외표면에 나타나는 배엽으로 피부, 신경계, 눈의 수정체 등을 형성한다.

미 형성된 어떤 신체 구조가 없이는 그 어디서도 의지의 작용이 일어나지 못한다는 것을 알 수 있을 것이다. 걷기, 말하기 등과 같이 좀 더 수준 높은 동작을 배우는 것은 조직화된 신체 구조를 형성하는 일일 뿐이다. 만약 이런 조직화된 신체 구조가 결핍되어 있다면, 목적과 그것에 도달하는 적절한 수단이 아무리 완벽하게 의식에 떠오른다고 해도 뜻대로 실행을 할 수 없을 것이다. 우리가 운동과 감각 영역을 떠나서 보다 수준 높은 관념적 작용에 이른다면, 기능 국소화의 증거란 완전한 것도, 유효한 것도 아닐 것이다. 다만 우리는 사고가 물질의 감각에 의존하고 대개는 물질의 형상에 대한 언어에 의존한다는 것을 알 필요가 있고, 이와 동일한 원리가 적어도 어느 정도는 기능의 국소화에도 적용된다는 것을 알 필요가 있다. 더구나 사고 작용에 있어 궁극적 정신적 요소들은 전혀 취급할 수 없고, 단지 상징적 전체들이나 이미 통합된 과정들만을 취급할 수 있다는 것은 동일한 사실을 나타내는 뚜렷한 심리학적 증거이다. 만일 운동기능이 신체 구조 속에서 조직화되지 못했다면, 또한 의지가 전체적 메커니즘의 실행을 전혀 가동하지 못하고 행위를 자세히 설명하는 일밖에 할 수 없다면, 옷 입기와 같이 단순한 행위를 하는 데도 시간이 걸리는 것과 꼭 마찬가지로, 지적 영역 또한 그렇게 시간이 걸릴 것이다. 만약 다양한 감각들과 관념들이 고립적으로 존재하고 전체로 조직화되지 못했다면, 또한 감각들과 관념들이 물질적 재료 상태에서 구조로 바뀌지 못했다면, 마음은 단문 하나의 의미를 이해하거나 간단한 추론을 하는 데에도 시간이 걸릴 것이다. 그러나 사실은 어떤가 하면 마음은 궁극적 요소들을 취급하지 않는다. 마음은 항상 온전한 전체를 지니고 있으며, 그 전체를 해명하려는 노력이나 필요가 없어도 그것을 파악하고 활용할 수 있다. 또한 인간의 질병으로 인해 수행된 모든 인위적 동물 실험들과 자연적 실험들이 보여주는 바는, 몇몇 유사한 생리학적 집단화와 통합이 있고 두뇌에도 이에 상응하는 기능의 조직화가 있다는 것이다.

[19] 2. 그러나 분명히 진술해야 할 것은 이미 제의했던 것, 즉 이런 국소화의 정도는 확실성에 있어서나 완전성에 있어서나 대단히 크게 변화한다는 사실이다. 기능의 수준이 낮을수록 그만큼 기능은 완전히 협소하게 국소화되고 만다. 기능의 범위가 넓을수록, 또한 기능의 결과적 필연성이 중대한 것일수록, 소위 기능의 국소화는 그만큼 더 완전해지고 공간도 더 확대된다. 이런 까닭으로 생명 유지에 필요하지만 정신적인 면과 간접적 관계만을 맺는 호흡하기, 소화하기, 삼키기 등과 같은 기능들은 매우 한정되고 철저히 국소화된 신경중추를 가지게 된다. 반면 걷기, 말하기, 읽기, 쓰기같이 보다 많은 활동과 복잡한 종류의 활동을 수반하는 수준 높은 활동들에서는, 명확히 국소적 중추는 점차 줄어들게 된다. 고차원의 활동에서 완전한 구획화란 전혀 존재하지 않으며, 온갖 부류의 변화와 변동만이 있을 뿐이다. 그리하여 감각적 영역을 고려하면, 감각 중추들이 몇몇 저차원의 동물에 있어서 꽤 확실히 발견되지만, 인간의 경우에는 그런 확실성과 의견의 일치가 없다는 것을 알 수 있다. 그 까닭은 명백하다. 동물에 있어 감각 작용은 대개 순전한 감각-느낌인데 반해, 인간에 있어 감각 작용은 상호 관련되어 해석되는 만큼 대부분 지각 작용이요, 한층 높은 수준의 관념적 관계를 맺기 때문이다. 따라서 우리는 '관념들' 자체는 어떤 국소화도 없다는 것을 알게 된다. 하나의 지각이든, 하나의 심상이든, 하나의 개념이든, 어떤 특수한 관념이 어떤 명확한 신경중추를 지니고 있다는 말은 전혀 근거가 있는 말이 아니다. 오히려 어떠한 관념도 명확한 신경중추를 가지지 않는다는 온갖 종류의 증거가 있다. 베인Bain은 숙고하고 공들인 그의 저작, "마음과 신체Mind and Body"에서 마음이 분리된 관념들과 연합물들을 갖추고 있듯이, 두뇌에는 수많은 섬유와 세포들이 있다는 것을 보여주고자 했다. 베인의 이런 시도는 전혀 근거 없는 선험적 가정, 즉 두뇌의

세포들은 관념에 상응하고, 두뇌의 섬유들은 연합에 상응한다는 가정에 근거해 있다. 그의 이론을 뒷받침하는 실험적 증거가 조금도 없다는 사실은 아무리 강하게 진술하고 여러 번 주장한다고 해도 지나친 것이 아니다. 베인의 입장을 고수할 가망성이 없음을 보여주는 실험적 증거는 많이 있다. 그 실험적 증거는 형태학이든, 해부학이든, 생리학이든 모든 노선의 탐구가 하나의 결과로 수렴된다는 진술로 요약할 수 있다. 즉, 세포의 정신적 기능이나 위상은 그 자체의 구조에 의존하는 것이 아니라, 섬유와의 연관성에 의존한다는 것이다. 하나의 '관념'은 아무리 단순하게 보일지라도 하나의 세포에 물리적 기초를 둔 것이 아니라, 무수히 많은 섬유로 상호 연결된 일군—群의 세포들에 물리적 기초를 두고 있다. 만약 관념이 매우 복잡한 것이라면, 그 관념은 아마 두뇌의 모든 세포와 관련을 맺을지도 모른다. 이러한 진술은 극단적인 것일 수 있지만, 관념 일체가 일정한 세포에 국한된다는 진술에 비하면 진리 그 자체다. 이런 이유로 우리는 명백히 수준 높은 지적 기능들을 국소화하려는 모든 시도가 전적으로 실패하고 만다는 것을 알게 된다. 대체로 보아 수준 높은 지적 기능들이 물리적 연관성이 없다는 진술은 보증하는 증거가 있는 말이 아니다. 반면, 지적 기능에 수반된 관계들이 아주 다양하고 광범위하며 복잡한 만큼, 뚜렷이 구획區劃된 신경중추를 찾으려는 모든 시도가 언제나 공염불空念佛에 그친다는 것은 참으로 보증되는 진술이다.

[20] 3. 국소화는 실제로 편재적이라는 것, 그렇지만 높은 수준의 지적 능력은 명확히 조금도 국소화될 수 없다는 것, 이미 언급한 이 두 진술은 상호 모순되는 것이 아니다. 두 진술에서 상호 조화가 발견되는 것은, "국소화가 본래적인 것이 아니라 획득된 것"이라는 진술에 있다. 이미 언급한 바와 같이, 국소화는 본래 세포에 내재한 질적 특성이 아니라 세포의 섬유들을 통한 연관성에 의존한다. 분트가 말한 바와 같이,Grundzüge, vol. i, p. 225 "어떤 요소도 특수한 기능들을 실행하지 못하지

만, 특수한 기능들의 형식은 세포의 연관성과 관계들에 의존한다." 이처럼 국소화된 기능이 연관성에 의존한다는 것은, 두뇌의 일정한 요소들이 오직 행위 수행과 연관되기 때문에 모종의 방식으로 작용한다고 말하는 것과 동일하다. 국소화는 사용과 연습에 의존한다. 이런 까닭으로 분트는 계속해서 다음의 두 원리를 언급한다. "모든 명확한 기능은 일정한 연관성의 조건 하에 중추신경 기관에 명확한 자리를 잡고 있으며, 거기서부터 모든 기능이 진행된다. 말하자면, 중추신경 기관의 요소들은 기능의 실행에 알맞은 관계에 놓여 있는 셈이다." 그리고 "모든 요소는 어떤 명확한 기능 수행에 더욱 적합하게 된 것이고, 대개는 기능 수행을 요하는 외적 조건들로 인해 야기된 것이다." 요컨대, 기능의 국소화는 단지 습관을 말하는 생리학적 방식일 뿐이다. 기능의 조직화는 대다수 물질처럼 두뇌에 내주內住하고 있는 것이 아니라, 두뇌에 의해 '학습된' 것이고 또한 영혼의 교수와 돌봄을 통해 '배운' 것이다. 기능의 국소화 현상은 아무리 왜곡한다고 해도 유물론을 지지하는 것으로 보아서는 안 된다. 바로 섬유, 세포들이 그러한 취급에 반대 목소리를 높이는 것이다. 섬유와 세포들 모두는, 그것들이 소유한 능력이 본래부터 가지고 있는 파기破棄 불가능한 권리가 아니라 활동을 통해, 또 영혼의 영향력 하에 소유한 것임을 단언한다. 이것은 다양한 수준의 국소화가 일어나는 까닭을 설명해준다. 영혼의 목적에 가장 필요한 행위들, 따라서 가장 빈번히 수행된 행위들은 유전을 통해 명확하고도 완전하게 조직화되었고, 반사 작용처럼 의식하지 않아도 진행되며, 혹은 본능적 작용처럼 다른 행위들을 수반한다. 다른 행위들이란 복합성과 광범위한 영향력 면에서 직접적 시점의 의식을 넘어선 것이다. 그러나 영혼은 다시, 그 자체의 목적을 위해 영혼의 수준 높은 활동이 이렇게 기계화되어서는 안 된다고 주문한다. 거기에는 끊임없는 성장이 있어야 하고, 지적, 도덕적으로 새롭게 관계 맺는 적응이 있어야 한다. 이러한 성장과 적응을 위해서는 가

소성可塑性과 가변성이 필요하다. 높은 수준의 활동에서 완전한 조직화
란 정체요, 죽음을 뜻할 뿐이다.[16] 그리하여 동물적 삶의 범위에서든, 지
적 기능의 범위에서든 높은 수준에 이를수록 그만큼 국소화는 줄어들
게 된다. 그러나 각각의 경우 모든 증거가 보여주는 것은, 국소화가 본래
의 것이 아니라 획득된 것이라는 점이다. 왜냐하면, 영혼은 특정한 행위
수행을 위해 반복적으로 특정한 요소들을 사용해 왔기 때문이다. 영혼
은 덧없는 글을 쓰는 것이 아니라[17] 유연한 두뇌와 척수로 글을 쓰는 셈
이다. "기록된 것은 남는다."[18] 영혼은 행위의 수행을 통해 하나의 메커
니즘을 획득하며, 다시 그 메커니즘을 통해 더욱 쉽고 경제적으로, 또한
완전하게 행위를 수행하는 것이다.

[21] 그리하여 우리는 어떻게 기능의 국소화 현상들이 영혼의 내재
성과 초월성의 본질을 조망하는 관점을 제시해 주는지 알게 되었다. 영
혼은 육체를 그의 유기적 도구로 삼는 한 틀림없이 육체에 내재해 있다.
"육체는 영혼의 기관"이라는 일반적 속담은 보통 생각하거나 뜻하는 바
이상으로, 문자 그대로 매우 참된 말이며 의미심장한 말이기도 하다. '기
관'이라는 용어는 보통 이해되는 것보다 훨씬 더 밀접하고 내적 관계를
나타내는 말이다. 기관은 기능을 전제로 한다. 아닌 게 아니라, 영혼과
육체는 기능과 기관, 활동과 도구로서 관련된다. 아주 오래전에 아리스
토텔레스가 말한 바와 같이, 눈이 시각의 기관이듯이 육체는 영혼의 기
관이다. 육체는 마치 음악가가 우연히 피아노를 마주치듯이 영혼이 우
연히 만난 결과로 쓰는 외적 도구가 아니다. 육체가 영혼의 기관인 까닭
은, 영혼이 육체를 통해 그 자체의 본질을 드러내고 실현하기 때문이다.

---

16. (역주) 여기서 '완전한 조직화(complete organization)'란 가소성과 가변성이 없기에
   성장이 멈추어진 죽음의 상태와 같다는 부정적 의미를 갖는다.
17. 원문: The soul does not write in water.
18. 원문: *Litera scripta manet.*

육체는 영혼의 외적 형식이요, 생생한 현시顯示이다. 미국이 이제까지 배출한, 가장 독창적이고 깊이 있는 정신적 사상가 중 한 사람의 말을 인용하면, "영혼의 내적 능력들이 그 형상과 특성을 표현할 수 있는 것은 바로 육체 속에서, 육체를 통해서 가능하다. 육체는 감각 세계에 필요한 우리의 존재 양식이다. 육체의 중재가 없다면, 우리는 주관적이든 객관적이든 지식을 가질 수 없으며, 시간적이든 공간적이든 사실상 존재할 수 없다. 육체는 우리의 개별적 자아와 구별되는 기관일 뿐만 아니라 자연의 질서 안에서, 또 자연의 법칙 속에서 '공간상으로 존재하는 우리의 고유한 자아이기도 하다.'"[19]

[22] 그러나 이런 논의는 이야기의 절반에 지나지 않는다. 영혼은 육체에 내재한다. 그것은 영혼이 오직 육체를 통해서만 그 자체를 실현하기 때문이다. 이처럼 육체가 영혼의 기관인 까닭은 영혼이 육체를 자신의 기관으로 삼았기 때문이다. 영혼의 내재성은 국소화를 통해 드러나며, 영혼의 초월성은 이런 국소화가 영혼 자체의 활동을 통해 일어난다는 사실로 인해 드러난다. 영혼의 기관으로서 육체는, 무엇인가를 알려주고 창조하는 영혼 자체의 활동 결과이다. 요컨대, 영혼이 육체에 내재하는 까닭은 그저 육체로서의 육체 덕분이 아니라, 영혼이 초월적이면서도 육체를 통해 그 본질을 표현하고 나타내기 때문이다.

[23] 따라서 영혼은 무능하고 무력한 것이 아니며 물질과 관계를 맺을 수 없을 만큼 초월적인 것도 아니다. 영혼은 이제까지 형성된, 살아 움직이는 힘이며, 그 자체의 메커니즘으로 끊임없이 육체를 형성하고 있는 것이다. 이러한 사실은, 한편으로는 영혼이 마음의 작용이나 행위를 영구히 잃지 않으며 자기의 등록 사항과 기록을 찾는다는 것, 그리고 영혼은 어떤 고상한 영역에 홀로 존재하는 것이 아니라 여기 물질의 세계

19. President James Marsh, *Remains*, p. 257.

에 내려와 있다는 점을 확신시켜 준다. 다른 한편으로, 영혼은 자기가 형성한 메커니즘을 통해 지식의 단편적 조각들을 힘들여 모으거나 짜 맞추지 않아도, 그것들을 즉시 하나의 상징적 전체로 인식하고 파악할 수 있으며, 또한 그 메커니즘을 통해 즉시적으로 작용할 수 있다는 것을 보여준다. 말하자면, 이러한 메커니즘은 영혼의 필요에 응하는 요구를 끊임없이 지치지 않고 실행하는 마음의 자동장치인 셈이다. 유물론자들이 '증거'라고 뽐내듯이 보여주는 모든 현상은—가령 무의식적 대뇌 기능, 다수의 무의식 상태 속에서 일어나는, 명백히 지적이면서도 자동적인 작용, 지각과 기억이 두뇌의 적절한 조건과 무결성無缺性에 의존하는 관계, 두뇌의 질병이 의식불명과 정신이상을 동반하는 현상, 그리고 두뇌와 정신력의 중량과 복잡성 간의 비율 등—유물론의 증거와는 아주 거리가 먼 것들이다. 이런 현상들은 단지 영혼이 자체의 일을 했고 자체의 메커니즘을 형성했다는 결정적이고 완전한 증거일 뿐이다. 이런 현상들은 영혼이 어찌할 바 몰라 하는 무기력한 것이 아니라, 육체에 그의 거처를 마련하고 그의 메커니즘인 육체 속에서 아주 효과적으로 그 자체를 실현함으로써, 이제는 그런 메커니즘이 거의 자동으로 작용할 수 있다는 최대한의 증거다. 한편, 기관의 메커니즘이 방해받으면, 영혼이 자체의 능력으로 기관을 다시 형성할 때까지는 해당 활동을 실행하지 못하게 된다. 유물론자는 다만 육체의 현 모습을 있게 한 영혼의 활동 이후의 육체만 보고 이렇게 외칠 뿐이다. "자! 육신이 무엇을 할 수 있는지 보라!" 유물론자가 말할 수 있는 모든 것뿐만 아니라, 앞서 언급한 모든 현상은 모양이 갖추어진 육체, 곧 영혼이 이미 육체 속에서 그의 기능을 조직화한 육체와 관련된 것이다. 참된 외침은 이러하다. "자! 영혼이 무슨 일을 '했는지' 보라! 영혼은 육체 속에 그 거처를 마련했고, 육체를 영혼 자체의 현시물顯示物로 변형시켰다. 육체는 영혼의 체현體現이다."

[24] 영혼은 하나의 자연적 육신의 완전한 실현 혹은 표현이며, 동시

에 영혼은 육신의 산물이 아니라 육신의 삶 바로 그것이고, 육신의 본질이요 진리이며 실재라고 말했던 자는—곧, 영혼이 육체의 목적인인 동시에 동력인이라고 말했던 자는—바로 "인식 활동의 지배자master of those who know"였다.^{아리스토텔레스, 영혼론; De Anima. ii. 1.} 그리고 "한 알의 밀알이 땅에 떨어져 죽지 아니하면, 밀알은 한 알 그대로 있고 죽으면 많은 열매를 맺느니라."고 말씀하신 것은, 바로 세상에 와서 모든 사람을 비추는 참된 빛, 곧 모든 것을 아는 교사였다.[20] 그리고 위대한 교사의 위대한 사도使徒는 다음과 같이 썼다. "네가 뿌린 씨앗이 죽지 않으면 소생하지 못한다. 그리고 네가 뿌리는 것은 장래의 형체를 뿌리는 것이 아니요 겨우 곡식 낱알에 지나지 않지만, 그것이 밀이나 여타 곡식이 자랄 수 있는 기회를 준다. 그러나 하나님이 자신의 뜻대로 육체에 영혼을 부여하셨고, 모든 씨앗에도 그 고유한 형체를 부여해주셨다. … 하나의 육신의 씨앗이 뿌려지면 하나의 영靈의 몸이 되살아난다. 육신의 몸이 있으면 영의 몸도 있느니라."[21]

[25] 유물론에 대해 지나치게 섬세한 두려움을 가진 사람들은 과거의 영혼을 모두 육신과 교제하는 영묘靈妙한 것으로 만들어버린다. 기독교 신앙은 이런 사람들에게 찬성을 표하지 않는다. 기독교 신앙에서 영혼이란 육신 속에서 구체화된다. 영혼이 육신 속에서 작용하고 육신 속에서 그 자체를 실현하는 것처럼, 자연적 육신도 영혼을 통해 하나의 영적靈的인 몸이 된다. 영혼은 명백히 육신 속에서 죽는다. 영혼은 아주 효과적으로 자기를 숨기기 때문에 유물론자는 영혼이 없다고 말한다. 그러나 육신을 소생시키고 변형시키는 종자가 죽으면 영혼도 죽는다. 『사

---

20. (역주) 요한복음 12장 24절, 1장 9절 참조.("Except a corn of wheat fall into the ground and die it abideth alone: but if it die it bringeth forth much fruit." "Teacher of all who know, the Light which lighteth every man that cometh into the world.")

21. (역주) 사도 바울(Paul)의 말이며, 고린도전서의 15장 36-38절, 44절에 나타나 있다.

도신경使徒信經』에서 "나는 예수님의 부활을 믿는다."는 숭고한 말씀을 읽는다는 것은 결코 우연적이거나 무의미한 것이 아니다. 가톨릭교회의 역사적 기독교 신앙은 그런 고백의 말씀을 내포하므로, 정신과 물질을 가르는 형이상학적 이원론과 어떤 결연 관계도 맺지 않으며, 영혼과 육체의 가장 밀접한 관련성에 관한 아주 정확한 생리학적 논증에 대해서 아무런 두려움을 가지지 않는다. 기독교 신앙은 사도 바울St. Paul의 발언을 지지하는 것이며, 다음의 예시는 그의 발언에 무게를 더해줄 뿐이다. "하나의 자연적 육신이 있고, 하나의 영적 육신이 있다. … 그렇지만, 영적인 것이 우선이 아니라 자연적인 것이 우선이다. 영적인 것은 자연적인 것 다음이다." 처음에는 자연적 육신인 몸이 있다. 영적인 것은 육신 속에 거주하며 그 속에서 그 자체를 표현하고 그 고유한 본질을 실현하며, 육신을 영적인 것의 고유한 기관이요 하인으로 삼는다. 그리하여 영적인 것은 육신을 영적인 육신으로 만든다. 생리학적 심리학이 영혼과 육체의 관계에 대해 어떤 새로운 진리도 밝히지 못했다는 것은 놀랄 만한 일이 아니다. 다만 생리학적 심리학은 아리스토텔레스가 예언하고 사도 바울이 선언한 진리에 대한 우리의 통찰력을 충분한 이유를 들어 확증하고 심화할 수 있을 뿐이다.Das Wahre war schon längst gefunden.

제 5 장

심리학적 관점

The Psychological Standpoint, 1886: EW1. 122-143

■

이 글에서 듀이는 심리학적 관점과 관련된 이론적 문제들을 세 측면에서 검토한다. 첫째, '지식의 기원' 문제에서 듀이는 영국의 대표적 경험론자인 로크J. Locke와 흄D. Hume의 관점을 비판적으로 검토한다. 감각은 로크의 주장처럼 지식의 기원이 아니라 경험을 구성하는 하나의 요소요, 관계성으로 보아야 한다. 또한 지식의 기원이 외부 현상의 지각에 있다는 흄의 관점은 '심리학적 관점'이 아니라 소위 '물 자체'를 인정하는 '존재론적 관점'에 가까워진다. 둘째, '이성적 실재론과 주관적 관념론'에서 듀이는 종래의 이성적 실재론이 실재하는 대상을 강조한 나머지, 의식과 존재를 분리하고 있어 존재론으로 치우칠 위험성이 있으며, 주관적 관념론은 주체와 객체의 성격을 미리 '선험적'으로 정해 놓고 심리학의 범위를 주체의 의식으로 한정 짓는 데 문제가 있다고 지적한다. 듀이에 의하면 의식은 경험 속에서 형성되는 것일 뿐, 미리 전제조건을 달고 논의해서는 안된다. 의식의 본질은 주체와 객체의 통일성unity에 있으며, 그 통일성은 주체와 객체의 관계성에 근거하기 때문이다. 셋째, '개별적 의식과 보편적 의식'의 관계에서 듀이는 두 의식이 별개의 의식이 아니라 동일한 의식의 상이한 측면이라고 본다. 즉, 개별적 의식은 의식의 과정에, 보편적 의식은 의식의 과정 자체를 의식하는 반성적, 통일적 자기의식에 상응한다는 것이다.

I.

[1] 현재 논쟁 중에 있는 특수 사례에 대한 논의를 피하고, 그 대신 근원적인 논리적 가정들과 방법을 검토하는 경향이 있다는 것은 철학의 미래를 위해 좋은 징조다. 이러한 경향은 논의가 말다툼으로 끝나지 않고 좋은 결실을 맺을 수 있는 유일한 조건이다. 이러한 경향은 또한 근본적 견해의 차이가 어떤 근거에 입각한 것인지 보여줄 뿐만 아니라, 어찌 되었든 상이한 사고 경향 간에 존재하는 근원적 동의를 발견하는 유일한 방식이기도 하다. 따라서 다양한 주제들에 대해 우리의 관점을 열렬히 떠들어대지 말고, 현재 우리가 견지하는 관점의 '이유'와 다른 관점을 거부하는 '이유'를 제시하고자 힘쓰는 것이 가장 상서로운 징조일 것이다. 막연하게 선험론이라고 불린 입장은 영어권 세계에서 정확히 그런 입장을 견지하는 까닭을 보여주었고, 동시에 영국적 사고와 가장 특유하게 연계된 방법에 대해 반대한다는 것이 정확히 어떤 것인지 보여주었다. 이것이 불과 과거 10년 사이에 벌어진 일이라고 말해도, 그다지 감당하기 어려운 발언은 아니다. 우리는 전에 경험론의 결말에 대한 공격과 더불어 경험론의 결과에 대한 단언을 접한 바가 있다.―역으로 말해도 같다. 그러나 경험론의 근거, 이유, 방법이 진술된 것은 오직 최근

에 이르러서이다. 그리고 그 작업이 만족스럽고 분명하며 양심적으로 철저히 처리되었다는 점을 그 누구도 부인할 수 없다. 저자들 중 단 한 사람만 말하면, 최근에 그린Green 교수가 저술하지 않았다면 영국 철학은 현재의 모습을 갖출 수 없었을 것이다. 그리고 현재, 저자들 간의 차이점과 그 근거들이 아주 명확하고 분명히 진술되어 있다는 것, 그리고 저자들 간의 차이점으로 대단히 강조된 것이 정확히 어떤 점에서인지, 즉 관점의 차이가 어디에 있는지를 잘 생각해 보면, 우리는 근본적 합의를 볼 수 있는 조건에 놓여 있다. 그린 교수가 그야말로 감탄할 만한 명료성과 설득력으로 보여준 바와 같이, 모든 차이의 근원은 바로 '심리학적' 관점에 있다. 그런데 심리학적 관점은, 비록 내가 그 점을 보여주지 못한다고 하더라도 결국 선험론과 경험론 두 진영이 공통으로 가지고 있다는 것을 제의할 수 있기 바란다. 이 글에서 나는 영국 철학의 특유한 경향에 대해 강력히 제기된 결함들과 모순점들이 영국 철학의 심리학적 관점에 기인한 것이 아니라, 심리학적 관점을 '유기遺棄'함으로써 나타난 결과임을 지적하고자 한다. 요컨대, 영국 철학의 심리학적 기초는 그 나름의 강점이 있음에도 불구하고, 그 심리학적 기초를 방치했다는 것—곧, 심리학적으로 충분하지 못했다는 데 약점이 있다.

[2] 심리학적 관점이 무엇인지 말하는 데에는, 처음부터 전체적 문제에 대한 편견을 갖지 않게 진술하는 데 유의해야 한다. 이러한 편견을 배제하려면 아주 일반적 방식으로 심리학적 관점을 진술해야 한다. 로크Locke는 이렇게 말한다. "나는 인간의 마음이 무척 뛰어들기 쉬운 몇몇 탐구에 응하는 첫걸음은, 우리 자신의 이해의 관점을 갖추는 것이고 우리 자신의 능력을 검토하는 일이며, 또한 우리의 관점과 능력이 어떤 사태에 적합한지 알아보는 일이라고 생각했다".Book i, ch. §7 이 발언은 그 다음 나온, "인간이 사고한다고 할 때는 그것이 어떤 것이든 이해의 대상이다."라는 진술과 더불어 철학의 방법을 고정화했던 사고방식이다.[1]

우리는 실재라든가 일체의 철학적 탐구 대상의 본질을 있는 그 자체로 검토해서 결정하지 않는다. 다만 우리는 실재나 철학적 탐구 대상이 우리의 지식과 경험의 한 요소이므로, 또한 우리의 마음과 관련되거나 하나의 '아이디어'이므로 그것들의 본질을 결정하게 된다. 프레이저Fraser 교수가 잘 말한 바와 같이, 로크가 문제를 진술한 방식은 "철학의 근원적 가정을 포함한다. 즉, 상상의 사물들뿐만 아니라 실재하는 사물들은, 그 절대적 존재가 무엇을 내포하든 간에 오직 우리의 자기 의식적 삶의 과정에서 우리가 정신적으로 경험한 것과 연관될 때만 존재한다는 것이다".Berkeley, p. 20 혹은 일상적 방식으로 말하면, 모든 철학적 탐구 대상들의 본질은 경험을 통해 그 대상들이 어떤 것인지 알아냄으로써 확정될 수 있다는 것이다. 그리고 심리학은 이러한 경험에 대한 과학적이고도 조직적인 설명이다. 나는 이러한 경험, 오직 이러한 경험에 의한 설명이야말로 심리학적 관점에 본질적이라고 생각한다. 그리고 출발점부터 오해를 피하기 위해서 나는 독자들에게 심리학적 관점에 있어 경험 그 이상의 것을 생각하지 말 것, 특히 경험에서 '개별적'이고 '내관적'인 성격에 관한 가정은 일체 추정하지 말 것을 주문하고자 한다. 앞으로 심리학적 관점의 전개는 오직 이 글의 진행 과정에서 구체적으로 드러날 것이다.

[3] 추정컨대, 이제 로크가 자신의 방법을 진술하면서 즉시 그 방법을 포기했다는 것은 모두가 인정할 것이다. 로크는 우리의 지식에 근거해서 경험 대상의 본질을 결정하지 않았다. 그 대신, 그는 마음이라고 불리는 미지의 실체에 감각 인상들을 남김으로써, 우리의 지식이 물질이란 명칭으로 불리는 미지의 어떤 실체들과 연관된 것이라고 설명하

---

1. (역주) 인간의 사고와 이해를 강조하는 로크(J. Locke, 1632-1704)의 발언 이면에는 형이상학적 독단을 비판하는 그의 관점이 들어있다. 인식론에 있어 로크의 위상은 '타블라 라사(Tabula Rasa)'라는 그의 유명한 표현에서 드러나듯이, 지식 획득의 원천으로 감각 경험을 강조함으로써 데카르트의 합리론과 대비되는 경험론을 부각시켰다. 로크의 『인간오성론』은 경험론적 인식론을 최초로 체계화한 고전적 철학서로 평가된다.

기 시작했다. 로크는 자신의 방법으로 보면, 우리 자신의 이해와 '관념'의 견지에서 '물질'과 '마음'의 본질을 해명해야 한다.—이것이 "인간의 마음이 무척 뛰어들기 쉬운 탐구" 두 가지다—그러나 그는 사실상 온전히 알 수 없다는 것을 이유로 감각적이든 반성적이든, 마음이든 물질이든 관계없이, 그 특징상 관념도, 의식도 아니고 게다가 어떤 있을 법한 관계도 아닌 것으로 우리의 관념과 의식의 본질을 설명하고 있다. 내가 보기에 버클리Berkeley는 반드시 그런 것은 아니더라도, 사실상 의도적으로 관념과 순수 선험적 정신을 관련시키면서 로크의 방법을 포기했다.[2] 그런데 버클리가 정신을 순수 선험적인 것으로 인식했건, 인식하지 않았건, 어쨌든 그는 우리의 의식적 경험 '속에' 순수 선험적 정신이 필연적으로 내재한다는 것을 보여주지 못했다. 그러면 흄Hume은 어떠한가? 그는 일반적으로 순수 심리학적 기반에 의거해 있다고 인정된다. 이 점은 관념 연합의 이론을 모든 철학의 기초로 여기는 사람들에게 흄의 공헌이라고 단언된다. 반면, 지식에 대한 흄의 회의적 무시가 그의 방법에서 필연적으로 따라 나온다고 보는 사람들에게는 그의 결점이라고 단언된다.[3] 그러나 양측에 따르면, 흄은 최소한 일관되게 심리학적이었다. 현재 심리학적 관점이란 다음과 같다: 어떤 것도 경험으로, 경험의 특질로 나타낼 수 없다면 철학으로 인정할 수 없다는 것, 즉 경험에서 철학의 지위란 인식의 과정에 관한 해명에 의해—곧, 심리학에 의해

---

2. (역주) 버클리(G. Berkeley, 1685-1753)는 흄(D. Hume, 1711-1776)과 더불어 로크의 경험론의 계보를 잇는 영국의 철학자다. 버클리는 외계(外界)의 모든 존재가 마음속에서 지각되고 성립된다고 봄으로써 인식에 있어 주관적 관념론을 부각시켰다.

3. (역주) 흄의 '관념 연합'의 원리에는 유사성, 시공간적 인접성, 인과성의 원리가 있다. 서로 유사하거나 시공간적으로 근접한 것이거나 원인과 결과의 관계를 맺는 것일수록 관념의 연합을 촉진할 수 있다는 것이다. 이 중 관념의 연합에 특히 중요한 위치를 차지하는 것이 인과성의 원리다. 그런데 흄에 의하면, 인과관계로 형성된 지식도 현상에 대한 인간의 습관적 판단을 통한 믿음의 결과이므로 절대적인 것이 아니라 우연성을 띨 수밖에 없다. 이러한 우연적 관념의 연합을 촉진하는 데에 큰 몫을 담당하는 것이 인간의 상상력이다(Hume, *A Treatise of Human Nature*; 이준호(역)(2019). 『인간 본성에 관한 논고1. 오성에 관하여』. 파주: 서광사. 제I부 제1-5절 참조).

—확정될 수 있다는 것이다. 흄은 이러한 논리를 역전시켰다. 흄은 실재의 본질에 관한 이론으로부터 출발했고 그 이론에 근거해서 경험을 결정했다. 흄에 있어 유일한 실재소實在素들은 상호 무관한 감각들이며, 이런 감각들로부터 지식이 발생하거나 생성된다. 그러나 만약 지식이나 경험이 상호 무관한 감각들로부터 생성된다면, '그런 감각들은' 결코 인식되지 못하며, 인식될 수도 없을 것이다. 설령 경험이 상호 무관한 감각들로부터 '발생한다고' 하더라도, 그런 감각들이 경험의 요소가 된 적은 결코 없었으며, 그렇게 될 리도 만무하다. 알려진 혹은 경험된 감각들은 항상 관련되고 분류된 감각들이다. 경험 속에서만 존재한다고 알려진 것, 그리고 지식의 한 요소로서만 존재를 갖춘 것이 지식 밖으로 옮겨져 지식의 기원을 이룬다면, 이는 본래의 것과 동일성을 유지할 수 없다. 하나의 알려진 감각은 그 인식 대상으로서 단 하나의 존재를 갖추고 있다. 그런데 인식 대상으로서의 존재를 인식에 앞선, 알려지지 '않은' 것으로 간주하면서도, 여전히 그것을 알려진 어떤 것으로 간주할 수 있다는 가정은 생각건대, 거의 실현 가망성 없는 논리상의 묘기일 뿐이다. 흄은 로크와 똑같이 무엇인가가 지식이나 의식의 관계 밖에 존재하고, 이 무엇인가가 궁극적으로 유일한 실재이며, 이 유일한 실재로부터 지식, 의식, 경험이 발생한다고 가정한다. 만약 이런 가정이 심리학적 관점을 포기한 것이 아니라면, 우리는 이 가정이 무엇을 뜻하는지 알기 어려울 것이다.[4] 흄이 말한 "뚜렷한 존재들인 뚜렷한 지각들"은 오직 서로 관련됨으로써만 지식을 발생시키는 만큼, 그 뚜렷한 지각들은 그야말로 수많은 물物 자체들에 다름 아니다. 물 자체들은 지식에 앞서 존재했던 것이므로, 지식을 위해 존재하거나 지식 안에 있는 것이 아니다.

---

4. (역주) 듀이의 흄에 대한 비판의 초점은, 지식의 기원을 경험과 지식의 '밖'에서 규정하고자 하면, 즉 알려지지 않은 것으로 규정하고자 하면, 이는 '심리학적 관점'이 아니라 '물 자체'를 인정하는 '존재론적 관점'에 가까워진다는 데 있다.

[4] 그러나 이렇게 말한 모든 것이 전적인 오해라는 이의가 제기될 수 있다. 물 자체는 지식에 앞서, 지식을 넘어서 있기 때문에 흄은 물 자체를 가정하지 않았다는 것이다. 흄은 경험을 검토했고, 경험을 분석한 사람이면 누구나 그러하듯이 경험이 감각들로 구성된 것임을 발견했다. 동시에 흄은, 경험이 아무리 복합적 혹은 직접적이라 하더라도, 경험을 분석하면 그것은 항상 감각들이 모여 이룬 집합체로 나타난다는 것을 발견했다. 흄은 분석을 통해 이런 점을 발견했기 때문에, '어떻게' 이러한 감각들을 조합하여 지식과 경험을 산출하는가를 해명하는 것이 모든 심리학자의 과업이자, 자신의 과업이라고 보았다. 이러한 감각들을 물 자체라고 부르는 것은 불합리하다.─감각들은 우리의 모든 경험 중에서도 가장 단순하고 가장 잘 알려진 것이기 때문이다. 이제 이러한 답변은 자연스럽고 확정적인 것처럼 보인다. 그러나 이러한 답변은 그저 절차상의 근본적 결함을 나타낼 뿐이다. 우리의 지식이 감각에 의존한다는 것은─아니 더 정확히 말하면 지식이 단지 상호 관련된 감각들에 불과하다는 것은─부정되지 않는다. 부정되는 것은 절차의 정확성이다. 흄의 절차에서는 지식에 필요한 모종의 요소를 발견한 만큼, 이런 요소가 지식에 앞선, 혹은 지식과 별개의 존재를 가진다고 결론을 짓는다. 이에 대한 대안은 복잡하지 않다. 그것은 다음의 둘 중 하나다. 이러한 감각들은 알려진 감각들─곧 지식의 요소로서의 감각들─이라서, 지식의 기원을 해명하는 데에 쓸 수 없다는 것, 만약 지식의 기원을 해명하는 데에 쓸 수 있다면 그것들은 알려진 감각들이 아니라는 것이다. 이 경우 감각들이 알려지지 않고 의식상으로 존재하지 않는다는 점을─이런 감각들은 물 자체다─제외하곤 말할 만한 것이 아무것도 없다.[5] 요컨대, 만약 감각들이 '존재론적'으로 이루어진 것이 아니라면, 그 감각들은 필시 알려진 감각들, 곧 경험의 요소로서의 감각들일 것이다. 그리고 만약 감각들이 오직 지식을 위해 존재한다면, 그때 지식은 항상 감각들과 결

부되어 나타나므로, 감각들로 지식의 기원을 설명할 수 없을 것이다. 예상할 수 있는 반론은 감각적 인식과 감각적 존재를 구분하는 것이다. 그리고 이런 반론이 의도하는 바는 단지 존재가—유일한 진짜 존재가—의식상으로 있는 것이 아니라, 의식이 존재로부터 일어난다는 것을 말하고자 하는 것이다. 누군가 의식을 감각이라고 부르든, 또 누군가 의식을 마음 혹은 물질의 '진짜 존재'라고 부르든, 그것은 문제가 되지 않는다. 누군가 자신의 철학에서 하나의 물 자체를 갈망한다면, 여기에는 반대가 없을 것이다. 그러나 우리는 심리학적으로 지식의 상대성을 신뢰한다. 존재하는 사물과 인식된 사물 간에 근원적 불일치가 존재한다고 단정하기 전에—감각된 사물이든, 그 밖의 무엇이든—한 번쯤 멈춰 생각해 보는 것이 어떠하겠는가?[6]

[5] 이러한 논점은 근원적이므로 좀 더 숙고해보자. 우리의 모든 지식은 감각들로부터 기원한다. 아주 좋다. 그러나 그 감각들이란 무엇인가? 그것들은 우리가 알고 있는 감각들인가? 가령 '이' 냄새, '저' 색깔처럼 상호 관련된 분류된 감각들인가? 그렇지 않다. '이' 냄새, '저' 색깔 등은 인식의 결과물이다. 이러한 사례들 역시 감각을 지식의 기원으로 가정한다. 이들 원천적 감각들이란 어떤 것일까? 그 감각들은 지식 이전에 존재했다. 지식은 감각들에서 발원했고 그 원천적 감각들을 함께 조합함으로써 지식이 발달했다. 이제 지식은 다른 것이 아니라 엄밀히 감각들을 조합한 것이다. 따라서 지식이 감각들을 조합함으로부터 유래했

5. (역주) 듀이는 흄이 처한 딜레마를 비판적으로 지적하고 있다. 이를 요약하면, 1. 지식의 요소로 알려진 감각들은 '지식의 기원'을 밝히는 일과 무관하다. 2. 지식의 기원을 해명하는 데에 쓸 수 있는 감각들이 알려진 것이 아니라면 그것은 소위 '물 자체'일 수밖에 없다. 그런데 '물 자체'는 감각적 인식이 불가능하므로 이에 대해서는 따로 말할 만한 것이 없다.
6. (역주) "존재하는 사물과 인식된 사물 간에 근원적 불일치가 존재한다"고 단정하는 것은 주객을 분리하는 전통적 이원론에 입각한 것이다. 따라서 듀이는 누군가 이렇게 단정하는 사람이 있다면 한 번쯤 멈춰 자신의 생각을 되돌아봐야 하지 않겠냐고 반문하는 것이다.

다는 논점을 무시하는 것은, 지식이 지식을 일으켰고 경험이 경험의 결과라고 말하는 것과 아주 유사한 것이 되어버린다. 나는 이 감각들이 무엇인지 다시 탐구해야 한다. 그런데 나는 단지 다음의 단순한 대안만을 알고 있을 뿐이다. 하나는, 감각들은 알려진 것이고 처음부터 지식의 요소인 만큼 지식의 기원을 해명하는 데 쓸 수 없다는 것이다. 다른 하나는, 더욱 중요한 논점으로서 감각들이 알려지지 않은 것이라면 지식의 기원을 해명하는 데에 결코 쓸 수 없다는 것이다. 감각들은 알려지는 순간, 우리가 추구하는 순수 감각이 아닌 것이며 경험의 한 요소요, 지식의 한 요소가 된다. 이 문제의 결론은 이러하다. 즉, 지식이나 경험의 '기원'을 설명하는 데에 쓸 수 있는 감각들이 있다면 그것은 알려질 수 없는 감각들이며 의식과 무관한 물 자체라는 것이다. 여기서 나는 물 자체와 같은 것이 없다고 말하는 것이 아니다. 다만 내가 말하는 것은, 만약 물 자체가 존재한다고 보면 우리는 심리학적 관점을 포기하고 가장 단호한 성격의 '존재론자'가 되고 만다는 것이다.

[6] 그러나 깊게 뿌리박힌 혼동이 있다. 누군가 이렇게 말할 수 있다. 이제껏 내가 보여준 것은 지식이나 의식적 경험의 '기원'을 보여주려는 모든 시도에는 지식이나 경험을 목적으로 하는 사물들과, 있는 그 자체의 사물들 간의 구분이 논리적으로 가정되어 있다는 것, 그리하여 그와 같은 시도는 성격상 심리학과 무관하다는 것이다. 혹여 나의 논의가 이처럼 보였다면, 내가 바라는 바가 아니다. 나는 이런 말을 들을 수도 있다. 즉, 나는 모든 난점難點을 스스로 만들어내고 있다는 것, 또한 나는 이미 경험이 형성된 성인의 관점을 고수하고 있다는 것, 아울러 내가 참된 심리학적 왕국에 들어가기 위해서는 한 명의 유아와 같이 되어야 한다는 것이다. 만약 내가 그야말로 유아의 단계로 되돌아갈 수 있다면, 나는 지식이 아직 발생하지 않았지만 감각들이 존재한다고 추정되는 어떤 지점을 발견할 수 있을 것이다. 우리의 입장이 다른 데다가, 그 감각

들이 수많은 다른 감각의 잔여물들로 덮여 있고 또 그런 잔여물을 상징하고 있는 만큼, 십중팔구 그 감각들이 신경 쇼크와 유사한 것으로 인식된다고 하더라도, 우리는 그 감각들이 무엇인지 분간할 수 없을 것이다. 그러나 우리의 심리학적 분석의 진실성은 이러한 사실에 의존하지 않는다.[7] 감각이 지식에 앞서 존재한다는 것, 그리고 지식이 감각의 유기적 등록과 통합으로 발생한다는 사실은 이론異論의 여지가 없다. 또한 나는 이런 말을 듣는다고 상상할 수 있다. 즉, 내가 단지 주어진 사실만을 분석하고 있다면, 나는 그 전체 문제를 아주 단순하게 보고 있다는 것이다.—곧, 감각은 일체의 '형이상학적' 부류와 연관을 맺는다거나 물 자체와 유사할 가망성이 없으며, 우리는 항상 명확한 과학적 기반에 입각해 있다는 것이다. 나도 그렇게 되길 바란다. 확실히 우리는 하나의 감각을 구성하는 것이 무엇인가 하는 우리의 개념에 있어 어느 정도 명확성에 접근해가는 중이다. 그러나 나는 이처럼 감각의 본질을 규정하는 데 있어, 또한 감각을 모호성의 영역에서 빼내는 데 있어, 나의 반대자가 지식이나 의식적 경험의 기원으로 기여할 수 있는 감각의 모든 질적 특성마저 제거하지 않을까 염려한다. 내가 우려하는 것은, 감각이 더 이상 물 자체가 아니며 경험도 설명할 수 없다고 보는 것이다. 유감스럽게도 우리는 경험을 활용하여 감각을 해명해야 하기 때문이다. 추정컨대, 나 자신의 어린 시절로 돌아간다고 생각하든, 혹은 어떤 다른 아기를 선택하든, 한 명의 유아는 경험 세계에 존재하는 하나의 알려진 대상이다. 또 추정컨대 유아의 신경 유기체와 그에게 영향을 주는 사물들도 역시 의식상으로 존재하는 알려진 대상들이다. 확실히, 영향을 받는 것은 물 자체로서의 아기가 아니며, 감각을 불러일으키는 것도 또한 물 자체로서의 세계가 아니다. 서로 명확한 작용과 반응을 하는, 알려진 아

---

7. (역주) 경험 이전의 감각 재료에서 지식의 기원을 찾으려는 시도는 실현 가능하지 않으며, 심리학적 분석과도 무관하다는 듀이의 관점을 보여준다.

기와 알려진 세계가 있으며, 엄밀하게는 이런 명확한 관계가 하나의 감각이다. 그렇다. 우리는 명확한 과학적 입장에 근거해 있으며, 바로 그러한 이유로 우리는 지식과 경험의 기원을 밝힐 수 없는 입장에 있다.[8] 나는 그러한 감각에 대해 손쉽게 어떤 개념을 만들 수 있다. 심지어 나는 그런 감각들이 어떻게 유기적으로 등록되고 통합되어 나 자신이 소유하는 그런 지식을 가져왔는지 상상할 수도 있다. 그러나 이와 같은 감각이 의식이나 지식에 앞선 것은 아니다. 감각은 단지 의식적 경험 세계를 구성하는 하나의 요소일 뿐이다. 감각이란 모든 관계를 발생시키는 것이 아니라 그 자체로 단지 하나의 관계—하나의 유기체와 그것에 작용하는 것 간의 관계—일 뿐이다.[9] 그러한 감각, 곧 오직 경험 안에서, 경험상으로 존재하는 감각은 경험을 설명하는 데 쓸 수 있는 것이 아니라, 단지 하나의 유기적 전체를 구성하는 한 요소일 뿐이다. 소화 행위와 유사한 다른 행위들은 의심의 여지 없이 일정한 생물체의 형성에 아주 중요한 것이다. 그렇지만 특정한 소화 행위로 생물체의 존재를 설명할 수 없듯이, 감각으로 유기체 전체를 설명할 수는 없는 법이다. 요컨대, 우리는 마침내 난점의 근원에 이르게 되었다. 우리의 반대자는 특정 개인에게 특정 지식이 발생하는 과정을 설명할 수 있기 때문에 의식이나 지식의 기원을 해명할 수 있다고 가정한다. 그러나 만일 그가 알려지지 않은 것, 또한 의식상 존재하지 않는 것으로 의식이나 지식의 기원을 설명한다면, 그는 심리학적 관점을 버리고 존재론적 관점을 채택하고 있는 셈

8. (역주) 어째서 그러한가? 과학적 입장에 근거한다면 오히려 지식과 경험의 기원을 밝힐 수 있는 입장에 더 접근하는 것이 아닌가? 이러한 의문이 제기됨에도 듀이가 "지식과 경험의 기원을 밝힐 수 없는 입장"이라고 말한 까닭은, 과학으로서 심리학이 주객의 관계성을 띠는 지식과 경험을 조직적으로 해명하는 것일 뿐, 지식과 경험의 기원 자체를 밝히려는 욕망은 심리학의 본질과 무관하다고 보았기 때문이다. 이하 6-7문단에 나온 심리학자의 역할 참조.
9. (역주) 듀이의 심리학적 관점에서 감각이란 인식을 일으키는 독립적 원인이 아니라, 의식적 경험 세계를 구성하는 하나의 관계일 뿐이다.

이다. 그리고 만일 그가 의식이나 지식의 기원을 알려진 것, 곧 자극에 대한 신경 유기체의 반응으로 나온 어떤 감각으로 설명한다면, 그는 의식 또는 지식의 기원이 오직 의식상으로, 의식 내에서만 존재하는 것으로 설명하는 셈이다. 결과적으로 그는 의식이나 지식의 기원 그 자체를 설명하는 것이 전혀 아니다. 그는 그저 널리 알려진 사실들의 집합체 또는 보편적 의식을 참조해서, 하나의 개별적 의식이나 이미 알려진, 일단의 특수한 사실들의 기원을 설명하고 있을 뿐이다.[10] 역사적으로 모든 형식의 유물론이 무기력했던 까닭이 또한 여기에 있다. 그 이유는 둘 중 하나다. 그러한 물질은 알려지지 않은 물 자체이므로 물질뿐만 아니라 그 밖의 다른 것으로도 불릴 수 있기 때문이거나, 아니면 그런 물질은 알려진 것이므로 단지 마음을 완성된 상태로 구성하는 일단의 관계들이 되기 때문이다.—이 경우 물질로부터 마음을 설명하는 것은 단지 마음에 의해 구체화된 존재를 갖춘 것을 궁극적 실재로 가정하는 셈이 된다. 개별적 의식과 보편적 의식의 관계에 대해서는 앞으로 논의하게 될 것이다. 다만, 현재 내가 지적하고자 하는 바는, 만약 누군가 '모든' 지식이 상대적이고 존재가 의식상의 존재를 뜻한다는 결론에 이른다면, 그는 그 결론을 자기 논의의 출발점과 과정에 적용할 수밖에 없다는 것이다. 만약 이 일을 한다면, 그는 출발점(이 경우에는 감각)과 과정(이 경우에는 감각의 통합)이 또한 의식상으로 존재한다고 보는 셈이다.—요컨대, 그는 의식의 '생성'이 단지 의식상으로만 존재하기 때문에 의식은 처음부터 생성된 바가 없다는 것을 알게 된다. 모든 기원과 변화가 존재하는 의식이란 결코 특정 시점에 발생되었거나 변화되었거나 할 수 없는 것이다.[11]

10. (역주) 지식의 기원에 관련된 '난점'의 근원을 정리하면 다음과 같다. 1. 물 자체로 지식의 기원을 설명하면 이는 심리학적 관점이 아니라 존재론적 관점이 되고 만다. 2. 자극에 대한 감각적 반응으로 지식의 기원을 설명하면 이는 지식의 보편적 기원이 아니라 개인이 의식하는 특수한 사실을 말하는 데에 지나지 않는다.

[7] 나 자신과 나의 반대자가 이제 서로에게 초점을 두어 우리의 공통된 기반과 차이점의 원인을 알 수 있기 바란다. 우리 양측은 어떤 명확한 지식의 형식들의 생성, 말하자면 시간, 공간, 신체, 외부 세계 등등이 (아직은 실제적 문제가 아니라고 하더라도, 적어도 관념적으로는) 일련의 사건들의 결과물로 설명될 수 있다는 것을 인정한다. 이제 나의 반대자는 우리의 지식이나 의식적 경험의 일부 또는 전체의 기원, 모든 특수한 사물들과 모든 일반적 관계들에 대한 지식의 기원이 이와 같이 설명될 수 있기 때문에 의식이나 지식 그 자체의 기원도 해명했다고 가정한다. 내가 전적으로 지적하고 싶은 것은, 나의 반대자는 지식이나 의식의 기원을 항상 지식이나 의식적 경험 '내부'에서 설명하고 있다는 것, 또한 그는 알려진 요소들을—사실상 의식의 전체적 영역을—전제하지 않고서는 자신의 첫걸음을 떼거나 다음 단계로 발걸음을 진전시킬 수 없으며, 시작이든 과정이든 그 어느 쪽도 행할 수 없다는 것이다. 요컨대, 나의 반대자가 해온 일이란 의식이나 지식의 기원을 보여주는 것이 아니라, 단지 의식이나 지식이 어떻게 다양한 형태로 분화되어 왔는지 보여주는 것일 뿐이다. 아닌 게 아니라, 심리학자의 과업은 (시간과 공간 등의 '관념'이 아니라,) 시간, 공간 등이 어떻게 발생하는지 보여주는 것이다. 그러나 이러한 기원은 오직 의식 내부 혹은 의식상으로만 존재하는 만큼, 심리학자의 과업은 단지 지식이 어떻게 발달하는지, 또한 의식이 어떻게 다양한 형식들로 구체화되는지 보여주는 데 있다. 심리학자는 우리에게 지식이 어떻게 생성되었는지 말해 주지 않으며, 다만 지식이 어

---

11. (역주) 의식은 생성, 변화하는 것임에도 불구하고, 여기서 듀이가 의식이 특정 시점에 발생되었거나 변화되었거나 할 수 없다고 말한 까닭은 무엇일까? 물론 우리는 의식이 있기에 어떤 사물이나 사태의 생성, 변화를 알 수 있다. 그러나 듀이가 여기서 말하고자 하는 바는, 보통 말하는 현상적 의식이 아니라 의식의 기원에 관련된 문제다. 다시 말하면, 모든 인식의 포괄적 배경이 되는 의식을, 마치 독립적 사물처럼 생성, 변화하는 실체로 보고 관찰할 수 없다는 뜻이다. 이것은 다시 의식 혹은 지식의 기원을 밝히려는 시도가 불가능하다는 것을 보여준다.

떻게 특정한 방식, 즉 일련의 특정한 관계들 속에 놓이게 되었는지 말해줄 뿐이다. 심리학자는 (이 단어를 써도 된다면) 일부 혹은 모든 특수한 지식들의 기원을 밝히는 일에 있어 단지 지식의 요소들만을 보여주고 있을 뿐이다. 그리고 이 일을 하는 동안 심리학자는 양면적 일을 수행하고 있다. 한편으로 그는 지식의 요소들이 경험 내에서 어떤 위치를 차지하는지 보여준다. 즉, 그는 경험 내에서 지식의 요소들의 특수한 적합성 혹은 타당성을 보여주는 것이다. 다른 한편으로 그는 의식이나 경험의 본질을 해명하고 있다. 심리학자는 의식이나 경험이 텅 빈 형식이 아니라는 것, 다만 상이한 지식의 요소들이 필연적으로 의식이나 경험 안에서 발생하는 만큼, 의식이나 경험은 무한히 풍부한 관계들이라는 것을 보여준다. 그리하여 심리학자 자신이 의식이나 경험의 '기원'을 보여주고 있다고 상상하게 해서는 안 된다. 의식이나 경험은 단지 의식과 경험 그 자체에서 발생할 뿐이다. 심리학자는 단지 의식이나 경험이 어떠한 것인지, 그리고 의식 혹은 경험이 그러한 것이라면 항상 그러했는지를 보여줄 뿐이다.

[8] 이제 나는 다음의 사항이 명백해졌기를 바란다. 즉, 의식적 경험의 기원을 해명하려는 심리학자의 시도에 대한 반론은 심리학자의 영역을 제한하려는 욕망이 아니라, 단지 무의미하고 자기 모순적 심리학적 관점의 구상으로부터 벗어나, 무한한 결실을 맺는 심리학적 관점으로 나아가게 하려는 데서 나온다는 것이다. 이제까지 밝혀진 심리학적 관점이란 다음과 같다: 존재하는 모든 것은 의식이나 지식으로 존재한다. 심리학자의 과업은 이런 의식 내부의 다양한 요소들에 대한 발생론적 설명을 제공함으로써, 그 요소들의 위치를 확정하고 그 요소들의 타당성을 결정하며, 동시에 이런 의식의 참된 영구한 본질이 무엇인지를 명확히 보여주는 데 있다. 실제로 경험을 믿는다면, 진지하게 경험과 함께 해보라. 또한 처음부터 당연하다고 여기지 말고 질문만 한다고 해도,

무한한 경험의 내용이 어떤 것인지 알 수 있다고 믿어보라. 경험은 항상 있기 마련이라는 이유로는 우리는 결코 경험이 어떻게 생성되었는지 알 수 없을 것이다. 경험을 그 밖의 다른 것에 관련지어도 우리는 경험을 설명할 수 없을 것이다. '그 밖의 다른 것'도 항상 경험상으로, 경험 속에서만 존재하기 때문이다. '어째서' 그러한지도 결코 발견할 수 없을 것이다. 경험은 하나의 전체이기 때문이다. 그러나 우리는 경험 전체 내부의 요소들이 어떻게 이루어지는 것인지 찾아볼 수 있으며, 이로부터 그 요소들을 서로 관련짓고 경험 전체와 관련지어봄으로써 경험 내부의 요소들을 해명할 수 있으며, 아울러 그 요소들이 어째서 그런 관계를 맺는지는 발견할 수 있을 것이다.

[9] 이제 우리는 확실한 입장에 도달했다. 이 글의 나머지 부분에서 나는 이러한 경험의 전체 내에서 항상 "인간의 마음이 아주 뛰어들기 쉬운 탐구"였던, 다양하고 특수한 요소들의 관계를 검토하고자 한다. 즉, 주체와 객체의 관계, 보편자와 개별자 혹은 절대자와 유한자의 관계가 그것이다.

II.

[10] 심리학적 관점에서 보면, 주체와 객체의 관계는 의식 내부에 존재하는 관계다. 그리고 그 관계의 본질이나 의미는 의식 자체를 검토함으로써 결정해야 한다. 심리학자의 의무는 주체와 객체의 관계가 어떻게 의식상으로 발생하는지를 보여주는 일이다. 적극적 측면에서 보면, 심리학자는 의식이 어떻게 분화되어 그 자체 내에서 주체와 객체라는 존재를 발생하게 하는지 지적해야 한다. 심리학자의 이러한 조치는 주체와 객체의 특성을 확정한다. (왜냐하면, 의식상의 관계를 제쳐두면 주체와 객체란 아무런 특성도 갖지 못하기 때문이다). 동시에 이러한 조치는 의식 자체의 본질을 해명하거나 밝혀준다. 이 경우 알 수 있는 것은, 의식이란

엄밀히 주체와 객체의 통일체라는 것이다.

[11] 현재 심리학에서는 결코 그 자체로 그릇된 바가 없다고 여겨온 만큼, 주객의 관계가 심리학의 과제임을 전적으로 망각했다. 우리는 로크 이래로 심리학이 시공간 기원의 문제, 외부 세계, 물질, 신체, 자아 등등의 '관념들'을 다루고 있음을 본다. 그러나 심리학은 이런 항목들에서 그 전체적 의미를 빼버린 채 각각의 결과를 해석해 버렸다. 심리학은 그 자체의 절차에 따른 필연적 함의를 파악하는 일을 아주 성공적으로 회피해버린 것이다. 심리학이 이렇듯 자체의 작업에 따른 필연적 의미를 회피했던 데는 특별히 두 가지 해석이 있다.[12]

[12] 이제 두 가지 해석 중 첫 번째 것을 간략히 다루고자 한다. 그 것은 단지 우리의 옛 친구 x인 물 자체에 새로운 의상을 입힌 것에 불과하다. 이성적 실재론 또는 변형적 실재론Reasoned or Transfigured Realism 이 그것이다. 이 입장에서는 명백히 우리가 아는 모든 것이 우리의 의식과 관련된 것이며, '우리의' 의식 또한 명백히 상대적인 것이라고 본다. 우리가 아는 모든 것은 의식상으로 존재한다. 그러나 의식을 설명할 때, 우리는 의식 또한 의존적이라는 것을 알게 된다. 의식은 신경 유기체에 의존하며, 또한 유기체에 영향을 미치는 사물들에도 의존한다. 의식은 진화의 교조로 나타내면 과거 사건의 전체적 계열에도 의존한다. 그러나 이러한 신체, 이러한 사물들, 이러한 일련의 사건들은 또한 우리의 의식 상으로만 존재한다. 이제 이 모든 것에 관한 '형이상학'이란 존재하지 않는다. 이 모든 것은 실증과학이다. 여전히 모순점은 존재한다. 의식은 사물, 사건들에 의존하며, 사물, 사건들은 또한 의식에 의존하거나 관련된다. 이로써 드러난 사실은 다음과 같다: 신경 유기체, 사물들 그리고 일

---

12. (역주) 두 가지 해석이란, 이하에서 살펴보겠지만 이성적 실재론(변형적 실재론)과 주관적 관념론이다. 듀이가 보기에 두 입장 모두 의식과 대상, 주체와 객체를 분리한다는 점에서 그릇된 것이다.

련의 '알려진' 사건들은 우리의 의식과 관련된다. 그렇지만 이 의식 자체도 의존적인 것이요 하나의 결과물인 만큼, 그 과정 이면에는, 또 우리의 의식 이면에는 그러한 사물, 사건과 의식 모두를 낳게 한 하나의 실재가 존재한다. 알려진 주체와 객체는 바로 의식과 관련되지만, 주체와 객체가 모두 드러나는 하나의 확대된 영역, 하나의 실재하는 대상이 있다.[13] 그러나 그런 영역이나 대상은 결코 알려질 수 없는 것이다. 안다는 것은 우리의 의식과 관련되어 있기 때문이다. 이것이 실재론의 문제다: 한편으로 모든 지식은 우리의 의식과 관련을 맺으며, 다른 한편으로 우리의 의식은 의식 자체가 아닌 다른 것에 의존하고 있다. 그리고 이 문제에 대한 해답은 이것이다: 의식과 관련되지 않은 하나의 실재하는 대상이 있다. 그러나 그 실재하는 대상이 의식 자체는 물론이거니와 의식과 관련된 알려진 사물들을 산출했다. 이제 이 글의 제I절에서 언급했던 모든 것은, 만약 거기서 논의한 바가 모순의 해결이 아니라 모순의 진술로밖에 보이지 않는다면, 쓸데없는 것이 되고 말 것이다. 문제는, 의심할 여지가 없는 모든 알려진 존재와 의식의 관계성, 그리고 의심할 바 없는우리들 자신의 의식의 의존성을 조화시키는 일이다. 여기서 분명해지는 것은, 외관상의 모순을 중재하고 상대방의 진실성을 부정하지 않고 쌍방의 권리를 부여하는 유일한 방식은 의식과 존재를 함께 고려하는 데 있다는 것이다. 만약 이 일이 이루어진다면 문제의 해답은, 모든 존재가 관련된 의식이란 우리의 개별적 의식이 아니며, 우리의 의식 자체가 일반적 의식과 관련된다는 것이다. 그러나 이성적 실재론은 의식과 존재라는 요소를 결합하려 하지 않고 각각을 분리하여 문제를 해결

---

13. (역주) 본문에서 "주체와 객체가 모두 드러나는 하나의 확대된 영역, 하나의 실재하는 대상"이 있다는 것은 실재론자의 입장이다. 듀이가 보기에 실재론의 문제점은 의식과 사물의 연관성을 인정하면서도, 인간이 알 수도, 도달할 수도 없는 실재를 상정하는 데에 있다. 이러한 관점은 인간 경험과 분리된 외적 실재를 전제하므로 '심리학적 관점'을 벗어난 것이다.

하려고 든다. 이성적 실재론은 의식과 존재의 요소 각각이 참으로 사실대로 드러날 수 있게 고도의 통합성을 추구하는 것이 아니라 두 요소의 분할을 시도한다. 이성적 실재론에서는 모순되는 한 요소를 우리의 의식에 속하는 것으로, 또 다른 모순되는 요소를 하나의 물 자체—미지未知의 실재—에 속하는 것으로 본다. 그러나 이는 단지 모순을 명백히 진술한 것에 지나지 않는다. 만약 모든 것이 의식과 관련되어 있다면, 물 자체는 없고 정확히 의식 자체만 있을 뿐이다. 만약 물 자체가 존재한다면, 모든 존재는 의식과 무관한 것이 되고 말 것이다. 누군가 자기 뜻대로 후자 쪽을 견지하되, 그 자신이 '존재론적' 입장에 근거해서 '존재론적' 방법을 채택했음을 명확히 인정한다고 해보자. 그 사람은 영구히 심리학을 포기한 셈이다.

[13] 또 다른 회피 수단은 훨씬 더 미묘하고 '그럴듯한' 것이다. 그것은 마치 다른 쪽(실재론)에서 물 자체라는 검으로 고르디우스의 매듭Gordian knot을 베어버리는 맹렬한 시도를 한 것처럼 진짜 그 매듭을 풀어버리려는 시도와 같다.[14] 이것이 주관적 관념론이다. 이제 나는 주관적 관념론이 주체와 객체의 관계에 적용된 심리학적 관점으로서 의미가 없다는 것을 보여주고자 한다. 주관적 관념론은 어느 편인가 하면, 주체와 객체라는 두 가지 확실한 사실을 통일성 하에서 생각하기를 거부하며, 모순점을 해결하려는 것이 아니라 모순점을 분할하려는 동일한 시도에 근거해 있다. 이로부터 주관적 관념론은 주체와 객체의 관계를 오해한 것과 다름없다. 우리는 이런 모순을 지식의 기원을 결정하려는 시도와 '변형적 실재론'의 사례에서 살펴본 바가 있다. 주관적 관념론의 입장은 이것이다: 존재하는 세계와 의식 간에는 필연적 관련성이 인정된다. "우

---

14. (역주) '고르디오스의 매듭'은 알렉산더 대왕(Alexandros the Great, BC 356~BC 323)이 칼로 잘랐다는 전설 속의 매듭으로서, "대담한 방법을 써야 문제를 풀 수 있다"는 뜻으로 쓰인다.

리의 마음과 관련이 없는 세계에 대한 지식이란 있을 수 없다 ─ 지식은 곧 마음의 상태이다. 물질적 사물에 대한 관념은 하나의 정신적 사실이다. 어떤 독립적 물질세계의 존재에 대해서는 논의조차 할 수 없다. 독립적 물질세계라는 바로 그 사실이 모순이다. 우리는 오직 우리 자신의 마음에 나타난 세계에 대해서만 말할 수 있을 뿐이다".Bain, The Senses and the Intellect, p. 375 그러나 이와 같이 진술하고 나면, 의식은 이제 두 부분으로 분리되고 만다. 하나는 주체로서 마음, '자아', 내적인 것과 동일시된다. 다른 하나는 객체로서 외적인 것, '비非자아', 물질과 동일시된다. "마음은 무엇보다 '대조의 방법'으로 규정하거나, 혹은 의식적 경험의 총체로부터 객체 세계를 빼고 남은 부분으로 규정할 수 있다".Bain, p. 1 "우리의 정신적 삶의 총체는 두 종류의 의식으로 구성된다. 객체와 주체의 의식이 그것이다. 객체의 의식은 외적 세계 혹은 '비 자아'이며, 주체의 의식은 우리의 '자아' 혹은 고유한 마음이다".Bain, p. 378 의식은 "우리 주체의 상태뿐만 아니라 객체의 상태도 포함한다. 내가 생각하기에 주체와 객체는 둘 다 우리 존재의 일부다. 그렇기 때문에 우리는 특수한 의미에서 '마음'('정신과학의 영역')이라는 주체의 의식과, 다른 모든 감각적 존재들이 참여하고 우리에게 확장된 물질적 세계를 부여하는 객체의 의식을 갖게 된다".Bain, p. 669 말할 필요도 없이, "우리가 외계外界라고 부르는 객체의 의식은 가장 포괄적인 의미에서 여전히 자아의 한 양상"Bain, p. 378 임을 염두에 두어야 한다. (이로 인해 주관적 관념론은 실재론보다 논리적 우선권을 갖는다.) "객체의 경험은 여전히 의식적 경험이며, 그것은 마음이다".Bain, p. 2 내가 이처럼 상세히 인용한 것은 위의 인용 구절들이 내게는 주관적 관념론의 유형을 대변하는 훌륭한 진술로 보이기 때문이다.

[14] 주관적 관념론에서 과정의 논리는 다음과 같이 보인다. 철학이나 그 밖의 다른 학문이 다루어야 할 모든 존재는 '인식된' 존재일 수밖에 없다는 것, 즉 모든 존재가 의식상의 존재라는 것이다. 이러한 의

식을 검토한다면, 우리는 의식이 "두 종류의 의식"—하나는 일련의 감각, 감정, 관념 등이며, 다른 하나는 공간적 관계로 결정되는 사물들이다—으로 드러난다는 것을 알 수 있을 것이다. 그리하여 우리는 의식의 두 부분으로서 주체 부분, 더 엄밀히 말해 '마음' 부분과, 보통 외부 세계나 물질로 불리는 객체 부분을 분별해야 한다. 그러나 명심해야 할 것은, 이 객체 부분도 결국 나 자신의 존재 일부요, 의식의 일부라는 것이다. 주체가 객체를 삼켜버리는 셈이다. 그러나 다시 이 주체가 자신을 '두 가지 대조적 반쪽'인 주체와 객체라는 '두 부분'으로 '분리한다.' 그다음 객체는 다시 주체 속으로 자취를 감추고, 주체는 다시 그 자체를 주체와 객체로 분할한다. 이러한 과정은 영구히 지속된다. 이제 내가 말하고자 하는 논점은, 주관적 관념론에서 의식은 전적으로 상이한 두 가지 의미로 사용된다는 것, 그리고 주관적 관념론의 논의가 겉으로 그럴듯하게 보이는 것은 이 두 가지 의미를 혼동한 데 기인한다는 것이다. 주체와 객체를 포함하는 넓은 의미의 의식이 있다. 그리고 '마음', '자아', 즉 일련의 의식 상태에 상응하는 좁은 의미의 의식이 있다. 말할 필요도 없이, 이러한 논의의 전체적 타당성은 궁극적으로 이 두 가지 의식이 정확히 동일하다는 가정, 즉 의식 자체를 주체와 객체라는 '두 종류의 의식'으로 구별하는 것은 바로 개별적 의식인 '자아'라는 가정에 달려있다. 그렇지 않다면 물질이든, 마음이든—곧, 모든 "감각적 존재들이 참여할" 뿐만 아니라 '자아'를 구성하고 '정신과학의 영역'에 해당하는 일련의 심적 상태나 사건들은—그저 의식 '내의' 한 요소에 지나지 않게 된다. 사정이 이러하다면, 주관적 관념론이 포기되고 대신 절대적 관념론의 가정이 들어서게 된다. (절대적 관념론에 대해서는 이 글에서 계속 지적해 왔다는 점을 거의 말할 필요가 없을 것이다.) 주관적 관념론의 본질은 무엇인가 하면, 주체의 의식 혹은 마음이 "객체로서의 세계를 뺀" 후에 남아있다는 것으로서, 결국 이러한 객체로서의 세계는 주체의 마음이나 의식상으로 존재한다는 것이다. 그렇지 않다면,—주체인 마음과 객체인 물질이 둘 다 의식의 '내적 요소'이고 오직 의식상으로만 존재한다고 인정한다면,—우리는 영원한 절대적 의식의 영역에 있게 될 것이고, 개별 '주체'와 '외부 세계'는 모두 절대적 의식을 불완전하게 구현한 것이 될 것이다. 내가 보여주고자 하는 바는, 이것이 주관적 관념론의 사례가 보여주는 유일한 의미라는 것, 즉 주관적 관념론은 단지 하나의 모순을 거리낌 없이 진술한 것에 불과하다는 것이다.[15]

[15] 이렇게 짤막하게나마 본지에서 벗어난 것은 주관적 관념론에 있어 존재하는 모든 의식은 마음, '자아', '나의 존재'라고 불리는 그런 의식임을 보여주기 위한 것이다. 내가 말하고자 했던 논점은 이런 인식이 주관적 관념론의 형식에 절대적으로 필요한 것이라고 하더라도, 그것이 자기 모순적이라는 데 있었다. 여기서 나는 단순한 문제가 복잡한 것으로 비치지 않도록 간략하게 말하고자 한다. '두 종류'의 의식을 발생시키는 의식이 어떻게 그것들 중 한쪽의 의식과 동일시될 수 있는가? 원천적 측면에서 시간상 일련의 심적 사건이나 상태로 존재하는 의식이 어떻게 "모든 감각적 존재들이 참여하는", 공간상 관련된 사물들로 이루어진 영속적 세계의 존재에 대한 의식이 될 수 있는가? '대조'를 통해 규정된 마음, 곧 객체의 세계를 '빼고' 난 후에 존재하는 '마음'이 어떻게 주체와 객체가 동등한 요소로 구성된 전체의 마음일 수 있는가? 우선 먼저, 마음이 단지 의식적 경험의 총체로부터 "객체 세계를 뺀" 나머지라고 말하는 것, 또 한편으로 "이런 객체 세계가 그 자체로 마음의 한 부분"이라고 말하는 것, 이것이 말하자면 자기 모순적 진술이 아니고 무엇이겠는가? '무엇보다' 마음을 이렇게 보는 방식이 불완전하고 비현실적

---

15. (역주) '주관적 관념론'의 문제점은 마음을 전체 경험에서 객체 세계를 뺀 나머지라고 말하면서, 동시에 객체 세계도 마음의 일부라고 보는 데에 있다. 이것은 논리적 모순이다. 주관적 관념론이 이런 오류를 범한 까닭은 원천적으로 분리 불가능한 주체와 객체의 관계를 이원화해 놓고 논의를 시작하기 때문이다.

방식이라는 것, 마음이란 사실상 주체와 객체의 통일체라는 것, 이 점을 밝히기 위한 경우가 아니라면 주체와 객체 중 어느 쪽도 다른 쪽으로부터 빼낼 수 없을 것이다. 왜냐하면, 주체와 객체는 상대방을 빼고는 전혀 존재할 수 없기 때문이다. '정신과학의 범위'를 주체의 의식 혹은 마음이라고 언명하면서, 동시에 "주체와 객체가 둘 다 우리 존재의 일부"이고 '두 종류'의 의식에 지나지 않는다고 발언하는 것은 자기모순이 아닌가? 확실히 심리학은 우리의 전체적 존재, 전체적 의식에 대한 과학이어야 한다. 그러나 모순점을 더욱 명료히 하기 위해서는 모순점 자체를 진술해 보는 것 그 이상의 방법은 없을 것이다. 유일하게 가능한 가설은, 마음이 객체로서의 세계를 뺀 의식이라는 진술과, 마음이 주체와 객체 세계를 포함한 우리의 의식적 경험 전체라는 진술을 조화시키는 것이다. 이러한 가설은 '마음'이라는 말을 전적으로 상이한 두 가지 경우의 의미로 쓰는 것이다. 첫 번째 경우는 개별적 마음이나 개별적 의식일 것이고, 두 번째 경우는 절대적 마음이나 절대적 의식일 것이다. 두 번째 경우에서 개인이나 주체의 의식 그리고 외부 세계나 객체의 의식은 절대적 마음 혹은 절대적 의식으로만 존재하며 거기서 각각의 현실성을 획득한다.[16]

[16] 전체적 난점의 근원은 이것이다. 범위상으로 보면 의식적 경험 전체를 다루는 것이 심리학의 과업이다. 이런 의식적 경험의 전체 속에서 주체와 객체의 본질이 무엇인지 결정하는 것도 심리학의 과업이다. 앞서 인용한 구절에서 드러나듯이, 현재 주관적 관념론은 처음부터 주체를 '마음', '자아'와 동일시하고 객체를 '물질', '비非자아', '외부 세계'와 동일시하며, 그다음 심리학의 '범위'는 오직 주체 부분이라는 입장을 계

16. (역주) 듀이가 이 글을 쓴 시점이 1886년이고 윌리엄 제임스(W. James)의 영향을 본격적으로 받기 시작한 1890년대 이전의 시기임을 감안하면, '절대적 마음', '절대적 의식'이란 용어에는 젊은 시절 듀이에게 영향을 준 헤겔(G. W. F. Hegel)의 '변증법적 사고'의 영향력이 반영되어 있다고 보인다.

속 견지한다. 요컨대, 주관적 관념론에 따르면 주체와 객체의 성격은 의식적 경험의 성격으로부터 결정되어야 하는 만큼 심리학적 관점은 처음부터 포기되고 만다. 즉, 우리는 '주체'가 무엇인지 이미 알고 있다고 가정하여 심리학을 주체의 취급으로 제한하고, '객체'가 무엇인지 이미 알고 있다고 가정하여 심리학을 객체의 배제로 규정하는 것이다. 이러한 방법은 심리학으로서 두 가지 결함을 가지고 있다. 하나는, 주체와 객체의 성격을 확정하기 위해 어떤 외부적 검사를 설정하기 때문에 '존재론적'이라는 것이다. 다른 하나는, 심리학을 독단적으로 일련의 주관적 상태에 국한된 것으로 전제하기 때문에 임의적이라는 것이다. 주관적 관념론에서는 심리학이 모든 것의 준거가 되는 것이 아니라 심리학 자체의 지위와 내용을 결정하는 어떤 외적 준거가 있다고 가정하며, 더욱 특별하게는 심리학의 관점이 필연적으로 개별적이거나 주관적이라고 가정한다. 어째서 심리학의 범위가 주체의 의식이어야만 한다는 말인가? 또한 주체와 객체가 무엇인가 하는 지식이 전제되어 있지 않다면, 어째서 주체의 의식을 의식적 경험의 총체에서 객체의 세계를 뺀 것으로 규정해야 한다는 말인가? 참된 심리학적 관점의 방법은 어떻게 다른 것인가! 참된 심리학적 관점의 방법은 주체와 객체가 어떻게 의식적 경험 내부에서 발생하는지 보여주며, 이로부터 의식의 본질을 밝혀준다. 그것은 의식이 주체와 객체의 통일체라는 것이다. 그러므로 참된 심리학적 관점의 방법은 하나의 의식이 주체, 다른 하나의 의식이 객체라는 '두 종류'의 의식이 있을 수 없으며, 모든 의식은 '마음'에 대한 것이든, '물질'에 대한 것이든, 그것이 의식인 이상 주체와 객체의 통일체임을 보여준다. 의식은 아마 의심할 바 없이 두 측면을 지닐 것이다. 한 측면은 개인적으로 드러나는 의식이고, 또 다른 측면은 개인과 대조되는 외적 세계로 드러나는 의식이다. 그러나 우리의 의식은 두 종류의 의식이 있어서, 둘 중 하나를 전체적 의식에서 공제하고 그 나머지를 남겨두는 그런 것이 아니다. 두 종류의 의식은 단지 한 국면의 의식에 불과할 뿐이다.[17] 그리고 의식이 이러한 국면을 가정한다는 것이 어떤 것인가, 개인과 외부 세계로 나누는 이러한 구분이 의식상으로 발생한다는 것이 어떤 것인가는, (요컨대, 한 국면에서의 의식이 어떻게 지각으로 나타나는가는) 엄밀히 말해 심리학이 밝혀내야 할 과업이다. 그러나 주관적 관념론은 처음부터 주체는 '나'이고 객체는 세계라고 가정함으로써 이 과업을 해결하지 못하고 있다. 그리고 설령 주관적 관념론이 처음부터 이처럼 가정하지 않았다고 하더라도, 확실히 다음 결론에는 이르지 못할 것이다. 그 결론이란, 의식을 개인과 세계로 구분하는 것은 도처에서 의식을 구성하는 주객의 '관계'가 나타난 하나의 형식에 불과하다는 것이다. 이로부터 우리는 개별적 의식과 보편적 의식의 관계가 명확히 무엇인지 다룰 때가 되었다.

III.

[17] 우리는 원천적으로 지식의 기원을 해명하려는 시도가 의심할 바 없는 다음의 사실에 근거한 것임을 살펴보았다. 즉, 개별적 의식은 다름 아니라 생성된다는 것, 그러나 또한 이러한 개별적 의식의 생성을 자기모순 없이 설명하는 유일한 방식은 보편적 의식을 가정하는 데 있다는 것이다. 우리가 다시 살펴본 바는, 주관적 관념론의 근간을 이루는 진리는 모든 존재가 우리의 의식과 관련된다는 것, 그러나 이러한 사실이 갖는 유일하게 일관된 의미는 우리의 개별적 의식 자체가 하나의 보편적 의식과 관련된다는 확고한 사실이다. 그리고 이제 확신하건대, 얼

17. (역주) 이하 듀이의 주체와 객체의 불가분리성에 관한 논의는, 윌리엄 제임스의 논문 "A World of pure experiene"에서 나온 인식주체와 대상의 논의와 의미 있게 비교될 수 있다. 제임스는 이 글에서 인식주체와 대상은 분리된 것이 아니라 "상이한 맥락에서 두 번 고려된 자기 동일성의 경험 부류", 혹은 "동일한 주체에 속한 두 가지 부류의 사실적 경험"(James, 1904: 199-200)이라고 말한다.

마간 침묵하던 나의 반대자가 새롭게 기운을 차려 나를 대할 것이라고 본다. 나의 반대자는 이 논의에서 개별적 의식과 보편적 의식을 서로 대립된 것으로 보며 다음과 같이 말할 것이다. "결국 존재하는 모든 의식은 당신의 개별적 의식이다. 보편적 의식 자체는 오직 개별적 의식상으로만 존재할 뿐이다. 아닌 게 아니라 당신은, 이 개별적 의식이 이제 보편적 의식을 다시 흡수한 만큼, 보편적 의식이 개별적 의식 자체의 존재에 필요한 것이라고 말할지도 모른다. 그러나 이러한 입장은 당신이 이미 주관적 관념론 측과 유사한 견해를 강력히 주장해 왔다는 모순에 빠질 뿐이다. 이 경우 당신이 반대했던 것은, 의식이 주체의 의식과 객체의 의식으로 구분되고, 두 의식 중 전자가 직접적으로 후자를 흡수하며, 다시 주체의 의식이 주체와 객체의 의식으로 세분화된다는 것이었다. 당신은 이러한 진술이—즉, 주체의 의식이 의식적 경험의 전체이기도 하고 전체가 아니기도 하다는 진술—명백한 모순이라고 반대했다. 그 진술은 주관적 관념론을 뒷받침하는 일체의 기반이 바로 의식적 경험의 전체에 있다고 단언하는 것과 같다는 것이다. 그러나 이때 의식적 경험의 전체란 단지 객체 세계를 빼고 난 나머지인 만큼 바로 실제적 경험에 해당하는 것이다. 이제 당신은 엄밀히 말해 스스로 이런 모순에 빠진 셈이다. 당신은 그저 개별적 의식이 보편적 의식이기도 하고, 보편적 의식이 아니기도 하다는 발언을 하고 있을 뿐이다. 오직 개별적 의식이 보편적 의식이 아닌 한에서 당신은 참으로 주관적 관념론을 벗어난다. 또한 개별적 의식이 보편적 의식인 한에서 당신은 참으로 물 자체를 벗어난다. 만약 보편적 의식이 우리의 개별적 의식으로 존재하는 것이 아니라면, 또한 우리의 의식적 경험의 일부가 아니라면, 그것은 우리가 알 수 없는 하나의 물 자체가 되고 만다. 그러나 만약 보편적 의식이 우리의 개별적 의식의 일부라면, 결국 개별적 의식이 궁극적인 것이 되고 만다. 당신 자신의 논의로 보면 당신은 미지의 말할 수 없는 실재를 수용하거나, 아니면 주관적 관념론을 수용하는 것 외에 다른 선택의 여지가 없다."[18]

  [18] 이러한 반론은 결국 다음의 선언적選言的 판단에 이르게 된다. 즉, 보편적 의식이 개별적 의식이므로 주관적 관념론을 취하거나, 아니면 보편적 의식이 개별적 의식을 초월한 것이므로 물 자체의 입장을 취하거나 둘 중 하나라는 것이다. 이제 이러한 딜레마는 어느 정도는 과소평가할 수 없을 것으로 보인다. 그렇지만 이러한 선언적 진술은 아직까지 나의 반대자가 심리학적 기반에 근거하지 않았다는 것을 보여준다. 그에게는 아직도 무엇인가 과거의 '존재론적' 인간상이 남아있는 것이다. 왜냐하면, 나의 반대자는 심리학적 결정에 앞서 '개별적인 것'이 어떤 것이며 무엇을 뜻하는지 충분히 알고 있다고 가정하기 때문이다. 만약 그가 심리학적 관점을 취한다면, 그는 보편적 의식의 성격뿐만 아니라 개별적 의식의 성격도 의식적 경험 내에서, 또 의식적 경험을 통해서 결정되어야 한다는 점을 알게 될 것이다. 형편이 이와 같다면, 모든 선언적 판단의 기반이 즉시 떨어져 나갈 것이다. 선언적 판단은 개별적 의식과

18. (역주) 듀이의 심리학적 관점에 대해 비판적 입장을 취하는 대표적 학자로 호지슨(Hodgson)이 있다. 그는 *Mind*(XI)지에 게재된 "환상적 심리학(Illusory Psychology)"(1886)이라는 논문에서 개별적 의식과 보편적 의식을 상이한 것으로 보면서 우리들 각자가 지닌 생각이나 관념은 개별적인 것일 뿐, 결코 보편적인 것이 될 수 없다고 말한다. "우리 자신의 의식을 일반화한다고 해도, 일체의 측면에서 우리들 자신의 의식과 다른 보편적 의식의 믿음, 하물며 보편적 의식에 대한 지식에 결코 도달할 수 없다. 우리들 자신의 일반화는 … 의식의 개별성을 나타내는, 또 실제적 경험상 지각한 바를 나타내는 논리적 혹은 개념적 방식일 뿐이다."(Hodgson, xlvl). 그런데 듀이가 보기에 개별적 의식과 보편적 의식을 별개로 보는 관점의 문제점은 무엇보다도 두 의식의 성격을 미리 '선험적'으로 정해 놓고 논의를 시작하는 데 있다. 두 의식은 상황에 따른 경험을 통해서 결정되므로, 사전에 주체와 객체, 개별적 의식과 보편적 의식의 속성을 고정할 수 없다는 것이다. 이하 이 글 Ⅲ절에는 개별적 의식과 보편적 의식을 분리하는 이원론적 입장을 비판하는 듀이의 관점이 잘 나타나 있다. 듀이의 "심리학적 관점"이란 논문(1886년 1월)은 호지슨의 논문(1886년 10월)보다 먼저 출판된 것(1886년 10월)이라서 듀이가 그의 비판을 염두에 두고 이 글을 썼다고 보긴 어렵다. 호지슨의 비판에 대한 듀이의 직접적 응답이라고 할 수 있는 글은 호지슨과 동일한 제목의 글인 "환상적 심리학"(Illusory Psychology, 1887)에서 찾아볼 수 있다. 본서 제7장 참조.

보편적 의식이 상호 대립적이라는 가정에 의존한다. 만일 누군가 개별적 의식의 의미가 보편적인 데 있다고 단언했는데도 불구하고 이를 전적으로 반대한다면, 개별적 의식의 기반은 물론 개별적 의식의 의미마저 잃어버리게 될 것이다. 곧, 개별적 의식이 무의미해진다는 것이다. 그러나 정확히 현재 나의 관심은 이 점을 말하는 데 있지 않다. 내가 관심을 두는 것은 다만, 누군가 개별적 의식의 성격에 대해 어떤 전제조건을 달고 출발한다면, 그는 심리학적 관점을 벗어나고 있다는 것이다. 추정컨대, 나의 반대자는 저자와 주관적 관념론의 입장을 비교하면서, 아마 자신이 아는 것보다 더욱 그럴듯하게 반론을 내세울 수 있을 것이다. 이러한 견해의 난점은 의식을 '두 종류', 즉 주관적 의식과 객관적 의식으로 나눌 수 있다고 가정한다는 것, 또한 출발점부터 주체와 객체의 성격을 전제한다는 데 있다. 사실은 어떤가 하면, 의식은 주체와 객체의 통일체이므로 순전히 주관적 의식도, 순전히 객관적 의식도 없다. 여기서도 그렇다. 의식에는 개별적 의식과 보편적 의식이라는 '두 종류'의 의식이 있다고 전제하는 것이다. 그런데 내가 생각하기로 사실은 어떤가 하면, 의식은 개별적 의식과 보편적 의식의 통일체이므로, 순전한 개별적 의식도, 순전한 보편적 의식도 없는 것이다. 그리하여 두 의식을 분리하는 것은 무의미한 일이다. 혹여 그러한 분리가 가능하다고 하더라도, 어쨌든 두 의식을 분리하는 것은 심리학적 기반을 떠난 것이다. 분리의 입장은 개별적 의식의 성격을 이미 알고 있다고 가정하기 때문이다.

[19] 앞서 말한 바와 같이, 우리가 처음부터 마음에 새겨둘 만한 것은 이것이다. 즉, 심리학은 의식 내에서 개별적 의식과 보편적 의식의 성격을 결정해야 한다는 것, 그렇게 함으로써 심리학은 경험 내에서 두 의식의 지위를 결정할 수 있고, 동시에 의식 자체의 본질도 해명할 수 있다는 것이다. 쉽게 말해 이 말이 뜻하는 바는, 의식은 바로 '그 자체 내에서' 개별적 의식과 보편적 의식의 근원을 보여주고 있으므로, 의식은

보편적이면서 동시에 개별적이라는 것이다. 물론 이 글에서는 이런 의식이 '어떻게' 존재하는지를 말하고자 하는 것이 아니다. 다만 이 글의 보다 온당한 기능은 개별적 의식과 보편적 의식의 성격 그리고 그 두 가지 의식 간에 존재하는 관계의 성격을 밝히는 것이 바로 심리학의 과업임을 지적하는 데 있다. 이들 두 의식에 미리 전제조건을 달아서는 안 되며, 또한 두 의식을 통째로 들여와 심리적 경험의 본질을 결정해서도 안 된다. 처음부터 심리학적 관점에 함축된 바가 무엇인지 이제 명백해졌다. 그것은 곧 보편적 관점이다. 모든 철학적 탐구 대상들의 성격이 의식적 경험 내에서 그것들이 차지하는 위치를 확정함으로써 결정될 수 있다면, 정확히 의식 자체의 외부에 어떤 기준이 있을 수 없고, 의식을 벗어난 혹은 의식의 배후에 어떤 기준이 있을 수 없는 것이다. 심리학적 관점을 채택한다는 것은, 의식 자체를 유일 가능한 절대적인 것으로 가정하는 것이다. 그런데 이것은 주관적 관념론이 그동안 내내 암묵적으로 가정해 온 것이다. 말할 필요도 없이, 주관적 관념론에 대한 가장 명백한 반대는, 그 입장이 "마음이 멸하면 물질, 공간, 시간도 소멸되고 만다"고 전제하는 데 있다. 그리고 이에 맞서는 주관적 관념론의 명백한 대답은 이러하다. "설령 죽음이 세계의 모든 거주자를 갑자기 덮친다고 해도, 나의 세계의 개념이 하나의 독립적 실재가 아닌 만큼, 나는 다만 당시에 존재한다고 추정된 마음의 객체 의식을 띠고 있을 뿐이다."[Bain, p. 682] 요컨대, 모든 유한한 마음들이 파멸된다고 상상하더라도, 외부 세계가 실재하므로 의식마저 사라진다고 상상할 수 없다는 것이다. 어떤 외부 세계를 상상하자마자 나는 그 외부 세계의 존재와 관계된 의식을 떠올린다. 누군가는 온갖 자연과학의 진보에 힘을 입은 방면에서 이의를 제기할 수도 있다. 가장 단순한 생리학이라고 해도 거기서는 우리의 모든 감각이 신체적 상태에 비롯된다는 것, 즉 우리의 모든 감각이 하나의 신경 유기체에 의해 좌우된다는 것을 가르친다. 생물학에서는 이런 신경 유기체가 궁극적인 것이 아니라 그 자체의 기원을 가진다는 것, 그 기원은 불확정한 옛 시간대로 거슬러 올라간다는 것, 그리고 현존하는 신경 유기체는 거의 무한한 일련의 과정의 결과라는 것을 가르친다. 이런 모든 사건은 당신과 나의 마음에 선행先行하고 당신과 내 마음의 존재 조건이 되는 만큼, 그 누구도 얼마나 많은 시간을 소요한 것인지 속속들이 알지 못한다. 만약 마음의 유일한 존재가 "단지 한 상태에서 다른 상태로 이행하는" 의식에 불과하다면, 이제 이런 모든 사건은 필시 환상이란 말인가? 이런 논의에서 흔한 대답은 그것이 '논점 무관의 오류ignoratio elenchi'라는 것, 곧 사건들은 의식상의 존재를 논리적으로 가정하는 것이어서, 의식에 비추어 진술되지 않는 사건들은 의미를 지니지 못한다는 것이다. 이러한 대답을 반박할 필요는 없다. 그러나 지적되어야 할 사항이 있다. 즉, 이와 같은 대답은 개별적 의식이 개별적 의식 자체를 초월하여 보편적 관점을 띨 수 있다고 가정한다는 것이다.―이것은 자신이 소유한 개별적 의식의 생성을 보편적 관점에서 볼 수 있다는 것을 의미한다. 영국 철학의 강점을 구성해 온 것은 바로 개별적 의식이 갖는 보편적 성격에 대한 이런 '함의'이다. 반면, 영국 철학의 약점을 구성해 온 것은 이런 함의에 대한 '해명'의 결핍이다. 주관적 관념론은 바로 이러한 혼란 때문에 "어떤 대답도 인정하지 않았고 어떤 확신도 제시하지 못했다." 어떤 대답도 인정하지 않았던 것은 모든 것이 의식상으로 존재하기 때문이고, 어떤 확신도 제시하지 못했던 것은 모든 것이 우리의 개별적 의식으로만 존재하기 때문이다. 영국 철학은 오직 그 자체의 전제조건들을 충분히 알아차릴 때만, 그리고 그 자체의 본질적 특징을 구성한 것을 의식하게 될 때만 정당한 지위를 차지할 수 있다. 영국 철학에서는 의식과 경험의 본질을 밝혀나가기 전에, 심리학적 관점이 필연적으로 보편적 관점이며 의식은 필연적으로 유일 절대적인 것임을 알아야 한다. 영국 철학에서 알아야 할 것은, '변화'와 생성의 과정에 지나지

않는 의식인 개별적 의식이 원천적 측면에서는 '대조'를 통해 규정되어
야 한다는 것, 개별적 의식은 의식적 경험의 한 '부분'에 지나지 않지만,
그럼에도 불구하고 최종적으로 보면, 아주 구체적인 면에서 보편적 의식
이라는 것, 그리고 보편적 의식이란 결코 생성되지 않은, 그야말로 '총체
성'으로서의 의식이라는 것이다. 아울러 영국 철학에서 알아야 할 것은
개별적 의식이 어떤 면에서건 철학에 일체의 기초를 제공해 주는 까닭
은 궁극적 실재 면에서 보면 개별적 의식이 바로 보편적 의식이라는 데
기인한다는 것이다.

　　[20] 사실은 이러하다. 즉, 주체와 객체, 개별적 의식과 보편적 의식
등 모든 것의 특성은 의식적 경험 속에서 발견한 대로 결정해야 한다는
것이다. 의식적 경험은 근본적 측면에서 나의 개별적 자아가 하나의 '변
화'요, 생성의 과정임을 보여준다. 그러나 의식적 경험은 또한 이런 개별
적 자아가 변화를 의식하며 변화가 이루어진 과정을 안다는 점도 보여
준다. 요컨대, 개별적 자아는 보편적 자아를 그 관점으로 취할 수 있으
며, 그런 까닭에 개별적 자아 자체의 기원을 알 수 있다.[19] 이렇게 해서
개별적 자아는 보편적 자아로 존재하는 과정에 그 기원을 둔다는 것,
그리하여 보편적 자아는 결코 생성된 바 없다는 것도 알게 된다. 의식
은 하나의 결과지만 그 결과 또한 의식의 결과라는 것을 보여준다. 의식
은 자아와 관련된 것이다. 적극적 측면에서 말하면, 의식은 그 자체 '내
에' 생성의 과정을 포함하고 있으며, 이런 생성의 과정 그 자체를 의식하
게 된다는 것을 보여준다. 이러한 과정이 개별적 의식이다. 그러나 이러
한 과정은 의식 자체를 의식하는 것인 만큼, 보편적 의식을 의식하는 것

---

19. (역주) 듀이에 있어 의식이나 지식의 기원은 밝힐 수 없는 것이다(이 장의 역주 11 참
　　조). 그럼에도 불구하고 듀이가 "개별적 자아 자체의 기원을 알 수 있다"고 말한 것은 무
　　슨 뜻일까? 여기서 '기원'을 안다는 것은 개별적 자아의 독립적 발생 원인을 안다는 뜻
　　이 아니라, 경험적 의미를 축적한 관점에서―즉, '보편적 자아'의 관점에서―자신의 경험
　　의 연속적 형성 과정을 안다는 뜻이다.

이다. 요컨대, 모든 의식은 자기의식이며 자아는 보편적 의식이다. 모든 과정은 보편적 의식으로 존재하므로 보편적 의식은 항상 존재한다. 개별적 의식이란 그 자체를 통해 보편적 의식을 실현하는 과정과 다름없다. 의식을 과정으로 보고 무엇인가 실현하는 것으로 본다면 그것은 개별적 의식이다. 의식을 산출된 것이나 실현된 것, 즉 과정 그 자체를 의식하는 것으로 본다면, 그것은 보편적 의식이다.

[21] 잊어서는 안 될 것이 있다. 그것은 이 글의 목적이 간략히 말해 심리학적 관점에 항상 잠재된, 혹은 내재된 전제조건들을 밝히는 데 있다는 것이다. 그러므로 적극적 결과 면에서 말했던 것은, 오직 심리학적 관점의 의미를 밝히는 데 필요하다고 보았기 때문에 말한 것이다. 또한 명심해야 할 것은 의식 내에서 주체와 객체, 개별적 의식과 보편적 의식 간에 존재하는 정확하고도 구체적인 관계들을 결정하는 것이 바로 심리학 자체의 과업이라는 것이다. 그러므로 단지 심리학적 관점의 발달을 위해서 말한다면, 이 글에서 말했던 것은 대단히 형식적인 것이다. 좀 더 구체적인 몇몇 문제들에 대해서는 다른 기회에 다시 논의할 수 있기 바란다.

제6장

철학적 방법으로서의 심리학

Psychology as Philosophic Method, 1886: EW1. 144-167

이 글에서 듀이는 심리학이 과학의 한 분야에 한정된 것이 아니라 철학적 방법의 가능성을 품고 있다고 본다. 그 까닭은 심리학에서 다루는 '자기의식'이 순수 내면적 의식이 아니라 하나의 경험적 사실이며 주체와 객체의 통일체로 파악될 수 있기 때문이다. 심리학은 하나의 유기적 체계의 과학으로서 의식적 경험의 본질에 대한 체계적 설명과 이해로 나타난다. 이제까지 각각의 과학들은 의식적 경험의 어떤 한 국면을 취급했기 때문에 의식적 경험의 총체성을 다룰 수 없었다. 그러나 심리학에서 우리는 이러한 총체적 의식의 표명과 해명을 접하고 있다. 총체적 의식과 관련한 듀이의 '키워드'가 '절대적 자기의식'이다. '절대적 자기의식'이란 무시간적 차원의 궁극적 의식을 가리키는 것이 아니라, 시간적 차원에서 총체성을 띠는 자기의식을 표명한 것이다. 만약 철학의 재료가 이러한 절대적 자기의식이고 심리학이 절대적 자기의식의 발현과 실현을 다루는 학문이라면 심리학과 철학은 원천적으로 분리 불가능하다고 보아야 한다. 요컨대, 철학적 방법으로서의 심리학은 총체적 "의식적 경험의 과학"이다. 총체적 의식의 실현을 다루는 심리학은 전체 대 부분의 관계처럼 다양한 여러 과학을 포괄하는 지위를 갖는다.

[1] 나는 '심리학적 관점'이라는 논문에서 영국 철학의 특유한 발달이—로크Locke 이후 심리학적 운동이—"낡은 지푸라기 타작하기"처럼 무가치한 일이 아니요, 또한 순전히 부정적 의미만 갖는 운동도 아니라는 것을 지적하려고 노력했다. 영국 철학의 발달이 어떻게 그 필연적 결과로 독일의 운동, 소위 '선험적' 운동에 이르게 되었는지 알았을 때, 우리에게 영국 철학의 중요성은 그 끝을 다 본 셈이다. 영국 철학의 긍정적 의미는 다음과 같은 사실에 있다고 확인되었다. 즉, 영국 철학은 의식을 모든 실재의 유일한 내용, 보고報告이자 준거라고 언명했다는 것, 그리고 이러한 의식의 과학으로서 심리학은 의식 전체를 구성하는 다양한 요소들 혹은 요인들의 가치와 타당성을 결정할 뿐만 아니라, 의식의 전체 속에서 실재의 본질을 명백하고도 정확하게 결정하는 과학이라고 언명했다는 것이다. 심리학은 궁극적 실재에 대한 과학이다. 왜냐하면, 심리학은 경험이 총체적으로 어떤 것인지 단언하며, 의식의 전체 속에서 경험을 이루는 다양한 요소들의 발달과 위치를 보여줌으로써 그 요소들의 가치와 의미를 확정하기 때문이다. 요컨대, 심리학은 '철학적 방법'이다. 그러나 나의 '심리학적 관점'이라는 논문은 필연적으로 주로 소극적인 것이었다. 왜냐하면, 사실상 심리학적 운동이 철학의 방법으로서의

심리학을 성공적으로 제안하지 못했다는 점을 지적하는 일이 필요했으며, 또한 심리학적 운동이 심리학 자체의 기초와 이상에 맞지 않았기 때문이다. 심리학적 운동은 어느 쪽인가 하면, 의식을 통해서 의식의 전체성과 의식의 요인들 모두를 규명하는 것이 아니라, 의식과의 필연적 관계를 벗어나, 또 그 관계를 넘어서 의식을 규명하고자 노력한 것이다. 우리에게 필요한 심리학적 관점은 의식의 본질과 내용에 대한 비판적 검토를 통해 의식의 존재론에 이르는 것인데, 심리학적 운동은 그렇게 하지 않고 독단적으로 전제된 존재론으로부터 의식의 심리학을 규정했다. 심리학적 운동에서는 의식과 대립된 바로 그 존재로서 하나의 물 자체를 상정했다. 가령, 로크Locke의 미지의 '실체', 버클리Berkeley의 초월적 신성神性, 흄과 밀Hume & Mill의 감각 또는 인상, 스펜서Spencer의 '변형된 실재' 등이 그것이다. 심리학적 운동에서는 이런 물 자체를 의식적 경험의 원인과 준거로 사용했다. 그리하여 심리학적 운동은 그 자체로 모순이었다. 왜냐하면, 철학의 방법으로서 심리학이 무엇인가 의미를 가지려면 의식적 경험 바로 그것을 제외하곤 아무것도 추정할 수 없으며, 모든 것의 본질은 의식적 경험으로부터, 또 의식적 경험 안에서 확인해야 하기 때문이다.

[2] 현재 이 논문의 방향은 철학적 방법으로서 심리학의 적극적 의미에 대한 것이다.— 곧, 심리학이 자기 모순적 가정에서 벗어나 자유롭게 발달하도록 허용할 때 그 의의가 무엇인가 하는 것이다. 앞서 '심리학적 관점'이란 논문에서 제안했던 것은, 철학적 방법은 순전히 그 자체만 고려하면 '선험적' 운동의 전제조건 및 결과들과 사실상 동일성을 나타낸다는 것이었다. 영국 철학과 관련된 심리학에 대해서는 저자의 다른 글에서도 다룬 바가 있다. 그리고 심리학이 철학을 위한 방법이 되어야 한다거나, 심리학이 하나의 특수 과학 그 이상의 것이라는 주장에 대한 주요한 논박이 '선험적' 운동의 전형으로 나타난 만큼, 이 글에서는 소위

독일 철학과 관련된 심리학을 다루는 데 집중하고자 한다. 말할 필요도 없이, 독일 철학 쪽에서의 비판들이 사실상 영국 심리학이 철학화되지 못했다는 것을 지적하는 데 집중해 왔다는 것에 대해서는 의견의 차이가 없다. 다만 의견의 차이는, 이런 비판이 있다고 해서 모든 '가능한' 심리학에 대해서도 동일하게 반대 의사를 품어야 하는가에 있다고 보인다. (나는 이 '보인다seemed'는 말을 되풀이한다) 그런데 저자에게는 심리학이야말로 유일 '가능한' 방법으로 보이는 것이다.

[3] 포스트칸트 운동post-Kantian movement의 대표자들은 인간을 두 측면에서 볼 수 있다고 생각한다. 아니, 그렇게 볼 수 있다고 생각하는 듯하다. 한 측면은, 인간은 다른 사물들처럼 하나의 경험 대상이라는 것이다. 즉, 인간은 다른 유한한 실체들 가운데 있는 하나의 유한한 실체이며, 다른 실체들과 작용과 반응을 하는 관계 속에 놓여 있다는 것이다. 그렇지만 인간은 인식, 감정, 의지의 '현상'이라는 부가적 특징도 소유한다. 이런 특징으로 인해 인간은 특수 과학의 대상인 심리학을 만들어낸다. 심리학은 다른 모든 특수 과학과 마찬가지로 연구 자료를 순수 대상으로 취급하며, '주체와 객체'의 창조적 종합으로부터 자기의식을 추상한다. 모든 사물은 자기의식을 통해 존재하고 자기의식을 통해 알려진다. 그러므로 심리학은 모든 특수 과학과 마찬가지로, 철학이 다루어야 하는 의식 전체의 본질과 의미를 결정하기에는 불완전하고 아주 불충분한 것이다. 아니, 그 이상으로, 심리학이 부지불식간에 가정하는 원리, 범주, 방법의 의미와 타당성 그리고 한계를 결정하는 데 있어, 심리학 자체가 궁극적으로 철학에 의존하고 있다.[1] 이런 까닭으로 심리학을 철학적 방법으로 간주하는 것은, 말하자면 가장 수준 높은 물리학의 일

---

1. (역주) 포스트칸트 학파에서는 심리학이 철학에 의존해야 할 뿐, 심리학 자체가 철학적 방법이 될 수 없다고 본다. 이 입장은 심리학과 철학을 분리하고 철학적 방법으로서 심리학의 가능성을 회의적으로 바라보는 것이다.

반화 사항들이 철학적 문제 해결에 적합하다고 보는 것과 같은 오류를
범하는 일이 된다. 심리학은 절대적 전체인 자기의식을 결정하려는 시도
이며, 이로써 바로 그 전체라는 조건부를 제외하면 자기의식도 존재하
지 못한다.[2]

> 형이상학은 (케어드Caird 교수에 의하면) 인식 가능성의 조건들
> 을 다루어야 한다. 이러한 이유로 형이상학은 자기의식 또는 존재
> 하고 알려진 모든 것에 함축된 통일성을 다루어야 한다. 심리학은
> 인간에 있어 이런 자기의식이 어떻게 실현되고 발달되는지, 그리
> 고 자기의식이 시공간적 세계의 의식과 더불어 어떻게 성장하는
> 지를 탐구해야 한다. 인간은 개별적으로 보면 시공간적 세계의 한
> 부분이며, 시공간적 세계의 부분들과 직접적 관계를 맺고 있을 뿐
> 이다. 전자의 문제를 고려하면, 우리는 모든 지식, 모든 지식의 대
> 상들이 포함된 영역을 고려하는 것이다. 후자의 문제를 고려하면,
> 우리는 그 영역 내에 있는 하나의 특수한 대상이나 특수한 부류
> 의 대상들을 선택하는 것이다. … 순전히 객관적인 자연과학이 있
> 을 수 있는 것과 꼭 마찬가지로, '순전히 객관적인' 인류학이나 심
> 리학도 있을 수 있다.—이때 인류학이나 심리학은 인간의 관계로
> 부터 인간을 이해하는 마음으로 주의를 돌리는 것이다.[3]

2. (역주) 헤겔은 그의 『정신현상학』 서문에서 '자기의식'과 관련하여 다음과 같이 말한다.
"개인의 자기의식은 추론의 인정 여부나 그것에 포함될 내용과는 상관없이 스스로에 대
한 직접적 확신을 뜻한다는 점에서 그 자체가 절대적 형식이며, 따라서 각 개인은 무조
건적 존재라고 말해도 무방하다."(고영준(2011), 『헤겔의 교육이론』. 파주: 교육과학사.
240쪽).
3. Art. "Metaphysic," Ency. Britt., xvi, p. 89. Cf. Prof. Adamson, Philosophy of Kant,
pp. 22 ff., Fichte, pp. 109 ff.; Essays in Philosophical Criticism, pp. 44 ff.; Prof. A.
Seth, Ency. Britt., art. "Philosophy." (역주) 애덤슨(R. Adamson, 1852-1902)과 케어드
(E. Caird, 1835-1908) 교수는 칸트와 헤겔 철학을 연구한 영국의 관념론적 철학자다.

[4] 인간의 다른 측면은, 인간이 자기 의식적인 만큼 그의 내부에서 모든 존재와 인식 작용의 통일성을 명백히 한다는 것, 그리고 인간은 가령 하나의 사물이나 사건처럼 유한한 것이 아니며, 그의 자기 의식적 본성으로 인해 모든 사물, 사건들의 무한한 결속이요, 생생한 연합체라는 것이다. 철학이 다루는 것은 바로 이러한 무한하고 보편적 자기의식이다. 반면 심리학이 다루는 것은 경험의 대상으로서 인간이다.

[5] 포스트칸트 학파 운동의 위치를 진술하는 데 있어 나는 '보인다'라는 말을 썼다. 나는 숙고 끝에 그 말을 쓴 것인데, 거기에는 근본적으로 어떤 의견의 차이도 없다고 생각하기 때문이다. 그러나 내가 보기에 포스트칸트 학파의 논법에는 항상 참된 심리과학에 관한 모종의 전제조건들이 들어있다. 이 학파에 속한 사람들은 필시 그릇된 심리학이 남용 濫用되는 것을 보았다는 이유로 참된 심리과학의 전제조건들을 명료하게 진술하지 않았다. 따라서 그 전제조건들은 그 필연성과 합리성에 익숙지 않은 사람들에게는 추론을 통해 받아들일 만한 설득력이 약할 뿐만 아니라, 명확히 이해되지도 않는 만큼 때때로 추론을 불필요한 모호성은 물론 심지어 모순에까지 빠지게 하는 경향이 있었다. 이 글에서 검토하려는 것은, 포스트칸트 학파의 저작 전체의 기초를 이루고 그 저작 전체의 조건을 규정하며 거기에 가치를 부여하는 참된 심리학의 본질에 관한 전제조건들이다.

[6] 따라서 소위 인간성의 양상을 구분한 가정으로부터 논의를 시작하고자 한다. 인간성의 양상 중 하나에 따르면, 인간은 경험의 대상이며 심리학의 주체다. 또 다른 인간성의 양상에 따르면, 인간은 자기 의식적 존재로서 모든 경험의 보편적 조건이고 통일체이므로 경험의 대상이 아니다. 나는 이미 이 구분에 대한 애덤슨Adamson 교수의 취급 방식을 언급한 바 있는 만큼, 여기서는 이 구분에 타당성을 부여했던 모든 논거를 철회하는 것처럼 보이는 그의 후기 저술을 참조해 보기로 한다. 애덤슨

교수는 '마음*Mind*'이라는 학술지의 최근 호^{vol. ix, p. 434.}에서, 심리학의 재료는 '순수' 대상일 수 없고 반드시 개별적 주체와 보편적 내용의 관련성이어야 한다고 지적하면서, 다음과 같이 아주 감탄할 만한 발언을 이어간다.

> 재료를 상이한 방식으로 취급하는 모든 사고와 행위는 바로 개인의 의식적 삶 속에서, 의식적 삶을 통해서 이루어진다. 우리가 내용을 고립시켜 그 자체로 준-존재적인 것quasi-existence으로 취급한다면, 우리는 객관적 혹은 자연과학적 태도를 취하는 것이다. 우리가 전체의 의미를 해석하려고 노력한다면, 그리고 그 전체를 함께 묶는 연결 고리들의 의미를 결정하려고 노력한다면, 우리는 철학적 태도를 취하는 것이다. 그러나 개별 주체의 삶 속에서 지식과 행위가 실현되는 양상들에 주의를 기울인다면, 우리는 심리학적 탐구자의 입장에 있는 것이다.

이제 심리학을 개인 안에서, 개인을 통한 세계 실현의 학문으로 규정한다면, 심리학을 단지 특수 과학 중 하나로 간주하는 모든 헛된 공언은 당연히 폐기 처분된다. 특수 과학의 소재란 필연적으로 개인과의 관계가 고려되지 않은 세계의 어떤 한 부문에 지나지 않는다. 이와 더불어 당연한 일이지만, 인간성의 양면적 특성을 가정하는 일도 약화된다.[4] 만약 인간성의 본질이 세계의 실현에 있다면, '인간으로서' 본질이 세계 내의 단순한 사물이나 사건처럼 나타나는 양상은 존재하지 않을 것이다. 이제 구분은 서로 다른 두 재료를 가리키는 것이 아니라 동일한 재료를

---

4. (역주) '인간성의 양면적 특성'이란 앞서 포스트칸트 학파 운동에서 말하는 경험의 대상으로서의 인간과 모든 경험의 보편적 조건이요 통일체로서의 인간을 가리킨다. 애덤슨의 후기 저술에서는 심리학의 재료로서 개별적 주체와 보편적 내용의 관련성에 주목하므로 인간성의 양면적 특성의 구분이 약화된다.

보는 두 가지 방식으로 넘어간다. 그러나 이제 이러한 구분은 타당한가? 세계가 한 개인에게 실현되는 방식과, 전체로서의 세계의 의미를 구분하는 데에는 어떤 이유가 있는가? 첫눈에는 이유가 있어 보인다. 그러나 다음의 질문들을 고려해 보기로 하자. 전체는 그 자체를 넘어 어떤 의미를 가지는가? 만약 우리가 이제까지 개인적으로 실현된 모든 경험을 그 절대적 총체성 면에서 고려한다면, 하나의 전체로 입증된 것을 넘어 '전체의 의미'를 결정할 수 있는가? 또한 '함께 묶는 연결 고리들'이 정확히 함께 묶이지 않는다면 그것들은 어떤 '의미'를 가지는가? 그리고 이러한 전체와 연결 고리들이 심리학에 의해 우리에게 주어진 것이라면, 심리학은 완성된 철학적 방법이라고 볼 수 있지 않은가? 이런 총체성으로부터 추상하는 일을 제외하면 철학이 무슨 일을 더 할 수 있는가? 그리고 철학을 물질적 측면에서 보면 자연철학으로 간주해야 하고, 형식적 측면에서 보면 참된 논리학으로 간주해야 하는가? 개별적 세계 실현의 과학으로서 심리학은 세계 전체를 제시하여 세계 전체의 의미에 대한 질문에 대답하는 것이며, 동시에 그 전체 내에서 부분들의 위치를 정확히 보여줌으로써 부분들의 의미, 그리고 부분들 간의 연관성의 의미를 제시하는 것이다.

[7] 여기서 무엇인가 구분한다는 것은 심리학뿐만 아니라 철학의 존재에 있어서도 치명적이다. 세계가 개인 속에서 실현되지 못한다면, 보편적 관점을 떠올려 철학적으로 사색하는 일이 불가능할 것이다. 세계가 인간에게 온전히 실현되지 않는다면, 우리는 이 세계의 본질을 결정하는 데 심리학을 쓰는 것에 반대하지 않는 것과 마찬가지로, 어떤 종류의 철학적 취급도 반대하지 않을 것이다. 개인은 자신의 의식적 경험에서 실현되지 않았던 세계에 관해서는 결코 철학적 사색을 할 수 없다. 한 개인에 있어 실현된 세계를 제외한 세계란 존재하지 않는다. 인간에 있어 세계란 부분적으로 실현된 것이어서 인간은 부분적인 과학을 가지

고 있다. 반면, 절대자에 있어 세계는 완전히 실현된 것이며 신神은 완전한 과학을 가지고 있다. 자기의식은 단지 하나의 개별화된 세계를 의미할 뿐이다. 만약 이러한 세계가 인간에게 실현되지 않았다면, 또한 인간이 자기 의식적인 존재가 아니라면 어떤 철학도 가능하지 않을 것이다. 만약 세계가 온전히 실현되었다면, 그것은 바로 그런 실현이 일어난 심리적 경험 안에서, 또 심리적 경험을 통해서 가능한 것이다. 심리학은 이러한 실현, 이러한 개별화된 세계, 이러한 자기의식에 대한 과학적 설명이다. 다른 설명이 주어질 수 있는가? 그 밖의 다른 설명을 할 수 없다는 것을 보여주는 데에 바로 이 논문의 목적이 있다. 인간성에 있어 일체의 최종적 구분이나 이원론은 그 어떤 측면도 전혀 옹호할 수 없을 뿐만 아니라, 인간성을 '취급하는' 그 어떤 측면의 구분도 성립될 수 없다. 심리학은 인간의 경험을 구성하는 바로 그 의식을 다루어야 한다. 경험을 좀 더 자세히 규정하려는 모든 시도는 경험의 심리학적 규정에 속하는 만큼 추상적이다.[5] 더욱 명백히 논리학이 아닌 심리학은 철학의 방법이다. '이어서' 이 두 가지 문제를 다루어보자.

I.

[8] 인간은 어떤 측면에서는 '부분적인 세계의 일부'라서 순수 자연과학의 학과로 심리학이 있다는 것, 그리고 또 다른 측면에서 인간은 모든 존재에 대한 의식적 주체이므로 철학이란 학과가 있다는 것, 이러한 인간성의 구분이 견지될 수 없다는 것이 우리의 첫 번째 단언이다. 이미 인용한 바 있는 케어드Caird 교수의 아주 명쾌하고 포괄적인 철학적 교의의 진술로 다시 돌아가 보자. 여기서 견지된 구분이란, "모든 지식과 모든 지식의 대상들이 포함된 영역"과, "그 영역 내에 있는 하나의 특

---

5. (역주) 듀이가 '경험의 심리학적 규정'을 '추상적'이라고 표현한 것은, 그러한 규정을 마치 구체적, 독립적 물건처럼 취급할 수 없다는 뜻이다.

수한 대상” 간의 구분이다. 즉시 제기되는 질문은 이러한 구분이 어떻게 이루어진 것인가 하는 것이다. 설령 그러한 구분이 타당하다고 할지라도, 인간이 본질적으로 적절한 이해를 하는 데 있어 이러한 구분이 필요하다는 것을 어떻게 아는가? 단지 한 가지 대답이 가능할 뿐이다. 즉, 그 구분은 의식적 경험 자체 내에서, 의식적 경험 자체로부터 야기된 구분이라는 것이다. 그러한 구분은 인간이 세계를 인식하는 과정에서 필요하게 된다. 그러므로 케어드 교수의 구분은 심리학의 영역에 속하지만, 심리학의 지위를 확정하는 데 쓸 수 없다. 더구나 심리학은 어떤 경험의 한 양상과 동일시될 수 없다. 경험의 한 양상이란 단지 전체로서 심리학의 재료를 구성하는 그 경험 내에 기원을 두고 있을 뿐이다. 직접적으로 알 수 있는 바와 같이, 구분이란 절대적인 것일 수 없다. 인간은 어떤 가능성 혹은 어떤 우발적 상황에 비춰 보더라도 ‘단순히’ 경험의 대상들 중의 하나로 간주될 수 없다. 다만 구분이 상대적 타당성을 가진다면 그것은 순수하게 심리학적으로 발원發源된 구분이다. 왜냐하면, ‘경험’하는 인간이라면 상이한 경험의 ‘국면’에서 자신을 두 가지 관점에서 볼 필요가 있다는 것을 알기 때문이다.—하나는 인간이 특수한 시공간적 조건에 놓인 존재, 곧 활동하는 존재라는 것이고(우리는 사물이나 사건을 말하는 것이 아니다.), 다른 하나는 인간이 모든 것의 절대적인 영원한 종합이라는 것이다. 그런데 이러한 구분은 기껏해야 하나의 동일한 경험의 다양한 국면 중 하나에 지나지 않는다. 경험의 국면으로서 이 두 가지는 모두—아닌 게 아니라, 하나는 국부성으로서 경험 국면이요 다른 하나는 총체성으로서 경험 국면이다—경험 과학, 즉 심리학의 범위에 들어간다.

[9] 심리학을 이와 다른 방식으로 진술한다면 질문이 어떤 방향을 취할지 살펴보자. 인간의 자기의식은 심리학의 범위에 속하는가, 속하지 않는가? 인간의 자기의식을 배제할 만한 어떤 이유를 댈 수 있는가? 확

실히 지각이 심리과학이 다루어야 할 문제라는 것을 아주 철두철미하게 부정할 사람은 거의 없을 것이다. 그러나 지각을 인정하는 사람들은 지각에 기억, 상상, 개념, 판단, 추론을 배제할 만한 어떤 이유를 제시하기가 몹시 곤란하다는 것을 발견할 것이다. 우리가 출발점으로 삼은 원초적인 내재적 개인original implicit individual이 추론의 단계에 도달하여 아주 수많은 명백한 관계들로 분해된다고 해도, 그 관계들을 다시 하나의 개별적 통일체로 결합하는 자기의식을 어째서 배제할 수 있단 말인가?[6] 단절이란 있을 수 없다. 심리학에서 지각을 다룰 가능성을 부정하면 '순전히 객관적 심리과학'이란 단지 생리학에 지나지 않는 것이 된다. 그렇지 않고 심리학에서 지각을 다룰 가능성을 인정하면, 우리는 그로부터 직접적으로 따라 나오는 것, 곧 자기의식을 인정해야 한다. 자기의식은 참으로 하나의 경험적 '사실'이다. (나는 '사실'이라는 말을 쓰는 데 주저하지 않는다.) 그러므로 자기의식을 취급하는 법은 심리학에서 찾아야 한다.

[10] 그러나 이것이 전부는 아니다. 자기의식은 심리적 경험의 국면 중 하나로만 나타나는 것이 아니다. 아주 단순한 심리적 사실의 설명이라고 해도—말하자면, 지각, 감정, 충동 등의 사실—그것은 필연적으로 자기의식과 연관성을 띤다. 자기의식은 좀 더 단순한 모든 과정에도 수반된다. 그리하여 심리적 과정의 어떤 것도 자기의식의 복잡한 연관성을 풀지 않고서는 과학적으로 기술되거나 이해될 수 없다. 사실상, 심리적 과정의 이해나 설명은 단지 그 심리적 과정 내부에 있는 자기의식의 함의를 밝히는 것에 지나지 않는다. 이러한 주장은 자기의식을 최종적 통일성과 종합, 그리고 경험의 절대적 의미로서 지지하는 사람들이 부정

6. (역주) 이 구절은 대립과 종합의 연속적 과정인 헤겔의 변증법을 시사해 준다. 여기서 '내재적 개인'이란 '절대정신'의 자기전개 과정에서 초기 단계에 있는 개인으로서, 아직 정신적 자각이 일어나지 않고 그 잠재적 가능성만 품고 있는 상태를 뜻한다.

할 수 없을 것이다. 자기의식이 유기적 성격을 갖는다는 것이 그들의 주장이므로, 그 유기적 성격은 사실상 그 의식을 이루는 각각의 요소들과 국면들 속에서 드러나야 한다. 아니, 더 적절히 말하면 자기의식의 유기적 성격이 그런 요소들과 국면들을 구성한다고 보아야 한다. 모든 관념이나 감정의 '존재' 바로 그것이 궁극적으로 자기의식과 관계를 맺는 것이라면, 자기의식이 체계 내에서 유기적 자리매김을 한다는 것을 제외하곤 어떤 다른 설명을 제시할 수 있는가? 지각과 같은 행위가 있다고 해보자. 지각 행위를 '행위의 논리적 조건이 아니라' 그 자체로 '경험된 사실의 문제'로 간주하고, 진실되고 주의 깊은 검사를 한다면, 그 지각 행위가 어떤 것인지 드러날 것이다. 그리고 이렇게 드러난 사실은 전체적으로 자기의식의 유기적 체계와 관련된 선언이 될 것이다. 그리하여 우리는 이런 관계로부터 어느 것이 바로 그 자기의식의 존재를 구성하는지 추상할 수 있고, 자기의식을 하나의 '지각의 대상'으로 간주하고 사례를 일반화하여 하나의 자연철학을 제시하거나, 혹은 자기의식을 사고에 의해 조정된 것으로 보아 하나의 논리학을 제시할 수도 있을 것이다. 그러나 이 두 조치 모두 자기의식의 실제 존재를 추상하여 진행한 것이라서 진정한 철학의 방법을 제공해 줄 수 없다. 요컨대, 사태의 참된 '존재esse'는 사태의 '지각percipi'도 아니요, 그렇다고 해서 오로지 사태의 '이해intelligi'도 아니다. 사태의 참된 존재는 그 '경험experiri'이다. 논리학은 우리에게 '이해'의 과학을 가져다주고, 자연철학은 '지각'의 과학을 가져다준다. 그러나 오직 심리학만이 '경험'에 대해 조직적으로 연관된 설명을 제공해 줄 수 있다. 경험은 또한 전체적으로 보면 바로 '경험하는 것experior'—자기의식 그 자체—에 다름 아니다.[7]

---

7. (역주) 영어 'experience'는 라틴어의 'experior'에서 파생된 단어로서 이는 '경험하다', '해보다', '실험하다' 등의 동사적 의미를 가진다. 'experiri'는 experior'의 명사적 용법으로 '경험', '시도' 등의 의미가 있다.

[11] 만약 자기의식이 하나의 '경험된 사실'이 아니라면, 즉 한 개인이 세계를 이해하는 어떤 사실적 국면이 아니라면,—한 개인은 심리학의 영역을 구성한다고 규정된다—우리는 철학에 영향을 줄 만한 것을 탐구함으로써 사태가 어떻게 돌아가는지 알 수 있을지도 모른다. 엄밀히 이때의 결과를 다시 보면, 자기의식의 본질에 관한 어떤 이론에서도 철학과 같은 것은 가능하지 않다. 철학이 단지 '영원의 관점에서sub specie aeternitatis', 혹은 '우주와 관련하여in ordine ad universum' 사물을 보는 것으로 구성된다는 말은 걸핏하면 반복할 수 있는 이야기가 아니다. 사실상, 인간이 자신의 '내부에서' 그 자신의 존재의 본질로서 영원성과 보편성의 본질을 깨닫지 못한다면, 또한 인간이 의식적으로 자신의 경험의 한 국면으로, 그리고 암묵적으로는 모든 경험의 국면으로 보편성과 영원성을 파악하지 못한다면, 영원히 보편적으로 존재하는 것들을 설명할 수 없다고 말하는 것은 허울 좋은 말일 뿐이다. 그러므로 자기의식이 심리적 경험의 문제임을 부정하는 것은 일체의 철학의 가능성을 부정하는 것과 같다.

[12] 자기의식의 부정이 어떤 상태에 이르렀는가 하는 것은 역사적으로 칸트에 의해 예증되었다. 칸트는 지각과 개념이 경험의 문제라고 인정했으나 자기의식에 대해서는 선을 그었다. 칸트가 자기의식을 부정한 이유가 결코 심리적인 것이 아니라 논리적인 데 있다는 사실은 주목할 만한 가치가 있다. 그 까닭은 자기의식이 그야말로 하나의 사실이 아니기 때문이 아니라, 그의 논리적 전제조건들에 따른 하나의 사실이 '될 수 없기' 때문이다. 이러한 부정으로 따라 나오는 결과들은 주목할 가치가 있다. 그 결과들은 우리의 예상과 정확히 일치하는 것이기도 하다. 첫째, 자기의식의 사실을 부정하면 경험의 궁극적 토대와 조건으로서 미지의 물 자체를 설정하게 되어 철학적 문제 해결이 불가능하다. 둘째, 자기의식의 사실을 부정하면 지각과 개념을 경험과 유기적으로 연관 짓지 못

하게 된다. 즉, 지각은 시공간의 형식, 사고는 범주라는 제한 조건 속에서 현실과 명확한 연관성이 없는 현상들로 나타나므로, 사실상 지각과 개념을 이해, 해명하지 못한다는 것이다. 자기의식을 심리적 경험의 한 국면으로 인식하지 못하면, 우리는 새로운 경험의 종합에 이르지 못할 뿐만 아니라, 좀 더 단순한 형식의 심리적 경험도 설명할 수 없게 된다. 칸트의 이러한 실패는 우리에게 또 다른 교훈을 가르쳐준다. 그것은, 이미 말한 바와 같이 칸트의 실패가 그의 진짜 방법인 '심리학적' 방법을 포기한 데에 기인한다는 것이다. 그의 방법은 이성 자체에 의한 하나의 유기적 체계로서 이성의 자각으로 이루어진 것이고, 동시에 경험의 총체성을 결정하는 하나의 '논리적' 표준을 (이 논리적 표준의 사례로 무모순성과 동일성의 원리가 있다) 설정한 것이다. 헤겔의 저작은 본질적으로 칸트의 '논리적' 표준이 잘못되었다는 것, 그리고 논리의 문제로서 유일하게 참된 준거나 표준은 유기적 관념notion 혹은 '개념Begriff'에 있음을 보여주는 것으로 구성되어 있다. 유기적 관념이나 '개념'은 하나의 조직적 총체이므로, 총체 자체는 물론이거니와 좀 더 단순한 과정들과 원리들도 해명할 수 있다. 저자가 보기에 헤겔이 이 일을 성공적으로 철저하게 완성했다는 것은 의심할 바가 없다. 그러나 또 한편 칸트 자신의 방법과 철학에 대한 관념을 더욱 면밀하게 따라가 보면, 헤겔의 저작은 분명히 또 다른 보완을 요청한다고 보인다. 그 보완은, 자기의식이 유기적 형식들을 통한 지각이요 유기적 원리들을 통한 사고일 뿐만 아니라, 하나의 경험적 사실임을 보여주는 것으로 구성될 것이다. 그리고 더 나아가 말한다면, 오직 이러한 보완이 이루어질 때만 헤겔의 저작에 담긴 논리적 가정들이―이것들이 헤겔의 저작에 설득력과 타당성을 부여한다―처음으로 명백히 드러날 것이다.

[13] 다시, 주목할 가치가 있다고 보이는 것은, 최근에 그린Green 교수가 (저자는 그린 교수에게 깊은 존경이라 할 만한 사의謝意를 표하지 않

고는 말할 수 없을 것이다) 논리적 측면에서 칸트의 저작을 끝까지 추구
했을 때, 칸트의 부정적 결말을 거의 피할 수 없었다는 것이다.[8] (우리
는 칸트의 논리적 방법이 경험의 '필요조건'의 탐구라면, 칸트의 심리적 방
법은 경험의 '실제적 본질'의 탐구라고 본다.) 그린 교수는 존재하는 혹은
인식 가능한 모든 것의 최종적 조건, 종합, 그리고 통일성으로서 의식을
완전히 논증한 후에, 그 스스로 『윤리학 서설Prolegomena to Ethics』p. 54
에서 다음과 같이 말하지 않을 수 없었다. "의식 자체 또는 의식의 완전
성에 대해 말하자면, 우리는 그저 소극적 진술만 할 수 있을 뿐이다. 그
런 의식이 존재한다는 것은 세계가 존재한다는 데서 암시된다. 비록 부
분적이고 단속적斷續的이기는 하지만, 우리가 하나의 세계나 지적 경험
에 대해 지식을 가질 수 있는 것은 오직 이제까지 우리의 행위를 통해
하나의 세계나 지적 경험이 '무엇'인지 알 수 있을 때에 한해서이다." 만
약 그린 교수가 이 후자의 진술로부터 논의를 시작했다면, 그리고 사실
상 이러한 보편적 의식이 비록 부분적이고 단속적이라 할지라도, 우리
안에서 실현되는 것임을 보여주었다면, 확실히 그는 보편적 의식에 관해
매우 적극적인 발언을 할 수 있었을 것이고, 사실상 그의 논리적 방법에
대해서도 하나의 기초를 제공할 수 있었을 것이다. 이제 그의 논리적 방
법은 하나의 통일성에 의존하는 것으로 보일 뿐이다. 그 통일성에 대해
말할 수 있는 전부는 그야말로 통일성일 뿐, 그 외의 특별한 어떤 것이
아니다. 모든 철학과 철학적 사고가 이런 통일성의 존재뿐만 아니라 우
리 안에서의 통일성 작동에도 의존한다는 점을 고려해 보면, 그 누구라
해도 너무도 거대한 철학의 짐을 너무도 미약한 못에 걸어두었다는 우

8. (역주) 그린(T. H. Green, 1836-1882)은 영국의 관념론적 철학자로서 옥스퍼드 대학
도덕철학과 교수를 지냈다. 그는 칸트가 정신의 통일적 작용을 통해 세계가 구성된다고
본 점은 인정하였으나, 칸트의 '선험적 자아'가 지나치게 형식적이라고 비판하고 이를 공
동체 내에서 자기실현을 추구하는 '도덕적 자아'로 변형, 확대하였다. 주저로는 『윤리학
서설』이 있다.

려를 감출 수 없을 것이다.

[14] 그리하여 그린Green [p. 180.]은 또한 모든 도덕적 경험의 가능성이 바로 이런 정신적 통일성의 존재에 의존한다는 것을 의기양양하게 논증한 후에 자신의 사고 전체의 특징을 이루는 그 솔직함으로 다음과 같이 진술하지 않을 수 없었다. "완전히 발달된 삶에 대해, 그리고 목적을 달성한 활동에 대해 우리는 단지 소극적으로 말하거나 생각할 수 있을 뿐이다. 그리하여 우리가 말하거나 생각할 수 있는 것은 오직 그런 존재의 상태일 뿐이며, 우리의 이론에 따르면 궁극적인 도덕적 선善도 그런 존재의 상태에 있는 것이 틀림없다." 한 번 더 말해, 그가 실제적 실현의 문제로서 이와 같은 절대적 선이 우리의 삶 속에서 목적의 달성으로 재현되어 왔다는 사실로부터 출발했다면, (확실히 선은 질적 특성의 문제일 뿐 양적 문제가 아니며, 목적은 또한 동력의 문제일 뿐, 총량의 문제가 아니다) 그는 이러한 난점에 처하지 않았을 것이다. 그러나 누군가는 순수 논리적 방법을 써서 '필연'이나 '당위'의 문제로만 논의를 끝낼 수도 있을 것이다. 이 경우 '있다'는 것은 자취를 감추고 만다. 왜냐하면, '있다'는 것이 분리되었기 때문이다. 심리적 방법은 '있는 것'으로부터 출발함으로써 '당위'와 '필연'을 위한 기초와 이상을 제공해 준다.

[15] 그러나 우리의 논제로 되돌아올 때가 되었다. 요약하면 우리의 논제는 이것이다. 즉, 심리학이 "이런 부분적인 세계의 일부"로서 인간을 다루는 과학이라고 하는 구분은 옹호할 수 없다는 것이다. 이러한 부정의 근거들로 제시된 것은 다음과 같다. 우리의 논의에서 지적되었던 것은, 의심할 바 없이 인간성에 있어 이러한 구분이 갖는 상대적 타당성은 그 자체가 심리적 경험의 산물이요 표명이라는 것, 그리고 인간으로서의 인간 또는 의식적 경험으로서의 인간은—의식적 경험의 과학이 심리학이다—자기 의식적이라는 것, 그러므로 자기의식은 '순수 객관적인 것'이 아니고 주체와 객체의 통일체이며, 하나의 '부분'이 아닌 총체인 만

큼 심리학에 포함되어야 한다는 것이다. 그리고 더 나아가 지적되었던 것, 이렇게 자기의식을 취급하는 것은 모든 의식적 경험의 부분적인 사실을 해명하고 이해하는 데 필요하다는 것이다. 그리고 마지막으로 지적되었던 것은, 자기의식이 경험의 재료를 구성한다는 사실을 부정하고 이에 따라 심리학을 부정한다면 이는 철학 자체의 가능성을 부정하는 것과 같다는 것이다. 이것은 역사적 예를 통해 입증되었다. 두 번째 주제로 나아가기 전에 케어드Caird 교수의 설명으로 잠시 되돌아가서 그의 권위에 다소간 의탁하고자 한다. 앞서 언급한 글에 이어 케어드 교수는 인간에 대한 객관적 자연과학이 결국 "인간 존재의 독특한 특징을 빠뜨린다."고 말한다. 한편 그는 우리가 순수 자연적인 객관적 방법들과 원리들을 써서 무기물의 특성은 물론 유기물의 특성조차 다룰 수 있는 것은, 그런 특성들이 "'그것들 자체로' 통일체가 아니라 오직 '우리에게 있어' 통일체이기 때문"이라고 말한다. 인간은 다름 아니라 '그 자신으로' 존재하므로, 즉 순수 사물이 아니라 자기 의식적 존재이므로 자연적 객관적 취급법을 인간에게 적용할 수 없다. 그리하여 그는 계속해서 다음과 같이 진술한다.^{Caird, 'Metaphysic', p. 89}

> 인간이 자기의식적 존재인 한,―인간을 인간답게 하는 것은 바로 자기의식이다―모든 사태가 통일성을 통해 존재하고 통일성을 통해 알려진다는 것은 명백하다. … 그러므로 인간을 단순히 자연적 존재로 취급하는 것은, 인간과 자연의 관계를 전적으로 망각하거나 부정하는 것보다 '훨씬 더 부정확하고 잘못된' 것이다. 참된 심리학이라면 두 가지 오류를 모두 피해야 한다. 즉, 참된 심리학은 인간을 정신적 존재인 동시에 자연적 존재로 인식해야 하며, 자유와 필연성 간의 조화를 발견해야 하는 것이다. 참된 심리학은 '인간과 같은 존재의 삶에서 드러나는 절대적 자기의식 원리의

관념에 수반된 모든 난점들을' 직면해야 한다.— 모든 사태는 이런 자기의식을 통해 존재하고 알려진다—인간과 같은 존재는 오직 장기간의 발달 과정을 통해서만 단순한 동물적 존재의 무의식 상태에서 벗어나 '자기 자신을 의식하게 된다.'

추후에 말하겠지만, 인간에 대한 자연과학은 "인간 삶의 핵심적 사실을 그 관점으로 취급하지 않는 만큼, 필연적으로 추상적이고 불완전할 수밖에 없다."^{Caird, 'Metaphysic', p. 92} 그리하여 그와 같은 인간에 대한 과학이 도대체 존재할 수 있는가, 없는가 하는 것은 거의 논의할 가치가 없다. 그러나 방금 인용한 글에는 우리의 두 번째 문제가 시사되어 있다. — 그것은 명백히 자기의식을 다루어야 하는 심리학과 철학의 최종적 관계다. 위 인용문에서 심리학의 문제란 "인간과 같은 존재의 삶에서 드러나는 절대적 자기의식 원리"의 문제라고 진술되었기 때문이다. 즉, 여기서 시사된 것은 심리학이 절대적 원리 그 자체를 다룬다는 뜻이 아니라, 오직 인간의 삶에서만 드러나거나 실현되는 절대적 원리의 양상들을 다룬다는 뜻이다. 심리학은 더 이상 하나의 객관적 과학으로 나타나지 않는다. 이제 심리학은 절대적 실재 그 자체의 과학임을 논리적으로 가정하는 하나의 현상학으로 우리 앞에 다가온다. 내가 이제 관심을 두는 것은 바로 다음 질문에 대한 것이다. 심리학은 '단지' 절대자의 발현 manifestation에 대한 과학인가? 아니면, 절대자 자체에 대한 과학인가?

II.

[16] 내가 보기에 현재 심리학과 철학의 관계는 다음과 같다: 하나의 절대적 자기의식이 존재한다. 이 절대적 자기의식에 대한 학문이 철학이다. 절대적 자기의식은 개별 인간들의 인식과 행위에서 분명히 드러난다. 이런 절대적 자기의식의 발현을 다루는 학문인 현상학이 심리

학이다. 이러한 구분은 더 이상 인간 존재 자체에 관한 것이 아니라, 동일한 재료를 바라보는 취급법과 방식에 관한 것이다. 이 구분을 적극적으로 검토하기 전에 다음의 질문들을 살펴보자. 이 질문들은 우리가 도달하기 바라는 결과를 암시해 줄 수 있을 것이다. '정신적인 것'과 '자연적인 것'의 구분, '자유'와 '필연성'의 구분은 어떻게 나온 것인가? '절대적 자기의식의 원리'와, "오직 장기간의 발달 과정을 통해서만 단순한 동물적 존재의 무의식 상태에서 벗어나 자기 자신을 의식하게 되는 인간", 이 둘 사이를 구분하는 관념은 어떻게 우리의 앎으로 들어오게 되는가? 이러한 구분은 심리학의 주제 밖에 있는 것이라서 심리학의 주제를 규정하는 데 쓸 수 있는 것인가? 아니면, 그 구분은 심리적 경험 '안에서' 발생한 것이므로 심리학의 특성을 고정화할 수 있는 것이 아니라, 오히려 그 구분의 성격 자체가 심리학에 '의해' 규정되어야 하는가?[9] 더 나아가 절대적 자기의식 그리고 인간과 같은 존재에 있어 절대적 자기의식의 발현, 둘 사이의 구분은 과연 어떠한 것인가? 절대적 자기의식은 그 자체로 완전한 것인가? 아니면, 인간과 같은 존재에 있어 절대적 자기의식의 실현과 발현은 필연적으로 수반되는 일인가? 만약 절대적 자기의식이 그 자체로 완전한 것이라면, 어떻게 '이런 절대적 자기의식의 원리'에 한정된 철학이 절대적 자기의식 자체를 넘어 그것을 자기의식 안에서 분명히 드러내는 데에 따르는 난점들을 직면하고 해결할 수 있는가? 이런 사태는 우리가 의도한 것일 수 없다. 절대적 자기의식은 그 자체 내에 바로 그 존재와 활동의 유기적인 부분으로서 그 의식을 발현하고 드

---

9. (역주) 다소간 복잡한 느낌을 주는, 심리학의 '안'과 '밖'과 관련된 질문이 뜻하는 바는 무엇일까? 그 대답을 생각해 보면 이러하다. 즉, '절대적 자기의식'과 '자기의식'의 구분을 심리적 경험 '밖'에 놓인 것으로 보면 형이상학적 구분일 뿐, 심리학의 주제가 될 수 없다는 것, 반면 심리적 경험 '안'에 놓인 것으로 보면 '절대적 자기의식'과 '자기의식'은 얼마든지 심리학의 탐구 주제가 될 수 있다는 뜻이다. 듀이의 심리학적 관점에서는 경험과 분리된 불변적 실재를 배제하므로 '절대적 자기의식' 또한 당연히 심리적 경험 '안'에서 해명되어야 한다.

러내는 일을 필연적으로 수반한다. 절대적 자기의식의 존재가 그러한 의식의 실현과 발현을 하는 것이다. 설령, 그러한 실현과 발현이 단번에 발생하는 행위가 아니라 절대자의 본성 안에서 영구히 완성된 것이라 하더라도, 또한 그러한 실현과 발현이 인간과 같은 존재 안에서 단번에 드러날 수 없고 단지 시간이 흐르면서 '부분적으로', 또 단속적인 상태로 일어난다고 하더라도—여전한 사실은 이것이다. 즉, 인간에 있어 절대적 자기의식이 오직 부분적이고 단속적으로 실현되는 것인 한, 철학은 절대자의 본성에 대한 어떤 이론에서도 절대적 자기의식을 취급할 수 있다는 것이다. 인간에 있어 철학의 대상으로서 절대자란 오직 그의 의식적 경험 속에서 분명히 드러날 때 한해서만 존재를 갖게 된다.[10] 우리의 질문으로 되돌아가 보자. 만약 철학의 재료가 절대적 자기의식이고 이 절대적 자기의식이 다른 것이 아니라 그 절대적 의식 자체의 실현이요 발현이라면, 그리고 철학의 재료가 오직 인간의 의식적 경험 속에서 절대적 자기의식 자체를 실현하고 발현하는 한에서 존재한다면, 그리고 심리학이 인간에 있어 이런 의식의 실현을 다루는 학문이라면, 철학은 충분히 심리학일 수 있고 심리학 또한 충분히 철학일 수 있지 않은가?

[17] 이러한 질문들은 단지 우리가 도달하고자 하는 결말을 시사하기 위해 진술한 것일 뿐이다. 나는 이 질문들에 직접적으로 대답하기보다는, 첫째로 심리학과 과학의 관계, 나아가 심리학과 철학의 관계를 고찰하고, 둘째로 심리학과 논리학의 관계를 고찰하고자 한다.

1. 심리학과 과학의 관계

[18] 심리학은 완성된 철학의 방법이다. 왜냐하면, 심리학에 있어 과

---

10. (역주) 헤겔은 절대자(Absolute)의 본성이 "현실적인 것, 주체, 자기 생성"에 있으며, 절대적인 것은 "본질적으로 결과로 파악해야 한다."고 말한다(김준수(역)(2022). 『정신현상학 1』. 파주: 아카넷. 17쪽 참조).

학과 철학, 사실과 이유는 하나이기 때문이다. 철학은 과학과 이중적 관계를 맺는 것으로 보인다. 그 첫 번째 측면으로 철학은 '하나의' 과학이다.—모든 과학 중 가장 수준 높은 과학이다. 우리가 실재의 한 영역을 택해 그에 관해 몇 가지 질문을 하면, 그 대답들로 우리에게 주어지는 것은 어떤 하나의 과학이다. 즉, 우리는 질문과 대답의 과정에서 그 과학에 해당하는 실재의 영역이 오직 그런 식으로 인위적으로 격리될 수 있다는 것을 알게 되는 것이다. 그리하여 우리는 과학과 과학을 유기적으로 연계시켜 마침내 하나의 연관된 조직으로서 모든 실재의 본질을 추구할 때까지, 우리의 질문을 확대, 심화시켜 간다. 이러한 질문에 대한 대답이 과학의 영역 가운데서도 하나의 과학으로서의 철학을 구성한다. 그러나 철학을 계속해서 이런 방식으로 간주한다면, 우리가 철학으로 나아갈 수밖에 없는 그 과정의 의미를 알 수 없을 것이다. 철학을 과학의 완성이라고 본다는 것은 철학을 과학의 기초로도 본다는 뜻이다. 철학은 더 이상 '하나의' 과학이 아니라 '과학'이다.[11] 말하자면, 실재의 총체성을 다루는 하나의 과학의 개념을 부과하는 사고와 실재의 동일한 운동으로 인해 우리는 종전의 과학들 중 어떤 것도 엄밀한 진리의 과학이 아니었다는 것을 깨닫게 된다. 각각의 과학들은 보다 확대된 실재의 어떤 측면들로부터 추상한 것이므로 가설적일 수밖에 없다. 철학의 진리성은 특수 과학으로서의 고유한 독립적 존재를 포기해야만 탐색 가능한, 그런 전체와의 관계의 진실성에 달려 있다. 오직 이런 전체 속에서만 정언적定言的 진리가 발견될 수 있다. 정언적 진리는 이런 전체 속에서만 발견되는 만큼 그것은 특수 과학들의 기초인 셈이다. 그러므로 이런 전체의 과학으로서 철학은 더 이상 '하나의' 과학으로 나타나는 것이 아니

11. (역주) 철학을 소문자를 쓴 하나의 과학(a science)이 아니라 대문자로 쓴 '과학 (Science)'으로 나타낸 까닭은 철학이 특수한 분과 학문이 아닌, 모든 과학을 근본적 의미에서 포괄하는 성격을 지니고 있음을 나타내고자 한 것이다.

 존 듀이의 흥미론과 심리학

라, 유기적이고 조직적인 전체성을 띠는 전체 과학으로 나타난다.―그리하여 이른바 모든 특수 과학은 단지 그 전체에 종속될 뿐만 아니라, 전체를 구성하는 하나의 유기적 일원이 된다. 철학은 유기적 삶의 통일성과 과학들 간의 유대를 제외하면 존재할 수 없다. 마찬가지로 과학들도 이런 삶의 종합 속에서 자리 잡지 못하면 존재할 수 없다.

[19] 이제 질문은 심리학이 이 유기적 조직체 내에서 어떤 위치를 차지하는가 하는 것이다. 한편으로 보면 심리학은 확실히 적극적 과학이다. 심리학은 특정한 사실, 사건들에서 그 소재를 찾는다. 조직적 관찰, 실험, 결론, 검증에 관해서 말하자면, 심리학은 본질적 면에서 과학의 어떤 분야와도 다르지 않다. 심리학은 사실에 기반을 두고 사실을 취급하되, 일체의 특수 과학이 그러하듯 사실에 대한 질서정연한 이해와 해명이 목적이다. 그런데 이 논문의 전체적 방향은, 어떤 면에서 심리학이 여타의 특수 과학과는 본질적으로 아주 다르다는 것을 보여주는 데 있다. 이러한 차이를 어디서 찾아볼 수 있는가? 한마디로 말해 심리학이 다른 특수 과학들과 맺는 관계는, 우리가 알아본 바와 같이 엄밀히 철학이 특수 과학들과 맺는 관계와 같다. 곧, 심리학은 단지 '하나의' 과학으로만 그치는 것이 아니라 하나의 유기적 체계로서의 과학으로 드러나는 것이다. 모든 특수 과학은 하나의 유기적 체계 속에서 그 생명력을 얻으며, 그 자체의 독립적 존재를 설정하는 경우에도 그 유기적 체계로부터 추상해야 한다. 우리는 일체의 특수 과학으로부터 시작한다. 특수 과학은 실재의 한 부문 혹은 영역일 뿐만 아니라 의식적 경험의 한 부문으로 드러나기도 한다. 수학도, 물리학도, 생물학도 제공하지 못하는 의식적 경험의 설명을 그 자체로 제공하는 심리학에 이를 때까지, 우리는 의식적 경험에 대한 모종의 설명을 요구하면서 하나의 과학에서 또 다른 과학으로 나아간다. 모든 과학 중에서도 가장 수준 높고 가장 구체적인 것이라고 하더라도, 이제까지 우리가 접한 과학은 단지 '하나의' 특수 과

학일 뿐이다. 그러나 이 새로운 과학을 필요하게 만든 바로 그 과정을 살펴보면, 우리는 또한 이전의 과학들 각각이 오직 의식적 경험의 추상을 통해서만 존재한다는 것을 알게 된다. 각각의 과학들은 의식적 경험의 어떤 한 국면을 취급했고, 바로 그런 이유로 그 과학들 각각에 의식이라는 존재를 부여했던 총체성을 다룰 수 없었다. 그러나 심리학에 있어서 우리는 이러한 총체적 의식의 표명과 해명을 접하고 있다. 심리학은 전체성 면에서 이전의 과학들이 각각 부분적으로 제공하는 것이 무엇인지 제시해 준다. 즉, 그것은 경험의 본질을 제공하는 것이며, 따라서 심리학은 마치 전체가 부분과 관계를 맺듯이 각각의 과학들과 관계를 맺고 있다. 그러므로 심리학은 이제 과학들 중 가장 수준 높은 과학으로 나타나는 것이 아니라, '과학' 그 자체, 즉 의식적 경험의 본질에 대한 체계적 설명과 이해로 나타난다. 수학, 물리학, 생물학이 존재하는 것은 의식적 경험 자체가 그러한 성격을 띤다고 드러내기 때문이다. 그리하여 누구든 사실상 의식적 경험의 전체로부터 추상할 수 있고 어떤 손상도 없이 의식적 경험의 한 부분을 별도로 고려할 수 있다. 다만 여기에 조건이 따라붙는다. 그 취급 방식이 순수 과학적이어야 한다는 것, 즉 전체와의 함축적 연관성이 방해받지 말아야 하며, 이런 부분적 과학을 형이상학으로 제시한다거나, 소위 무비판적 '과학 철학'의 일상적 유행처럼 부분적 과학을 의식적 경험 전체에 대한 해명으로 제시하려는 시도가 없어야 한다는 것이다. 그뿐만 아니다. 이와 같은 어떤 한 영역의 추상이라는 것은 그 자체로 심리적 경험의 생생한 기능이다. 심리적 경험은 그저 무심코 허용하는 것이 아니라, '행하는' 것이다. 심리적 경험은 활동 자체의 분석적 측면이다. 이를 통해 심리적 경험은 그 자체의 본질을 심화하고 명백히 하며 실현한다. 이와 꼭 마찬가지로, 심리적 경험들 상호 간의 연관성은 동일한 자기실현 운동의 종합적 측면이다. 이로 인해 심리적 경험은 그 자체로 되돌아온다.[12] 한편 심리학은 그 완성

면에서 보면 전체적 자아 발달의 활동 그 자체다. 전체적 자아 발달 활동은 그 자체가 종합적 운동과 분석적 운동이 유기적으로 통합된 것이어서 두 운동의 가능성의 조건과 타당성의 근거를 보여준다. 분석적 운동은 특수 과학들을 구성하고, 종합적 운동은 자연철학을 구성한다. 그리고 심리학으로서 자아 발달의 활동 그 자체는 철학을 구성한다.

[20] 심리학을 순수 객관적 과학으로 보는 것이 불합리하고 불가능하다는 것을 안다면, 심리학에 어떤 다른 지위를 부여할 수 있는가? 이에 대해 심리학이 개인 안에서, 개인을 통해 세계가 실현되는 방식의 과학이라고 말하기도 한다. 그러나 개인이 세계를 확실히 깨닫지 못한다면, 즉 자기의식을 제외한다면 세계는 존재하지 않는 것이다. 이는 엄밀히 말해 철학의 결과이므로 이러한 세계의 고찰에 대해 이의를 제기할수 없다. 사실상 이러한 진술은 심리학이 세계를 실지로 있는 그대로 숙고하는 것이라고 말하는 데 지나지 않는다. 만일 이 단언을 다시 변경하여, 철학이 이 개별화된 세계를 영원히 '존재하는' 것처럼 취급하는데 비해, 심리학은 개별화된 세계를 단지 부분적이고 단속적 상태로 '생성되는' 것처럼 취급할 수 있다고 읽는다면, 이것은 매우 중요한 두 가지사실을 놓치는 셈이다. 첫째로, 철학이 절대적 자기의식을 취급할 수 있는 것은, 그 의식이 오직 인간과 같은 존재에서만 '생성된다고' 보는 한에서이다. 그렇지 않다면, 절대적 자기의식은 결코 철학의 재료가 아니다. 둘째로, 철학은 인간에 있어 절대적 자기의식의 실현을 시간적 조건의 산물로 간주하는 오류에 빠진다고 하는데, 그렇지 않다. 시간은 의식적 경험의 과정 밖에 있는 것이 아니라, 의식적 경험 안에 있는 하나의형식이다. 시간은 그런 의식적 경험에 의한 기능 중 하나로 그 자체의 존

---

12. (역주) 여기서 심리적 경험이 그 자체로 되돌아온다는 것은 단순한 환원이 아니라, 심리적 경험의 분석적 측면과 종합적 측면을 통해 보다 높은 차원의 자기실현에 도달한다는 뜻을 가진다.

재를 유기적으로 구성한다. 사실상, 철학적 방법으로서 심리학은 바로 이 점에서 이 문제를 다루는 다른 어떤 방법보다도 막대한 이점을 지니고 있다. 절대적 자기의식을 그 자체로 숙고하려는 철학이 있다면, 거기서는 '존재하는 것'이 어째서 영구히 '생성되는 것'으로 나타나는가, 그리고 영원성이 어째서 항상 시간성을 통해 나타나는가 하는 것이 늘 해결 불가능한 문제로 남게 된다. 심리학은 문제를 일으키는 가정을 피함으로써 문제를 해결한다. 왜냐하면, 하나의 개별화된 세계를 다루는 데 있어 그런 세계를 실현하는 기능 중 하나가 다름 아닌 시간이며, 시간적 관계를 벗어난 의식에 관해서 아무것도 알지 못하기 때문이다. 그 사례는 바로 여기에 있다: 만약 철학이 시간적 관계를 벗어나 순전히 영원한 것으로 인식되는 절대적 의식을 다루는 것이라면, 실제적 인간 경험의 내용을 구성하는 절대적 의식의 존재란 전적으로 해명 불가능한 것이 될 것이다. 즉, 절대적 의식의 존재는 하나의 미스터리일 뿐만 아니라, '가설로 세운' 절대자의 본질 바로 그것과 모순되는 미스터리이기도 하다. 만약 철학이 영원한 절대적 의식을 영구히 실현된 것으로 취급하면서도, 절대적 의식이 그 유기적 기능의 하나로서 영구한 시간성을 지닌 것으로 취급한다면, 그 누구도 철학으로서 심리학을 비난할 여지가 없을 것이다. 심리학이 하는 일이 바로 그것이기 때문이다.

[21] 문제는 바로 여기에 있다: 만약 오로지 이성으로부터 출발한다면 우리는 결코 사실에 도달하지 못할 것이다. 만약 사실과 더불어 출발한다면 우리는 사실이 이성을 밝혀준다는 것을 알게 될 것이다. 철학으로서 어떤 사실적 설명이나 경험적 설명을 반대하는 것은, 비록 역사적으로 정당한 근거가 있다고 하더라도 편견에 불과하다. 사실적 혹은 경험적 설명을 반대하는 것은 한편으로 보면 경험에 대한 다소간 부분적 설명, 좀 더 정확히 말하면 부분적 경험에 대한 설명이 경험의 전체성으로 제시되었기 때문에 야기된 것이며, 바로 그와 같이 절대적인 것으로

제시된 것으로 인해 부분적으로 소유했던 경험의 상대적 타당성마저 잃어버렸기 때문에 야기된 것이다. 이것이 경험론의 조치다. 다른 한편으로 보면, 우리는 아무도 어디서 왔는지 모르고 또 의미가 무엇인지도 모르기 때문에, 사실상 즉각적이고 필연적이며 직관적이라고 언명된 진리들을 제안하게 되었다. 직관론자들이 우리에게 제시한 바와 같은 즉시성 그리고 '추론되지 않은' 사실에 대해 반감을 갖는 것은 확실히 정당한 근거가 있다. 그러나 이러한 반감이 경험적 사실들의 설명으로서 심리학을 반대하는 것은 아니다. 인간은 죽는다. 경험에 대한 모든 실제적 설명은 죽을 수밖에 없는 인간 운명의 결함으로 고심하는 것이며, 의심할 바 없이 불완전한 것일 뿐이다. 불행하게도 우리 중 그 누구도 전지全知의 인간이 아니다. 그러나 방법으로서 심리학의 본질은 바로 경험을 절대적 총체성으로 취급하되, 경험 전체를 해명하기 위해 예컨대 우리의 물리학적 진화론자들이 한 것처럼 경험의 어떤 한 측면을 내세우지 않으며, 또한 소위 경험론적 심리학자들이 했던 것처럼 경험 자체의 밖에서, 경험 자체를 초월한 것으로 경험의 본질을 결정하려고 들지 않는다. 근본적으로 이 두 조치(물리학적 진화론과 경험론적 심리학)의 결함은 엄밀히 동일하다.—두 조치는 모두 유기체로부터 어떤 한 요소를 추상하여 의미를 부여하고 그것을 절대적인 것으로 내세우는 것이다. 유기체로서 인간은 항상 이런 추상화된 요소를 '미지의 것'이라고 표명하여 나름의 응수를 하는데, 이는 전혀 놀라운 일이 아니다. 유일하게 놀랄 만한 것이 있다면, 사람들이 그들 자신이 추상화한 사고를 창조하기 전에도 그 미지의 요소에 정신적으로 복종하고 그것을 모든 실재와 지식의 원인과 기반으로서 공경한다는 것이다. 아닌 게 아니라, 그 지위가 격하 일로에 있는 의인론擬人論이 있다. 스펜서Spencer가 말한 바와 같이, 사고 자체가 가장 미미하게 작용하는 요소로서 순수 존재를 설정하거나, 감정 자체가 가장 불충분하게 개입하는 요소로서 감각을 설정하고, 순수 존재나 감각을 그 자체로 우주의 원인으로 공경하는 것이 바로 의인론이다. 의인론은 여전히 의식 자체의 총체성과 정신적 자유를 일깨우지 못하는 노예적 사고에 사로잡혀 있는 것이다.

[22] 심리학이 제시하는 사실의 설명은 "궁극적이고 해명 불가능하고 필연적인," 소위 직관이라고 불리는 정신적 사실들과는 어떤 공통점도 없다. 심리학적 사실은 엄밀히 사실 자체를 이유로 드러내는 것이며, 이로부터 심리학적 사실은 사실 그 자체를 설명하는 것이고, 사실 그 자체를 설명하는 데 있어 사실을 구성하는 모든 요소를 드러내는 것이다. 심리학적 사실은 고립적 '진리'가 아니라, 유기적인 자기의식의 체계다. 아닌 게 아니라 심리학적 사실은 '직접적인' 것이지만 오직 하나의 과정, 곧 중재를 통한 직접적인 것일 뿐이다. 이것은 참으로 자명한 사실이다. 그러나 분명히 드러나는 것은, 부분들은 단지 자기 조절적이고 자기 관계적 전체와 관계를 맺으며, 또한 전체에 의존하고 있다는 것이다. 확실히 전체적 사실은 해명 불가능하다고 말할 수 있다. "사실상, 우리는 사실 자체 외에 다른 것을 참조해서는 모든 경험에 함축되어 있는 정신적 원리를 설명할 수 없다."[13] "우리가 경험할 수 있는 모든 것은 이 하나의 세계에 포함된 것이기 때문에, 그리고 우리의 모든 추론과 설명은 오직 세계의 세부 사항들과 관련된 것이기 때문에, 일상적 의미의 말로는 전체로서의 세계는 물론이거니와 전체로서의 세계를 구성하는 어떤 의식도 해명할 수 없다. 전체로서의 세계와 세계를 구성하는 의식은 그것들이 포함하는 것으로는 해명할 수 없다. 전부를 포괄하므로 그것들을 해명할 만한 다른 것이 남아있지 않은 것이다."[14] 요컨대, 일체의 철학 체계는 궁극적으로 사실에 의존해야 한다. 엄밀히 말해, 정확히 있는 그대로의 것을 제외하면 어떤 사실에도 이유를 부여할 수 없다. 이와 같은 사

13. Prof. E. Caird, *Mind*, vol. viii. p. 560.
14. Green, *Prolegomena to Ethics*, p. 52.

실이 주는 함의는[15] 모든 철학에도 잠재해 있다. 철학적 방법으로서 심리학이 하는 모든 일은 이런 필연적 함의를 명백히 하는 데 있다. 철학적 방법으로서 심리학은 완성된 사실로부터 시작할 뿐이다. 그러므로 철학적 방법으로서 심리학은 완성된 철학일 뿐이다.

[23] 이제까지 논의에서 명목상의 주제인 심리학과 과학의 관계가 방치되었다고 보일 수도 있다. 그렇지만 생각건대 이제는 우리가 항상 바로 그 주제를 다루고 있었다는 점이 드러날 것이다. 과학은 '사실'에 대한 체계적 설명 혹은 '사실'의 '이유'다. 반면, 심리학은 궁극적 사실에 대한 온전한 체계적 해명이다. 곧 심리학은 사실로서 이유를 드러내는 것이다. 이로부터 심리학은 그 자체를 해명하고 모든 과학에 '이유들'을 부여한다. 다른 논점인 심리학과 논리학의 관계는 이미 암암리에 다루어진 바 있으므로 다시 시간을 오래 끌 필요가 없을 것이다.

2. 심리학과 논리학의 관계

[24] 저자가 알고 있는 한, 철학적 사고의 전체적 흐름은 철학적 진리의 형식과 재료의 구분, 그리고 내용과 방법의 구분이 진리의 도달에 중대하다는 점을 보여주는 데 있다. 자기의식은 최종적 진리다.[16] 자기의식에 있어 유기적 체계로서의 형식과 조직화된 체계로서의 내용은 서로 정확히 같은 것이다. 자기의식은 형식으로 보면 의식 자체를 재료로 산출하는 과정이다. 이런 자기의식의 해명으로서 심리학은 필연적으로 모든 참된 방법의 조건들을 충족시켜야 한다. 논리학은 필연적으로 궁극적 사실에서 추상하는 만큼, 물질적 차원에서는 형식적으로 지시하는 바에 도달할 수 없다. 논리학이 만일 참된 철학이라면 그 내용은 자기의

---

15. 이 점을 강조한 것이 철학자로서 로츠(Lotze)의 위대한 작업이었다고 보인다.
16. (역주) '자기의식은 최종적 진리"라는 말은 자기의식이 수정할 수 없는 고정적 의미를 갖는다는 뜻이 아니라, 자기의식을 배제하면 일체의 경험을 설명할 수 없으므로 심리학 자체가 성립할 수 없다는 것을 뜻한다.

식 또는 정신의 전체 내용이어야 하며, 그 형식은 오직 그 내용에 들어 있는 '이념*Idee*'이라는 사고 조건의 한 과정일 뿐이다. 논리학의 내용이 영원한 세계의 본질이라면, 논리학의 형식은 오직 "세계 창조 이전에 신이 생각했고 존재했던 것을 생각하는 것", 즉 비현실적인 추상화된 우주를 사유하는 데만 적합한 것이다.[17] 논리학이 철학적 방법이 아니라 단지 철학적 방법 내의 한 요소에 지나지 않는다고 생각하는 것도 바로 이러한 논리학의 내용과 형식 간의 모순에서 기인한다. 논리학이 철학의 체계 '내에서' 적합한 위치를 부여받으면 어떤 모순도 일어나지 않는다. 모순은 논리학이 '추상적'이라고 말하면서, 동시에 논리적 방법이 여전히 철학의 방법이 된다고 말할 때 일어난다.

[25] 예컨대, 이와 같은 모순점들은 확실히 헤겔Hegel의 철학에 존재하는 것으로 보인다. 이 모순점들은 흔히 지적되어 왔기에, 이하 논의의 대부분은 최근의 한 저자를 따라서 단지 그 모순점들만 요약하고자 한다.[18] '논리적으로 보아' 논리학에서 자연철학에 이르는 방도는 없다. 유일한 방도가 있다면 사실에 의존하는 것이다. 우리에게 '이념'은 물론 자연도 있다는 것은 "바로 경험을 통해서 안다." 실제로 우리는 논리학에서 자연으로 결코 나아가지 못한다. 운동은 반대 방향의 움직임이다. "사실상 그와 같은 이행移行의 필요성은 전적으로 인위적인 것이다. 왜냐하면, 관념들은 자연과 정신을 제외한 다른 곳에서는 결코 존재하지 않기 때문이다. … 관념들은 구체물의 추상을 통해 획득된다. … 그러므

---

17. (역주) 논리학(logic)을 학문으로 체계화한 사람은 아리스토텔레스(Aristoteles)다. 그의 논리학을 대표하는 것이 연역적 논리에 근거한 유명한 삼단논법이다. 그는 플라톤(Platon)의 영향을 받아 연역적 논리의 대전제로서 고정 불변하는 보편적 진리를 수용했다. 그러나 듀이는 그의 『논리학: 탐구의 이론(*Logic: The Theory of Inquiry*)』 제1장에서, 고전적 논리학이 인간의 이성을 수단-목적의 관련성에 의한 것이 아니라 "선험적 궁극적 제일 원리를 파악하는"(LW12, 1938: 18) 능력으로 간주했다고 비판한다. 왜냐하면, 선험적 진리의 대상이 존재한다는 가정을 하면 논리학이 '형식논리'로 흘러 삶의 실질적 개선에 영향을 주기 어렵다고 보았기 때문이다.

18. Prof. A. Seth, "Hegel: an Exposition and Criticism," *Mind*, vol. vi.

로 우리는 관념들을 얻는 현실로 돌아가는 것에 대해 어떤 변명도 할 필요가 없다." 요컨대, 우리를 '이념'의 영역에서 자연의 영역으로, 사고-조건의 영역에서 실제적 관계의 영역으로 이끌어가는 것은 바로 사실의 필요성이요, 의식적 경험의 필요성이다. "정신 철학으로 넘어가도 마찬가지다. 일반적 인격의 '형식'을 추론할 수 있지만, 그것은 개인적 사고, 감정, 행위가 담긴 살아있는 인간 정신은 아니다." 이러한 문제는 "철학에서 이해할 수 없고 해명 불가능한 논점"으로 남아있다. 그리고 이 문제는 우리가 논리학을 철학의 방법으로 간주한다고 해도 의심할 바 없이 남아있다. 그런데 이와 같은 '해명 불가능성'은 철학적 방법에 대한 명백한 비난일 뿐, 만족할 만한 사실은 아니다. 만약 우리가 논리학에서 자연 철학이나 정신 철학으로의 이행이 어떠한 것인지 깊게 탐구하지 않고, 일체의 이행이 도대체 어떻게 가능한지를 탐구한다면, 우리는 동일한 난점을 발견할 것이다. 이행은 오직 전제된 사실이 있기 때문에 존재한다. "엄밀히 이행의 결과는 독립적으로 증명되었다고 말할 수 없다. 왜냐하면 이행의 결과란 사실을 전제로 하는 방법으로 도달된 것이기 때문이다. 방법에는 언제나 사실이 전제되어 있다." 하나의 명확한 사례로, 말하자면 질적 특성의 범주에서 양$_\text{量}$의 범주로 나아가는 이행은 어떻게 일어난 것인가? 이행은 질적 특성의 범주 그 자체 때문에 발생하는 것이 아니라, '이념' 전체가 질적 특성의 원리에 암묵적으로 내포되어 있고 그런 이념 전체가 스스로 드러난다는 사실에 의해 발생한다.[19] 이념 전체는 그 자체의 특성에 대한 불충분한 표현인 질적 특성을 양적인 것으로 나아가도록 함으로써 이행을 실행한다. 이런 이행은 이념의 존재를 더욱 충분하게 표현한다. 그리고 이와 같은 과정은 '이념'이 전체적인

---

19. (역주) 헤겔의 '이념(Idee)'은 '절대자', '절대이념', '절대정신'과 동의어로서 그 안에 자기 전개와 자기실현이라는 부단한 발전의 원리를 내포하고 있다. '범주'는 이념의 불완전한 표현이며, 범주들 간의 이행(transition)은 '이념'의 완전한 표현을 지향하는 과정을 나타낸다.

유기적 조직으로 나타날 때까지 지속되며, 이러한 유기적 조직이 '이념' 속에 있는 모든 것을 명백히 표현한다. 그러나 이런 운동 자체는 정신에 의존하며, 이미 살펴본 바와 같이 본질적으로 정신의 발현에 의존한다. 그러므로 근본적으로 모든 논리적 이행은 순전히 사실 때문에 발생한다. 즉, 이행은 전체적으로 논리적 이행이 아니라 사실적 이행으로 파악되는 것이다. 철학적 방법으로서 심리학은 이렇듯 사실이 전제된 곳이라면 그 어디서든 출범하며, 그렇게 함으로써 처음으로 논리학에 그 기초와 타당성을 부여해 준다.

[26] 결국 정신 철학에서 헤겔 자신이 확실히 그렇게 본 바와 같이, 정신이 전체의 '우선성'이요 조건으로 보인다고 말해도 이런 결말을 피할 수 없다. 헤겔의 발언은 그저 모순 자체를 더욱 명료하게 할 뿐이다. 왜냐하면, 논리학은 이처럼 명백히 추상적인 것으로 규정되지만, 여전히 구체적인 것의 특성을 결정하는 데에도 동원되기 때문이다. 논리학은 오직 정신의 한 국면을 띠는 것으로 언명되지만, 여전히 전체의 본질을 규정하는 데에도 사용된다. 그리하여 논리학을 철학의 방법으로 사용하는 데는 형식과 내용 간의 모순이 드러난다. 정신은 하나의 '논리적' 과정에 의해 도달되지만, 그 '논리적' 결과는 사실상으로는 전혀 도달된 바가 없다. 구체적인 것으로서 정신이란 어떤 추상적 과정에 의해서도 도달할 수 없는 것이다.[20] 우리의 선택은 둘 중 하나다. 하나는, 논리적으로 가정되어 있지만 표면상으로 드러나지 않은 사실의 도움을 청해야 한다는 것, 그리고 결국 이러한 과정은 더욱 폭넓고 수준 높은 결정으로 진행되어 왔음을 인정해야 한다는 것이다. 다른 하나는, 이러한 점을 알지 못한다면 우리는 신神이 논리적 운동의 유일한 요인 혹은 요소라고 인정해야 한다는 것이다. 즉, 우리는 주체로서 자기의식의 관념을 포

---

20. (역주) 듀이가 말하고자 하는 바는 추상적인 논리학만으로는 구체적 현실을 살아가는 개인의 정신에 영향을 미칠 수 없다는 데에 있다.

기하고 스피노자Spinoza의 범신론汎神論에 의지할 수밖에 없다는 것이
다.[21] 논리적 운동은 그 자체로 보면 항상 이원론과 범신론 사이에서 불
안정한 균형을 이루고 있다. 논리적 운동은 사실을 절대적 방법으로 설
정하는 만큼 사실을 인정하지만, 사실을 충분히 파악할 수 없기 때문에
마치 플라톤과 아리스토텔레스의 질료, 칸트의 물 자체, 그리고 피히테
의 '저항Anstoss'과 같이, 사실을 무엇인가 그것과 대조되는 이질적인 요
소로 간주해야 한다.[22] 그렇지 않으면 사실을 그 자체의 논리적 존재에
속한 하나의 단순 요소로 받아들이려고 애쓰는 격이 되므로 범신론에
빠져버리고 만다.

[27] 헤겔의 체계 바로 그 중심이 자기 규정적 정신에 있음에도 불
구하고, 그가 어째서 그렇게 쉽사리 범신론적 논법에 가담하게 되었는
가 하는 이유가 바로 여기에 있다. 논리학이 아무리 많은 것을 지적할
수 있다고 해도, 한 현실 개체에 영향을 미칠 수 없다. 비록 세계를 하나
의 자기 의식적 개별성으로 요약하는 일이 '필요하다고' 단언하더라도,
논리학은 '현실'로서의 자기 의식적 개별성을 제시할 수 없다. 논리학의
단언을 증명할 수 있는 것은, 오직 논리가 모순되어 그 현실성의 항구
적 전제조건을 되돌아볼 때 한해서이다. 순전히 그 자체만 고려한다면
논리학은 범신론으로 귀결된다. 범신론에서는 유일한 실재가 '이념'이고
정신과 자연을 포함하는 모든 요인, 요소들은 오직 '이념'의 상이한 단
계 혹은 국면들로 실재한다. 그렇지만, 우리가 '이념'에 도달하면 그런 요

---

21. (역주) 듀이는 버몬트(Vermont) 대학 졸업 후에 쓴 논문인 "스피노자의 범신론(The
    Pantheism of Spinoza)"(EW1: 1882)에서, 스피노자에 있어 신(神)은 절대자이고 자연
    과 자아는 단지 신의 현시물(顯示物)에 불과하다고 말한다. 듀이가 보기에 스피노자가
    추구한 일은 단독의 절대자라는 가설 하에 절대자(무한자)와 유한자 사이에 존재하는
    조화와 통일성을 드러내는 것이다.
22. 논리학을 그야말로 현실 속에서 한 운동으로 간주하지 않을 경우, 이성적 '이유'에서
    사실적 '원인'으로 나아갈 수 없고, 논리학에서 현실로 나아갈 수도 없다. 이 점은 브래
    들리(Bradley)의 『논리학 원리(*Principles of Logic*)』의 마지막 장에 분명히 제시되어
    있다.

인, 요소들은 사태를 바라보는 불완전한 방식 혹은 환상으로 사라지고 만다. 그리하여 그런 구분을 통해 살아 움직이는 하나의 통일체, 하나의 유기적 조직으로서 '이념' 자체는 희미해지고, 이념은 스피노자의 실체와 조금도 구별할 수 없는 죽은 정체성이 되고 만다. 절대적 방법으로 마련된 논리학이 그 자체를 파괴함으로써 자기모순을 드러낸다. 순전한 논리적 방법에서 구분들과 과정은 최종적 통일체인 결과물에서는 자취를 감춰버리고 만다. 오직 생생한 실제적 사실만이 그 통일체 내에서 유기적 차이점들의 체계를 보존할 수 있으며, 그런 체계 덕분에 사실은 살아 움직이고 존재를 갖추게 된다. 방법으로서 심리학은 바로 이러한 사실, 바로 이 전체로서의 의식적 경험과 더불어 시작된다. 그리하여 방법으로서 심리학은 모든 철학에 내재한 전제조건들을 한낮처럼 밝게 비춰주며,[23] 자연철학뿐만 아니라 논리학에도 그 기초와 이상 그리고 확실성을 제공해 준다. 만일 내용과 형식이 동일한 과정을 통해서 실재의 본질을 규정한다면, 우리는 어떤 순간이든 실재가 갖는 의미와 가치, 그리고 한계를 보여줄 수 있을 것이다.

[28] 전체적 문제의 결론은 이것이다. 즉, '인간과 같은 존재'는 자기의식적 존재이므로 하나의 개별화된 세계이며, 따라서 인간의 본질은 철학의 적합한 재료이고 그 전체성 면에서도 철학의 유일한 재료라는 것이다. 심리학은 이런 인간의 본질에 대한 과학이므로, 심리학에 있어 혹은 심리학을 보는 방식에 있어 이원론은 견지될 수 없다. 이원론이 어떤 것이든 간에 심리학은 오직 관계적이며, 심리적 경험 밖이 아닌, 심리적 경험 안에서 진행된다. 동시에 인간에 대한 온전한 체계적 설명으로서 심리학은 특수 과학들, 자연철학 그리고 논리 철학의 가치와 의미를

---

23. (역주) 본문의 "한낮처럼 밝게 비춰주며(brings to clear light of day)"라는 구절은 성경 시편 37편 6절의 "네 의를 빛같이 나타내시며, 네 공의를 정오의 빛과 같이 하시리로다."에서 찾아볼 수 있다.

보여주며, 또한 그것들의 조건을 제공해 준다. 혹은 한마디로 말해, 정신의 실재가 모든 실재의 전제조건이요 '우선성', 목표, 조건, 그리고 결과라면, 정신과학은 모든 과학에 부합하는 위치를 점한다고 보아야 할 것이다. 그렇게 된다면, 확실히 이 저널의 편집자가 이전에 주장한 것처럼, "심리학적 접근 방법은 철학적으로 가치가 없지 않을 것이다." 그래서 우리는 "심리학적 접근 방법은 다른 방식의 접근만큼 대단한 결과를 얻을 수 있는 만큼, 심리학적 접근을 더욱 체계적으로 실행해야 한다는 믿음", 또 한편 "심리학적 방식으로 나온 결과들은 좀 더 일반적 수용을 담보할 가능성이 크다는 믿음의 기반"[24]을 가지고 있다. 왜냐하면, 덧붙여 말하면 심리학적 접근 방법은 그 밖의 다른 방식으로 보증된, 모든 접근의 기저에 놓인 것을 과학적 방식으로 표현한 것에 지나지 않기 때문이다.

---

24. George Croom Robertson, "Psychology and Philosophy", *Mind*, vol. viii. p. 20.

|제**7**장|

환상적 심리학

Illusory Psychology, 1887: EW1. 168-175

■

이 글에서 듀이는 자신의 논문 '심리학적 관점'(5장)과 '철학적 방법으로서의 심리학'(6장)에 대한 호지슨Hodgson의 비판을 비판적으로 재검토한다. 제I절은 듀이의 글 '심리학적 관점'과 관련된 것이다. 호지슨은 논의의 시작점부터 개별성이 무엇을 뜻하는지 알고 있다고 가정하고, '형이상학적' 입장에서 의식의 개별성과 보편성, 의식과 세계를 구분하고 양측을 대립 구도로 파악한다. 듀이는 이에 대해 호지슨이 '개별성'이 심리적 경험을 통한 산물임을 간과하고 개별성과 보편성을 대립시키는 것은 잘못이라고 본다. 의식의 개별성과 보편성은 하나의 공통된 뿌리줄기로 구성된 것이며 그 구성의 과정이 상보적이기 때문이다. 듀이가 말하고자 하는 바는 주체와 객체, 지각과 개념, 행위자와 세계는 동시 발생적 과정에 의한 공통된 재료로 구성되므로 양 측면들을 상호 대립적으로 파악해서는 안 된다는 것이다. 제II절은 듀이의 글 '철학적 방법으로서의 심리학'과 관련된 것이다. 호지슨은 개별적 의식과 보편적 의식을 분리하여, 개별적 의식은 심리학에, 보편적 의식은 형이상학에 속하는 탐구 대상이라고 본다. 그러나 듀이는 의식의 소유자가 없이는 의식의 보편적 내용이 존재할 수 없으며, 의식의 보편적 내용이 없이는 의식의 소유자도 존재할 수 없다고 본다. 요컨대, 개별적 의식과 보편적 의식을 분리하는 이원론은 그릇된 것이며 심리학과 철학은 불가분리성의 관계를 맺는다고 보아야 한다.

[1] 호지슨S. Hodgson과 같이, 아주 예리하고 경륜 있는 철학적 사상가가 나의 두 편의 논문('심리학적 관점'과 '철학적 방법으로서의 심리학')의 취지를 오해했다면, 나는 거기서 논의한 문제와 관련하여 다시 독자들을 혼란스럽게 만든 셈이다.[1] 이에 대해 나의 해명이 있어야 한다. 호지슨은 개별적 의식과 보편적 의식의 본질을 설명하는 것이 앞의 글의 목적이고, 철학과 심리학에 방법을 적용하는 일에 관해 어떤 명확한 방향성을 제시하는 것이 뒤의 글의 목적이라고 생각하는 것 같다. 호지슨은 이렇게 파악했기에, 나의 논의에 그 해명 부분이 '빠져 있다고' 아주 자연스럽게 불만을 토로하는 것이다. 아닌 게 아니라 호지슨의 어조로

---

1. 이 글은 *Mind*. XII권(1887년 1월. 83-88)에 초판 간행되었으며, 저자에 의해 재판되지는 않았다. 호지슨(S. H. Hodgson, 1832-1912)의 논문은 듀이 전집 제1권의 pp. xli-lvii. 참조. (역주) 이 글은 듀이의 심리학을 비판적으로 검토한 호지슨의 'Illusory Psychology'(1886)라는 논문에 대해, 듀이가 동일한 제목을 붙여 자신의 답변을 개진한 것으로 볼 수 있다. 이하 이 글에 인용된 페이지 표기 출처는 듀이 전집 제1권에 게재된 호지슨의 글이다. 호지슨은 보기 드물게 철학에만 헌신한 삶의 전형을 보여준다. 그는 '체계적 철학 연구를 위한 아리스토텔레스 협회'를 창설하는 데 기여했고, 14년간 그 협회의 회장으로 있었다. 그는 전문적 직업을 갖지 않았고 체계적 반성과 저술로 시간을 보냈다. 그의 주저로는 『시간과 공간(*Time and Space*)』(1865), 『실제의 이론(*The Theory of Practice*)』(1870), 『반성의 철학(*Philosophy of Reflection*)』(1878), 『경험의 형이상학(*The Metaphsic of Experience*)』(1898) 등이 있다(Internet Encyclopedia of Philosophy-A Peer-Reviewed Academic Resource).

미루어 보면, 그는 나의 글이 하나의 논증이라기보다 가정에 근거한 것이고, 동시에 나의 논리의 결핍이 그에게 유감스러운 일이라고 생각하는 것 같다. 이렇게 말해도 되겠는가? 즉, 나는 그러한 목적을 염두에 두지 않았다는 것, 그리고 호지슨에게 나의 논리의 결핍으로 보이는 것이 내가 보기엔 그쪽에서 논리적 '취지'를 오해한 것으로 보인다는 것이다. 첫 번째 논문('심리학적 관점')의 논리적 목적은 다음과 같다. 특별히 영국적인 철학적 문제들을 (그리고 보통의 관행을 따라 내가 심리학적이라 불렀던 철학적 문제들을) 살펴보는 방식의 일반적 진실성을 인정한다고 하더라도, (1) 거기에 어떤 중요한 요소가 간과되지는 않았는지 밝히는 것, (2) 모든 문제는 의식적 경험 속에서 차지하는 위치로부터 해명되어야 한다는 것은 바로 심리학적 관점에 따른 것임을 보여주는 것, (3) 이런 일반적 진술은 주체와 객체, 보편자와 개별자의 본질과 같은 특수한 문제에도 적용된다는 것을 보여주는 것, (4) 결국 이런 논의가 함축하는 바는 심리학적 관점이 주체와 객체 등의 구분을 넘어선 근본적 관점임을 보여준다는 것 등. 내가 영국 철학의 관점을 오해했다는 것 혹은 영국 철학의 관점은 올바로 진술되었으나, 내가 생각한 바와 같은 그런 함의들이 없다는 것, 혹은 그야말로 그런 함의들이 있다고 해도 그것은 근본적으로 귀류법의 관점에 불과하다는 것, 이러한 응답은 이제 호지슨뿐만 아니라 그 누구라도 할 수 있다. 그러나 마땅히 존중해야 할 호지슨과 같은 사람들의 반론은 내게 엄청난 '논점 상위相違의 허위虛僞, ignoratio elenchi로 보인다.[2]

[2] 논문 전체의 논리적 취지에 대한 호지슨의 오해는 그가 논문의 세부 항목들을 취급하는 데 영향을 미쳤다. 호지슨은 몇몇 표현들에 대한 반감이 아주 심해서, 내가 그러한 표현을 어떤 맥락에서 썼는가는 거

---

2. (역주) '귀류법'에 대해서는 제4장의 각주 8) 참조. '논점 상위의 허위'는 문제의 핵심을 잘못 파악하여 부당한 결론을 내리는 오류다.

의 묻지 않은 것으로 보인다. 내가 생각하기에, 만약 그가 몇몇 관련된 페이지를 다시 읽는다면, 그는 내가 쓴 '가정'과 '전제'라는 용어가 내 편에서 모순을 내포한다는 것, 또한 내가 쓴 그 용어들이 일반적 어법이 아니고 나 자신의 관점과도 관련이 없으며 단지 영국 철학에 대한 검토와 관련되어 있다고 보았을 것이다. 또한 그는 내 글의 논점이 어느 편인가 하면 하나의 무의식적 전제조건을 심리학적으로 검토하고 그것에 심리학적 지위를 부여하는 데 있다고 보았을 것이다.

[3] 두 번째 논문 '철학적 방법으로서의 심리학'의 논리적 취지는 특수한 방법들을 추천하려는 것이 아니라, 호지슨이 나의 '독일풍 친구들'이라고 부른 사람들에게, 그들의 논의 결과는 심리학적 방법으로 추구할 때만 비로소 견고한 기초를 갖는다는 것을 제안하는 데 있었다. 호지슨이 자신의 논문 일부를 '철학적 방법으로서의 형이상학'이라고 불렀던 것과 마찬가지로, 나도 논문의 제목을 '철학적 방법으로서의 심리학'이라고 붙였다.

[4] 호지슨의 직접적이고 특수한 비평의 대다수는 이처럼 논점을 아주 빗나간 만큼 자세히 재음미할 필요는 없을 것으로 보인다. 그러나 호지슨이 자기 자신의 관점을 적극적으로 개진開陳하고 있음을 고려하면 누군가 언제라도 그로부터 많은 것을 배울 수 있을 것이다. 예컨대, 보편적인 것과 개별적인 것의 본질, 과학과 철학과 심리학의 상호 관련성에 관한 특정한 논의들은 결코 논점을 빗나간 것이 아니다. 호지슨이 친절하게도 내 논의의 '공백'을 메워주려고 시도한 것에 대해 짧막하게 논의하고자 한다.

I.

[5] 그리하여 첫 번째 문제는 개별적 의식과 보편적 의식의 관계, 더 적절히 말하자면 의식에 있어 개별적인 것과 보편적인 것의 관계에 대한

것이다. 내가 이해하기로 호지슨이 말하고자 한 바는, 내가 지각적 과정들을 온당하게 구분하지 않았다는 것, 지각적 과정들은 우리에게 개별적이고 개념적 과정들을 부여하고, 이를 일반화해서 다소간 추상적 결과를 제공해 준다는 것, 결과적으로 나는 나의 개별적 의식에 대한 하나의 일반화된 관념을—실제적 '존재ens'에 대한 하나의 논리적 추상을—정립해서 그것을 보편적 의식이라고 부른다는 것이다.pp. xliii-xlvii 우리가 믿는 사태의 진상은 다음과 같다: 모든 개인에게는 '상태와 변화의 흐름'이 존재한다. 이 '흐름'은 개별화된 흐름이며 지각적 차원에서 발생한다. 이 지각적 차원에서 일상적 경험의 세계가 구축構築된다. 그러나 개인은 지각뿐만 아니라 사고도 할 수 있는 만큼 서서히 일반화에 이르게 된다. 개인은 이러한 일반화 과정을 자기 자신의 의식에까지 연장한다. 곧, 개인은 의식적 경험 자체를 일반화하는 것이다. 그러나 이런 일반화가 지식이든, 믿음이든, 결코 그 자신의 의식과 다른 하나의 보편적 의식을 제공하지 않는다. 일반화란 단지 실제적 경험 속에서 지각된 개별적 특성을 표현하는 논리적 혹은 개념적 방식일 뿐이다.pp. xliii & xlvi 하나의 보편적 자아란 사고를 통해 불확정적으로 혹은 무한하게 확장되는 개별적 자아로 표현될 수 있을 뿐이다.p. xlix 여기서 따라 나오는 결과는 이것이다. 즉, 우리는 의식의 내용인 보편적 지식에 대해 말할 수 있지만, 의식의 주체나 운반자인 보편적 인식아에 대해 말하는 것은 오류요, 자기모순이라는 것이다.pp. xlvii-xlviii 전체적 논쟁의 요점은, 우리는 우리에게 부여된 개별성을 가정할 수 있고, 또 가정해야 하지만,pp. xlii & xlvi 보편성은 하나의 논리적 과정의 산물이라는 것이다. 이에 대해 내가 말하고자 하는 것은 세 측면이다.

[6] 1. 호지슨이 잘못된 방향으로 나아간 것은 '개별적'이라는 용어 사용의 애매성에 기인한 것이다. 어떤 의미(개별적인 것은 어떤 것도 과학의 소재가 될 수 없다는 의미)에서 보면, 개별적인 것은 우리에게 주어진

것이다. 다른 의미(개별적인 것은 과학적 지식의 대상이 될 수 있다는 의미)에서 보면, 개별적인 것은 우리에게 주어진 것이 아니라 심리적 경험의 산물이다. 모든 경험은 하나의 독특한 경험, 제약을 받지 않는 직접적 관심사로 우리에게 주어진 것이다. 아닌 게 아니라 이런 의미에서 개별성은 우리가 피하려고 마음 쓸 필요가 없는 가정이다. 그러나 이러한 가정은 단지 하나의 사실이 존재한다는 것일 뿐, 우리에게 사실의 '의미'에 대해 알려주는 바가 없다. 호지슨의 생각에 대혼란을 일으킨 것은, 우리가 처음부터 개별성이 무엇을 '뜻하는지' 알고 있다는 것, 또한 직접적 경험의 사실이 사실에 대한 해석과 동일하다는 가정에 있다. 호지슨은 바로 이러한 가정 때문에 모든 경험에 수반되고, 또 경험을 나의 것 혹은 당신의 것으로 구별 짓는 직접적인 독특한 관심사에서 벗어나, 시공간적으로 한정되고 관념들이 하나의 '흐름'처럼 발생하는 실체로서의 개별성의 사실로 자기도 모르게 넘어가 버린 것이다. 이런 의미의 개별성은 '주어진' 것도, '직접적인' 것도 아니다. 개별성이란 그것이 무엇을 '뜻하는지' 알 때까지—요컨대, 개별성이 하나의 가정을 벗어날 때까지—그 구성을 피해야 하는 것이다. 잠정적으로 보면, 이런 의미의 개별성은 보편성과 대립하는 것일 수 있다. 그러나 이런 대립적 의미가 원천적 혹은 직접적 '언명'은 아니다. 개별성은 경험을 통해, 심리적 경험을 통해 일어난 산물이다. 개별성이 생기는 과정, 그리고 개별성이 우리의 의식적 경험상 하나의 사실이 되는 방식은 심리학의 검토 대상이다. 말하자면, 심리학적 관점은 이러한 검토의 결과보다 우선권을 갖는 것이다. 이런 심리적 산물을 감정의 문제인 직접적 개별성으로 바꿔치기하는 것은 그것만으로도 아주 혼란스럽다. 더구나 심리적 산물을 사실에 대한 철학적 해석으로 바꿔치기하는 것은 한층 더 혼란을 가중시킨다. 호지슨은 개별성의 의미 부여에 있어—즉, 개별성을 해석하는 데 있어—이러한 혼동을 일으켰다. 확실히 호지슨의 해석은 개별성과 보편성을 대립시키는 것이다.[3] 그가 형이상학이 아니라 심리학 쪽으로 나아갔다면 알았을 법한 한 가지 사항은 직접적 감정의 개별성, 경험적으로 구성된 사실의 개별성, 그리고 사실에 대한 철학적 해석의 개별성 등, 세 측면의 개별성을 혼동하지 않았을 것이라는 점이다.

[7] 2. 그러나 개별성과 보편성을 무조건 대립시키는 관점이 '그릇된' 해석임을 고려해 보면, 앞서 말한 바꿔치기는 더욱 나쁜 곤경에 처하게 된다. 나는 개념적 차원과 무관한 지각적 차원에 대해, 또한 머릿속에 품은 내용과 무관한 주체나 운반자에 대해 아무것도 알 수 없다고 말한 적이 있다. 이것은 독일화된 선험론자로서 말한 것이 아니라, 변변찮은 심리학자로서 나의 관점을 말한 것이다. 심리학자로서 나는 양 측면을 상대로부터 추상적으로 분석해 낼 수 있다고 본다.[4] 그리고 호지슨이 나에 대해 믿는 것처럼, 만일 내가 진짜 실체들에 대한 분석 결과를 정립하는 일을 좋아했다면, 나는 실체들이 사실상 구체적 존재들처럼 뚜렷이 구별된다고 가정해야 할 것이다. 그러나 심리학이 내게 가르쳐준 바를 굳게 고수한다면, 구체적 존재들이란 분석적으로 도달된 현존하는 실재의 양상들, 즉 의식적 경험의 양상들이라고 보아야 한다. 호지슨은 분리하는 데는 난점이 없다고 본다. 그가 가정하는 것은—이것은 형이상학적 관점에서 말하면 자연스러운 가정이다—"개인에게 일어나는 변화와 상태의 흐름"이 있으며, "이 흐름을 자료로 해서 일상적 경험이 구성된다."는 것이다. 그래서 그는 어떤 식으로든 이런 '흐름'을 개인적인 것으로 보지만, 다른 한편 이런 흐름으로부터 구성된 세계는—내용은—

---

3. (역주) 호지슨은 형이상학적 관점에서 의식의 개별성과 보편성을 대립적으로 파악한다. 그러나 듀이에 의하면, 보편적 의식은 개별적 의식의 논리적 결과물일 뿐, 개별적 의식과 분리된 상태로 존재하는 것이 아니다. 듀이는 심리학적 관점에 입각해서 개인의 의식과 별개인 보편적 의식을 인정하지 않는다. 듀이가 규정하는 두 의식의 관계에 대해서는 본서 제5장 3절과 이 글의 8-11문단 참조.
4. (역주) 여기서 "상대로부터 추상적으로 분석해 낼 수 있는" 대상은 개념적 차원과 지각적 차원, 머릿속에 품은 내용과 운반자(중개자)를 의미한다.

그 흐름과 구분될 수 있다고 본다. 내가 보기에 이런 '흐름'은 일상적 세계의 경험을 따라, 또 대부분 일상적 세계의 경험들로 구성된다. 흐름과 세계는 똑같이 심리적 과정에 의해 형성된 심리적 구성물이다. 호지슨이 하나의 '흐름'을 기성의 주어진 것으로 파악한 것은, (심리학에서 나온 것일 수 없고) '형이상학'으로부터 나왔음에 틀림없다. 심리학이 우리에게 말해줄 법한 것은, '흐름'이란 본질적으로 기억과 기대 형식의 심리적 메커니즘에 따른 현재적 외부 조망에서 비롯된다는 것이다. 의식은 움직이는 신체가 아니다. 의식은 공중의 로켓과 같이 시간을 경유해 날면서 그 자리에 흔적을 남긴다. '결석한 사람'이라는 관념이 한 명의 유아를 암시한다고 해보자. 이 경우 아동은 '결석한 사람'을 하나의 관념으로 보는 것이 아니라 주변을 둘러보며 결석한 사람의 위치를 알아낸다. 아동의 삶은 현재의 삶이다. 아동이 과거로 자리 잡은 경험과 미래의 예견된 경험을 갖는 것은 오직 심리적 발달을 통해서만 가능하다. 시간과 '흐름'의 경험은 심리적 역학에 기인한 것이다. 개인이 특정한 경험을 시간상 연속된 존재로서 자기 자신과 연계하는 과정, 그리고 그 경험들을 공간적 존재들과 관련된 다른 경험들과 분리하는 과정은 심리학의 문제 중 하나다. 이상 언급한 모든 것의 취지는 무엇일까? 간략히 말하면, 그것은 개별 행위자와 그가 마주하는 경험 세계 간에는 기성의 구분이 없다는 것, 다만 개별 행위자와 경험 세계는 동시 발생적 과정에 따른 하나의 공통된 재료로 구성된다는 것이다. 내가 보기에 올바른 심리학이라면 호지슨에게 다음 사실을 알려줄 것이다. 즉, '개별성의 차원'과 '보편성의 차원'은[5] 하나의 공통된 뿌리줄기로 구성된 것일 뿐만 아니라, 그 구성의 과정이 상보적이어서 개별자로서 우리들 자신에 대한 관념, 아니 개별자로서 우리들 자신은 세계에 대한 우리의 경험들로 형성된다는 것

5. 원문: ordo ad individuum, ordo ad universum.

이다. 이는 역으로 말해도 마찬가지다. 주체는 내용 없이 존재하지 않는다. 어떤 의미에서인가? 그것은 주체가 특정 내용을 지닐 뿐, 다른 내용은 지니지 않는다는 의미뿐만 아니라 그 내용이 다른 내용과 반응하고 조직화되어 내용을 특수한 것으로 만든다는 뜻이다. 만약 호지슨이 주체로서 개인과 보편적 사실로서 의식 내용을 단호하게 분리한다면, 그는 주체에게 남는 것이 다음과 같음을 알게 될 것이다. 즉, x는 경험한 것이고 흥미로운 것이다. 그런데 x에 어떤 명확한 가치를 부여할 수 없다. 가정적으로 말하면, 이와 유사한 사태는 굴의 의식意識과 같은, 지각이 없는 의식 수준에서 찾아볼 수 있을 것이다.

[8] 3. 그리고 최종적으로 세 번째 논점을 말하자면, 내가 알기로 지각 내에서 개념적 요소들로 구성되지 않는 지각이란 없다. 호지슨은 분명히 말한다. "어떤 지각 대상에 주의를 기울이는 모든 행위는 하나의 일반화의 시작이다."ᵖ·ˣˡⁱᵛ· 그러나 호지슨이 주의에 앞서 지각이 주어져 있고, 주의는 이전에 형성된 지각에 뒤따라 일어난 활동이라고 가정한다면 이는 가능한 일이 아니다.[6] 올바른 심리학이라면, 주의는—마음과 특정한 심적 복합체 간의 능동적 연관성은—하나의 지각 대상을 해석하고 구성하는 데에 필요하다고 알려줄 것이다. 그리고 완전히 상이한 두 종류의 주의가 존재하는 경우가 아니라면, 그만큼 일반화가 도입되어 하나의 보편적 요소가 지각 대상에 현존하게 될 것이다. 따라서 호지슨이 지각적 차원과 개념적 차원을 구분하든, 혹은 특정한 의식의 흐름과 의식의 해석된 내용을 구분하든, 의식의 개별성과 의식의 보편성을 대립 구도로 놓으려는 그의 시도가 성공할 것이라고 나는 믿지 않는다. 어쨌든 나는 분명히 이런 의식의 보편성 개념이 무한히 범위가 확

---

6. (역주) 듀이가 보기에 호지슨처럼 지각과 주의를 분리된 실체로 전제하는 것은 잘못이다. 지각과 주의는 단선형의 인과적 관계에 놓인 것이 아니라 서로 영향을 주고받는 교호작용적 맥락 속에 놓여 있기 때문이다. 지각과 주의, 자극과 반응의 교호작용에 대해서는 본서 제8장 "심리학에서 반사호 개념" 참조.

대된 개별적 의식의 개념이 아니기를 바란다. 여전히 나는 이렇게 질문할 수밖에 없다. 이렇게 확대된 개별적 의식이란 무엇인가? 만약 분석적 추상 관념들이 아니라 사실들을 다룬다면, 개별적 의식은 철저히 보편적 요소들에 의존하고 있다는 것, 아니 그보다 개별적 의식이 보편적 요소와의 관련 하에서 구성된다는 점을 알 수 있을 것이다. 한마디 더, 나는 이 점을 논의해 왔다. 즉, 의식의 보편성은 의식의 개별성이 자리 잡은 바로 그곳에 위치한다는 것이다. 의식의 개별성은 모든 의식이 하나의 독특한 관심사를 지닌다는 점에서 '특정한' 것이다. 의식의 보편성도 '모든' 의식이 하나의 '의미'를 지닌다는 점에서 '특정한' 것이다. 그런데 하나의 사실로서 세계의 경험은 하나의 사실로서 개별적 흐름의 경험과 마찬가지로 하나의 구성적 산물이다. 그럼에도 하나의 경험 세계가 존재한다는 사실의 철학적 해석은 직접적이거나 주어진 것과는 여전히 거리가 멀다. 이제까지 다룬 세 가지 국면 각각에 있어 의식의 보편성은 의식의 개별성이 자리 잡은 바로 그곳에 위치한다.[7]

II.

[9] 나는 다른 논점에 대해서는 간략히 다루고자 한다. 그 다른 논점이란 심리학과, 호지슨이 형이상학이라고 부른 것, 그리고 내가 논리학이라고 불렀던 것 간의 관계이다. 호지슨은 나의 이론에서 생리학적 심리학, 인종심리학 등등이 들어설 여지가 없다고 생각하는 것 같다. 그러나 생리학적 심리학이나 인종심리학 등등은 그것들이 현재 위치한 바로

7. (역주) 듀이는 개별적 의식과 보편적 의식을 분리하는 호지슨의 관점을 비판하며 양자의 불가분리성을 세 측면에서 말하고 있다. 요약하면, 1) 의식의 개별성은 선험적으로 주어진 것이 아니라 경험을 통해 일어난 결과이며, 2) 의식의 개별성과 보편성은 그 구성의 과정이 상보적이라는 것, 그리고 3) 사물의 경험을 통해 인식된 공통된 속성은 '일반화'가 되어 보편적 의식의 요소를 구성한다는 것이다. 형편이 이러함에도 두 의식을 별개의 것으로 분리하려고 시도한다면 그것은 '경험'을 넘어선, 소위 '환상적 심리학'에 다름 아니다.

거기에—의식적 경험을 이루는 다양한 요소들의 조건과 발생을 밝히는 특수한 '방법들'로 남게 될 것이다.

[10] 호지슨은, 의식은 개별적 상태로 있는 것이며, 형이상학은 이러한 개별적 의식의 사실로부터 추상한 것이라고 말한다.pp. liii & lv 이 발언을 통해 보면, 그는 내가 '철학적 방법으로서의 심리학'이라는 논문을 썼을 때 내가 생각하기에 가장 중요한 논점을 제안하고 있을 뿐이다. 형이상학이나 논리학은 그야말로 개별적인 것에서 추상을 한다. 개별적인 것이 형이상학이나 논리학의 내용의 조건이 된다. 형이상학이나 논리학은 이처럼 추상한 것인 만큼 최종적 철학의 방법을 제공해 줄 수 없다. 왜냐하면, 추상으로서 형이상학이나 논리학은 가정을 한 것이므로 불완전하기 때문이다. 어째서 불완전한가? 그것은 의식의 내용이 오직 한 개인 안에서, 한 개인에게만 알려진다는 독특하고도 여전히 확고한 보편적 사실 때문이다.—이러한 사실을 무시할 수 있는가? 내가 보기에 햄릿Hamlet이 빠진 '햄릿'의 연극이란 견줄 만한 것이 아무것도 없다. 그것은 가정하는 것이다. 가정한다는 것은 어떤 필수 불가결한 요소가 빠질 때 사실들이 어떻게 보이는지 알아보는 것에 불과하다.

[11] 호지슨에 따르면, 영국적 사고는 일반적으로 의식의 보편적 또는 포괄적 특성을 무시하고, 의식을 개별적 존재와 동일시했다. 내게는 그렇게 보인다. 그리하여 나의 논문 '심리학적 관점'은 의식의 보편적 요소에 주의를 기울이지 않는다면, 심리학은 심리학일 수조차 없으며, 철학은 더더욱 될 수 없다는 것을 보여주기 위해 쓴 것이었다. 호지슨은, 선험론이 의식을 보편적 존재와 동일시하는 경향이 있다고 말한다. 이러한 입장은 개별 행위자를 소홀히 하는 경향이 있지만, 개별 행위자 없이는 의식 내용의 보편성도 없다는 뜻으로 해석된다면, 나는 진심으로 호지슨의 견해에 동의할 것이다. 나의 논문 '철학적 방법으로서의 심리학'은, 보편적 의식 내용은 오직 개별적 의식의 소유자를 통해 실현될

수 있음을 인정할 때만 선험론이 온전한 것이 된다는 점을 보여주기 위해 쓴 것이었다. 그리고 내가 감히 덧붙이고자 하는 것은, 호지슨은 개별적 의식과 보편적 의식의 두 측면이 분열될 수 있어서, 한쪽은 심리학으로 넘겨주고, 다른 한쪽은 형이상학을 위해 남겨둘 수 있다고 생각한다는 것이다. 그런데 내가 보기에, 이렇게 분리된 반쪽이—즉, 보편적 내용이 없는 개별적 의식, 개별적 소유자가 없는 보편적 내용—'단편적 조각들disjecta membra'에 불과하다는 것을 인정하지 않는다면, 우리는 가장 확실한 발판과 가장 완전한 결과를 결코 얻을 수 없을 것이다. 나에게 심리학이라는 학문은 그러한 단편적 조각들을 통합하는 것이요, 보편적 내용은 개별적 인간 안에서, 개별적 인간에 의해 실현된다고 보는 것이며, 동시에 개별적 의식은 보편적 내용을 통해서, 보편적 내용에 의해 실현된다고 보는 것이다. 호지슨이 제시한 입장을 따르고자 하는 심리학이 있다면 그것은 이렇게 말하는 것에 지나지 않을 것이다. ― 여기에 나의 관심을 끄는 하나의 의식이 있다. 그런데 그에 관해 내가 말할 만한 것은 아무것도 없다.

|제 **8** 장 |

심리학에서 반사호(反射弧) 개념

The Reflex Arc Concept in Psychology, 1896: EW4. 96-109

■

이 글에서 듀이는 '감각 자극—중추신경의 과정—운동 반응'의 관계를 상호 분리된 관계로 파악하는 '반사호' 개념을 비판적으로 검토한다. 듀이의 비판은 크게 세 측면으로 요약해 볼 수 있다. 첫째, 반사호 개념은 자극과 반응을 분리하는 그릇된 이원론에 근거하고 있다. 자극과 반응은 그것들 자체로 분리된 온전한 실체로서가 아니라, 현재 '반사호'라고 지칭된 단일한 구체적 전체 속에서 기능하는 분업적 요소로 보아야 한다. 둘째, 인간에 있어 자극이나 감각은 주의를 요구하는 하나의 '조정'의 국면이다. 고정된 자극과 고정된 반응이란 있을 수 없으며, 자극과 반응은 오직 하나의 조정된 행위 안에 존재하기에 의미를 갖게 된다. 그리하여 외부 자극은 단선적 감각 반응을 유발하는 것이 아니라, 행위의 조정을 완료하기 위한 조건을 탐색하는 계기를 제공한다. 셋째, 기존의 '반사호'는 '반사원'이나 '의식의 회로'라는 말로 대체되어야 한다. '반사원' 혹은 '의식의 회로' 개념에 의하면 인간은 자극에 반응하는 유기체가 아니라 의식의 순환적 흐름 속에서 자극을 보고 취사선택할 수 있는 능동적 존재다. 반사원의 개념은 우리의 의식이 끊임없이 순환하며 외적 자극을 개별적 관심사에 맞게 유목적적 조정을 거쳐 수용하고 있음을 보여준다.

[1] 심리학에서 하나의 단일화된 원리와 지배적 작업가설을 보다 많이 요구하는 현상은, 모든 일반화와 분류 사항들이 아주 의심스럽고 의문의 여지가 있는 바로 그때 출현한다. 이는 매우 자연스러운 일이다. 또한 기존의 분류 노선들을 해체하는 것도 바로 불연속적 사실들이 집적集積되어 통일성의 요구를 불러일으키는 데서 야기된다. 심리학의 재료는 규모가 너무 방대하고 스타일도 너무 다양해서 현재의 정리함에 들어맞지 않으며, 과학의 수납장도 그 자체의 최대 적재량을 넘어서고 있다. 반사호reflex arc의 관념은 다른 어떤 단일 개념보다도, 전체적으로 이러한 일반적 작업가설의 필요를 충족시키는 일에 더욱 근접해 있다. 반사호의 관념에서는 감각-운동 장치가 신경 구조의 단위와 신경 기능의 유형을 둘 다 나타낸다고 인정되고 있다. 그런 만큼, 이런 관계성의 이미지가 심리학에 들어오면서 사실의 다양성을 결합하는 하나의 조직적 원리가 되었다.

[2] 이런 반사호의 개념을 비평한다는 것은 그 아이디어가 대체한 설명과 분류의 원리들을 탄원하고자 하는 것이 아니다. 그 반대로, 반사호의 개념이 설명과 분류의 원리들을 충분히 교체하지 못했다는 것, 또한 감각-운동의 회로의 관념으로 보면, 명목상으로 교체된 심리학에서 파

생된 감각과 행위의 본질에 대한 개념들이 여전히 손보아야 할 관리 대상으로 남아있다고 주장하고자 하는 것이다.

[3] 감각과 관념의 오래된 이원론은 말초신경과 중추신경의 구조와 기능이라는 현대의 이원론으로 반복되고 있으며, 신체와 영혼의 오래된 이원론은 자극과 반응이라는 현대의 이원론에서 뚜렷한 반향反響을 찾을 수 있다. 우리는 감각, 관념, 행위의 특성을 감각-운동의 회로에서의 역할과 기능에 따라 해석하는 것이 아니라, 여전히 그것들을 엄격히 구분하는 선입관과 기존에 공식화된 관념에 의거하여 해석하는 경향이 있다. 하나는 감각 자극이고 다른 하나는 관념을 나타내는 중추신경의 활동이며, 적절한 행위를 나타내는 운동 수행은 제삼의 것이다. 결과적으로, 반사호는 포괄적 혹은 유기적 통일체가 아니라 분해된 부분들을 쪽매붙임한 것이요, 관계가 없는 과정들을 이어놓은 기계적 접합물이 되고 만다. 우리가 알아야 할 것은, 원천적 정신적 통일체로서 반사호 관념의 근본적 원리는 반사호의 구성 요소들의 가치에 반응하고 또 그 가치를 결정지을 것이라는 점이다. 더욱 특별히 바라는 바는, 감각 자극과 중추신경의 연결 그리고 운동 반응은 그것들 자체로 분리된 완전한 실체로서가 아니라, 현재 '반사호'라고 지칭된 단일한 구체적 전체 속에서 기능하는 분업적 요소들로 보아야 한다는 점이다.

[4] 그렇다면 이와 같은 사실을 무엇이라고 지칭할 것인가? 감각과 관념과 운동이 차례대로 뒤따르는 것이 아니라 일차적이라는 것, 말하자면 감각, 관념, 운동이 정신적 유기체의 주요 기관이라는 것을 무엇이라고 부를 것인가? 생리학적 측면에서 말하면, 이러한 사실은 조정co-ordination이라 부르는 것이 가장 편리할 것이다. 조정은 반사호 개념에 의해 결합된, 또한 그 개념에 포괄된 사실들의 본질이다. 예컨대, 아이와 양초의 친숙한 예를 들어보자.James, Psychology, I, p. 25 일상적 해석으로 보면, 빛의 감각은 하나의 반응으로서 움켜잡는 행동에 대한 자극이

며, 화상火傷을 초래하는 것은 그 반응으로서 손을 움츠리는 행동에 대한 자극이다, 등등. 물론 자극-반응의 과정을 표현하는 방식이 실제적으로 거칠다는 점은 의심의 여지가 없다. 그러나 우리가 그 과정의 심리학적 적절성을 묻는다면 사정은 아주 달라진다. 분석적으로 보면, 우리는 하나의 감각 자극 때문에 활동을 시작하는 것이 아니라 시각적 안구에서의 감각-운동의 조정으로 활동을 시작하며, 또한 몸, 머리, 눈 근육의 움직임이 경험된 것의 질적 특성을 결정짓는 만큼, 어떤 의미에서 일차적인 것은 바로 운동이며 감각은 이차적이라는 것을 알게 된다. 다시 말하면, 진짜로 시작하는 것은 '보는' 행위다. 그것은 보는 것일 뿐, 빛의 감각이 아니다. 운동이 행위의 메커니즘과 통제력을 제공하는 것과 꼭 마찬가지로, 감각적 특질은 행위의 가치를 부여해 준다. 그러나 감각과 운동은 모두 행위 안에 있는 것일 뿐, 행위 밖에 있는 것이 아니다.

[5] 이제 이런 보는 행위가 손 뻗기라는 다른 행위를 자극한다면 그것은 두 행위가 모두 더욱 확대된 하나의 조정에 포괄되기 때문이며, 또한 보는 것과 붙잡는 것이 자주 결합해서 서로를 강화하고 거들어주어, 두 요소가 실제적으로 더욱 큰 조정을 이루는 하위 요소로 간주될 수 있기 때문이다. 더 구체적으로 말하면, 손이 그 자체의 일을 할 수 있는 능력은 직접적이든 간접적이든, 손의 자극뿐만 아니라 시각적 행위에 따른 손의 통제에도 달려있다. 만약 시각이 손 뻗는 것을 자극하되 억제하는 바가 없다면, 손을 뻗는다는 것은 순전히 불확정한 것이 될 것이고, 이때 손 뻗기란 특별하게 본 사물을 향한 것이 아니라, 일체의 사물을 향하거나 혹은 아무것도 사물을 향하는 바가 없을 것이다. 결국 손 뻗는 것이 시각을 자극하기도, 통제하기도 하는 것이다.[1] 팔이 역할을 수행하려면 눈은 양초에 가 있어야 한다. 눈길이 두리번거리면 팔은 다른 일에 착수한다. 다시 말하면, 우리는 이제 하나의 확대되고 변형된 조정을 한 셈이다. 행위는 전과 다름없이 보는 것이지만, 지금은 목적 달성을 위

해 보는 것이다. 거기에는 여전히 하나의 감각-운동의 회로circuit가 있다. 이 회로는 감각 자극을 운동 반응으로 대체한 것이 아니라, 더욱 만족스럽거나 가치 있는 쪽으로 흐르는 회로다.[2]

[6] 이제 그다음 단계인 아이가 불에 덴 사건을 다루어보자. 이 사건 역시 하나의 감각-운동의 조정일 뿐, 단순한 감각이 아니라는 점은 다시 지적할 필요가 없을 것이다. 그러나 특히 주목할 가치가 있는 것은, 불에 덴 사건이 단지 이전의 눈-팔-손의 조정의 완결 혹은 완성일 뿐, 전적으로 새로운 사건이 아니라는 것이다. 오직 뜨거움-고통의 특질이 시각적 안구 및 근육의 특질과 더불어 동일한 경험의 회로에 진입하기 때문에 비로소 아이는 경험으로부터 배우며 장차 불에 데는 경험을 피할 수 있는 능력을 획득하게 된다.

[7] 보다 전문적으로 말하면, 이른바 반응은 단순히 자극에 '대한' 반응이 아니라, 자극 '속에' 있는 반응이다. 화상火傷은 원래 보는 것, 곧 그 가치가 확대되고 변형된, 원천적 시각적 안구眼球 상의 경험이다. 이 것은 그냥 보는 것이 아니라, 접촉할 때 고통을 뜻하는 그런 불빛을 보는 것이다.[3] 일반적 반사호 이론은 다소간 다음과 같은 암묵적 가정하에 진행된다. 즉, 반응의 결과는 전적으로 새로운 경험이라는 것, 말하자면 그것은 동작의 개입으로 빛의 감각을 사물이 타는 감각으로 대체한 결과라는 것이다. 그러나 사실은 어떤가 하면, 동작의 개입이 갖는 유일

1. (역주) 이 부분은 기존의 반사호 개념이 지닌 자극-반응의 기계론적 입장에 대한 듀이의 비판을 잘 보여준다. 듀이가 보기에 정상적인 인간 행동은, 예컨대 손다이크(E. L. Thorndike, 1874-1949)가 말하듯이 외부 자극에 따른 반응이 고착화된 것이 아니라, 행위의 조정을 통해서 환경적 자극의 변화에 능동적으로 대처하는 것이다. 듀이의 이러한 문제의식은 이 논문 전체를 관통하고 있다.
2. 이런 자극의 상호의존성에 대해서는 Messrs. Angell & Moore가 훌륭하게 진술하고 예증한 (*The Psychological Review*, May, 1896, p. 253)을 보라.
3. (역주) 사물이 타는 것을 보는 '자극'은 그 사물에 접촉할 때 고통을 뜻하는 '반응'을 머금고 있다. 그렇기 때문에 듀이는 7문단 첫머리에서 '반응'이 자극 '속에' 있다고 말한 것이다.

한 의미는 (어떤 경우이든) 원래 특질을 유지, 강화하거나 변형시키는 데 있다는 것, 그리고 우리는 한 부류의 경험을 다른 부류의 경험으로 바꿔치기하는 것이 아니라 하나의 경험을 발달시키거나, (혹은 부르기 편한 용어로 말하면) 하나의 경험을 중재한다는 것이다. 한마디로 말해, 보는 것이 여전히 손 뻗는 것을 통제하며, 결국 화상으로 해석하는 것이다.[4]

[8] 지금까지의 논의는 다음과 같이 요약될 수 있다. 일반적으로 쓰는 반사호의 관념은 감각자극과 운동 반응을 분리된 정신적 존재로 간주하는 데에 결함이 있다. 실은 어떤가 하면, 감각자극과 운동 반응은 항상 하나의 조정 안에 있으며, 순전히 조정을 유지하거나 재구성하는 역할로 의미를 가진다. 또한 (둘째로) 반사호의 관념은 '운동' 국면에 선행하는 경험의 특질과, 운동 국면 다음 경험의 특질이 상이한 두 상태라고 가정하는 데에 결함이 있다. 오히려 운동 국면 이후의 경험은 항상 운동 국면 이전의 경험이 재구성된 것이고 운동 국면은 오직 그와 같은 경험의 중재를 위해서만 필요하다고 보아야 한다. 결과적으로 반사호의 관념은 개인 발달의 관점에서 보든, 인종 발달의 관점에서 보든, 혹은 성숙한 의식을 분석하는 관점에서 보든, 우리를 불연속적 심리학의 상태에 빠뜨린다. 첫 번째 결함에 대해 말하자면, 회자膾炙되는 호가 사실상 하나의 회로요, 하나의 연속적 재구성이라는 사실을 인식하지 못하는 만큼, 반사호 관념은 연속성을 깨뜨리고 일련의 급격한 동작들만 우리에게 남겨줄 뿐이다. 이때 각각의 급격한 동작의 근원은 외부 '환경'의 압력에서 찾든, 아니면 '영혼'이나 '유기체' 내부의 해명 불가능한 자발적 변화에서 찾든, 경험 그 자체의 과정 밖에서 추구되고 있는 셈이다.[5] 두 번째 결함에 대해 말하자면, 아무리 활동의 통일성에 대해 떠들어댄다고 해도 통일성을 확인할 길이 없기 때문에, 반사호 관념이 우리에게

---

4. 중재에 대한 좀 더 자세한 진술은 나의 *Syllabus of Ethics*, p. 15. (The Early Works of John Dewey, IV, p. 237)를 참조하라.

남겨주는 것은 여전히, (1) 감각이나 말초적 자극 (2) 관념 혹은 (주의와 동의어로서) 중추신경의 과정 그리고 (3) 운동 반응이나 행위 등 세 가지 불연속적 존재들일 뿐이다. 이 세 가지 불연속적 존재들은 실험 외적 영혼이 개입하든, 기계적인 밀고 당기기 방식이든, 서로가 서로에게 어떻게든 맞춰져야만 하는 것이다.

[9] 진술의 가치란 전적으로 그 적용 범위의 보편성에 달린 만큼, 요약이 갖는 심리학적 일반적 의미를 고찰하기에 앞서 아마 다른 기술적 記述的 분석을 제시하는 것이 좋을 것이다. 그 안성맞춤의 예로 볼드윈 Baldwin의 반응 의식에 관한 분석을 들 수 있을 것이다.[6] 그는 '감정과 의지Feeling and Will'[p.60]라는 글에서 다음과 같이 말하고 있다. "신경 호 弧, nervous arc의 세 요소에 상응하는 요소가 있다. 첫째, 자극이다.—가령 크고 예기치 못한 소리를 받아들이는 의식이다. 둘째, 주의다. 이는 기록하는 요소로서 비자발적으로 취해진다. 셋째, 소리에 뒤따라 나오는 근육 반응이다.—말하자면 상상된 위험에서 벗어나려는 것이 그것이다." 이제 이러한 분석은 우선적으로 불완전한 것이다. 소리를 듣기 이전의 상태를 무시하기 때문이다. 말할 필요도 없이, 소리를 듣기 이전의 상태가 소리를 들은 이후의 상태와 무관하다면 이러한 무시는 아주 정당한 것이다. 그러나 자극의 양적인 면이나 질적인 면 그 어느 쪽이든, 소

---

5. 바이스만(Weismann)과 스펜서(Spencer)가 각각 제시한 변화의 원천에 관한 생물학적 논쟁 전체는, 자극과 반응이 기능적 분업을 하는 조정에 관한 것이 아니라, 자극으로부터 시작하느냐, 아니면 반응으로부터 시작하느냐 하는 데서 비롯된 것이라 말해도 과언이 아니다. 심리학적 측면에서는 이와 동일한 논쟁이 분트적 '통각주의자들'과 그 반대자들 간의 논쟁으로 일어났다고 말할 수 있다. 어느 쪽을 선택하는가는 자유재량에 의한 개인적 기호(嗜好)의 문제이므로, 양측의 입장은 말하자면 동일한 유기적 전체에 속한 '흩어진 파편(disjectum membrum)'을 갖고 있는 셈이다. (역주) 바이스만(1834-1914)은 진화학설을 제시한 독일의 생물학자이며, 스펜서(1820-1903)는 사회 유기체설을 제시한 영국의 철학자, 사회학자로 널리 알려져 있다.

6. (역주) 볼드윈(Baldwin, 1861-1934)은 인지발달에 있어 유전적, 생물학적 요인과 문화적 요인의 상호작용을 중시했으며, 특히 학문적으로 듀이와 긴밀한 협력적, 지적 관계를 이어간 미국의 발달 심리학자이자 철학자다.

리를 듣기 이전의 상태가 소리를 들은 이후 상태와 무관할 수 있는가?

[10] 만약 누군가 책을 읽고 있다면, 또 누군가 사냥을 하고 있다면, 또 누군가 어두운 곳에서 고독한 밤을 지켜보고 있다면, 또 누군가 화학적 실험을 수행하고 있다면, 이 각각의 경우 소음은 매우 상이한 정신적 가치를 지니게 될 것이다. 곧, 소음은 상이한 경험이다. 어쨌든 '자극'에 선행하는 것은 하나의 전체적 행위이며, 감각-운동의 조정이다. 더욱 중요한 점은 '자극'이 이런 조정에서 나타난다는 것, 곧 자극은 그 모체母體가 되는 조정에서 나오면서도 마치 그 조정을 벗어나는 것처럼 보인다는 것이다. 여기서 나는 전거典據에 의존하여 광범위하게 공인된 감각 연속체 이론sensation continuum theory을 언급할 것이다. 그 이론에 따르면, 소리는 절대적으로 갑자기 외부로부터 생긴 것이 아니라, 단지 강조되는 초점의 이동이고 이전의 행위 내에서 긴장 상태를 재분배하는 것에 지나지 않는다. 그리하여 단언컨대, 만약 소리의 활동이 다소간이라도 이전의 조정 가운데서 나타나지 않았다면, 지금 듣는 소리는 의식 속에 부각되지 못할 것이다. 이러한 언급은 단지 이전의 활동이 소리 감각의 가치에 영향을 주는 방식에 대해 이미 말했던 바를 부연 설명한 것일 뿐이다. 만일 이전의 조정이 엄격하게 문을 걸어 잠그는 그런 것이라면, 청각상의 시끄러운 소리도 의식에 들어가기 위해 헛되이 문을 두드리는 셈이 될 것이다. 우리는 그 증거들로 아르키메데스Archimedes가 말한 바 있는 최면 상태, 단일 관념론mono-ideism, 그리고 넋이 나간 상태의 예를 들 수 있을 것이다.[7] 혹은 좀 더 사실에 적절한 은유를 써서 말한다면, 청각 활동이 어떡하든 의식의 승인을 받으려면 그것은 이미 의식의 문지방에 한 발을 들여놓고 있어야 한다는 것이다.

---

7. (역주) 듀이가 여기서 아르키메데스(Archimedes; BC. 287-212경)의 '최면 상태', '단일 관념론', '넋이 나간 상태' 등을 언급한 것은 이 세 가지 사례 모두 의식의 연속성이 결여된 사례임을 보여주기 위한 것이다.

[11] 그러나 아마도 생물학적 측면의 사례를 언급하는 것이 더 만족스러울 것이다. 가령, 청각 활동은 유기체 전체에 의해 얻어지는 이점으로 인해 진화해 온 만큼, 그 활동이 눈이나 손, 다리 혹은 그 밖에 행위의 명백한 중심이 되는 다른 신체 기관과 아주 엄밀한 조직학적 생리학적 관련성을 띠고 있음을 지적하는 것이다. 시신경 중추가 의식을 독점한다거나, 청각 장치가 전적으로 귀머거리가 된다는 것은 절대로 생각할 수 없는 일이다. 무슨 일이 벌어진다는 것은, 유기적 균형을 유지하는 다양한 기관들 간에 어떤 기관이 상대적으로 부각되거나 침전沈澱되는 것일 뿐이다.

[12] 더욱이, 소리는 단순 자극이나 단순 감각이 아니다. 다시 말하건대 소리는 하나의 행위, 곧 듣는 행위다. 여기에는 감각자극뿐만 아니라 근육 반응도 수반된다. 즉, 무엇인가 정확히 듣는 것뿐만 아니라 그에 뒤이어 소리가 사라져가는 데도 일단의 명확한 운동 기관이 관여하는 것이다. 머리의 움직임과 자세, 청각 근육의 긴장은 소리의 '수용'을 위해서 필요하다. 소리의 감각이 하나의 운동 반응으로부터 나오는 만큼, 소리가 사라지는 것도 소리에 대한 반응이라고 말해도 정확히 맞는 말이다. 이 점은 앞서 인용 구절에서 볼드윈Baldwin 교수가 그의 첫 번째와 두 번째 요소 간의 진짜 순서를 전도시켰다는 사실을 참조해 보면 분명해진다.[8] 만약 소리를 단순한 신경 쇼크나 물리적 사건이 아니라 의식적 가치로서 받아들인다면, 우리는 먼저 소리를 듣고 나서 주의를 두는 활동을 하는 것이 아니다. 소리의 의식적 감각은 이미 일어난 운동 반응에 의존한다. 혹은 앞서 진술에 비추어 말하자면, (즉 자극을 단순한 물리적 사건이 아니라 하나의 의식적 사실로 취급한다면) 최종적으로 다른 행위에 자극이 되는 것은 바로 그 자극을 구성한 운동 반응이나

---

8. (역주) 볼드윈이 말하는 반사호의 과정은 간략하게 '자극-주의-반응'의 과정으로 요약할 수 있다. 앞의 9문단 참조.

주의다. 한 번 더 말하면, 소리가 사라져가는 최종 '요소'는 단순한 운동이 아니라 감각적 가치와 근육 메커니즘을 지닌 감각-운동이다. 이러한 감각-운동은 또한 하나의 조정이다. 최종적으로 이러한 감각-운동의 조정은 선행된 것에 뒤이어 일어나는 새로운 행위가 아니다. 자극을 구성하거나 또한 자극을 소리로 결정하는 데, 가령 야생동물이 내는 소리나 강도가 지르는 소리로 결정하는 데 '반응'이 필요한 것과 꼭 마찬가지로, 소리의 경험은 소리를 유지하고 통제하는 하나의 연속적 가치로서 존속하는 것이 틀림없다. 다시 말하면, 연속적으로 관여하는 운동 반응은 단순히 소리에 대한 반응이 아니라 소리에 개입하는 반응이다. 이런 운동 반응이 소리에 변화를 일으키기도 하고 소리를 제거하기도 한다. 어찌 되었든 소리의 결과로 생긴 특질이 갖는 의미는 전적으로 소리를 들은 것을 참조하여 결정된다. 이것이 소리의 매개적 경험이다.[9] 우리가 지닌 것은 회로지, 호弧나 원의 깨진 조각이 아니다. 이러한 회로는 반사적이라는 말보다는 유기적organic이라는 말이 더 알맞다. 왜냐하면, 사실상 감각자극이 운동을 결정하는 것과 마찬가지로, 운동 반응도 자극을 결정하기 때문이다. 아닌 게 아니라, 운동은 오직 자극을 결정하고 그것이 어떤 종류의 자극인지 확정하고 그 자극을 해석하기 위해서 존재하는 것이다.

[13] 강권強勸하는 면이 있을지 모르겠으나, 내가 결국 자극으로서 감각 다음에 반응으로서 운동이 뒤따른다는, 의심할 수 없는 사실에 대해 불필요하게 미세한 구별과 구분을 도입하고 있다는 인상을 주지 않기를

9. 다시 말하면, 모든 반응은 볼드윈 교수가 단지 모방에 속한다고 한 것, 즉 순환적이라고 한 것과 동일한 유형의 것이다. 모방은 특수한 회로의 형태일 뿐이다. 그 회로에서 '반응'은 비교적 이전의 경험을 불변적으로 유지하는 데에 적합한 것이다. 내가 비교적 불변적이라고 말한 까닭은, 그런 경험의 상태 유지가 경험에 대한 부가적 통제를 의미하는 한 그 상태는 정신적으로 좀 더 뚜렷해지면서 변화되고 있기 때문이다. 더 나아가, '반복'이란 것도 오직 이런 성장이나 중재가 계속되는 한에서만 유지된다고 가정해도 좋다. 단지 이것이 능력의 새로운 의미라면, 옛것 속엔 새것이 들어있는 셈이다.

바란다. 무엇인가 기술記述을 할 때 문제의 많은 부분을 빠뜨림으로써 그릇된 단순화에 도달하는 사태를 경계하는 것은 늘 현명한 처사다. 그렇다고 하여 여기서 다루는 문제가 자극과 반응의 과정을 좀 더 복잡하게 해설하는 문제는 아니다. 여기서 다루는 문제는 자극이나 감각, 운동과 반응이 무엇을 뜻하는지를 이해하는 것이다. 곧, 자극이나 감각, 운동과 반응이 고정적 존재가 아니라 단지 유동적인 기능상의 구분을 뜻하는 것인지, 관심이 바뀜에 따라 하나의 동일한 사건이 자극과 반응 중 한쪽 역할만을 하는지, 아니면 양쪽 역할을 모두 하는 것인지, 그리고 이런 기능적 구분과 관계성으로 인해, 자극과 반응의 조절로 추정된 문제가—우세한 자극의 힘에 의해서든, 아니면 '특별히' 중추신경이나 영혼의 작용에 의해서든,—순전히 자기 스스로 만든 문제인지를 알아보는 것이다.

[14] '감각-운동'이라는 말을 단순한 서술敍述 어구의 사태에 적용할 수 없다는 점을 상기하면, 우리는 현재 반사호 이론의 혼란스러운 특성을 알 수 있을 것이다. 반사호 이론은 오직 해석의 용어로서, 즉 다양하게 발휘된 기능을 규정하는 것으로만 타당성을 가진다. 서술의 견지에서 보면, 반사호의 전체 과정은 감각적이거나 운동적인 것이 될 수 있어도, 감각-운동적인 것은 될 수 없다. 말초신경과 감각신경의 흥분 상태인 '자극', 중추신경의 변화는, 확실히 운동신경과 근육에서 일어나는 결과로서의 동작에 영향을 줄 수도, 주지 않을 수도 있다. 반사호의 전체적 과정은 중단되지 않는 연속적 운동량의 재분배 과정이다. 그리고 서술의 관점에서 보면, 이 과정에는 '반사'라고 이름 붙일 만한 것이 전혀 없다. 반사는 예컨대 통나무가 탄다거나, 집이 전복된다거나, 바람이 이동한다거나 하는 것처럼 순전히 단순한 재분배일 뿐이다. 물리적인 신체적 과정에서는 자극으로 시작할 만한 것은 없으며, 반응하는 것도, 반응인 것도 없다. 단지 긴장 상태의 조직에 변화가 있을 뿐이다.

[15] 이와 동일한 부류의 사태는 순전히 정신적 측면에서 반사호 과정을 기술할 때도 그대로 들어맞는다. 이제 반사호의 과정은 모두 감각이며 모두 감각적 특질이다. 정신적 면에서 동작을 기술하면 그것은 소리나 빛이나 화상과 똑같은 감각이다. 양초의 불꽃으로부터 손을 움츠리는 예를 들어보자. 우리가 겪는 것은 모종의 시각적-열-고통-근육의-특질이 다른 시각적-접촉-근육의-특질로 변형된 것이다.—이제 불꽃이란 오직 거리를 두고서만 볼 수 있거나 그 촉감이 변하기 때문에 전혀 손을 댈 수 없는 것 등을 의미한다. 만약 우리가 원천적인 시각적 특질을 v, 온도를 h, 동반된 근육 감각을 m이라는 약어를 써서 나타낸다면, 전체적 경험은 'vhm-vh$m$-vhm''라고 진술할 수 있을 것이다. 여기서 m은 움츠림의 특질을, m'는 움츠린 후의 감각 상태를 나타낸다. 동작은 특정한 부류의 존재가 아니다. 동작은 양초의 불꽃과 마찬가지로, 혹은 양초의 불꽃에 의한 화상과 마찬가지로 일종의 해석된 감각 경험이다. 모든 동작이 같은 조건에 있다.

[16] 그러나 이런 모든 사실에도 불구하고, 누군가 자극과 반응, 감각과 운동 간의 구분이 존재한다고 주장할 수도 있을 것이다. 엄밀히 그럴 수 있다. 그러나 이제 우리는 그러한 구분이 어떻든 사실의 존재 그 자체에 기초한 것이라고 당연시하기보다는, 그러한 구분이 어떤 성격을 가진 것인가를 묻는 위치에 있어야 한다. 우리는 반사호 이론의 일상적 개념이 분명한 과학의 사례가 아니라 플라톤이 최초로 공식화한 형이상학적 이원론의 재생임을 알 수 있어야 한다. 플라톤의 이원론에 따르면, 감각은 영혼과 신체의 경계 지역에 애매하게 거주하는 것이고, 관념(혹은 중추신경의 과정)은 순전히 정신적인 것이며 행위(혹은 운동)는 순전히 물리적인 것이다. 이처럼 반사호의 공식은 물리적인 (혹은 생리적인) 것도 아니요 심리적인 것도 아니다. 그것은 유물론과 유심론이 뒤섞인 가정이다.

[17] 앞서의 기술적記述的 분석이 외관상 간단하게 진술된 반사호 관념의 난점들과 가정들의 온상溫床에 대해 재고찰이 필요하다는 것을 명백히 하는 것이었다면, 이제 우리는 해석적 분석을 수행할 때가 되었다. 실은 어떤가 하면, 자극과 반응은 존재상의 구분이 아니라 목적론상의 구분이다. 즉, 자극과 반응은 어떤 결과를 달성하거나 유지하는 일과 관련된 기능 혹은 역할 수행의 구분인 것이다. 이런 목적론적 과정에 비추어보면 두 가지 국면이 구분되어야 한다. 이 두 국면을 혼동한 것이 반사호의 전체 문제에 수반된 혼동의 한 원인이기 때문이다. 어떤 경우에 자극과 반응의 관계는 하나의 포괄적 목적에 관한 수단의 조직을 나타낸다. 수단의 조직은 하나의 적응이 완성된 것을 의미한다. 예컨대, 달걀을 접촉한 것이 암탉이 알을 품는 자극이 되고, 옥수수를 본 것이 그것을 쪼아 먹는 자극이 된다고 말할 때처럼, 잘 발달된 모든 본능이 그런 적응의 사례다. 또한 마룻바닥을 접촉한 것이 걸음을 자극할 때처럼 아주 철저히 형성된 모든 습관도 그런 적응의 사례다. 이와 같은 사례들에서 자극으로서 자극, 반응으로서 반응을 의식할 여지는 없다. 거기에서는 종족의 번식이나 생명의 보존, 특정 장소로의 이동 등 어떤 객관적 결과에 도달하기 위해, 그 자체로 아주 적합하고 순서에 맞게 배열된, 하나의 정돈된 연속적 행위들의 계열만이 있을 뿐이다. 목적이 철저히 수단으로 조직된 것이다. 우리가 하나를 자극, 다른 하나를 반응이라고 부를 때, 그것은 단지 그런 정돈된 계열의 행위들이 일어나고 있다는 것을 말하는 데 지나지 않는다. 이와 동일한 부류의 진술은, 말하자면 식물의 변화가 종자 산출에 적합하게 된 것이라고 여기는 한, 식물 변화의 연속에 관해서도 똑같이 잘 적용된다. 또한 혈액 순환에서 일어나는 사건의 연속이라든가, 자동결속 수확기에서 일어나는 행위의 계열에 관해서도 똑같이 적용된다.[10]

[18] 이러한 조직화가 이미 달성된 사례들을 본다면, 우리는 적극적

측면에서 다음과 같이 말할 수 있다. 즉, 각각의 요소를 자극과 반응으로 구별하는 것은 오직 하나의 포괄적 목적에 가정된 공통된 관련성뿐이라는 것, 또한 이런 관련성을 제쳐 놓는다면 우리에게 남은 것은 오직 먼저 일어난 일과 나중에 일어난 일뿐이라는 것이다.[11] 다시 말해 자극과 반응의 구분은 해석상의 구분이다. 소극적 측면에서 지적해야 할 점은, '의식적' 자극과 반응이 문제가 되는 경우에 아무런 변경 없이 꼭 같은 차원의 고려 사항을 계속 이어가는 것은 온당치 못하다는 것이다. 원한다면, 우리는 위의 사례에서 자극과 반응을 각각 그 자체의 개별적 특성을 가진 하나의 온전한 행위로 간주할 수도 있을 것이다. 물론 여기에는 개별적 특성이 전적으로 하나의 독립적 전체가 아니라, 어떤 결과의 유지 혹은 도달을 위한 분업을 뜻한다는 제한 조건이 따라붙는다. 그러나 어쨌든, 그 자체가 결국 감각-운동인 반응을 자극하는 것은 바로 하나의 행위요, 감각-운동의 조정일 뿐, 하나의 운동을 자극하는 감각이 아니다. 너무도 흔히 일어나는 일이지만, 이와 같이 조직된 본능이나 습관의 사례들을 소위 반사호와 동일시한다거나, 연속적 행위의 조정에 알맞은 고려 사항들을 아무런 수정 없이 감각-운동의 사례라고 치부해 버리는 것이 불합리한 까닭이 바로 여기에 있다.

[19] 이런 일이 벌어질 때 생기는 오류는 사실상 심리학적 오류이거나 역사학적 오류이다. 하나의 완성된 과정이라는 이유만으로 유효한 일단의 고려 사항들이 그런 완성된 결과를 내는 데 필요한 과정상의 내용

---

10. 오해를 피하기 위해 나는 이러한 목적론이 이들 모든 사례에 얼마만큼 사실에 부합하는가 하는 문제를 제기하는 것이 아니라, 사실이든 아니든 나의 논점이 똑같이 효력이 있음을 말하고자 한다. 우리가 하나를 자극, 다른 하나를 반응이라고 말할 수 있는 것은, 오직 그것들이 어떤 목적에 도달하기에 적합한 행위의 계열로 간주될 때 한해서다. 만일 그렇지 않은 경우가 있다면, 우리는 자극과 반응을 하나의 '단순' 계열로만 보는 셈이다.

11. 물론, 이와 같은 결정에서조차 여전히 하나의 목적을 향한, 좀 더 잠재적 부류의 관련 사항이 없는가 하는 것은 논의의 여지가 있다.

으로 간주된다. 하나의 결과를 특징짓는 하나의 사태가 그런 결과에 이르는 참된 사건들의 기술記述로 간주된다. 사실상, 이러한 결과가 이미 존재하고 있다면 결과에 이르는 과정은 필요하지 않을 것이다. 그런 결과가 존재하지 않는다면, 하나의 조직화나 조정의 달성에 타당한 고려 사항들을 당면한 사건에 적용하기 위해, 하나의 포괄적 조정하에 작은 행위들을 질서 있게 배열하는 일이 요구되며, 이러한 배열이 하나의 과정을 기술하는 데 쓰일 것이다. 즉, 단순 감각을 자극으로, 단순 동작을 반응으로 구분하는 것이 그것이다. 이러한 구분을 하는 까닭은 오직 조직화의 달성이 손닿게 있는 것이 아니라 조직화를 구성하는 과정에 있기 때문이다. 단순 감각이나 단순 동작은 자극이든 반응이든 그 어느 쪽도 될 수 없다. 오직 하나의 행위만이 자극이나 반응이 될 수 있다. 자극으로서 '감각'이란 객관적 자극이나 질서 있는 행위의 배열이 결핍되어 있기 때문에 그와 같은 자극이나 행위의 배열을 탐색한다는 것을 의미한다. 이와 마찬가지로, 반응으로서 단순 동작도 일정한 조정을 완수하기 위한 올바른 행위가 결핍되어 있기 때문에 그런 행위를 탐색한다는 것을 의미한다.

[20] 우리의 예로 되돌아오면, 이런 판에 박힌 문구의 의미가 좀 더 명확해질 것이다. '보는 것'이 하나의 연속적 행위인 만큼, 그리하여 단순한 운동도 아니요, 그렇다고 해서 단순한 감각 경험과 같은 것도 아닌 만큼 (비록 구경꾼이나 심리학적 관찰자가 '본다는' 것을 감각과 동작으로 해석할 수 있다고 하더라도,) 보는 것은 결코 손 뻗기를 자극하는 감각이 아니다. 이미 충분히 지적된 바와 같이, 우리는 단지 '행위들'의 조정에 따른 일련의 단계를 밟고 있을 뿐이다. 그러나 이제 밝은 빛에 손을 뻗는 (즉, 보는 것과 손 뻗는 것을 연결하는 조정을 수행하는) 아이의 예를 들어보자. 아이는 때때로 즐겁게 그 일을 행하기도 했고, 때때로 무엇인가 먹기 좋은 것을 발견하기도 했고, 때때로 화상을 입기도 했다. 이제

는 단지 반응만 불확실한 것이 아니라 자극도 똑같이 불확실한 것이다. 한쪽이 불확실하다는 것은 다른 쪽도 그렇게 불확실하다는 뜻이다. 적절한 자극을 발견하여 자극을 구성하는 것이든, 아니면 적절한 반응을 발견하여 반응을 구성하는 것이든, 실제 문제도 똑같이 잘 진술할 수 있다. 손을 뻗느냐, 움츠리느냐 하는 문제는 여기서 우리가 접한 밝은 빛이 어떤 부류의 빛인가 하는 문제다. 그 빛은 손으로 장난치는 것을 의미하는가? 우유를 마시는 것을 의미하는가? 아니면 손가락이 데이는 것을 의미하는가? 자극은 앞으로 일어날 반응에 맞게 구성되어야 한다. 이제 엄밀히 보면, 자극으로서 감각과 반응으로서 운동을 구분하는 것은 바로 이러한 접합점에서, 이러한 접합점으로 인해 일어나는 것이다.

[21] 감각이나 의식적 자극은 그 자체로 하나의 사물이나 존재가 아니라, 주의를 요하는 하나의 조정의 국면이다. 왜냐하면, 조정 내부에서의 부조화로 인해 어떻게 조정을 완료할 것인지 불확실하기 때문이다. 이런 사태는 손을 뻗을 것인가, 뻗지 않을 것인가 하는 다음 행위에 대한 의심이며, 이러한 의심이 행위를 검토하는 동기를 부여한다. 이런 의미에서는 행위 다음에 뒤따를 결과가 자극이 된다. 이런 자극은 막 일어났던 것에 주의를 기울이고 그 일을 좀 더 주의 깊게 규정하려는 동기를 부여해 준다. 이런 관점에서 보면, 자극의 발견이란 '자극'으로 일어날 수 있는 움직임에 대한 '반응'이다. 보는 것에 주의를 기울여서 그것을 어떤 빛의 감각, 어떤 특별한 부류의 빛의 감각이라고 분할分割하기 전에, 우리는 앞으로 일어날 수 있는 움직임들 각각의 가치와 더불어 그 움직임들에 대한 어떤 예측된 감각과 이미지를 지니고 있어야 한다. 말하자면, 조정의 부조화로 인해 방해받을 경우, 방향을 바꾸어 보고 본 것의 질적 특성을 결정할 때까지 다음의 행위로 넘어가지 않는 것이다. 이것이 바로 손 뻗기를 시작하는 활동이다. 바로 여기서 객관적 자극으로서 행위는 의식 가능한 자극으로서 감각으로 변형된다. 의식적 반응

으로서 동작도 또한 바로 여기서 일어난다.

[22] 다시 말하면, 자극으로서 감각은 어떤 특수한 정신적 '존재'가 아니다. 그것은 단지 하나의 기능일 뿐이며, 특별히 해야 할 필요가 있는 일에 따라 가치의 변화를 겪는 것이다. 어떤 순간에는 손을 뻗고 움츠리는 다양한 활동이 감각이 될 수 있을 것이다. 왜냐하면, 그런 활동은 문제를 설정하거나 다음 행위의 요구를 일으키는 그런 국면의 활동이기 때문이다. 그다음 순간에는, 이전에 본 행위가 감각을 제공해 줄 것이다. 이전에 본 행위가 결국에는 앞으로의 행위에 따라 보조를 맞추는 그런 국면의 활동이 되기 때문이다. 일반적으로 말하여, 자극으로서 감각이란 항상 하나의 조정을 완료하기 위해 규정될 필요가 있는 그런 국면의 활동이다. 그러므로 특별히 어떤 주어진 순간에 감각이 어떤 것인가는 전적으로 하나의 활동을 하는 방식에 달려있을 것이다. 감각은 그 자체의 고정된 질적 특성을 가지지 않는다. 자극의 탐색이란 정확한 행위 조건을 탐색하는 것, 즉 막 시작된 조정을 어떻게 완료할지를 결정하는 사태의 탐색이다.

[23] 이와 유사하게 반응으로서의 동작도 하나의 기능적 가치만을 가질 뿐이다. 동작은 그것이 어떤 것이든 분열된 조정을 완성하는 데 도움을 줄 것이다. 감각의 발견이 문제의 설정을 나타내는 것과 마찬가지로, 반응의 구성은 문제의 해결을 나타낸다. 특정 시간에 눈을 고정하여 보는 대상을 주시하고 모종의 빛의 특질을 명백히 하는 것도 반응이다. 왜냐하면, 그것이 바로 그때 요구된 특수한 행위이기 때문이다. 또 다른 시간대에 빛으로부터 팔을 치우는 움직임도 반응이다. 그 자체로 반응이라고 이름 붙일 만한 것은 없다. 일단의 감각적 특질들을 그 자체로 '동작'으로 분별해야 한다는 것, 그리고 감각이라는 이름에 합당한 요구로 색깔, 소리, 촉감과 같은 감각적 특질과 대조되도록 제시해야 한다는 것은, 기능상의 차이를 염두에 두지 않는다면 전적으로 해명할 수 없는

말일 것이다. 우리에게 문제를 규정해 주는 것은 바로 시각과 청각이다. 조정이 성공적으로 완수되기 위해서 충족되어야 할 조건을 알려주는 것도 바로 시각과 청각이다. 그리고 하나의 적합한 보고를 입수하기 위해 우리의 동작을 알 필요가 있는 그 순간, 바로 그 순간에 (일상적 관점에서 보면) 동작은 놀랍게도 동작을 멈추고 '근육 감각'이 되고 만다. 한편, 경험의 가치 변화, 감각적 특질의 변형을 고려해 보자. 이러한 변화를 움직임으로 해석할 수 있는가, 없는가, 혹은 움직임에 대한 어떤 의식이 일어나는가, 일어나지 않는가 하는 것은 그 변화가 만족스러운 것인지, 또한 그 변화가 조화롭게 전개된 조정으로 간주되는지, 아닌지, 혹은 그 변화가 문제를 간단히 해결하는 수단이나, 좀 더 만족스러운 조정에 도달하는 도구로 간주되는지 하는 여부에 달려있을 것이다. 우리의 경험이 순조롭게 진행되는 한, 우리는 이런저런 색깔이나 소리를 그 자체로 의식하지 못하는 것과 마찬가지로 동작을 동작으로도 의식하지 못한다.

[24] 요약: 감각과 운동을 각각 자극과 반응으로 구분하는 것은 그 어떤 것이든 정신적 사건이나 정신적 존재 자체에 대한 유효한 기술로 간주할 수 없다. 자극과 반응이라는 용어가 기술적記述的으로 적용 가능한 유일한 사건들은, 자극과 반응이 모종의 조직화된 조정을 유지하기 위해 각자의 위치에서 수행하는 사소한 행위들이다. 의식적 자극이나 감각 그리고 의식적 반응이나 동작은 특수한 기원이나 동기를 지니며, 또한 특수한 목적이나 기능을 지닌다. 반사호 이론은 이런 기원과 이런 기능을 무시하고 제외함으로써, 하나의 과정에서 해체된 부분을 마치 전체인 양 우리에게 제시하고 있다. 반사호 이론은 문자 그대로 회로 대신 호를 제시할 뿐이다. 이 이론에서는 하나의 호가 어느 회로의 호인지 제시하지 않는 만큼, 우리는 호의 위치를 배치할 수 없고 호의 중심도 정할 수 없다. 이러한 호는 다시 기계적으로든, 외부적으로든 서로 맞춰져야 하는 두 개의 분리된 존재로 분열되고 만다.

[25] 반사원은 하나의 조정이다.[12] 조정을 이루는 몇몇 요소들이 서로 부조화 상태에 이르게 된다. 한편으로 감각 자극을, 다른 한편으로 운동 반응을 의식적으로 구분하고 그 구분의 기원을 제공하는 것은 바로 일시적 분열과 재구성의 필요에 따른 것이다. 자극은 조정 형성의 국면으로서 성공적 결과를 내기 위해 충족시켜야 할 조건들을 나타낸다. 반응도 하나의 동일한 조정 형성의 국면으로서 성공적 조정을 위해 도구 역할을 하는 조건을 충족시키는 해결의 열쇠를 제공한다. 그러므로 자극과 반응은 엄밀히 보면 상호 관계적이고 동시 발생적이다. 자극은 발견하고 파악해야 하는 것이다. 만약 활동이 그 자체로 적절한 자극을 제공한다면, 이미 언급한 객관적 의미의 자극을 제외하곤 자극이 없을 것이다. 자극이 적절하다고 결정되는 바로 그때에만 반응도 또한 완전해진다. 자극과 반응 중 어느 쪽이든 확보한다는 것은 조정 자체가 완료되었다는 것을 의미한다. 더욱이 자극을 발견하고 구성하는 데에 도움을 주는 것은 바로 운동 반응이다. 감각을 일으키는 것도, 감각을 부각시키는 것도 바로 특정한 국면에서 운동을 유지하기에 가능한 일이다.

[26] 반사호 개념이 그저 분열된 조각들로 제시한 것을 통합하는 것이 바로 조정이다. 자극과 반응의 구분이 그 자체로 중재 또는 완결이라는 기능적 양상을 띠는 것은 바로 회로 안에서이다. 본고의 논점은 그 적용에 있다. 그러나 본고의 논점을 정신적 진화의 본질의 문제, 감각적 의식과 합리적 의식의 구분, 그리고 판단의 본질에 적용하는 일은 좀 더 좋은 기회로 미뤄야겠다.

---

12. (역주) 듀이는 이 논문에서 '호(arc)'와 대조하여 '원(circle)'이라는 말을 쓸 뿐, '반사원(reflex circle)'이라는 말을 쓰진 않는다. '반사원'은 'circle'의 의역으로서 기존의 반사호에 대한 듀이의 중요한 대안적 개념이다. '반사원'은 단선적 자극-반응의 인과관계를 나타내는 반사호 개념과 달리, 유기체로서 인간이 의식의 순환적 흐름 속에서 외부 자극을 유목적적 '조정'을 거쳐 선택적으로 반응하고 있음을 시사해 준다.

제 9 장

노력의 심리학

The Psychology of Effort, 1897: EW5. 151–163

이 글에서 듀이는 진정한 의미의 '노력'이란 행위에 있어 목적과 수단 간의 긴장을 가리키며 '노력의 감각'은 이러한 대립 의식을 뜻한다고 주장한다. 볼드윈Baldwin은 노력이 자아와 근육의 저항 사이에 존재하는 뚜렷한 대립 의식이라고 규정한다. 그러나 듀이는 볼드윈이 규정한 자아와 근육의 저항이 무슨 뜻인지 불분명하다고 지적한다. 가령, 우리가 정체된 기존의 습관을 깨지 못하는 것은 근육의 저항 때문에 일어나는 것이 아니라 자아와 활동이 '분리'된 데서 나온다는 것이다. 다른 한편, 볼드윈은 노력의 개념을 특정 관념에 주의를 기울이는 것이라고 규정하기도 한다. 그러나 듀이는 이것이 관념과 행위의 연속성을 간과한 그릇된 규정이라고 말한다. '노력'은 순수 정신적인 것이 아니라 감각이 매개된 경험적 과정에서 일어난다고 보아야 한다. 듀이에 있어 노력이 중요한 것은 그것이 과거의 습관들을 새로운 조건에 맞게 재구성하거나 조절하는 과정에 있을 때는 언제나 야기되는 "행위적 진보의 임계점"이라는 데에 있다. 이런 의미의 노력은 인간이 삶의 불균형이나 분할된 행위노선을 시정하려는 경향성을 가지고 있는 한, 목적을 지향하는 활동 속에서 끊임없이 이루어진다고 보아야 한다.

[1] 노력의 경우, 정신적으로 경험된 특질에 관해서는 세 가지 구분 가능한 관점이 있다. 첫 번째 관점은, 노력 자체는 엄밀히 일체의 감각적 요소가 매개되지 않은 '정신적인' 혹은 '지적인' 것이라는 생각이다. 그러나 말할 필요도 없이, 노력을 기울이거나 나타내는 일이 근육 조직을 통해 일어나는 만큼 노력이 감각과 연관성을 띤다는 점은 인정될 수 있다. 이러한 관점의 지지자들이 '신체적' 노력과 '도덕적' 노력을 분리하고, 신체적 면에서 노력을 의식하는 것이 성격상 다소 감각적인 것이고, 도덕적 면에서 노력을 의식하는 것이 전반적으로 비감각적인 질적 특성을 띤다고 인정한다면, 첫 번째 관점은 점차 두 번째 관점으로 넘어가게 된다. 세 번째 관점은 도덕적 노력과 신체적 노력을 발생상의 구분으로 받아들이지 않고 모든 의미의 노력이 감각적으로(말초적으로) 결정된다고 본다.[1] 예를 들어보자. 첫 번째 이론은 극단적 혹은 전형적 형식으로 말하자면 우리가 노력한다고 할 때, 가령 돌을 들어 올리는 일이든, 난

---

1. (역주) 노력을 보는 기존의 세 관점은 간략히 순수 정신적 관점, 신체적 노력과 도덕적 노력을 분리하는 이원론적 관점, 그리고 감각적 관점으로 요약할 수 있다. 그런데 듀이가 보기에 세 관점 중 어느 것도 노력에 대한 올바른 규정이 아니다. 듀이에 있어 '노력' 이란 감각이 매개된 경험이긴 하지만, 이하 논의에서 드러나듯이 그 감각은 활동 속에서 "목적과 수단의 긴장"을 느끼는 대립 의식이라고 보아야 하기 때문이다.

해한 문제를 푸는 일이든, 유혹에 저항하는 일이든, 노력은 순전히 정신적 활동을 의식하는 것인 만큼, 실제로 노력을 기울이는 데서 나타나는 일체의 근육과 기관器官의 변화 감각과 신중하게 구별되어야 한다는 것이다. 근육과 기관의 변화는 노력의 결과로 따라 나오는 감각적 반환 파동에 불과하기 때문이다. 두 번째 관점은 앞서 언급한 예들을 구별하여, 돌을 들어 올리는 노력은 그 자체가 실제적 에너지의 발휘로부터 나오는 압박과 긴장 상태에 기인한 것이라서, (그렇기 때문에 감각적 조건 하에 놓여 있다.) 난해한 문제를 푸는 일이나 유혹에 저항하는 노력의 예와 구별하고자 한다. 그러나 다양한 저자들에 따라서는 명백히 다른 노선을 취할 수도 있다. 어떤 사람들은 지적 주의를 기울이는 노력의 의미를 이마 근육의 수축, 시선의 고정화, 호흡의 변화 등의 느낌이 중재된 감각적인 것이라고 본다. 또 어떤 사람들은 주의 자체는 주의를 둔 결과가 지적 가치를 띠든, 도덕적 가치를 띠든 관계없이 순전히 정신적인 것(즉, 이 용법에서는 비감각적인 것)이라고 본다. 그러나 세 번째 관점에서는 노력의 의식이 어쨌든 '근육'과 내장, 호흡 감각 등 행위 자체의 유기적 반향反響에 기인한다고 명확히 언명한다.[2]

[2] 이하 이 글에서 나는 이러한 문제에 대해 대체로 직접적이라기보다는 간접적으로 접근하고자 한다. 나의 근본적 신념으로는 '감각적' 학파와 '정신적' 학파 간의 차이는 이러하다. 전자는 뚜렷한 심리학적 사실로서 노력의 감각이나 '의식'이 중재된 방식을 고려하는 데 비해, 후자는 사실상 논리적이거나 도덕적 문제—곧, 노력의 범주에 대한 해석, 그

---

2. 우리는 노력과 관련된 감각적 특질들의 명확한 인식을 대부분 페리에(Ferrier)와 더불어 제임스(James) 교수에게 빚지고 있다. 제임스 교수는 노력에 대한 세 관점 중 두 번째 입장을 취한 것으로 보인다. 모르기는 해도, 이러한 구분이 어떻게 그의 일반적 정서 이론과 조화될 수 있는가, 또한 그의 일반적 정서 이론을 구성하는 토대가—정신적인 것이 육체적인 것보다 우월하다는 것—어떻게 그의 단언, 곧 감각적 정서 이론이 그 정신적 중요성을 깎아내리지 않는다는 말(*Psychology*, Ⅱ. 453)과 부합할 수 있는가 하는 문제가 제기되어왔다.

리고 노력이 경험의 일부로서 지니는 가치―를 거론하고 있다. 결국 내가 말하고자 하는 논점은 바로 '육체적' 노력과 '정신적' 노력의 구분이 존재상의 종류의 문제라기보다는, 기능적 해석상의 문제라는 것이다. 한편, 나는 (사실 혹은 범주와 구분되는 것으로서) 노력의 의미가 감각적으로 매개된 것이라는 입장에 대해 어느 정도 내성적內省的 증거를 제시할 수 있기를 바란다. 그다음 그 점이 인정된다면, 노력의 심리학의 진짜 문제는 노력의 감각이 존재하는 경우와 존재하지 않는 경우 사이의 두드러진 '차이'를 발견하는 데 있는 만큼, 이 문제는 제기되었을 뿐, 해결된 문제가 아니라는 점을 지적하고자 한다.

[3] 이하의 인용 자료는 현재 다루고 있는 문제를 의식적으로 검토하기 위한 것이 아니라, 선택에 관한 사실들을 연구하는 과정에서 수집된 것이라고 말할 수 있다. 나는 이러한 간접적 출처가 이하의 인용 자료를 더욱 가치 있게 해줄 것으로 믿는다. 인용되지 않은 사례들도 상반된 의미의 보고가 없기 때문에 본질적으로 인용된 사례들과 동일하다고 본다. "나는 5분 안에 해결해야 할 문제를 놓고 의자 모서리에 앉은 채 의자 등받이에 왼쪽 팔을 기대고 의자를 돌려 앉아 있었다. 주먹을 아주 꽉 쥐어 손바닥에 손톱자국이 났고 호흡은 아주 빨라져 가슴에 압박감이 왔으며 눈을 빠르게 깜빡거리고 이를 악물고 있었다. 그리고 몸은 앞으로 많이 구부린 채 오른손으로 턱받침을 하고 있었다. 문제는 당일 내가 시市에 가야만 하는가 하는 것이었다. 내가 간다고 결심했을 때 출발하는 것보다 휴식을 취하는 것이 더 낫겠다고 느꼈다."

[4] 다음의 예는 이전에 외웠던 시의 구절을 상기하려는 시도와 관련된 것이다. "긴장감이 든다. 나는 이 긴장감이 내가 눈썹과 이마를 심하게 찡그린다는 것―특히 시선을 고정하고 한 곳에 집중하는 것―과 직접 관련된 것임을 발견했다. 동시에 전체적으로 신체 조직의 일반적 수축이 있다. 호흡작용은 감정적 부산물이 호흡을 깨뜨리는 경우를 제외

하곤 고요하고 느리며 규칙적이다. 운율은 구두 뒷굽의 가벼운 움직임이나 손가락의 움직임을 통해 보통 때처럼 유지된다. 회상回想이 진행되면 시의 장면 전체를 응시하고 바라보는 감각이 있다. 시선을 고정하는 것은 고된 읽기 때보다 훨씬 더 시력을 소모해 버린다.”

[5] 다음의 예는 한 저자를 이해하고자 하는 노력과 관련된다. “첫째로, 나 스스로 잇달아 숨을 들이쉬는 것을 의식한다. 내 이마는 수축하고 눈과 귀는 오그라들며 차단되는 것 같다. 사지四肢의 근육에 긴장이 따른다. 둘째로, 움직임의 느낌 혹은 앞쪽을 향한 돌진의 느낌이 있다. 나의 특수한 감각들은 상이한 사례에 따라 다르지만, 모든 사례에 공통된 것은 다음과 같다. 먼저 긴장의 느낌이 있고, 그다음 앞쪽을 향한 움직임의 느낌이 있다. 때때로 앞쪽을 향한 움직임은 마치 목적지에 이르는 길을 깨끗이 치우는 동안 물건을 좌우로 던지는 듯한 팔 근육의 느낌을 동반한다. 이따금 그 움직임은 길을 올라가는 느낌, 그리고 도달된 고지高地에 힘껏 발을 내딛는 느낌을 준다.”[3]

[6] 물론 나는 이런 사례들, 아니 수많은 이런 사례들이 노력의 의식이 갖는 감각적 특성을 증명해 준다고 생각하지 않는다. 논리적으로 보아 이런 진술들은 모두 개방적 해석이 가능한 것이다. 그런 만큼 우리가 여기서 관심을 두는 것은 어느 편인가 하면 노력의 본질이라기보다는, 노력의 산물 혹은 노력에 부수하여 일어나는 ‘결과’이다. 그러나 내가 이제껏 만나본 학생들은 모두 내성內省의 능력이 성장함에 따라 이러한 감각들이 자신에게 노력의 ‘느낌’을 가져다주는 것 같다고 보고했다. 더 나아가, 비록 논리적으로 확정적이지는 않지만 이러한 진술의 누적적 영향력은 대단히 큰 것이다. 많은 사람들은 자신의 근육을 전적으로 이완시키면 노력을 유지할 수 없다고 말한다. 빈번히 언급된 감각들은 호흡작

---

3. 다수의 추가적 연구 사례들은 정신적 노력을 동반한 근육의 수축과 운동이 유사한 리듬을 갖는다고 보고했다. 이러한 주제는 특별한 탐구 거리가 될 수 있을 것이다.

용과 연관된 것이다. 가령 숨을 멈추거나, 좀 더 빠르게 호흡하거나, 가슴과 목을 수축시키는 것 등. 다른 감각들도 있다. 얼굴을 찡그리거나, 고개를 똑바로 세우거나 고개를 비트는 것, 입술을 꼭 다물거나 주먹을 꽉 쥐는 것, 턱을 누르는 것, 명치 부분의 감각, 다리의 힘이 빠지는 것, 어깨를 들어 올리는 것, 보통 때보다 고개를 숙이는 것, 시야에 안개가 끼거나 어렴풋한 것, 눈에 보이지 않는 것을 보려고 애쓰는 것 등.

[7] 그런데 대체로 나는 어느 편인가 하면, 노력의 의미는 모든 형식에 있어 감각적 조건에 놓여 있다고 가정하고자 한다. 이러한 사실로 보면 (이것이 만일 사실이라면) 우리는 적합한 노력의 심리학을 입수한 것이 아니라, 단지 노력의 심리학 이론의 예비 단계에 와 있을 뿐이다. 이론적 목적상으로 보면, 이제까지의 노력의 개념은 단지 소극적 가치만을 가지고 있다. 즉, 그것은 다른 노력의 이론들을 뒤집어엎는 데는 유용하지만, 노력의 본질에 대해서는 어떤 명확한 관점도 제시해 주지 못하는 것이다. 경쟁하는 이론이 폐기 처분되자마자 관심거리로 등장하는 문제는 이것이다. 즉, 노력의 의식이 갖는 감각적 특성이 당연하다면, 다른 감각과 달리 노력의 감각만이 보여주는 구체적 '차이점'이 무엇인가 하는 것이다. 지금 우리가 알고 싶은 것은 노력의 경험과, 노력과 꼭 닮았으면서도 노력의 사례로 느끼지 못하는 경험을 구별하는 일단의 감각적 가치들이 무엇인가 하는 것이다. 내가 알고 있는 한 이러한 질문은 제기된 바가 없다.

[8] 그렇다면 노력으로 지각된 사례는, 이를테면 '태평스럽거나' 노력이 필요 없다고 지각된 사례와 어떻게 다른 것인가? 다시 말하건대, 그 차이는 전적으로 감각적 특질에 있을 것이다. 그렇다면 '어떤' 감각적 특질의 차이인가?

[9] 여기서 상이한 관점으로의 반전, 그리고 상이한 차원의 관념의 도입이 일어날 가능성이 있다. 그 차이점에 대한 설명으로 우리가 들을

수 있는 것은, 어떤 경우에 우리는 활동하는 느낌, 에너지를 쏟는 느낌을 갖는다는 것이다. 나는 특수 사례들을 통해 이런 대답을 하는 사람들은 모든 노력의 의식이 갖는 감각적인 질적 특성을 철저히 확신하는 사람들이라는 점을 발견했다. 생각해 보면 그 해명은 이러하다. 즉, 관점이란 부지불식간에 하나의 정신적 사실, 직접적 의식의 사실로서의 노력에서, 하나의 객관적 또는 목적론적 사실로서의 노력으로 이동한다는 것이다. 노력의 감각에 대해서는 그만 살펴보고, 노력이라는 경험의 관련 사항 혹은 의미를 생각해 보자. 에너지를 쏟는 노력은 모든 정신적 사건에도 똑같이 수반된다. 노력은 긴장의 감각에 존재하는 것처럼 편안함의 감각에도 똑같이 존재한다. 극심한 노력을 느끼는 경우보다는, 노력을 느끼지 못하는 극도의 몰입이나 관심을 기울이는 사태에 더 많은 노력이 들어있을 수 있다. 예컨대, 교향곡을 들을 때 혹은 미술관을 둘러볼 때 발휘되는 정신 물리학적 에너지와, 벽면에 움직이는 작은 반점斑點에 시선을 고정하려고 할 때 발휘되는 에너지를 비교해 보라. 즉, 객관적으로 측정되는 에너지를 비교해 보자는 것이다. 전자의 경우, 존재 전체가 강렬하게 활동하는 것이지만, 그럼에도 당시에는 노력한다거나 긴장한다거나 하는 의식이 전혀 없을 수 있다. 후자의 경우, 객관적으로 보면 아주 하찮은 활동일 수 있지만, 그럼에도 긴장의 의식은 의식적 경험상 매우 중요한 것일 수 있다. 어떤 경우에는, 객관적 사실로서 노력과 정신적 사실로서 노력이 마치 거의 정반대의 관계처럼 보일 수도 있다. 단조로운 신체적 운동이 무한정 반복되는 경우, 일반적으로 드러나는 사실은 '활동'을 통해 (마치 어떤 동력 측정기로 재어본 것처럼) 객관적으로 어떤 일을 완성하는 한 노력의 감각이란 거의 없다는 것이다. 일시적으로 힘을 다 써버리고 실제로 행위를 멈추어보라. 그러면 노력의 감각이 최고점에 이를 것이다. 힘의 고저를 되풀이해 보라. 그러면 즉시 가볍고 편안함의 감각이 있을 것이다. 어쨌든 노력과 편안함의 감각은 객관

적으로 측정된 활동 변화에 뒤따르는 것일 뿐, 결코 그 변화에 앞서 일어나는 것이 아니다.[4]

[10] 따라서 우리의 관심은 정신적 활동이 존재하는가, 존재하지 않는가, 혹은 심지어 정신 물리학적 활동이 존재하는가, 존재하지 않는가 하는 데에 있는 것이 아니다. 이런 문제를 언급하는 것은, 노력을 의식하는 사례와 편안함을 의식하는 사례의 '차이점'을 제시하는 일인 만큼 잘못된 것이라기보다는 부적절한 것이다.

[11] 그렇다면, 우리는 어디서 차별적 요소를 찾아볼 수 있는가? 아주 단순한 있을 법한 예를 들어보자: 나는 몇 피트 거리를 두고 대략 뚜렷이 보이는 한도 내에서 종이에 찍힌 희미한 자국의 정확한 형태나 특성을 찾아내고자 애쓰고 있다. 여기서 노력의 감각을 느끼는 특수한 감각 운반 장치가 있다면 무엇일까? 내관적으로 보면 그 대답은 아주 간단하다고 생각한다. 노력을 느끼는 경우 보통은 모종의 융합된 감각적 특질들이 의식 속에서 분리되고, 그렇게 분리될 때 감각적 특질 간에는 불쾌한 기분을 동반한 변경과 진동이 있다. 또한 감각적 특질들이 다시 융합될 때는 쾌적한 기분을 동반한 변경과 진동이 있다. 더욱이, 감각적 특질들이 따로 갈라져 있는 동안 일어나는 의식상의 분리는 온전한 것이 아니며, 적어도 희미하나마 융합된 감각적 특질의 심상이 존재한다. 구체적으로 말하면, 일반적 혹은 정상적 시각에서는 시선을 고정할 때 안구 운동 감각과, 빛과 색깔의 시각적 감각 사이에는 의식적 구분이란 없다. 이 두 가지 감각은 아주 긴밀하게 융합되어 있어 의식 내부에는 단지 하나의 특질만이 있을 뿐이다. 이런 경우에는 편안함의 느낌이 있으며, 혹 편안함이 없더라도 최소한 노력의 감각이란 없다. 다른 경우라면, 가령 눈살을 찌푸리거나 머리를 흔들리지 않게 하거나 호흡을 일정

---

4. Lombard, *Journal of Psysiology*, 1892.

하게 하는 데 부합하는 감각들은―운동 기관의 전체적 조정으로―그것들 자체가 독립적으로 의식에 들어온다. 요즈음 우리는 운동 조절을 하는 경험에서 만족감을 얻는 데 익숙지 않다. 적합한 감각들은 그것들 자체로 가치 있고 관심 있는 것이 아니라, 특수한 소리, 색깔, 접촉의 특질들 혹은 그 밖의 감각들이 습관적으로 도입하는 특질들로 인해 가치 있고 관심 있는 것이다. 우리의 경험상 거의 99퍼센트는, '근육의' 감각들이 단지 무엇인가 목적을 둔 다른 경험 혹은 경험할 때 만족을 주는 다른 경험으로 넘어가는 것을 느낀다. 이리하여 어떤 다른 경험을 예상하는 기대의 습관은 운동 경험의 정상적 연상물聯想物이 된다. 기대의 습관은 정신적 휴식처가 아니라 외변外邊, fringe, 즉 '경향성'으로서 느끼는 것이다.[5] 기대의 습관이 동인動因으로 남아있을 때마다, 또 긍정적 가치를 띤 다른 감각적 특질들의 기대가 충족되지 않을 때마다, 최소한 일시적이나마 헛수고와 좌절의 느낌 혹은 실패에 따른 초조감이 있다. 불쾌한 기분이 언급되는 것도 이러한 까닭에서다. 그러나 우리가 예시한 사례들을 보면, 단순히 습관적 타성에 젖어 기대한 결과를 얻지 못했다는 것보다 더 본질적인 것이 있다. 목적을 둔 결과의 심상이 지속된다. 그러면 그 심상은 부분적인 운동 특질과 대조되어 불완전성의 감각을 강조하고 강화한다. 말하자면, 누군가 지속적으로 작은 반점이―달걀 모양이든, 모난 모양이든,―어떤 특별한 형태를 띤 것, 즉 잉크 자국이나 파리 얼룩과 같은 일정한 특징을 갖춘 것으로 상상한다고 해보자. 그러면 이

---

5. (역주) '외변'이란 윌리엄 제임스(W. James)가 쓴 용어로서 존재하는 사고 대상과 부재하는 사고 대상 사이의 관계를 보여주는 경향감(feeling of tendency)이다. 우리의 의식은 늘 이전에 경험한 대상에 의해 각인된 가운데 새로운 대상을 지향하게 되는데, 이때 사라져가는 심상들과 새롭게 동트는 심상들 사이에 존재하는 관계의 이행감이 '외변'이다. 이에 대해서는 조상식(2005),『윌리엄 제임스: 교육론』. 서울: 문음사. 261-2쪽; W. James, 1890: *The Principle of Psychology*. 정양은 역(2005).『심리학원리 1』. 대우고 전총서 013. 서울: 아카넷. 455쪽. 참조). '외변'에 대한 듀이의 관점에 대해서는 본서 제 11장 각주 7) 참조.

러한 이미지는 저절로 의식에 떠오르는 운동 조절 감각에 의해 지속적
으로 간섭받는다. 각각의 경험은 완전 상태에 도달할 때까지는 다른 경
험에 침투하고 다른 경험을 해체한다. 운동 조절과 별개로 (다시 말해,
누군가 몽상의 상태에 빠져) 다섯 면을 지닌 잉크 자국의 이미지를 받아
들인다고 해보자. 혹은, (누군가 심리학자의 자격으로 근육의 감각들을 연
구하기 시작할 때처럼) '근육의' 감각들이 그 자체로 온전한 움직임을 보
인다고 해보자. 그렇게 되면, 모든 노력의 감각은 사라진다. 노력의 감각
을 구성하는 것은 바로 습관의 결핍으로 인한 불유쾌한 기분을 동반한
대립 의식이다.

[12] 노력에 수반되는 몇몇 현상들에 이런 분석 조건을 적용하는 것
은 유용한 일일 것이다. 첫째로, 그것은 이전에 사용한 관념들 밖에 있
는 일단의 개념들에 의존할 필요가 없이, 피로가 증대된 노력의 감각을
설명할 수 있게 해준다. 피로감은 노력을 증진시킨다. 왜냐하면, 피로감
은 그야말로 현재 습관이나 목적의 지배적인 이미지로의 몰입이나 융합
에 저항하는, 일단의 새롭고 뚜렷한 감각들을 의식에 떠올리기 때문이
다. 다른 노력 이론들에 따르면 피로가 노력의 감각을 증진시키는 까닭
은, 피로가 순전히 힘을 소모한 것이며, 주의를 흩트리는 요소들이 도입
된 것이기 때문이다. 다시 말해, 다른 노력 이론들은 어떤 정신 외적 요
소에 의존해야 함은 물론, 그 밖의 관련 요인들과는 이질적인 요소에 의
존해야 하는 것이다. 더 나아가, 이러한 노력 이론들은 피로의 느낌이 제
압되면 불쾌함이 멈춰지고 유쾌한 나른함이 일어날 수 있다는 사실을
설명하지 못한다.

[13] 이와 비슷하게, 우리는 새로운 행위의 숙달과 관련하여 노력의
감각과 연관된 사실들을 설명할 수 있을 것이다. 자전거 타기를 배우는
동안 터무니없는 과도한 노력과, 힘이 완전히 빠져버린 상태가 번갈아
나타난다고 해보자. 누군가 자전거를 타기 전에 어쩌면 균형을 유지하

며 움직이는 자신의 모습에 대해 제법 명확한 시각적 이미지를 가질 수 있을 것이다. 이러한 이미지는 바람직한 것으로 지속된다. 다른 한편, 거기에는—대부분 걷기와 관계된—익숙한 운동 조절의 의식이 동시에 작동하기 시작한다. 이 두 가지 부류의 감각은 서로 일치하지 않는다. 그 결과, 세상의 가장 심각한 문제들과 관련된, 상당한 압박과 긴장이 있게 된다. 혹은, 다시 충돌이 일어나 좀처럼 조절되지 못하므로 균형의 이미지는 사라지고, 얼마 안 가서 수많은 '근육'의 감각들만 있다고 느끼게 된다. 곧, 노력이 완전히 자취를 감춰버리는 것이다. 나는 극단적 예를 들었다. 그러나 확실히 우리는 누구든 낯선 작업을 다루는 데 있어 틀림없이 이와 같은 노력의 교체에 익숙하다. 이는 전면적 마음의 방황 그리고 노력의 실패로서, 객관적 목적의 중요성과는 전혀 어울리지 않는 것이다. 만약 노력의 감각이 두 가지 부류의 감각적 심상 간에 양립 불가능한 감각이고, 그중 하나가 도달해야 할 목적이나 습관의 완성을 나타내고 다른 하나가 목적에 도달하는 데에 방해가 되는 경험을 나타낸다면, 이런 교체 현상들은 바로 예상할 수 있을 것이다. 그러나 만약 우리가 '정신적' 노력 이론에서 출발한다면, 설명해야 할 사실들을 그저 실체화하여 반복하는 것 말고는, 그 이상의 어떤 설명도 알지 못할 것이다.

[14] 아마 독자들에게는 이미 다음의 사실이 떠올랐을지도 모른다. 즉, 노력의 의식에 대한 감각적 특성 이론을 그저 무턱대고 내던져버리지 말고 분석을 해보면, 그 이론이 상식에 정면으로 반하는 느낌은 사라진다는 것이다. 만약 우리가 앞서 나온 분석을 정신적 조건이 아니라 객관적 조건으로 진술한다면, 노력이란 정확히 목적과 수단 사이에 존재하는 대립의 느낌이라고 말할 수 있을 것이다. (색깔, 소리, 접촉과 같은) 질적 특성을 지닌 운동 감각적 이미지는 의식적으로 바라는 것이든, 습관의 정점을 제공하는 것이든 목적을 나타낸다. '근육의' 감각들은[6]

그 자체로 가치가 결부된 것이 아니라, 본질적으로 가치 있는 의식의 중재자로서 수단이요 경험을 나타낸다.

[15] 실제적으로 말하면, 이것이 뜻하는 바는 노력이란 행위에 있어 수단과 목적 간의 긴장 바로 그것이며, 노력의 감각은 이러한 대립의 의식을 뜻한다는 것이다. 무엇인가에 발부리가 걸린 것 같은 그런 경험의 감각적 특성은, 조절의 긴장이 단지 관념적인 것이 아니라 현실적이라는 것(즉, 실제적이라는 것)을 의미한다. 조절의 긴장은 생존을 위한 투쟁으로 지속된다. 조절의 긴장은 구체적 특질과 가치의 세계에서 현실화를 위한 투쟁이므로 오직 가능한 매개물을—한편으로 특수한 감각들, 다른 한편으로 근육의 감각들을—통해서만 느끼게 된다. 이러한 설명은 노력을 부정하거나 깎아내리는 것이 아니라 그 중요성을 부각시키는 것이다. 확실히 노력의 상식적 가치는 질적 특성을 지닌 현실 세계의 변화 이전에 일어난 어떤 초월적 행위가 아니라, 엄밀히 실제적 영역에서 일어난 이런 재조정에 있다. 그리고 누군가 노력을 의식하는 것이 호흡의 변화, 근육의 긴장 등의 감각과 같다는 말을 듣고 다소간 아연실색했다면, 그것은 내가 보기에 어느 편인가 하면, 그가 그러한 감각들이 효과적 실현의 상황을 보고한다는 사실을 들은 것이 아니라 듣지 못했기 때문에 일어난 일일 것이다.

[16] 상식적 처리를 바라기보다는 좀 더 분석적 고려를 해보자. 노력을 순전히 초감각적 영역으로 귀속시켜서는, 노력의 '정신적' 본질에 대해 무엇을 얻을 수 있을지 알기 어렵다. '정신적인 것'을 시공간적 결정을 뛰어넘는 존재 영역을 의미하는 것으로 해석한다면, 그것은 기껏해야 형이상학의 요소일 뿐, 심리학의 요소일 수 없다. 더구나 '정신적인 것'을 형이상학의 요소로 보는 입장은, 실제적 삶의 가치를 실현하는 전체적

---

6. 아마 힘줄, 관절, 내적 접촉 등의 감각들은 '운동 조절의 전체적 보고'라는 말로 의미를 진술하는 것이 좋을 것이다.

과정에서 정신적인 것의 의미를 찾는 이론과 경쟁을 피할 수 없다. 나는 노력의 비감각적인 질적 특성을 옹호하는 사람들 중 그 누구도 이제까지 노력의 경험에 대해 매우 상세한 분석을 했다는 말을 들어본 적이 없다. 그러나 선행先行된 감각으로서 노력에 대해, '정신적' 측면뿐만 아니라 '신체적' 측면에서도 가장 철저하게 진술한 볼드윈Baldwin 교수의 설명은 아주 명확한 듯하다. 한 구절을 옮겨보자. 노력은 "소위 자아와 근육의 저항 사이에 존재하는 뚜렷한 대립 의식"이다. 이제 근육의 저항을 의식한다는 것은, 그것이 어떤 사태를 뜻하든 간에 감각을 수반한다고 보일 것이며, 그런 만큼 노력을 의식한다는 것은 감각이 중재된 것으로 보일 것이다. — 이러한 진술은 가설과 다른 것이다. 더군다나, 자아 일반과 근육 일반 간에 어떻게 대립 의식이 존재할 수 있는가를 알기란 극히 어려운 일이다. '자아'가 실제로 무엇인가를 하기 시작할 때까지, (물론 이때도 감각들이 있다) 어떻게 근육이 자아와 대립할 수 있는가? 그리고 자아가 참으로 무엇인가 하기 시작할 때조차 근육 그 자체가 어떻게 자아와 대립할 수 있는가? 행위가 낯선 것이기 때문에 우리가 확실히 입수한 것이 그저 하나의 통일된 의식을 갖는 데 따른 어려움의 한 사례에 불과하다면,—습관적 움직임의 감각 운동적 심상은 새로 제안된 감각적 심상과 통합되지 못할 것이고 거기엔 대립 의식이 존재할 것이다. 그러나 이것은 근육이 자아에 저항하는 사례가 아니라, 자아가 분리된 활동의 사례다. 이 말이 뜻하는 바는, 이미 진행 중인 활동은 (그러니까 감각적으로 보고하는 활동은) 새롭게 시작되는 다른 활동에 의해 대체되거나 변형되는 것에 저항하며 감각적 보고를 만들어낸다는 뜻이다.

[17] 그러나 볼드윈 교수는 명백히 상이한 또 다른 진술을 내놓고 있다. "그러므로 모든 자발적 운동에 있어서는 움직이려는 의지, 즉 특수한 운동 관념에 주의를 기울이는 결정보다 앞선 결정이 있다."Baldwin, p.

342 반복적으로 암시되었듯이, 노력에 있어 진짜 난점은 근육의 실행에 있는 것이 아니라 의식 속에서 특정한 관념을 견지하는 데에 있다. (사실상, 볼드윈의 저작 동일한 페이지에는 심지어 근육의 작동에 있어서도 진짜 노력은 관념에 "주의를 기울이는" 데서 발견된다고 분명히 언급되어 있다.) 이제 이러한 진술은 근육이 자아에 저항한다는 모양새를 피한다는 점에서 확실히 다른 진술보다 선호할 만하다. 그러나 지금 저항은 어찌 되었으며, 이에 따라 노력은 어찌 되었는가? 자아와 대립하는 것으로 남은 것이 있는가? 순수 관념으로서 하나의 관념이 저항하며 노력을 요구할 수 있는가? 그리고 저항이—간신히 자아라고 볼 수 있다면—자아를 향해 가해지는 것이 맞는가? 아마도 이와 같은 질문들은 설명의 추상성을 지적하는 데 유용할 것이고, 또한 '현재의 활동 변화를 제안할' 때를 제외하곤 결코 노력을 느끼지 못한다는 사실을 제안하는 데도 유용할 것이다. 이 경우 노력이란 현재 행위를 지속하는 것에 반하여 새로운 관념을 도입하는 데 집중될 것이다. 그렇지 않다면, 암시된 변화에 저항하여 기존의 습관을 유지하려고 들 것이다. 전자의 경우 새로운 활동은 아마 의무의 범주에 넣을 수 있을 것이고, 후자의 경우 새로운 활동은 유혹이나 정신 산란의 범주에 넣을 수 있을 것이다. 그러나 둘 중 어느 쪽이든, 노력이란 하나의 행위를 이루는 요소들의 조절과 관련된 것이라고 느낀다. 둘 중 어느 쪽도 오로지 자아만은 아니며, 그렇다고 해서 옛 요소도, 새로운 요소도 아니다. 특별히 자아라고 선택된 요소는 행위 상황에 따라 변화한다. 어떤 시기에는 결과나 목적이 자아로 간주되고, 기존 습관이나 행위 방식은 바람직한 자아실현을 방해하는 것으로 간주되기도 한다. 그다음 국면으로 결과가 아주 잘 규정되었다면, 습관이나 기존의 행위 노선은 그런 결과에 도달하는 유일한 수단이나 도구인 만큼 자아로 인식된다. 그리하여 이상理想은 '자신을 넘어' 있지만, 자아에 저항하면서도 자아를 이끄는 그런 것으로 인식된다.

[18] 노력의 감각이 오직 현재 활동에서 마음먹은 어떤 변화에 관해서만 일어난다는 것, 또한 현재 활동이 어쨌든 그 자체의 감각적 파트너를 가지고 있다는 것, 노력의 감각이 이런 사실과 관련되는 한, 나는 그 누구도 이와 같은 해명에 이의를 달 것으로 생각하지 않는다. 의심은 마음먹은 결과에 관해서나, 혹은 정신이 산만할 때 일어날 가능성이 더 많다. 누군가 의심은 순수 관념이고 활동이 아니므로 감각적 보고가 없다고 말할지도 모른다. 그러나 누구든 의심을 순수 관념으로 보는 사람이라면 심미적 관조와 같은 관념의 논리적 조작의 예와 노력의 감각적 사례 간의 '차이점'을 설명할 수 있어야 한다. 나는 무슨 일인가 해야 한다고 생각할 수 있다. 그런데 그 일이 내게 혐오스러운 것이다. 이 경우 나는 그 일을 해야 한다고 말하고 나서, 그 일을 해야 한다는 생각을 의식 속의 한 관념이나 대상으로 간주할 수 있고, 또 그 생각을 모든 면에서 숙고하고 몇 번이고 집중해서 단맛이든, 쓴맛이든 곱씹어볼 수 있을 것이다. 그럼에도 확실히 노력의 감각은 없을 수도 있다. 나 자신의 관찰에 따르면 신뢰할 수 있는 것은 오직 이것뿐이다. 즉, 무슨 일인가 해야 한다는 생각이 최소한 초기 행위 혹은 불완전한 행위에 침투하여 무엇인가 다른 행위 노선을 향하게 될 때 비로소 노력의 감각이 일어난다는 것이다.

[19] 다시 말하면, 노력의 감각은 저항에 맞서 투쟁하는 활동이 있기 때문에 일어나는 것이 아니며, 외부의 장애물을 극복하려고 애쓰는 자아가 있기 때문에 일어나는 것도 아니다. 노력의 감각은 활동 속에서 일어나되, 하나의 단일한 전체 속에서 분리된 요소들을 조정하려는 시도를 나타낸다. 여기서 활동이란 형식적인 것이 아니라 실제적이고 특수한 것이다. 활동은 확실히 무엇인가를 명확히 하는 행위를 의미한다. 시간이 걸릴 수밖에 없는 하나의 행위는 필연적으로 행위들의 충돌을 품고 있다. 시간이 요구된다는 것은 단지 통일성이 결여된 결과일 뿐이다.

실행을 중재하는 과정인 수단의 사용은 이제까지 분리되고 독립적 행위들을 해체하는 과정이요, 동시에 해체의 결과물 또는 단편적 조각들을 하나의 단일한 행위로 결합하는 과정이다. 만약 행위들의 분할이 없고 충돌의 결과가 없다면, 행위나 조정은 단번에 이루어질 수 있을 것이다.

[20] 충돌하는 행위들의 요인 하나는 결과나 목적을 두고 일어난다. 처음에 결과나 목적은 대응 혹은 반응을 하는 단서와 동기를 부여하는 감각적 심상이다. 앞서 인용된 사례로 보면, 색깔이 있는 작은 반점의 심상이 머리와 눈 근육의 움직임을 결정한다.[7] 우리는 운동 반응을 행위로만 보는 경향이 있고, 심상을 단지 정신적인 것이나 순수 관념적인 것으로만 보는 경향이 있다. 이러한 경향을 띠는 이유는, 심상이 이미 존재하고 있으므로 심상의 능동적 측면을 무시해도 아무 문제가 없다고 보기 때문이다. 심상은 이미 그 영역을 점유하고 있으므로 존재를 유지하기 위한 어떤 의식적 활동도 필요하지 않다는 것이다. 근육의 움직임은 바라는 결과에 도달하는 수단이 되므로 아주 중요한 것, 즉 '그 행위'가 된다. 이는 다음의 일반적 원리와 일치된다. 즉, 주의란 조정을 형성하는 과정에서 항상 가장 취약한 부분에 가기 마련이며, 여기서 가장 취약한 부분이란 습관의 직접적 통제를 가장 적게 받는 부분이라는 것이다. 습관은 행위로만 인식되므로, 습관을 벗어나 있는 모든 것은 저항하는 것으로 인식된다. 이와 같은 인식은 실재하는 사태가 있고 거기에서 서로 대립하는 두 행위가 있으나, 이 행위들이 새로운 제삼의 포괄적 행위로 전환된다는 사실을 외면하는 것이다.

[21] 내가 보기에, 여기서 노력의 엄청난 중요성에 대해 우리가 들을

---

7. 우리가 잊지 말아야 할 것은, 감각 자극과 운동 반응은 사실상 둘 다 감각-운동이라는 것, 그리하여 자극과 반응 각각은 그 자체로 하나의 행위 또는 하나의 정신적 전체라는 것이다. 이 점에 대해서는 Psychological Review(1896년 7월)에 실린 나의 논문 "The Reflex Arc Concept"를 참조. (이 논문은 서던 일리노이 대학교에서 간행한 듀이 전집(*The Early Works of John Dewey*, V. 96-109)에 실려 있다.)

수 있는 최대의 적합한 설명을 접한다. 그것은 제임스James 교수가 아주 확고하게 말했던 것이다. 노력의 중요성은, 외부의 물리적 저항과 투쟁하는, 자유로운 정신 활동의 유일한 증거라는 데 있는 것이 아니다. 노력이 중요한 것은 과거의 습관을 새로운 조건에 맞게 재구성하거나 조절하는 과정에 있을 때는 언제나 일어나는 행위적 진보의 임계점이라는 사실에 있다. 만약 과거의 습관이 그렇게 재적응되지 못한다면, 삶은 보수주의 관례, 판에 박힌 일과, 그리고 과도한 무기력 상태에 빠지고 말 것이다. 새로운 조정이 일어나려면 과거에 조정된 상태가 다소간 깨어져야 한다. 그리고 과거의 조정을 깨는 유일한 방식은 이전의 조정과 무엇인가 다른 조정을 서로 충돌하는 상태로 들여오는 데 있다. 즉, 각각 하나의 습관이나 결과를 나타내는 두 행위의 충돌은 보다 포괄적 결과를 가져올 새로운 행위에 도달하는 필요조건인 셈이다. 신체적 상태의 감각은 우리에게 이런 충돌과 재조정을 보고해 준다. 이 말이 뜻하는 바는, 재구성의 진행이 행위의 재구성일 뿐, 단순한 관념의 재구성이 아니라는 것이다. 전반적 편견이 있는데, 그것은 노력에 감각적 특질을 부여하면 정신적 의미의 노력을 잃어버린다고 생각한다는 것이다. 이러한 편견은 하나의 관념이 어찌 되었든 행위라기보다는 정신적인 것이 아닌가 하는 생각의 잔재일 뿐이다.

[22] 이제까지 나는 노력을 주의로 설명하고자 하는 시도에 대해서는 의도적으로 일절 언급하지 않았다. 나의 경험으로 보면, 이런 설명 방식은 설명을 하는 것이 아니라 난점을 다른 곳으로 옮길 뿐이며, 동시에 난점의 해결을 요구함으로써 사태를 더욱 모호하게 만드는 것이다. 여기에는 주의가 '베데스다Bethesda'의 심리적 연못이 될 수 있다는 다소간의 위험성이 도사리고 있다.[8] 만약 우리가 관념 연합주의

---

8. (역자주) '베데스다'는 요한복음 5장 2-9절에 나오는, 병을 고치는 효험이 있다는 기적의 연못을 말한다.

associationalism의 손아귀에서 벗어나서 주의 집중주의attentionalism에만 빠져들었다면, 우리의 심리학적 조건을 거의 개선할 수 없었을 것이다. 그러나 누군가 앞선 설명이 주의의 견지에서 본, 노력에 대한 구체적 분석이라고 말할지도 모른다. 여기서 심리학적 오류psychological fallacy가 우리를 엄습한다. 우리는 관찰자의 주의인 객관적 사실로서 주의와, 의식적으로 경험한 주의를 혼동한다. 한 관찰자는 어떤 사람이 온전히 몰두하는 동안 그가 얼마나 주의를 기울였는지 말할 수 있을 것이다. 혹은, 누군가 그렇게 몰두한 이후 회상을 하면서 자신이 얼마나 주의를 기울였는지 말할 수 있을 것이다. 그런데 무엇인가에 몰두한다는 것은, 오직 그 몰두하는 내용이 의식 속에 있다는 것일 뿐, 주의 자체를 뜻하는 것은 아니다. 우리가 주의를 기울이고 있다는 것을 의식하는 경우는, 오직 우리의 주의가 분산될 때만, 오직 서로 경쟁하는 두 가지 주의의 중심점들이 있을 때만, 또한 오직 하나의 관념군觀念群으로부터 다른 관념군으로의 진동이 있을 때만, 이에 더해 이전의 두 관념군을 포괄하는 제3의 관념군을 향한 경향성이 있을 때만 일어난다. 주의를 기울이는 데에 긴장감이 있다는 것은 주의의 활동에 부합한다기보다는, 주의 자체가 아직 온전하지 못하다는 증거다.

[23] 두 가지 현존하는 습관을 상호 적합하게 하여, 주의와 새로운 행위 형성의 일체성을 확립하는 것은 우리의 현재 목적과는 너무 동떨어진 것일 수 있다. 그렇지만 내가 믿기에, 주의의 감각이 이미 언급한 충돌의 조건에서만 일어난다는 사실을 인정하는 데에는 주저할 필요가 없다.

|제 10 장|

실재는 실제적 성격을 소유하는가?

Does Reality Possess Practical Character?, 1908: MW4. 125–142

■

이 글에서 듀이는 전통적 실재 개념을 변혁하려는 시도를 한다. 즉, 실재는 외부에 고정적으로 존재하는 것이 아니라 삶을 살아가는 개인의 경험과 밀접한 관계를 맺는다는 것이다. 전통적 이원론에서는 인간의 경험과 분리된 영원불변하는 실재를 상정한다. 그러나 듀이는 전통적 이원론을 "인식론이라 불리는 고질병인 지적 아관경직증牙關硬直症의 부류"에 속한다고 비판하면서, 실재의 지위를 형이상학적 실재로부터 현실적 삶의 세계로 끌어내린다. 이러한 듀이의 관점에는 "실재가 실제적 성격을 가지며, 이런 실제적 성격은 지성의 기능 속에서 가장 효과적으로 발현된다"는 프래그머티즘의 정신이 깔려 있다. 지성의 기능 속에서 실재의 실제적 성격이 발현된다는 것은, 실재가 더 이상 초월적인 것이 아니라 삶의 실제적 사건과 문제 상황을 해결하는 데서 재구성되는, 가변적인 것임을 뜻한다. 이처럼 실재와 경험이 분리된 것이 아니라 삶의 실제적 사건, 상황 속에서 용해되는 것이라면, 유의미한 지식 또한 이러한 실재를 충분히 반영함으로써 성립된다고 보아야 한다.

I.

[1] 최근에 나는 비록 그 자체로는 대단치는 않다고 하더라도 현재 철학적 상황의 징후 양상이라 할 만한 경험을 했다. '선험적' 사고의 기능이 지식의 구성에 필연적이라는 신칸트적 개념을 비판하는 데 있어 그 근본적 가정, 즉 모든 객관적 인식 이전에 당연히 정신적 상태 혹은 주관적 인상이라고 불리는 존재가 있다는 것, 그리고 이에 따라 정신적 상태나 주관적 인상을 안정되고 일관된 관련성의 세계로 정돈하는 데 어떤 선험적 기능이 필요하다는 것, 이러한 가정을 부정하는 것이 적절한 일이 되었다는 것이다. 이른바 원천적인 정신적 자료들은 사실상 양립 불가능한 충격의 상태를 통해 객관적 사태를 재조절하거나 변경하는 전환점이 된다는 사실도 논의되었다. 이러한 교의는 '주관주의'의 탄원과 부딪치게 된다! 주관주의에 입각한 사람에게 이러한 교의는 자연주의적, 윤리적 근거에서 주관주의의 근본 명제에 대한 비판으로 보였다. 어째서 이와 같은 해석상의 분기점分岐點이 나오게 되었는가? 저자가 판단할 수 있는 한, 그것은 다음과 같은 사실에 기인한다. 즉, 결핍과 필요, 갈등과 충돌, 욕망과 노력, 손실과 만족과 같은 실제적 삶을 이루는 모종의 특징적 사태들이 명백히 실재와 관련되어 있으며, 더 나아가

인식 작용의 기능과 구조도 이런 실제적 특징들과 조직적으로 관련되어 있다는 것이다. 이러한 관념은 의심할 바 없이 혁신적인 것이다. 어쩌면 후자, 곧 인식 작용의 기능과 구조에 대한 관념은 다소간 혁명적일지도 모른다. 전례에 비추어보면, 적대감을 품은 비평가들은 손쉽게 사실과 해석상의 특수한 오류들을 지적할 수도 있을 것이다. 그러나 그렇지 않다. 보다 단순하고 보다 효과적인 방법은 무정부적 주관주의 전부를 폐기 처분하는 데 있다.

[2] 이 문제는 여전히 생각해 볼 거리로 남아있다. 나는 단지 하나의 해석을 발견할 수 있었다. 즉, 현대 철학에서는 실제적 성격을 가진 모든 것을 '그냥' 사적인 것으로 취급한다는 것이며, 여기서 '그냥'이라는 말은 보편적 권한을 갖는 법정의 합당한 지위마저 부정하는 힘을 지닌다는 것이다.[1] 이러한 개념은 내가 보기에 현대 철학에서 중대하게 무시된 가정이다. 실제적 교의를 꺼리는 많은 사람들은 그 교의가 명시적으로 공식화될 경우 필사적으로 그 이면의 함의含意에 매달린다. 그러나 확실히 하나의 근본적 가정으로 보면, 이러한 경향은 순전한 편견이요, 문화적 살아남기일 뿐이다. 만약 우리가 철학적 논의의 전통을 폐기하고, 현재 가장 능동적인 경향들로부터—예컨대, 사회생활, 과학, 문학, 그리고 예술에서 노력하는 것들—새롭게 출발하는 철학을 가정한다면, 그 어떤 철학적 견해도 갑자기 튀어나와 신뢰를 얻는 일은 거의 상상할 수 없을 것이다. 철학적 논의의 전통에서는 사태를 보는 데 있어 실제적이고 개인적인 것에는 폭넓은 여지를 주지 않고, 혹 그런 여지를 줄 때에는 피상적이라든가 단순히 주관적이라는 등등 얕보는 듯한 용어를 구사했다. 온건하게 말하자면, 어째서 삶에 비극과 희극, 그리고 풍자를 가져다

---

1. (역주) 여기서 나타난 '현대 철학'의 문제점은 실제적인 것을 하찮은 것으로 평가절하하고 실제적인 것이 갖는 긍정적 가능성마저 부당하게 묵살한다는 것이다. 이런 경향을 폐기하는 것이 듀이의 실재관(實在觀)을 이해하는 데 중요하다.

주는 것을 고려 대상에서 제외해야 하는가? 의심할 바 없이 이른바 삶이라는 것, 우리가 진정으로 중요하다고 여기는 것이 사태의 전부는 아니며 그 일부일 뿐이다. 그렇지만 이 일부란—만약 철학자가 지혜를 사랑하는 고대적 존엄성을 전적으로 포기하지 않았다면—그에게 가장 중요한 부분이다. 인간적이고 자유로운 관심사가 관련되는 한 정치, 산업, 종교, 예술, 그리고 과학에서 개인과 사적인 것이 중대하게 보이는 시대에 사적인 것이 등장할 때마다 철학이 이런 현상주의라는 뜻이 분명치 않은 말에 만족한다면, 철학은 어떤 모양이 될 것인가? 과학이 진화의 관념을 써서 세계에 주도主導와 변이, 경쟁과 도태의 원리를 도입했을 때, 그리고 사회적 세력이 삶의 행위를 위한 권위로서 절대적, 정태적 독단을 폐기 처분했을 때, 철학이 이런 상황의 직시를 거부하는 것은 불성실한 것이다. 필요, 압박, 긴장, 투쟁, 그리고 만족을 단순히 사적인 일로 귀속시키고, 그런 사적인 일을 이도 저도 아닌 것으로 가두어버리는 것은[2] 말할 필요도 없이 대대로 내려오는 편견을 생각 없이 반복하는 일로 보일 뿐이다.

　[3] 전통의 답습에서 이탈할 때, 우리가 발을 디딜 곳은 지식이 실제적 사태의 기능과 맺는 관계에 있다고 보인다. 독자가 좋다면, 실재 그 자체를 '실제적인' 것이라고 해두자. 그러나 이런 실제적 특성이 진리의 방주方舟에 불경스러운 손을 없게 해서는 안 된다. 삶을 해석하는 모든 새로운 방식은—모든 새로운 교의는—반 율법주의라는 부담에 부딪히게 된다. 관습에 얽매인 상상력이 제한점들이 풀리고 억제 사항들이 제거되는 것을 포착한다. 그러나 그렇다고 하여 새로운 관념이 가져오는 불가피한 책무와 검사들마저 면제받는 것은 아니다. 그리하여 지식이 사태에 영향을 미친다는 관념은—그런 일을 잘 수행할 필요성 또한 정당

---

2. 원문: the limbo of something which is neither flesh, fowl, nor good red herring.

한 영향을 미칠 필요성으로 인해—이제껏 지성이 결코 알지 못했던 유대 관계에 놓여 있었다는 것을 모르는 사람들에게는 무법적인 것으로 보인다. 가령, 이런 사람들은 무엇보다도 철학에서 낱낱의 행위절차를 아주 가볍게 무책임하게 본다거나, 지성의 역사적 결실에 대해서도 아주 무책임하게 마땅치 않아 하는 것이다.

[4] 지식이 사물에 내적, 외적으로 영향을 미친다는 관념은 어째서 앞서서 반대할 만한 것인가? 누군가 실재가 최종적으로 하나의 꾸러미로 산뜻하게 묶여, 뒤가 트인 목적도 없고 미완성의 문제들이나 새로운 출발점도 없다는 믿음에 이미 헌신하는 사람이라면, 그는 불손하고 주제넘게 나서는 사람에게 반감을 품는 것처럼, 사물에 영향을 미치는 지식에 대해서도 똑같이 반감을 품을 것이다. 그러나 만약 누군가가 세계 자체가 전환 중에 있다는 것을 믿는다면, 그는 지식이 세계의 변경에 대한 가장 중요한 양식이며 세계를 안내하는 유일한 기관이라고 생각할 것이다. 이런 생각이 어째서 '선험적으로' 비난받을 일인가?

[5] 내가 생각하기에 여기에는 다음과 같은 답변 이외에는 없다. 즉, 지식론은 정태적 우주의 관념에 입각해서 조직적으로 구축되어 왔다는 것, 그리하여 동적 에너지와 진화를 다루는 물리학과 생물학 교과 그리고 인간사(과학도 포함)의 끊임없는 전환을 다루는 역사학 교과를 수용하는 데 아주 자유로운 사람들조차, 물질의 인식에 대해 그들 자신의 이론과 도무지 조화 가능성이 없는 지식론에 대해 확고한 믿음을 견지하고 있다는 것이다. 현대적 인식론에서는 올바른 개념들을 형성하는 방법이 지식을 분석하는 데 있다는 관념을 만들어낸 만큼 이와 같은 믿음을 강화해 왔다. 왜냐하면, 현대적 인식론은 실재 자체가 실제적인 것이 아니라 이론적, 지적인 복합성을 띤다는 관점을 동시에 이끌고 있기 때문이다. 이러한 관점은 자연스럽게도 관념론자들과 부합된다. 그런데 실재론자들도 지식이 무엇인지 추정하는 데 있어 사물의 안내를 받

아들이는 것이 아니라, 형식적 지식이론의 기반 위에서 실재가 무엇인지 단언함으로써 관념론자들의 손아귀에 아주 손쉽게 빨려 들어간다. 이는 정적靜的인 실재의 관념이 지식에 관한 관념에서 최종적 지위를 차지한다는 관점을 옹호하는 것인 만큼 대단히 이례적 일이다. 극단적 사례로 아주 이목을 끄는 예를 들어보자. 과거의 사건에 대한 지식이 그것이다. 지식이 최종적 혹은 적합한 지식의 내용에 영향을 미친다는 것, 곧 인식 작용의 요건을 충족시킨 교과에 영향을 미친다고 가정하는 것은 불합리하다. 이런 경우라면 지식은 스스로 방해물이 되어 끊임없는 퇴보를 거듭할 것이다. 그러나 지식에 관한 이런 사실로 인해 과거에 대한 언급이 올바로 이루어지면 그 최종적 본질마저 결정할 수 있다고 생각한다면, 이는 순전한 주지주의의 미신이라고 보인다. 지식에 관한 어떤 교의로도 방해할 수 없는 믿음이 있다. 그것은, 우리가 과거로서 안다는 것은—설령 충분히 특수한 근거가 있다고 치더라도,—지식이 미친 영향을 정확히 원래대로 되돌아가 겪는, 그런 것일 수 없다는 것이다.

[6] 이제 프래그머티즘을 반박하는 논의는—내가 보기에 프래그머티즘은 실재가 실제적 성격을 가지며, 이런 실제적 성격은 지성의 기능 속에서 가장 효과적으로 발현된다는 교의다[3]—무미건조하게도 이런 오류에 빠지는 것으로 보인다. 프래그머티즘을 반박하는 사람들이 보기에는, 지식이 존재에 영향을 미친다는 것은 지식이 알려진 대상에 영향을 준다는 것과 같으며, 이는 지식 그 자체의 목적을 파괴하는 것에 다름 아니다. 특정한 사례에 적합한 지식의 대상인 실재가, 필요한 변화를 만들

3. 현재의 논의에서 이런 프래그머티즘의 정의는 임의적 혹은 사적인 것이다. '프래그머티즘'은 통상적으로 본문에서 말한 의미로만 사용되는 것은 아니며 명백히 다른 의미도 있다. 프래그머티즘이 어떤 의미로 '쓰여야만' 하는 것은 아니다. 나는 언어적 또는 철학적 규정을 바라지 않는다. 다만 이 글에서 쓰는 프래그머티즘의 의미를 나타낸 것일 뿐이다. 프래그머티즘 운동은 여전히 아주 유연하고 다양한 만큼, 만약 누군가 그 운동을 표명하고 애착을 갖는다면, 나는 그가 자기 자신이 말하는 프래그머티즘의 의미를 결정할 권리를 가지고 있다고 본다.

어 내는 데에 성공한 현실과 정확히 같다고 보는 것은 무분별한 것이다. 이러한 문제는 지식의 개념에 대한 숙고로 해결되는 것이 아니며, 그렇다고 하여 지식의 본질이나 성격에 대한 변증법적 논의를 통해 해결되는 것도 아니다. 그것은 사실에 관한 문제이며, 인식 작용이 존재를 기획하는 데에 어떤 상태로 존재하는가 하는 문제이다. 만약 사물이 끊임없이 변화를 겪는 것이 사실이라면, 인식 작용이 사물에 일어나는 특수한 종류의 변화라고 말한다거나, 인식 작용의 검사가 의도된 종류의 변화를 성공적으로 실행하는가를 알아보는 데 있다고 말하는 데는 '형식적' 걸림돌이 없을 것이다. 만약 인식 작용이 실재의 변화라면, 이러한 변화를 잘 드러내는 것일수록 그만큼 더 명료하고 더 적절한 인식작용이라고 할 수 있을 것이다. 그리고 만약 모든 존재가 전환의 과정에 놓여 있다면, 존재를 마치 코닥카메라의 정착定着된 사진처럼 취급하는 지식은 그저 존재들을 파편화하고 왜곡하는 그런 부류의 지식에 다름 아닐 것이다. 이와 동일한 이유로 변화에 능동적으로 참여하여 필요한 방식으로 영향을 미치는 인식 작용은 타당한 유형의 인식 작용일 것이다. 만약 실재 자체가 전환하는 중에 있다면,—그리고 이러한 교의가 못마땅한 프래그머티스트가 아니라[4] 물리학자와 자연주의자, 그리고 도덕적 역사가로부터 비롯된 것이라면,—지식이 그 자체로 특별하고 특수한 부류의 변화를 일으키는 실재라는 교의는, 그야말로 참되고 타당한 것과 건전한 교섭을 하는 인식 이론임을 주장할 만한 최상의 기회를 얻은 것으로 보인다.

II.

[7] 만약 문제가 '선험적' 반론을 치워버리는 것이라면, 또한 프래그머

---

4. (역주) '못마땅한 프래그머티스트'란 프래그머티스트 자체가 못마땅하기보다는, 전통적 인식론에 의거한 사람들이 보기에 '못마땅하다'는 뜻이다.

티즘이 명백히 '지식'이나 '진리'에 대한 형식적 혹은 변증법적 숙고에 의해서 규정될 수 없고, 단지 모종의 특수한 사태가 필요한 부류의 것인지, 아닌지를 보여줌으로써 규정될 수 있다면, 우리는 다소간 프래그머티즘과 상식의 결연結緣을 고려해 볼 수 있을 것이다. 상식적으로 보면 지력은 유목적적인 것이고, 지식은 어떤 결과에 이른 것이다. 이전에 나는 프래그머티즘의 논쟁과 전혀 무관한 한 물리학자가 다음과 같이 말하는 것을 들은 적이 있다. 즉, 기계역학이나 농부의 지식은 미국인이 진취성이라고 부르는 것—사물의 귀속 및 용도를 인정하는 것—이며, 그의 마음속에는 자연과학만이 넓은 범위에서 진취성이 깃든 학문이라는 것이다. 그리하여 아주 많은 사물을 아주 효과적으로 쓸 수 있도록 편리한 목록을 만들고 배열을 한다는 것이다. 일반적으로 좋은 판단이란 사물의 상대적 가치에 관한 판단이다. 양식良識이란 생활의 지혜이고 사물을 올바른 목적으로 취급하는 능력이며, 장애물에 대해 수단을 강구하고 과제에 적합한 자원을 선택하는 능력이다. 합리적이라는 것은 사물들을 그 역할에 따라 장애물과 자원으로 잘 분간하는 것이다. 일상적 용법으로 보면 지력은 실제적 용어다. 즉, 지력은 무엇인가 해야 하는 다양한 상황의 필요성과 가능성에 비추어 문제를 평가하는 능력이며, 또한 조절과 적응의 면에서 가능성 있는 사태나 방해를 주는 사태를 포착하는 능력을 의미한다. 지력이 있느냐, 없느냐 하는 객관적 검사는 행동에 미치는 영향력이다. 적응할 능력이 없다고 해서 지력이 없는 것은 아니다. 복잡하고 새로운 조건의 관리를 분명히 하는 행위는 고도의 이성을 의미한다. 적어도 이러한 조건들이 시사하는 바는 적합한 지식의 재료인 실재, 즉 알려진 실재는 직접적이건 간접적이건 사용하고 또 사용 중인 실재라는 것, 또한 일절 사용하지 않거나 사용과 무관한 실재는 '지식이 관련되는 한' 무시해도 좋다는 것이다.

[8] 추정컨대, 모든 지식이 어느 정도는 사태에 변경을 가져오는 행위

로부터 비롯된다는 사실을 부정할 사람은 없을 것이다. — 여기서 행위란 이미 본능적으로 시작한 행위의 흐름을 좀 더 사려 깊게 지속하는 것일 뿐이다. 길거리 모퉁이에서 표지판을 볼 때 나는 지금 무엇을 해야 할지 알고 길을 돌아가거나, 아니면 앞으로 계속 갈 수 있다. 과학자에게 필요한 지각이 이처럼 명백하거나 '실용적utilitarian' 용도일 필요는 없다. 그러나 과학자도 한 명의 탐구자로서 다른 방도가 없다면, 확실히 실용적 용도를 좇아 그에 걸맞게 행동할 것이다. 이와 같은 변화의 누적적 영향은 최종적으로 일상적 인간의 외부적 행동을 조절해 준다. 추정컨대, '사건 후의' 인식 작용이 이런 부류의 영향을 미친다는 사실을 부정할 사람은 거의 없을 것이다. 만약 이것이 프래그머티즘의 의미의 전부라면, 프래그머티즘은 아마 해로울 바 없는 자명한 이치로 받아들여질 것이다. 그러나 사실과 관련된 다음과 같은 추가적 질문이 있다. 즉, '선행된' 지식과 '결과적' 행위는 정확히 어떻게 관련되는가? '사건 후'란 언제를 말하는 것인가? 어느 정도의 연속성이 존재하는가? 인식 작용과 행위 작용의 차이는 지적인 종류의 차이인가, 아니면 단지 지배적 특질의 차이인가? 만약 하나의 사물이 이미 인식의 차원에서 변화가 일어나고 있지 않다면, 어떻게 그 사물이 행위의 결과로 이어질 수 있는가? 더욱이, 능동적으로 일어난 변화가 지식의 전체적 '의미'를 구성하고, 이에 따라 지식의 최종적 척도와 타당성의 검사를 구성하지 않는가? 만약 무엇인가 관계가 되는 인식 작용이 그저 어떤 행위를 거쳐 '우연히 일어난' 것이라면, 상황에 꼭 알맞은 일련의 행위는 어떤 기적에 의한 것인가? '지식'이 필연적 결과의 예견으로 만들어지고 그 뼈대가 형성된다는 것, 그리고 현명하고 사려 깊은 예견의 정도에 따라서 지식이 예견의 과정에서 수정될 여지가 있다는 것은 오히려 사실에 더 맞는 것이 아닌가? 확실히 도덕적 사상가는 물론,—예컨대 괴테Goethe, 칼라일Carlyle, 마찌니Mazzini를 인용할 수 있다—일반 상식인들도 흔히 다음의 사실에

동의한다. 즉, 실재에 대해 충분한 보증을 하는 온전한 지식은 오직 관념들을 실행한 결과로만 발견된다는 것, 우리는 관념의 진실성을 알기 위해 하나의 교의를 다룬다는 것, 그렇지 않은 교의가 있다면 그것은 독단이나 교조적 프로그램에 불과하다는 것이다. 실험과학에서는 어떤 아이디어도 그것과 연관된 대상을 구성하는 물리적 조건을 명백히 다룰 수 있기까지는 지식이라는 이름을 붙일 수 없다고 본다. 만약 누군가 전통적 논리학 이론을 벗어나서 일반인, 도덕가, 그리고 실험주의자의 절차에 기초하여 새롭게 지식론을 수립하는 일에 착수한다면, 그래서 우리가 '알고' 확신하는 실재들이 엄밀히 인식 작용의 절차를 두루 거쳐 그 모양이 갖춰진 것이라고 말한다면, 그것은 강제일까, 아니면 자연스러운 조처일까?

[9] 다른 유형을 고려해 보자. 확실히 현대 생활의 진짜 문제가 되는 것 중 하나는 세계에 대한 과학적 관점과 도덕적 삶의 요구를 조화시키는 일이다. 운동하는 물질의 재분배에 관한 판단은 (혹은 몇몇 닫힌 공식은) 단독으로 타당한 것인가? 혹은, 가능성과 가망성, 주도성과 책임성의 관점에서 보면, 세계에 대한 설명은 또한 타당한 것인가? 도덕적 삶의 중요성에 대해서든, 도덕적 삶에서 지성이 갖는 최고의 중요성에 대해서든 상세히 설명하는 경우는 없다. 그러나 도덕적 판단이―즉, 의지와 의무에 대한 판단이―어떻게 과학적 지식의 세계와 관련되는지를 묻는 경우는 분명히 있다고 보인다. 도덕적 관념들의 타당성을 부정할 필요가 있다거나, 도덕적 관념들을 상식이나 과학과 다른, 분리된 부류의 영역으로 볼 필요가 있다는, 그런 지식 이론을 만드는 것은 편협하고도 독단적 처사다. 적어도 프래그머티스트는 도덕적 '지식'과 과학적 '지식'이 어떻게 하나의 동일한 세계에서 둘 다 유효할 수 있는가 하는 질문을 회피하지 않고 직시直視하려고 힘써왔다. 프래그머티스트가 제안한 해결책에 담긴 난점이 무엇이든, 과학적 판단이 도덕적 판단과 동화

될 수 있다는 관념은 이론보다는 상식에 더욱 가까운 것이다. 이론상으로는 도덕적 판단의 타당성이 부정되는데, 그 까닭은 도덕적 판단은 과학적 판단이 참조해야 하는 세계의 본질에 대한 기존의 이론과 맞지 않기 때문이며, 게다가 모든 도덕적 판단은 변화될 수 있기 때문이라는 것이다.

III.

[10] 프래그머티즘의 이론과 최근 과학적 결과의 연합으로 화제를 돌려보자. 특수한 방식으로 반응하고 행동하는 유기체에 있어 지식이 될 만한 사건의 발생은 그 필요성이 일체의 과학적 명제만큼 충분히 인정된다고 보인다. 실제적 적응을 계획하는 데도 합리적 기능이 들어있다고 보이는데, 이는 독특하면서도 호기심을 불러일으키기에 적합한 사실이다. 확실히 유기체를 구성하는 부분들과 요소들은 우선적으로 순수한 지적 작용 또는 이론적 숙고를 위해 존재하는 것이 아니다. 사고의 최종적 물리적 기관인 두뇌는 유기체 생명의 필요에 알맞게 환경에 적응하는 동일한 실제적 기관의 일부다. 유기체로서 인간에게는 눈, 손, 다리가 있다. 아닌 게 아니라, 두뇌가 유기체의 행동을 직접적 물리적 조건의 완전한 예속 상태에서 벗어나게 해준다는 것, 그리고 두뇌가 먼 미래에 지속적으로 확대되는 목적을 위해 에너지의 발산을 가능하게 한다는 것은 중요한 사실이다. 그러나 그렇다고 하여 두뇌가 유기체의 행동 장치 부문과 분리된 것은 아니다.[5] 짐작건대, 적어도 사고와 지식의 기관이 원천적으로 행위의 기관이었다는 사실을 부정할 사람은 거의 없을 것이다. 그리고 인지적 기능이 행위와 다른 정신적 작용의 결과로 일어났다

---

5. 두뇌를 일반적으로 마음의 독특한 물리적 토대로 고립시키지 않고 단지 적응 행동의 수단과 같은 신체의 일부로 취급할 때, '평행론', '상호작용', '원자주의', '의식'과 '신체'의 관계에 대한 형이상학적 수수께끼들이 어떻게 사라지는지를 주목하는 것은 흥미로운 일이다.

고 애써 믿는다고 하더라도, 변형이 아주 급진적이어서 인식 작용이 생동적 충동과 연계된 모든 흔적마저 잃게 된다고 믿기는 어렵다. 이렇게 가정하지 않으면, 생동적 충동의 지속적 현존은 지식이 그 자체의 목적에 영구히 도달하지 못하게 하는 방해와 굴절 요인이 되어버릴 것이다. 이런 경우가 아니면, 모종의 생동적 충동을 촉진하고 추진하여 사물에 어떤 변화를 가져오는 것은 바로 지식의 '목적'에 다름 아닐 것이다. 그 외에 다른 대안이 있겠는가?

[11] 이와 같은 고려 사항들은 바로 인식 작용의 기원과 자연사自然史와 관계가 있는 만큼, '그저 발생론적' 혹은 '심리학적'이라고 말한다고 해서—'타조의 현명함'을 제외하곤[6]—문제를 회피할 수 있는 것은 아니다. 논점은 유기체의 유기적 반응과 행동이 의식의 '내용'에 영향을 준다는 점에 있기 때문이다. 의식의 재료는 직접적 자극이건, 간접적 자극이건, 반응의 재료가 현존하는 것이건, 멀리 떨어져 있건, 혹은 장래의 일이건, 성취된 일이건 간에 모두 유기체와 연관된 사태다. 내가 아는 한, 어느 누구도 지각적 의식 영역에 있어 이러한 사실을 부정하지 않는다. 고통, 쾌락, 굶주림, 목마름 등 모든 '이차적' 질적 특성들은 유기체와 환경의 '상호작용'을 불가피하게 수반한다. 유기체의 신경중추에서는 선택적 반응이 가능하도록 지각 영역이 분배, 배열된다. (흑과 백, 베이스와 알토를 포함해서) 위쪽이든 아래쪽이든, 멀든 가깝든, 앞이든 뒤든, 왼쪽이든 오른쪽이든, 딱딱하든 부드럽든, 거기에는 어떤 행동의 중심이 관련되는 것이다.

[12] 이러한 소재는 철학자들이 싫증나도록 들어온 관념론적 논의와 불가지론적 지식의 '상대성' 선언으로 아주 오랫동안 재고품으로 남아있었다. 그러나 심지어 이러한 무감각 상태도 프래그머티즘적 해석에 대한

---

6. (역주) '타조의 현명함'은 타조가 머리만 감추고 꼬리를 감출 줄 모르는 불완전한 판단을 한다는 역설적 의미를 지닌다.

적절한 반감으로 활기를 띠게 될지도 모른다. 붉음, 멀고 가까움, 딱딱하고 부드러움, 크고 작음 등은 유기체와 환경의 관계를 수반한다. 이것은 물이 수소와 산소의 관계를 수반하는 사실이 그러하듯이, 관념론적 논의가 아니다.[7] 그렇지만 이는 궁극적으로 본다면 구분들이 갖는 실제적 가치에 대한 논의다.─구분들은 유기체의 행동이 없는 사태에서도 이루어질 법한 '차이들'이지만─이 차이들은 '의식'이나 '마음'이 아닌, 능동적 활동 조직의 중심인 유기체에 의해 이루어진 것이다. 더욱이, 지식의 이상이나 목적이 선행先行된 존재를 반복하거나 모사模寫하는 데 있다는 가정에는 '상대성' 교조의 전반적 불가지론적 자극이 자리 잡고 있다.─물론 이 경우, 유기체의 의식이라는 바로 그 사실로 인해 차이들이 동시적으로 발생하여 지식이 그 자체의 적합한 목적을 완수하는 기능을 방해할 수 있고, 영구히 저해할 수도 있다. 이 경우 지식이나 의식은 어떤 수술로도 개선할 수 없는 장애를 겪게 된다. 그러나 어떤 변화는 환경 속에서 좋지도, 나쁘지도 않게 일어나기도 한다. 그런 만큼 만약 인식 작용의 목적이 엄밀히 유기체의 재적응을 통해 환경에 '어떤' 영향을 미치고 '좋은 결과'를 내는 데 있다고 한다면, 유기체의 변화가 편재적으로 의식의 내용에 개입한다는 사실은 지식의 제한이나 왜곡이 아니라 지식의 목적을 성취하는 주요 요소가 될 수 있을 것이다.

[13] 그렇다면 유일한 문제는 '적합한' 반응이 일어나는가, 일어나지 않는가 하는 데 있다. 전반적인 불가지론적, 실증주의적 논쟁은 단지 하나의 조처에만 치우쳐 있다. 이제 문제는 관념적으로 필연적이지만 사실상 불가능한 모사냐, 아니면 유기체의 자극과 억제를 통하여 적합지는 않지만 불가피한 실재의 수정이냐 하는 문제가 아니다. 문제는 정당성, 경제성, 효과성의 문제다. 그리고 모험적으로 말한다면, 문제는 유용하

---

7. 이 예는 동료인 몬테규(Montague) 박사로부터 빌어온 것이다.

고 만족스러운 반응이냐, 아니면 낭비와 예속, 오도誤導, 그리고 혼동된 반응이냐 하는 것이다. 의식의 모든 내용과 재료에 영향을 주고 수정을 가하는 유기체의 반응이 현존한다는 것은 틀림없는 사실이다. 그러나 중요한 것은 유기체의 행동이 개입하는 '방식'—곧, 유기체의 행동이 영향을 주고 수정하는 '방식'—이다. 우리는 상이한 유형의 '지식'에 대해 —혹은 유기체의 태도와 활동을 수반하는 재료들에 대해—매우 상이한 가치를 부여한다. 어떤 것은 단지 추측이나 의견, 의심스러운 특질일 수 있고, 또 어떤 것은 예컨대 '과학'과 같이 영예롭고 찬탄하는 의미에서의 '지식'일 수도 있고, 또 어떤 것은 실수와 실책, 오류로 판정될 수도 있다. 그때그때 따라 취해진 이러한 특질의 구별이 언제, 또 어떻게 좋은 지식이 될 수 있는가? '지식'에 있어 참된 인식과 그릇된 인식의 문제는 어째서, 어떻게 일어나는 것인가? 의식이라는 것은 그 자체로 현혹, 의심, 혼동, 애매성, 정의定義, 조직화, 그리고 증거와 이유가 있어 보증된 확정적 논리까지 함께 품고 있는 포괄적 용어이다. 모든 자연주의적 혹은 실재론적 이론은 이런 모든 용어들이 순수 존재들로 간주된 사물들과 공평하게 동일한 관계를 맺는다는 생각을 바탕에 깔고 있다. 어쨌든 우리가 경험하는 것은 동일한 존재—종류상 동일한 존재—이며, 오직 배열과 연계성 면에서만 상이한 것이다. 그러나 그렇다면 어째서 가치에 있어 엄청난 차이가 있는가? 그리고 만약 비실재론자, 비자연주의자가 그러한 차이는 지식의 직접적 재료인 존재들에 대해서, 여기서는 해롭게 또 저기서는 이롭게, '의식'과 '정신적' 작용과 상태를 작동시켜 만든 실제적 종류상의 차이라고 말한다면 어떠할까? 거기에도 여전히 의식이라고 이름 붙인 독특한 '존재'에 대해 각각 이롭고 해로운 개입의 조건들과 특질을 구별하는 문제가 남아있다.[8] 오류, 애매성, 의심, 그리고 추측이 실제로 존재한다는 것은 하나의 문제를 일으킨다. 이 문제는 아주 오랜 기간 철학을 당혹케 하여 상당수의 사색적 모험을 이끌었던 만큼, 단지 다양성을 위해서라면 프래그머틱한 문제의 해결에도 귀 기울일 만한 가치가 있을 것이다. 프래그머틱한 해결이란 지나간 일에 영향을 주거나 어떤 인과적 영향을 미친다는 뜻이 아니라, 현실적으로 '모종의' 영향을 미치는 모든 인식 작용에 수반된 유기적 적응에 관한 일이다. 정당하고 참되고 유익한 영향이라는 것은 인식 작용이 일어난 특수한 목적을 만족스럽게 수행하는 것이다. 모든 제조품은 활동의 산물이지만, 모든 제조품이 똑같이 좋다는 결론은 따라 나오지 않는다. 마찬가지로 모든 '지식'이 인식 작용의 사태 속에서 일어난 변화들이지만 어떤 변화들은 인식 작용으로 간주되지도, 요구되지도 않는다. 이런 변화들은 일어난다고 해도 방해꾼, 간섭꾼이 될 뿐이다.—반면, 다른 변화들은 유기체의 일관된 행동과 조화를 이루어 유기체의 기능을 강화, 확대하는 만큼 인식 작용의 의도를 충족시킨다. 실수란 문자 그대로 잘못 처리한 것이다. 의심은 일시적 미정未定이요 반응을 주저하는 상태다. 애매성은 양자택일이 가능하지만 대응 방식이 양립 불가능해서 생기는 긴장 상태를 의미한다. 또한 탐구는—마치 바람을 피하기 위한 닻이 없는 것처럼,—공적으로 불가피한 지식으로 출범하기 전에 개입하는, (유기체 내적인 것이므로) 시험적이고 수정 가능한 활동 방식이다. 탐구는 명백히 행위를 통해 물리적 영향을 행사하기 때문이다.

[14] 실제적으로 누구나 이렇게 말할 수 있다. 즉, 명예로운 인식 작용의 표준은 '그' 인식 대상에 영향을 미치지 않는다는 것, 또한 인식 작용의 목적은 사실상 특수한 종류의 차이를 확보하고 그 차이를 지지하는 데 있다는 것이다. 인식 작용이 '그 자체의' 인식 대상에 변화를 일으킨다면, 인식 작용 자체의 일에 실패하는 것—즉, 오류라는 것이다. 그

---

8. 물론 내가 해명에 관심을 두는 이론에 있어, 이른바 '의식'의 작용이란 단지 행동 면에서의 유기적 방출(放出)을 의미할 뿐이다. 이런 유기적 방출이 의식의 조건이며 의식의 내용을 수정한다.

러나 그럼에도 불구하고 그 자체의 인식 대상이란 이미 모종의 방식으로 변화된 존재다. 이것은 '대상'의 두 가지 의미, 즉 목적과 내용에 대한 유희는 아니다. 유기체는 그 자체의 적절한 기능을 가지고 있다. 적절한 기능을 유지하고 확대하는 것은 유기체의 일이다. 이러한 기능은 '진공 상태에서는' 일어나지 않는다. 유기체의 기능에는 광대무변廣大無邊한 환경 속에서 협력하고 재적응하는 변화가 뒤따른다. 그리하여 의식의 적절한 소재는 일반적 실재가 아니며, 서툴게 만든 정신적 카본지에 멀리 떨어진 형이상학적 하늘나라를 복사해 놓은 것도 아니다. 그런 카본지는 기껏해야 단편적이고 희미하며 오류투성이의 복사물만을 산출할 뿐이다. 의식의 적절하고 온당한 대상은 유기체와 환경의 관계성이다. 그 관계성 속에서 의식의 기능은 가장 충분하게 또 가장 효과적으로 이루어진다. 혹여 장애물로 인해 실험이 필요한 경우라고 하더라도, 나중에는 결국 유기체와 환경의 관계성에 의해 의식의 자유로운 흐름이 가장 잘 촉진된다. 다른 실재, 일반적인 형이상학적 실재에 대해 말하자면, 그것도 의식이 관련되는 한 그 합당한 자리를 찾아갈 것이다.

[15] 일상적 목적, 즉 실제적 목적상으로 보면 사물의 진리와 사실성은 동의어다. 우리들 모두는 "진짜야, 정말이야!"라고 말하는 어린이들과 같다. 발자취를 남기지 않고 표시도 없는 후속 반응을 이끄는, 그런 유기적 반응을 하는 실재가 있다면, 그것은 온전히 실재한다고 하더라도 실제적으로 말하면 '적합한' 실재가 아니다. 그런 실재는 가치의 품질 보증이 결여된 것이다. 실재가 우리가 바라는 모종의 대상인 한, 또한 일관되고 자유로운, 혹은 성장하는 기능을 하는 유망한 것인 한, 그것이야 말로 우리에게 있어 실재라는 칭호를 독차지할 만한 '참된' 종류의 실재다. 프래그머티즘의 입장에서 목적론적으로 말하자면, 진리와 '실재'의 이러한 동일시는 건전하고도 온당한 것이다. 합리주의적으로 말하면, 이런 동일시는 실재의 이중적二重的 해석의 관념으로 이어진다. 하나는 힘

을 다 소진消盡했기 때문에 절대적이고 정적인 실재다. 다른 하나는 현상적이고 지속적으로 도약하는 실재다. 도약이 없는 실재라면 실재 자체에 내재한 것이 아무것도 없는 셈이고, 이는 총체적 절멸絶滅로 이어질 수 있기 때문이다. 우리가 원하거나 추구하는 것이 결과의 면에서 좋다고 보이는 진실된 혹은 거짓 없는 사태인 한, '도덕적으로' 그런 사태는 그 자체만으로도 '참된' 것이다.

IV.

[16] 이제까지 우리는 의식을 하나의 사실로서―일체의 사실처럼 거기에 있는 사실로서―다루어왔다. 그리고 우리가 관심을 기울여온 것은, 의식의 내용은 어떻든 변화의 과정에 놓여 있다는 것, 아울러 그런 변화 속에서 인식 작용의 기능은 (다른 것이 아닌) '어떤' 차이가 일어나도록 변화를 이끌고 변화의 방향성을 잡아주는 데에 관여한다는 점을 보여주는 데 있었다. 그런데 의식 그 자체는 어떠한가? 의식의 내용이 구성될 때 무슨 일이 일어나는가? 의식은 어떤 부류의 것인가? 나의 견해를 피력하면 이러하다. 즉, 우리가 무한회귀an endless regress에 빠지지 않고서는 의식을 의식할 수 없게 된다고 주장하거나, 아니면 무엇인가 의식할 때마다 그로 인해 필연적으로 딱 한 번씩만 의식을 의식함으로써, 순전히 형식적이고 공허한 것 말고는 의식이 어떤 특성도 갖지 못한다고 주장한다면, 그것은 (그 자체로 무익한) 순전한 궤변에 불과하다는 것이다. 구체적으로 보면, 의식은 상술詳述할 수 있는 조건을 수반하는 하나의 사건이다. 사실, 우리는 어떤 폭발음을 그 특질을 전혀 알지 못해도 인식할 수 있는 것과 마찬가지로, 폭발음을 형식적으로 있는 그대로의 사실로 의식할 수 있다. 그러나 우리는 또한 호기심을 갖고 분석적 정신으로 폭발음을 의식하면서 그것을 자세히 연구하는 일을 수행할 수도 있다. 이러한 탐구는 여느 다른 탐구와 마찬가지로 조건과 결과를 결

정함으로써 진행된다. 여기서 의식이란 하나의 특징적 사실이며 탐구에 있어 사실 자체의 특징적 안표眼標들을 제시해 준다. 의식에 대한 타당한 지식은 스펙트럼이나 빨리 달리는 말에 대한 타당한 지식과 동일 부류의 것이다. 곧, 의식에 대한 타당한 지식은 일반적으로 이와 동일한 방식으로 진행되며 동일한 일반적 검사를 통과해야 하는 것이다.

[17] 그렇다면 의식으로 드러난 것은 무엇인가? 독단적 요약의 형식을 띤 다음의 대답은 명백한 난점들을 수반하며, 여전히 우리가 너무도 잘 모르는 많은 논점들을 스치듯이 지나가고 있다. 하지만 거의 말할 필요 없이, 다음의 대답은 프래그머티즘의 논쟁과 무관하게 그 자체로 가치가 있다고 하여 수행된 과학적 탐구의 일반적 경향을 나타낸다. 의식은 '주의'를 의미하며, 주의는 실제적 상황에서 모종의 중대 국면을 의미한다. 즉, 주의는 어떤 재료의 두 갈래 향로向路요, 이 길이냐, 저 길이냐를 택하는 경향을 의미한다. 또한 주의는 무엇인가 문제가 되는 것, 기어가 풀린 것, 혹은 어떤 면에서 위협을 받는 것, 보증이 확실치 않고 불확실하며 긴박한 것을 뜻하기도 한다. 이러한 긴장의 상태, 애매한 지표, 계획, 경향의 상태는 그저 '마음' 안에만 있는 것이 아니며, 그렇다고 하여 감정적인 것만도 아니다. 주의는 이행移行하는 사실로서 상황적 사실 안에 있다. 감정적이거나 주관적 동요動搖는 바로 더 큰 동요의 일부일 뿐이다. 그리고 만약 심리학의 '언어'를 써서, 주의가 충돌하는 습관들의 현상이고 모든 관련 요소를 작용케 하는 행위를 발견하여 충돌을 해결하는 과정이라고 말한다면, 이러한 발언은 그것이 무엇을 뜻하든[9] '단지 심리학적' 사실만을 표현한 것은 아닐 것이다. 습관들은 '신체적인' 것인 만큼 생물학적인 것이며, 생물학적인 만큼 질서 있는 것이다. 습관들은

---

9. 무엇을 뜻하는가? 생물학자가 사실에 생물학적 진술을 부여하면 사실의 객관성은 사라지는가? 어째서 우리는 생물학자의 결론들에 대해 그것들이 '단지' 생물학적이라는 이유로 반대하지 않는가?

특정한 방식으로 표현된 총체적 사태의 질서다. 이와 마찬가지로 물리적 현상이나 화학적 현상도 또 다른 방식으로 표현된 동일한 총체적 사태의 질서다. 습관의 충돌과 재조정에 관한 진술은 '사태'의 혼란을 찾아내는 한 가지 방식일 뿐이다. 이러한 습관의 진술은 실재의 대체물이나 대항마는 물론이거니와, 실재의 어떤 '정신적' 복제품도 제공하지 않는 것이다.

[18] 이상의 말이 옳다면, 의식이란 가장 복잡하고 혼란스러운 상태, 최대 의심의 상태, 그리고 주제가 불안정한 상태에서조차, 유기체로서 인식한 특별한 사태를 '거쳐' 독특하게 구별되는―혹은 부가되는―어떤 변화의 조건으로 진입하는 것을 의미한다. 이러한 조건의 사태가 어떻게 그 이전에 나타난 사태와 관련되고, 또한 어떻게 그 이후에 생긴 사태와 관련되는가? 우리는 이와 같은 질문의 제기와 숙고를 어떻게 거부할 수 있는가?[10]

[19] 하나의 의자를 의식하는 경우를 생각해 보자. 의자의 의식이 떠오르는 것은 의자가 어떤 면에서든―어느 정도 떨어져 있든―어떤 문제 사태와 관련될 때에 한해서다. 가령, 그것이 도대체 의자가 맞는지, 의자가 그 위에 설 수 있을 만큼 튼튼한 것인지, 의자를 어디에 둘 것인지, 혹은 의자가 구입할 만한 가치가 있는 것인지 하는 것을 궁금해 할 수 있다. 혹은 종종 일어나는 일이기도 하지만, 불확실성과 연루된 상황으로 인해 의자의 지각이 증거나 예로 인용되는 어떤 철학적 문제일 수도 있다. (우스개 이야기이지만, 의자의 의식은 불완전하고 애매한 상황과

---

10. 프래그머티즘의 방법은 인식론적 탐구 대신 '일련의 상이한 사태들의 상호 관련성'에 관한 문제를 다룬다. 인식론적 탐구는 순수 정신적이고 시간적이지만 공간을 차지하지 않는 (실체 없는 승화된 의식으로 구성된) 비물질적 부류의 존재가 어떻게 그 자체를 벗어나 전적으로 상이한 종류의 존재―공간적으로 연장된 존재―와 타당한 관련을 맺을 수 있는가, 또한 그런 비물질적 부류의 존재가 어떻게 공간적으로 연장된 존재로부터 인상(印象)을 받아들일 수 있는가 하는 문제 등을 다룬다.―이러한 문제들은 모두 인식론으로 불리는 고질병인 지적 아관경직증(牙關硬直症)의 부류에 해당한다.

아무런 관계가 없다는 것을 보여주기 위해 철학적 논의 과정에서 인용될 수도 있다) 이제 의자가 이렇듯 혼란스러운 탐구의 상황으로 진입한다고 할 때 겪는 변화는 어떤 것일까? 그 변화는 우리가 관심을 두는 그 의자의 진짜 부분인가? 진짜 부분이 아니라면 변화는 어디서 발견되는가? '의식'이라고 불리는 전혀 다른 것에서? 이런 경우라면 탐구, 관찰, 기억, 그리고 반성의 작용이 도대체 어떻게 '옳은' 사물을 다시 언급한다는 보장을 할 수 있는가? 이에 대해 적극적으로 추정해 본다면 다음과 같은 듯하다. 즉, '우리가 말하고 있는 의자'는 다름 아니라 우리가 말하고 있는 바로 그 의자라는 것, 또한 의심스러운 상황에 연관된 것도 바로 거기에 있는 동일한 사물이라는 것이다. 더욱이 의식을 의심스러움의 유일한 근거라고 말하는 것은 문제를 반복하는 것일 뿐이다. 왜냐하면, 우리가 숙고하는 이론에 따르면 '의식'이란 결국 문제 상황에 관련된 의자만을 의미하기 때문이다. 당신은 '물리적' 의자는 변하지 않는다고 말한다. 확실히 이런 일이 전적으로 가능하다면, 물리적이란 말이 '뜻하는' 바는 엄밀히 '전체적' 의식 대상으로서 의자의 '그 부분'이 맞을 것이다. 이 경우 의자는 어떤 가능한 목적이나 다른 어떤 현실적 목적이 의식 상황에 개입한다고 해도 영향을 받지 않는 상태로 있게 된다. 그러나 실험적 탐구에 '앞서' 어떻게 '물리적' 의자와 현재 인식 대상인 의자를 분리해 낼 수 있는가? 우리가 어떤 의식 대상을 그 자체의 조건이 아니라, 무엇인가 다른 인식에 적합한 소재인 선택적 부류의 사물로 규정하고자 하면 어떤 모순에 빠지게 되는가!

[20] 그러나 의식은 의심뿐만 아니라 탐구를 의미하기도 한다.―의심이 당면한 문제에 대해 부정적, 후향적 입장이라면, 탐구는 긍정적, 전향적인 입장이다. 이러한 의식이 참된 '부가적' 특질을 나타낸다.―곧 선행된 사태를 재조정하는 것이다.[11] 나는 다음의 변증법적 논증을 알고 있다. 즉, 어떤 새로운 관계를 추정하기 위해서는 이미 완전히 관련을 맺은

상태가 전제되어야 하므로 새로운 관계를 추정할 만한 것은 아무것도 없다는 것이다.—이런 변증법적 논증이 절대론자로부터 온 것임을 감안하면, 나는 그런 생각 자체는 이해할 수 없다고 하더라도, 어째서 그가 그런 입장을 취하는지는 알 수 있다. 그러나 우리는 이런 개념적 추론을 제처놓고 우리의 주제가 이끄는 쪽을 따라야 한다. 그리고 탐구의 과정에서 새로운 관계를 추정할 만한 것을 발견한다면, 우리는 그 사실을 받아들이고 해당 문제와 사실을 포함하는 인식 작용의 이론을 고안해야 한다. 이미 그러한 사실을 배제하는 지식 이론이 있다고 해서 우리의 이론이 불가능하다고 단언해서는 안 된다. 탐구에 있어 의심스러운 존재는 항상 실험적 재구성을 거친다. 재구성은 대부분 상상적이거나 '사색적인' 것일 수 있다. 우리는 어떤 사태를 변화하는 조건에 놓인 것처럼 보고, 곧 이어 어떤 변화가 일어나는지 숙고할 수 있을 것이다. 그러나 이때 발생하는 차이들은 사실상 가능한 한도 내에서 변형 경향성이 있는 것이다.—게다가 이와 같은 탐구로는 결코 최종적으로 정당화된 결론에 도달하지 못한다. 중요하고 지속적 탐구에서 우리는—혹여 그것이 하나의 도식에 지나지 않는다고 해도—사실상 무엇인가 물리적 조치를 해야 한다고 주장한다. 다시 말하면, '과학' 혹은 영예로운 의미에서 인식 작용이란 물리적 구성을 수반하는 실험적인 데 있다는 것이다. 우리가 주장하는 것은 무엇인가 물리적 조치를 취해야 한다는 것, 그리하여 관념을 실행으로 옮겼을 때 어떻게 관념이 우리의 활동을 제한하기도, 풀어주기도 하는 다른 사태와 조화되는지 알 수 있다는 것이다. 누군가 인식 작용이 '진리'와 무관하고 단지 진리를 발견하는 예비적 연습에 불과하다고 말하면서 이런 결론을 회피하려고 든다면, 그것은 우리가 이 논의에서 되풀이해서 알게 된 오랜 친구, 즉 인식 작용에 선행하는 존재

11. 여기서 우리는 좀 더 분석적 기반에서 앞서 언급한 사실과 관련된 논점, 즉 인식 작용
    이 사태를 변화시키는 행위에서 '발생한다는' 논점에 도달한 셈이다.

와, 인식 작용을 종결짓고 완성하는 대상을 혼동하는 오류를 범하는 것이다. 인식 작용이 최종적인 결과 면에서 영향을 미친다는 것은 중대한 자기 무효화다. 인식 작용의 목적이 엄밀히 사태를 그런 최종적인 결과로 곧바로 이끄는 데에 있을 때도 역시 마찬가지다. '진리'가 조건에 맞는 어떤 새로운 차이들을 들여오는 일이 완성된 것을 의미한다면, 어째서 좀 더 다른 차이들을 마음에 품는 것은 어리석은 일이 되는가? 그런 차이들은 부적절하고 그르치기 쉬운 것이라서 불필요하다는 것인가?

[21] 만약 슬픈 경험의 가르침이 없다면, 인식 작용에 따른 환경 변화가 완전하거나 기적적 변화가 아니라는 점은 덧붙일 필요가 없을 것이다. 변형, 재적응, 재구성은 모두 이전의 존재들을 반드시 수반한다. 즉, 그 자체의 특성과 행동을 지닌 존재들은 상이한 문제들의 상이한 맥락 속에서 온갖 종류의 상이한 방식으로 수용, 참조, 처리되고 능숙하게 다뤄지거나 가볍게 여겨지기도 하는 것이다. 실재에 영향을 미친다는 것은,—비록 우리가 여전히 다른 상황, 다른 시기에 별난 행운을 기대할 수도 있겠지만—주어진 조건에서 실험을 통해 발견하는 것, 그 이상의 영향을 뜻하지 않는다. 더구나 프래그머티스트는, 그가 말하는 실재의 변화가 실재라고 할 수 없는 변화와 같다고 하여 때때로 비난받는다고 하더라도, 그에게 실재의 변화란 하나의 사물을 비실재화非實在化하는 것을 뜻하지 않는다. 아닌 게 아니라, 변화라는 사실에는—오직 영구적인 것만이 변화할 수 있고, 변화는 영구적인 것의 변경이다—변증법적 난점은 물론이거니와 현실적 혹은 실제적 난점들도 존재한다. 그러나 만약 무엇인가 변화한다는 것이 실재와의 결별訣別을 뜻한다는 이유로 식물학자들과 화학자들이 그들의 학과목에서 변화와 변형을 언급하지 못하게 한다면, 우리는 차라리 논리학자가 유사한 언급을 하도록 허용하는 편이 더 나을 것이다.

V.

[22] 영원의 상相 아래에서? 아니면 발생의 상 아래에서?[12] 나는 과거의 이상理想의 심미적 매력에 민감하다.―누가 그렇지 않겠는가? 이완의 순간들이 있다. 즉, 무엇인가 몹시 분주하게 살아가는 세상의 지속적 요구에 간섭받지 않고 해방되는, 그런 평안의 요구가 억누를 수 없는 것처럼 보이는 순간이 있다. 또한 움직이는 세계 속에서 살아가는 데 부과되는 책임이 감당할 수 없는 것처럼 보이는 순간도 있다. 우리는 누구나 영면永眠의 사상을 숙고한다. 그러나 결국 문제가 되는 것은, 현실과 비非철학자가 최종적 판결의 법정이라는 데 있다. 철학의 바깥, 가령 과학, 시, 사회적 조직, 종교에서는 문제가 상당히 해결된 것으로 보인다.―종교의 경우는 원천적으로 자신의 노예로서의 존재를 창조한 프랑케슈타인의 철학Frankenstein philosophy에 의해 절망적으로 휘둘리지 않는 것이다. 이런 상황에서 철학은 영원성의 형식 하에 피난처를 취하여 동시대 사람들의 형식으로부터 애써 도피함으로써 그저 과거 세대의 형식으로 이르게 될 위험성이 있다. 죽은 자로 하여금 그들 자신의 시신을 장사 지내게 하는 것보다는,[13] 전통적 문제와 관심사들에 의지함으로써 시대의 올가미와 함정에 빠지지 않으려고 하는 것이 그것이다. 철학이 동시대적 현재에서 발생하는 관념들과 적합성, 관계성을 맺지 못한 채 면역이 된 수도원적 완전무결함을 옹호하는 것보다는, 당대의 살아있는 투쟁과 문제들에 능동적으로 참여함으로써 실수를 범하는 편이 더 좋다. 그렇게 되면 우리가 기쁜 일, 성공한 일뿐만 아니라 당혹스러운 일, 실패한 일에도 노력을 공유함으로써 그 성실성을 입증한 모든 미

---

12. (역주) 원문: "Sub specie aeternitatis? or sub specie generationis?"(스피노자의 말이다).

13. (역주) "죽은 자로 하여금 그들 자신의 시신을 장사 지내게 하는"(let the dead bury their own dead)이란 말은 마태복음 8장 22절에 나오는 것으로서, 듀이의 『민주주의와 교육』(1916) 16장 3절에도 유사한 표현이 보인다(let the dead bury their dead).

덕을 존중하는 것처럼, 철학도 또한 그처럼 존중받을 것이다. 이와 반대 경우라면, 고상함은 유지하겠지만 활력이 없고 예전의 좋은 시절보다 못한 처지로 전락할 운명을 맞게 될 가망성이 있다. 즉, 철학이 자기 체면만 의식하면서 편안한 자리에 틀어박힐 가능성이 있다는 것이다.

미온적 자연주의

Half-Hearted Naturalism, 1927: LW3. 73-81

이 글에서 듀이는 자신의 '자연주의적 형이상학'에 대한 산타야나 Santayana의 비판을 재검토한다. 산타야나는 자연의 '전경'과 '배경'을 별개로 분리하여 보고, 자연에는 인간의 경험이 미치지 못하는 세계가 있음을 주장한다. 산타야나는 듀이가 전경을 자연으로 보고 광범위한 자연세계를 간과한다는 점에서 듀이의 자연주의를 '미온적 자연주의'라고 비판한다. 그런데 듀이는 산타야나의 관점이 "인간과 자연의 분열"에 기초한 것이며 '결함 있는 자연주의'에 불과하다고 대응한다. 산타야나는 "참된 자연주의란 말로 분명히 표현할 수 없는 것이고, 미지의 세계 앞에 무릎을 꿇는 인간 모두의 간청임을 확신하는" 것이라고 말한다. 그러나 듀이는 산타야나가 인간과 자연 간에 놓은 현격한 차이는 믿을 수 없고 부자연스러우며 초자연적 믿음의 잔재일 뿐이라고 비판한다. 듀이와 산타야나의 차이점은, 산타야나가 전경의 경험과 배경의 자연이 분리되어 있다고 보는 데 비해, 듀이에 있어 전경은 사고를 통해 배경과 연결되고 인간이 경험한 바는 자연 자체에 속한 전경이라는 데 있다. 결국 듀이의 자연주의적 형이상학의 중요한 특징은 산타야나가 분리한 마음과 물질의 세계를 '자연주의적 기초' 위에서 결합하려는 시도를 한다는 데 있다.

[1] 철학적 용어들과 단어들이 뜻하는 개념상의 애매성은 틸리Thilly 의 인용 방식에서 드러난다. 틸리는 나의 사고방식을 미온적 자연주의 half-hearted naturalism로 묘사한 산타야나Santayana에 찬성하며 그의 규정을 인용한다.[1] 산타야나의 자연주의는 바람직한 것이지만, 내가 그의 자연주의에 대해 전념하지 않고 단편적으로 취급했다는 것이 그의 적대적 비평이다.[2] 틸리에게 있어 나의 미온적 태도는 유보 조항이다. 곧, 나의 미온적 태도는 관념론적 경향을 암시한다는 것이며, 이것은 나도 모르게 내 입장이 순전한 기계적 물질주의로 비치지 않게 만회하려는 손길이라는 것이다. 사상사에서 '자연'만큼 다양한 의미를 띠는 말도 없다. 그리하여 자연주의라는 말도 다각적 의미로 쓰이는 것이다.

1. Thilly, "Contemporary American Philosophy", the Philosophical Review, Vol. XXXV, p. 532.; Santayana, "Dewey's Naturalistic Metaphysics", Journal of Philosophy, Vol. XXⅡ, p. 680.[p. 375.] 이하 산타야나의 인용은 이 글에 의한 것이다. (역주) 듀이의 이 논문은 그의 자연주의적 형이상학에 대한 산타야나의 비판에 대한 대응의 성격을 띠는 글이다. 산타야나는 듀이의 '자연주의'를 '미온적 자연주의(half-hearted naturalism)'라고 비판하지만, 듀이는 오히려 산타야나의 자연주의가 '결함 있는 자연주의(broken-backed naturalism)'라고 비판한다. 이와 관련해서는 특히 이 글의 3-4문단과 10문단 참조. 이하 본문 혹은 각주에서 대괄호 표시의 인용은 서던 일리노이 대학교에서 발행한 듀이 전집(LW3, 1927)에 의거한 것이다.
2. Ibid.: "I am myself a dogmatic naturalist", p. 687.

[2] 나는 사전편찬의 보스가 할 만한 일을 해낼 능력이 없기에, 자연주의가 무엇을 뜻하는지 말하려는 시도는 하지 않을 것이다. 다만 나는 이 기회를 이용하여 경험적 자연주의 혹은 자연주의적 경험론이 내게 어떤 의미를 갖는지 말하고자 한다. 나는 어떤 새로운 것 혹은 이전에 내가 수차례 언급하지 않았던 것을 제안하기 바라지 않는다. 그렇지만, 어쩌면 나는 이 하나의 논점에 집중하여 나의 생각의 방향을 보다 명료히 하고, 부수적으로는 두 가지 대립된 철학적 진영의 극단에 비추어, 어째서 나의 입장이 미온적인 것으로 나타나는지 밝혀낼 수 있을지도 모른다.

[3] 산타야나는 말한다. "자연에는 전경foreground도, 배경background도 없고, 여기, 지금도 없으며 어떤 도덕적 권좌도 없다. 또한 자연에는 모든 여타의 것들을 단순히 주변 지역이나 원경遠境으로 돌려버릴 만큼 참으로 중심되는 지점도 없다".p. 678[p. 373] 이 진술은 독단적이다. 하지만 비난의 차원에서 말하는 것은 아니다. 산타야나는 스스로 자신이 독단적 자연주의자임을 언명한다. 내가 보기에 누구나 어디서든 다른 문제들을 잘 처리하기 위해서는 어떤 점에서는 독단적일 수밖에 없다. 그러나 독단론자에게조차 그의 단언의 근거가 무엇인지 물을 수 있다. 아닌 게 아니라, 이러한 물음은 그에게 증거를 내보이라는 의미가 아니라, 그의 단언에 논리적으로 가정된 것이 무엇인가, 그의 단언이 어떤 믿음에 기반을 두고 제의된 것인가 하는 것이다. 나는 산타야나가 자신이 말한 부류의 자연이 타인에게든, 자신에게든 자명하다고 가정하지 않았다고 생각한다. 산타야나 발언의 범위와 취지가 더욱 주목받을 만한 것은, 그의 자연이 일체의 형이상학이 없어도 효과적으로 작동할 수 있다고 공언한다는 것, 그리고 참된 자연주의란 말로 분명히 표현 못하는 것이고, 미지의 세계 앞에 무릎을 꿇는 인간 모두의 간청임을 확신한다는 데에 있다.[3] 자연의 특성에 관한 산타야나 발언의 근거가 자연에 대한 지식에

있는 것은 아니므로, 내가 보기에 그의 발언의 근거는 부정적이요 대조법적인 것이다. 자연의 특질로 부정된 것은 인간적 삶의 특징적인 것들, 그리고 인간 활동을 나타내는 상황적 특징을 띠는 것들이다. 이러한 특징들은 인간이 존재하는 곳에서 발견되므로, 인간을 제외한 다른 것에 귀속시킬 수 없다고 보는 것이다. 그리하여 자연은 그것이 무엇이든, 정확히 이런 인간적 특질들을 띠지 않는다는 것이다. 요컨대, 산타야나의 전제조건은 인간과 자연 간의 분열이다. 인간은 물리적으로 연장된 신체 그 이상의 의미, 즉 제도, 문화, 그리고 '경험'으로서의 존재다. 자연이 실재하고 실체가 있는 것이라면, 인간은 그럴듯하지만 믿을 수 없는 것이다. 왜냐하면, 후자에게는 중심점과 관점이 있기 때문이다.[4]

[4] 산타야나에게는 나의 입장이 단편적인 것으로short-winded 보이겠지만, 내가 보기에는 그의 자연주의가 결함 있는broken-backed 것으로 보인다. 내가 자연주의라고 부르는 것에 의하면, 산타야나가 인간과 자연 간에 놓은 현격한 차이는—사회적 인간이건, 인습적 인간이건 아무래도 좋다—믿을 수 없고 부자연스러운 것이며, 또한 내가 문화사에 대해 배운 것이 정당한 것이라면 초자연적 믿음의 잔재일 뿐이다. 내가 보기에 인간사는 공동의 일이든, 개별적 일이든, 물질계와 인류 출현 이전의 세계에 존재하는 자연에 대한 기획이요 연속이며 복잡하게 얽힌 관계들이다. 자연에는 현격한 차이가 없고 두 가지 존재의 영역도 없으며, 어떤 '분기점分岐點'도 없다. 이러한 까닭으로 자연에는 전경도 배경도 있고, 여기도 거기도 있으며, 중심점과 원경, 초점적인 것과 주변적인 것이 모두 있다. 만약 그렇지 않다면, 인간적 이야기와 상황은 자연과 완

---

3. "본능적으로 … 진심으로 전경을 경멸하는 자연주의자는 자연의 위대함과 사랑에 빠진 것이며, 신(the infinite) 앞에서 말할 수 없는 상태로 주저앉게 된다."(p. 679[P. 374.])

4. (역주) 산타야나가 인간을 믿을 수 없다고 말한 까닭은, 인간이 보는 자연은 소위 중심점과 관점이 개입한 것이라서 객관적 자연의 실체를 있는 그대로 드러낼 수 없다고 보았기 때문이다.

전히 분열될 것이고 영문 모를 비자연적 조건들과 요소들이 들어서게 될 것이다. 철두철미 연속성의 관념을 진지하게 견지하는 사람들에게는 여기, 지금이 없고 원근 배열이 없는 시공간적 존재의 관념은 믿을 수 없을 뿐만 아니라, 물리학사의 특별한 단계에서 발달, 번성했던 지성적 협약 사항마저 미결未決로 놔두는 셈이 된다. 여기, 지금이 없고 원근 배열이 없는 시공간적 존재의 관념을 의문시한 것은 프래그머티즘도 아니요, 어떤 특별한 철학적 견해도 아니다. 그것은 자연과학의 진보에 의한 것이다. 연속성을 믿는 사람이라면, 인간 경험은 산타야나가 자연에 없다고 부정하는 그런 특질을 드러내는 만큼, 자연은 '틀림없이' 그런 경험적 특질의 원형들을 포함한다고 주장할 것이다. 새로운 물리학에서는 이러한 원형들이 물질계를 그 자체의 용어로 기술하는 데 필요하다고 본다.[5]

　[5] 산타야나의 설명에는 많은 임시적 진술이 있다. 임시적 진술들이 많다는 것은 그의 불가지론agnosticism이 형식적 공식 선언인 만큼 세부적으로 완성된 것이 아님을 보여준다. 산타야나는 특수한 문제들을 논의하는 도중에 자신이 일상적 인간의 믿음을 공유하고 있다고 여러 번 말한다. 그 믿음이란, 인간의 경험은 정상적 유기체와 적합한 기구와 기술을 준비하여 적절히 보호된다면 자연적 사태의 밑바탕에 있는 신뢰할 만한 지표들을 제공할 수 있다는 것, 그리고 우리는 단순히 배후에 무엇인가 찬양할 만한 실체가 있다는 '비이성적 신앙animal faith'에 의존하지 않고 자연의 구성 요소들과 관계들을 동반한 합리적 조건에 이를 수

---

5. 산타야나는 나의 『경험과 자연』에서 '사건'과 '일'이라는 용어의 사용을 보고, 거기에 나타난 실제의 '자연'이란 전적으로 인간적 도덕주의에 열중하는 데에 빠진 것 같다고 본다. 내가 그 용어들을 쓴 것은, 자연과학이 이제 그 자체를 위해서—설령 그런 단어들을 쓰지 않는다고 하더라도—최소한 그런 관념들을 쓸 수밖에 없다는 사실에 따른 것이다. 또한 그 용어들을 쓴 것은 철학적 측면에서 보면, 내가 이해하는 한 산타야나가 고수하는 형이상학은 자연을 하나의 단일한 실체로 취급하며, 그 실체의 부분들과 변화들 자체는 환상적인(illusory) 것으로 본다는 사실에 의한 것이다. 이것은 내가 이해할 수 없는 형이상학적 비행(飛行)이며, 그가 공식적으로 부인한 바 있는 합리주의적 유심론의 잔재로 보인다.

있다는 것이다. 만약 이런 입장을 일반화한다면, 인간 삶의 주요한 특징 들은 (문화, 경험, 역사―혹은 그 밖의 어떤 명칭을 선택하든) 자연 자체 의 두드러진 특징을 나타내는 것이 될 것이다.―중심점과 원경, 우발적 인 것과 완결적인 것, 위기와 간격, 역사, 단일성, 특수화 등이 그러한 자 연 자체의 특징을 나타내는 것이다. 이것이 나의 '형이상학'의 범위와 방 법이다. 인간의 고통과 즐거움, 시도들, 실패와 성공의 광범위한 영속적 인 특징들, 이에 더해 이들을 특징짓고 인간 삶의 세계의 진솔한 특징들 을 소통하는 예술, 과학, 기술, 정치, 종교의 제도가 형이상학의 범위에 속한다. 형이상학의 방법은 모종의 관찰과 실험을 함으로써, 그리고 예 측과 해석에 유용한 현재의 관념 군群을 이용함으로써, 어떤 한정된 자 연의 국면을 발견하는 데에 참으로 성공했다고 결론짓는 연구자의 방법 과 조금도 다르지 않다. 내가 말하고자 하는 바는, 『경험과 자연』에 어 떤 색다른 점이 있다면 그것은 일반인의 이런 '형이상학'이 아니라, 철학 을 괴롭혀온 일군의 특수한 문제들을 이해하기 위한 방법을 사용한다 는 점에 있다는 것이다.

[6] 이와 같이 이해된 경험은 명백히 영국의 심리학적 전통에서 쓰는 경험의 용법과 대립된 것이다. 나는 영국의 심리학적 전통을 비판하는 데 있어 하나의 분기점을 애써 지적하고자 했다. 그러나 내가 로크와 흄 그리고 제임스 밀의 계통으로부터 폭넓게 출발한 점은 정당하다고 생각 한다. 왜냐하면, 나는 다만 경험의 일상적, 비전문적 의미가 주는 함의 를 비판적 정화淨化를 하면서 되돌아보고 있다고 믿기 때문이다. 이와 같이 이해된 경험이 산타야나의 명언으로는 하나의 전경을 구성한다. 그 러나 그것은 자연'의' 전경이다. 이 후자의 논점에 대해 내가 산타야나 와 다르다면, 그 차이는 산타야나가 전경이란 배경을 감춘 한 장면으로 보는 데 비해, 나는 전경이 우리의 사고를 배경으로 인도해 준다고 보는 데 있다. 명백히 산타야나는 전경이 인간의 직관과 경험과 배경 사이에

존재한다고 생각한다. 반면 내게 있어 인간이 경험한 바는 자연 자체에 속한 전경이다. 또한 산타야나는 배경을 전경이 배제된 자연으로 생각할 수 있겠지만, 나는 이에 동의하지 않는다. 내가 확신하는 것은 전경은 그 자체로 자연의 일부, 자연의 통합적 일부라는 것, 그리고 자연은 비이성적인 어떤 종교적 신념으로 가정된 미지의 어두운 심연深淵과 같은 것이 아니라는 것이다. 특히 이런 관점에서 보면 비이성적인 것 자체는 신앙의 문제가 되기 때문이다.

[7] 이러한 관점을 취한다면, 독자는 "직접적인 것만이 실재한다는"p. 683[p.378]⁶ 것이 내게 자명한 입장이라는 구절을 읽었을 때 내가 느낀 충격을 어렴풋하나마 상상할 수 있을 것이다. 산타야나의 논문의 대부분을 차지하는 것은 이런 믿음의 결과를 변증법적으로 전개한 것이다. 그렇기 때문에 그의 글은 자연스럽게도 파괴적인 것이다. 산타야나는 직접적인 것만이 실재한다는 것이 나의 관점이라고 생각하는 데도 그가 능숙한 논리로 『경험과 자연』 전체가 모순덩어리임을 보여주는 데 전념하지 않았다는 점에 감사할 따름이다. 자연에 있어 동일성의 순환, 자연적 존재들 간의 유효한 연결, 그리고 항상 중개적이고 관계적인 지식에

---

6. 침묵이 동의로 받아들여지지 않기 위해 나는 내가 취한 입장이 산타야나가 나의 입장이라고 한 것(pp. 685-6[pp. 380-1])과 거리가 멀다는 것을 명확히 말하고자 한다. 만일 산타야나가 나의 입장이라고 한 것을 받아들인다면, 나는 내 입장을 반대하는 그의 주장이 확실하다고 인정해야 할 것이다. 그러나 산타야나가 나의 입장이라고 한 것이 내게는 사실이 아니다. 산타야나가 말하듯이, 일체의 그러한 믿음을 "실제가 배제한다." 그리고 때때로 나를 보고 단언하는 것처럼 내가 그런 프래그머티스트가 아닌 한—아니, 최소한 그런 부류의 프래그머티스트가 아닌 한—나는 실제의 존중과 직접적 경험의 절대성에 대한 혼자만의 믿음을 결합하려고 들 만큼 우둔하지 않다. 산타야나는 말한다. "명백히 상대적 전경의 우위로 인해 하나의 생물학적 사건이 하나의 형이상학적 원리로 바뀌어 버렸다."(p. 686[p. 382]) 그러나 나는 전경을 하나의 우발적 사건으로 보지 않는다. 또한 중간 거리의 생물학적 영역의 사건도 자연에 관한 우발적 사건으로 보지 않는다. 그런 만큼 나의 '형이상학적 원리'에서는 전경의 연관성이 배경의 특징들을 확정하는 방법으로 채택될 수 있다. 전경을 우발적 사건으로 취급하는 것은 산타야나가 보기에 내게 부자연스러운 것이 무엇인지 드러내 준다. 나는 『경험과 자연』에 대한 많은 언급을 하는 대신에, 그 책(LW1: 200-201)의 진술로 만족하고자 한다.

대해 단언하는 '도구주의'의 교의는 명백히 직접적인 것만이 실재한다는 믿음과 다른 것이다. 짐작건대, 산타야나의 입장에서는 나의 특수한 논의 주제들에 관심이 없었으므로 그런 파괴적 운명으로부터 나를 구해 주었다. 그리하여 반복하건대, 나는 경험한 것은 무엇이든 '직접성'을 '지니고' 있으며, 모든 자연적 존재도 또한 그 자체의 독특하고 조야한 존재의 특수성 면에서 직접성을 '지니고' 있다고 본다. 그런 만큼 경험된 사태를 특징짓는 직접성은 겉만 그럴듯한 것이 아니며, 그렇다고 하여 어떤 비자연적 침투나 초자연적 부과를 뜻하는 것도 아니다. 그러나 특질을 '지닌다'는 것은 단지 그 특질 자체가 된다는 뜻은 아니며, 확실히 배타적인 의미에서 그런 특질이 있다는 뜻도 아니다. 나의 특수한 주제들에 대한 논의의 상당 부분은 다음 사항을 보여주려는 시도다. 즉, 내가 다룬 주제들의 특징적인 속성들은 직접적인 것과 근접적 혹은 매개적인 것 간의 '교차'나 '상호 침투'로—이보다 나은 단어를 생각할 수 없었다—설명될 수 있다는 것, 이와 마찬가지로 다양한 철학적 이론들에 대한 나의 비판은 그 이론들이 어떤 한 국면을 고립시켜서 다른 국면을 희생시켰다는 것을 보여주는 데에 근거한다는 것이다. 내가 기꺼이 인정하는 것은, 경험적 문제들의 직접성은 겉만 그럴듯하거나 비자연적인 것으로 간주하지 않는다는 점이다. 왜냐하면 직접성이 없는 자연이란 존재할 수조차 없기 때문이다. 이렇게 되면, '실체'라는 중요한 단어는 다른 단어로 말해 '본질'과 유사어로 드러날지도 모른다. 그러나 아마 이와 같은 자연주의는 '너무도' 전력을 다해 나아갔으므로 받아들일 수 없을 것이다.

[8] 산타야나는 말한다: "내가 '모든 관념적인 것은 자연적인 것에서 나온다.'고 말한다고 가정해 보자. 듀이는 원격적인 모든 것이 직접적인 것에서 나온다는 점을 이해하며 동의한다. 그러나 내가 말하고자 했던 바는 모든 직접적인 것은—예컨대 감각은—생물학적인 것에서 나온

다는 것이었다".p.685[p.381] 나의 믿음에 대한 이런 진술은, 내가 직접적인 것만이 실재하며 전경은 아무것도 없는 전경이라는 특수한 가정을 하고 있다는 것이다. 그리하여 나는 되풀이해서 말한다. 즉, '의식'이 어떤 두드러진 의미에서의 전경이라면, 경험은 의식보다 훨씬 많은 것을 포함하며, 경험이 배경으로 내려가면 배경 또한 경험으로 올라오게 된다는 것이다.[7] 나는 '관념적인 것'이 생물학적인 것에서 '나온다'는 말에 동의한다. 심지어 나는 다른 비평가들로부터 관념적인 것을 마치 단순한 생물학적 가스의 방출처럼 보는 것이 아닌가 하는 비판을 받아왔다. 사실상 내가 생각한 것은, 예컨대 관념이나 감각은 생물학적인 것에서 나오는 만큼 실재한다는 것이다. 그리고 내가 감각이 없는 생물학적 특성보다 사물들의 상호작용에 대해 보다 높은 가치를 표하는 것은 그런 상호작용보다 실재하는 것을 말할 수 없고, 그런 상호작용보다 충만한 실재를 말할 수 없기 때문이다. 감각이 직접성을 품고 있다고 하더라도, 나는 감각이 바로 직접적인 것이라고 믿지 않는다. 감각은 그 자체 내에 연관성을 품고 있다. 즉, 감각은 그것을 출현시키는 어떤 원격의 조건을 수반하는 것이다. 그렇지 않다면, 감각은 결코 하나의 기호로서 역할을 한다거나 인지적 가치를 지닐 수 없을 것이다. 그런데 이와 같은 부인否認

7. (역주) 이와 관련, 듀이는 『경험과 자연』 제8장에서 "초점들로부터 증가하는 모호성의 장으로 희미해져가고 있다."는 표현을 한다(J. Dewey, *Experience and Nature*. 1925: 231). 이는 우리가 전경을 볼 때 그냥 보는 것이 아니라 '외변', 즉 어렴풋하나마 기존의 기억, 관념, 감정에 물들은 채 전경을 보고 있다는 것을 뜻한다. 듀이가 보기에 전통적 심리학의 잘못은 전경과 배경의 연속성, 즉 눈앞에 떠오르는 초점적 전경과, 그 주변을 물들이는 배경적 경험의 연속성을 간과한다는 데 있다. 그리하여 본문에서 듀이가 "경험은 의식보다 훨씬 많은 것을 포함한다."거나, "경험이 배경으로 내려가면 배경 또한 경험으로 올라오게 된다."고 말한 것은, 우리의 초점적 의식이 경험의 국면으로 확장되면, 전경을 배경과 연관된 폭넓은 맥락 속에서 보게 된다는 것을 뜻한다. 듀이가 예를 든 바와 같이, "우리가 어떤 책의 한 부분을 읽을 때 초점적 관념과 이미 읽은 것 사이에 날카로운 구별이 존재한다면 우리가 지금 읽는 것은 관념의 형태를 가질 수 없을 것이다"(Ibid., 231). 다시 말해 전경으로서 책의 한 부분은 기존에 읽은 것(배경)이 인식의 주변에 흐르고 있기에 의미 있는 이해가 가능하다는 것이다.

을 산타야나가 지적한 맥락적 의미, 즉 감각의 '개념'이 담론의 용어로서 생물학적 개념들로부터 파생된다는 뜻으로 해석해서는 안 된다. 이로부터 내가 덧붙이고자 하는 바는, 생물학적 측면에서 관념의 파생은 문자 그대로 실제적 의미에서 보아야 한다는 것이다. 산타야나가 계속해서 감각의 개념이 "대부분 미지의 것 혹은 인간의 힘으로 알 수 없는 비이성적 삶의 과정"에서 나온 것이라고 말할 때, 거기에는 짐작건대 하나의 차이점이 암시되어 있다. 감각에 있어 생물학적 과정과 그에 따른 결과적 역사가―산타야나와 보조를 맞춰 말한다면 '사건'과 '역사'―대체로 미지의 것이라는 점은 그야말로 너무도 명백하다. 그러나 내가 보기에 이러한 무지 상태는 경험적 가리개를 씌워 놓았기 때문에 일어난 것이 아니라, 경험상으로 감각이 주는 암시를 충분히 탐사探査하지 못했기 때문에 일어난 것이다. 만약 내가 산타야나를 이해했다면―아마 그가 나를 이해한 것 이상으로 내가 그를 잘 이해하지 못하겠지만,―경험은 그의 특유한 어법으로 "인간의 힘으로 알 수 없는" 그런 것이다. 그러나 이 경우 어째서 생물학적이라는 근본 조건을 언급해야 하는가? 모든 담론은 경험적인 만큼 단지 피상적이고 인습적인 것에 불과하다는 것인가? 그래서 미지의 실체, 신, 물질의 심연深淵과 같은 말을 접해서는 이 말이든 저 말이든 매한가지로 알 수 없다는 뜻인가?

[9] 산타야나는 관념의 생물학적 기초와 실체화 문제에 있어 자신의 입장과 일치된 것에 한해 나의 실제적 입장의 행적을 나의 이론에 은연중에 내포된 행동주의에서 찾아낸다. 그러나 산타야나는 항상 누군가 그에게 동의하는 것을 가능한 한 어렵게 만든다. 그는 행동주의를 특별히 '미국적' 형식의 현상론이라고 비판한다. 산타야나가 이와 같이 보는 진짜 주된 이유는, 사고를 비이성적 기능과 연계시키는 행동주의적 설명이 마음 자체마저 부정할 수밖에 없다고 생각하는 데 있다. 자신을 행동주의자로 부르는 심리학자들 가운데 의심할 여지가 없이 사태를 이렇

게 다루는 사람들이 분명히 있다. 산타야나는 내가 이런 의미의 행동주의자이거나, 아니면 사색적 자기 본위주의자라고 보며, 나의 경험론은 전자를 지향하는 경향을 띠고 있음에도 불구하고 후자의 입장을 밀어붙이고 있다는 것이다. 그러나 『경험과 자연』의 주요 주제는 인간 경험이 (물론 그릇된 사고도 포함하여) 지적인 동시에 감정적 행동이라는 데에 있다. 다시 말해, 나는 산타야나가 분리한 마음과 물질의 세계를 자연주의적 기초 위에서 결합하려는 시도를 한 것이다. 나는 이러한 시도가 보통의 시도가 아니라는 것, 그리하여 아마 좌절의 운명을 겪을 수 있다는 것도 알고 있다. 그러나 나는 나 자신의 서투른 능력으로 인해 이 문제가 속단되는 것을 원치 않는다. 마음과 물질의 세계를 결합하려는 시도는 다시 또다시 반복될 수밖에 없으며, 점차 성공을 거두기를 바랄 뿐이다. 산타야나의 전제를 가정한다면 이 시도가 성공할 수 없다는 것을 잘 알고 있다. 그러나 산타야나의 전제를 바꾸면 어째서 안 되는가? 내가 사회적 혹은 관습적 환경에 지나치게 크게 의존하는 것일 수도 있다. 그렇지만 나의 신념은 마음과 물질에 대한 최종적 결정권마저 그런 환경에 있다고 믿을 정도까지는 이르지 않는다.

[10] 산타야나는 내가 생각한 전경이 사회적 세계요, 사회적 환경이라고 말한다. 산타야나는 내가 보기에 다소간 비위에 거슬리게 전경을 관습이라고 부른다. 그러나 나는 '관습'이라는 말을 받아들이면서도, 이미 암시한 바를 진술하면 '관습'이란 틀에 박히거나 겉만 그럴듯한 것이 아니라, 상호작용적 의사소통이 이루어지는 자연적 사태의 상호작용임을 말하고자 한다. 하나의 소리 혹은 종이에 찍힌 하나의 자국이—이것들 자체가 물리적 존재이다—다른 사태를 상징할 때처럼 하나의 '기호'도 그렇게 관습적인 것일 수 있다. 그러나 하나의 기호가 '된다는 것', 곧 기호의 기능이란 자연적 존재에 뿌리를 두고 있다. 인간의 교제란 이러한 뿌리의 결실이다. 내가 이해하기에 사회적 환경이 어떤 편파적 의미

에서 관습적이라는 산타야나의 생각은 인간적 존재와 비인간적 존재를 구조적으로 전위轉位시킨 또 다른 예시일 뿐이다. 나는 이러한 구조적 전위를 '결함 있는 자연주의a broken-backed naturalism'라고 부른 바 있다.

[11] 산타야나가 나의 결론에서 쉽게 지적할 수 있었던 기본적 모순점 중 하나는, 만일 내가 참으로 직접적인 것만이 실재한다고 생각하고 있다면, 그것은 (자연적인 것이 아니라) 사회적인 것과 관련된다는 것이다.[8] 산타야나는 내가 "개인을 사회적 기능 속에 용해시키는 경향"p. 675 [p. 370]이 있다고 말한다. 논리적 언어로 표현하면 그것은 내가 직접적인 것을 간접적인 것으로 바꿔치기하는 것에 해당한다는 것이다. 그러나 내가 인간의 삶에서 그 생물학적 뿌리로부터 그 이상적 만개滿開와 결실에 이르기까지, 개별적이고 연합적인—이 두 단어는 형용사적 의미다—사태를 모두 발견한 이상, 나는 자연에는 존재하는 모든 것 가운데 다른 상태로 바꿀 수 없는, 조야하고 독특한 '그 자체'가 있으며, 동시에 각각의 사물(그야말로 있는 그대로의 것)은 또한 다른 사물들과 연관되어 있어 다른 사물들이 없이는 "존재할 수도, 인식될 수도 없다."고 본다. 그리고 물리학상의 발견을 따르는 한, 이러한 결론은 물리적 존재 그 자체의 검사 결과에 의해서도 확증된다. 경험은 개별적이기도, 연합적이기도 한 만큼, 또한 경험이 배경으로서의 자연과 연속성을 맺고 있는 만큼, 자연주의자로서 나는 자연도 또한 개별적이고도 연합적인 것이라고 본다. 자연에 여기, 지금, 그리고 원경이 있다는 것을 부정하는 산타야나의 말을 인용하면서 나는 나 자신의 관점을 진술하는 데 있어 여기들, 지금들, 원경들heres, nows, perspectives이라는 복수의 형식을 쓸 수밖에 없다는 것을 깨닫게 되었다. 나는 한 단어의 단순 용법에서 추론하는 것이 아니다. 산타야나의 단수 형식의 용법이 암시하는 것은, 그는 경험을 단 한

---

8. (역주) 괄호 안의 구절은 문맥의 이해를 돕기 위해 역자가 보충한 것이다.

사람의 사적인 것으로 생각한다는 것이며, 이로부터 경험이란 말을 쓰는 다른 사람들도 유사한 관점을 갖는다고 생각한다는 것이다. 자연에 단수의 여기, 지금, 원경을 부여하는 것은 그야말로 불합리한 것이다. 만약 단수 용법이 유일한 대안이라면, 나도 그의 부정적 관점에 동의할 것이다. 그러나 자연에는 무수히 많은 여기들, 지금들, 그리고 원경들이 있다. 그만큼 존재들은 무수히 많은 것이다. 더군다나, 그 수많은 존재들을 하나의 포괄적 실체로 삼켜 버리는 것은 그 포괄적 실체가 무엇인지 알 수 없게 만든다. 이것은 완전한 불가지론의 논리적 전제다. 이와 같은 포괄은 또한 실체를 상상도 할 수 없게 만든다. 왜냐하면, 무엇인가 수용하거나 구체화할 만한 것을 아무것도 남겨두지 않기 때문이다. 더욱이 복수로 표현되는 여기들, 지금들에 있는 사물들 모두가 상호작용하고 있다. 비록 사물들은 상호 관련성을 충분히 드러내는 의사소통을 하는 것은 아니지만, 교류와 연합의 세계를 형성한다. 혹여 나의 발언 방식으로 인해 내가 경험의 연합적 국면들을 과장한 것으로 보였다면, 그것은 (산타야나가 숙고한 전통적 자연관이 그릇된 물리학에 지배된 것처럼,) 그릇된 심리학에 지배된 전통적 경험론 때문일 것이다. 산타야나가 그렇게 했듯이, 전통적 경험론은 유일하고 고립적인 여기와 지금을 가정하면서 교류와 연합의 국면을 무시, 부정해 온 것이다.

[12] 나의 목적은 산타야나의 철학을 비판하는 것이 아니라 그가 나의 입장으로 귀착시킨 것과 나의 입장을 분명히 구별하는 데 매우 필요한 진술을 하는 데에 있었다. 이런 의도는 내가 산타야나에 있어 두 가지 운동과 두 가지 위치가 병렬적으로 놓여 결코 접촉이 없음을 발견한 사실을 말할 때조차 나의 마음을 움직인 동인動因이었다.[9] 전통적 학파의 표찰이 붙은 논쟁거리로서 미결로 남은, 어떤 특수한 주제를 산타야나가 구체적으로 다루는 방식을 보면 그는 참으로 자연주의적인 것으로 보인다. 즉, 경험의 사태는 피상적이고 틀에 박힌 것이 아니라, 비록 일

방적이고 별난 면이 있다고 하더라도, 진정한 자연의 확장으로 취급되는 것이다. 물리학, 화학, 생물학은 그런 자연의 확장에 대한 과학적 진술이다. 그러나 산타야나에게는 일련의 분류함이 있다. 모든 철학은 각각에 적합한 고정적이고 절대적 꼬리표가 붙은 분류함에 들어가야 한다.―다른 사람의 철학은 물론이거니와 산타야나 자신의 철학도 자기 의식적인 것이라면 그렇게 분류함에 들어가야 한다. 만약 산타야나가 전통적인 교수단敎授團의 표찰의 영향력에서 벗어나 어떤 주제든 자유롭게 다룬다면, 나는 그로부터 많은 것을 배울 뿐만 아니라, 그와 대부분 의견을 함께하는 것을 기쁘게 여길 것이다. 그러나 산타야나가 하나의 사상 체계를 다루면서 그것과 자기 자신의 체계를 차별화하는 일이 필요하다고 본다면, 그의 자연주의는 미지의 포괄적인 모든 것을 신앙으로 숭배하는 모호한 몸짓으로 전락하고 만다. 산타야나에 있어 이런 신앙 숭배와 현저히 다른―그런 숭배의 몸짓을 금하는―모든 인간의 삶은 허울만 좋은 환상적인 것이 되고 만다. 나는 그와 많은 부분 동의하면서도, 오직 이런 면에서 그와 중대하게 불일치한다고 말할 수 있다. 이러한 경우는 두 사람이 매우 닮아 보인다고 하면서도 특별히 둘 중 한 사람만 지목하여 더 닮았다고 말하는 아일랜드인의 사례와 유사하다고 보인다. 산타야나 사상의 이런 예외적 특징을 제외한다면, 나는 기꺼이 그의 입장이 될 수 있을 것이다.

9. (역주) 듀이가 "산타야나에 있어 두 가지 운동과 두 가지 위치가 병렬적으로 놓여" 있다고 말한 까닭은, 산타야나가 한편으로는 인간과 자연의 연관성을 인정하는 자연주의적인 모습을 보이면서도(가령, 산타야나는 관념적인 것이 생물학적인 것에서 비롯되며, 인간 경험을 잘 보호한다면 자연에 관한 신뢰할 만한 지표들을 제공할 수 있다고 본다: 이 글의 5, 8문단 참조), 다른 한편으로는 인간 경험(전경)과 자연(배경)을 분리하는 이원론적 경향을 드러내기 때문이다. 이로부터 듀이는 산타야나의 이런 두 입장이 상호 조화될 수 없는 모순을 드러낸다고 지적하는 것이다.

돌이켜보면, 역자가 듀이의 심리학적 저작을 처음 접한 것은 듀이의 교육철학에 관해 박사학위 논문[2000]을 준비하면서 읽은 '심리학에서 반사호 개념The Reflex Concept in Psychology'[1896], '행위와 경험Conduct and Experience'[1930] 등의 논문이었다. 듀이의 심리학 관련 글은 대체로 그의 초기 저작에 담겨 있다. 초기 저작은 듀이가 미시간대학 강사, 교수 시절과 미네소타대학과 시카고대학 교수 시절에 쓴 것으로서, 젊은 시절 그가 크게 영향을 받았던 헤겔Hegel과 윌리엄 제임스W. James의 영향을 일정 부분 반영하고 있다. 그러나 주목할 점은, 이들 두 사상가의 영향과 별개로 듀이의 초기 심리학적 저작 여기저기서 그가 학문적으로 일관되게 견지한 반이원론적인 세계관과 교호작용의 독특한 아이디어의 싹을 찾아볼 수 있다는 것이다. 듀이의 심리학 관련 글 중에서 특히 '심리학에서 반사호 개념'은 시카고대학 교수 시절 쓴 논문으로 당대 『심리학평론』에 게재된 논문 중 가장 영향력이 큰 저작이며,[역자해설 III 각주 15 참조] 그의 교호작용의 아이디어가 발아發芽된 매우 중요한 저작으로 평가된다.

박사학위 논문 이후, 역자는 성균관대학교 교육학과에서 강의하면서 '외국교육사 연습' 대학원 강좌에서 듀이의 초기 심리학적 저작을 수 편 읽은 바가 있다. 이 책에 실린 듀이의 논문 서너 편은 당시 수업 때 읽

은 것이다. 당시에는 특별히 번역을 염두에 두지 않은 채 강의를 위해 중
요 부분을 발췌해 따로 해석해 두거나 소견을 메모해 둔 정도였다. 비
교적 근년에 역자가 듀이의 심리학에 관한 논문을 작성하면서,^{역자해설 Ⅳ-}
^{Ⅴ. 참조} 그간 읽지 못했던 그의 초기 심리학 관련 논문 몇 편을 추가해서
읽게 되었다. 그의 심리학 논문들을 읽어가면서 다시금 느낀 것은, 듀이
를 올바로 이해하기 위해서는 무엇보다 원전에 대한 명확한 이해가 필
요하다는 점, 그리고 이를 위한 가장 확실한 방법은 비록 시간이 걸리더
라도 바로 원전의 번역에 있다는 것이었다. 아닌 게 아니라, 듀이는 물론
이거니와 위대한 교육사상가들에 대한 연구는 원전의 명확한 이해를 기
초로 하지 않으면 제대로 이루어질 수 없을 것이다. 그래서 수년 전 여
름에 기존에 부분적으로 번역해 둔 부분을 살리고 미흡한 부분을 수정
보완하는 작업을 시작하여 틈틈이 일정량을 읽어가는 가운데 한 권의
번역서를 내게 되었다.

　사실, 듀이의 심리학 관련 원전은 이해하기가 쉽지 않다. 그 까닭은
듀이의 문장이 난삽難澁하기도 하지만, 그것보다 중요한 문제는 그의 심
리학 논문에는 다양한 심리학, 철학, 생리학의 관점들이 압축적으로 언
급되고 있어 이에 대한 이해가 뒷받침되지 않으면 글의 맥락적 이해가
결코 쉽지 않다는 데에 있다. 그리하여 과문한 역자에게는 듀이 심리학
논문들을 이해하는 데에 틈틈이 관련 심리학, 철학 서적은 물론 생리학
서적을 참조하는 일이 요청되었다. 역자가 번역을 하며 절실히 느낀 것
은, 듀이의 원전을 우리말로 이해가 수월하게 옮기는 일이 실로 어려운
작업이라는 것, 특히 누군가 말했듯이 번역은 마치 거울과 같아서 역자
가 확실히 이해하여 풀어놓지 못한 것은 문장의 의미도 역시 불투명하
다는 것이었다. 그래서 일차적으로 완료된 역본을 한두 달 묵혀 두었다
가 다시 꺼내어 읽는, 소위 '낯설게 읽기'를 거듭하며 오역이나 불분명한
부분을 바로잡는 작업을 계속했다. 이렇게 듀이의 글과 씨름하면서 기

존에 모호했던 문장의 의미가 명료히 드러나는 것은 역자에게 상당한 기쁨과 힘을 가져다주었다. 그러나 그럼에도 불구하고 여전히 불분명하고 미진한 부분이 눈에 띄는 것은 오직 역자의 능력의 한계 탓이다. 이에 대해서는 동학제현의 귀한 질정을 받아 수정 보완할 수 있는 기회가 있기를 바라본다. 끝으로 이 책이 세상에 빛을 보도록 여러모로 힘써주신 도서출판 살림터의 정광일 대표님과 수고하신 편집부 여러분께 깊은 감사의 말씀을 드린다.

2026년 2월

김무길(金戊吉) 謹識

인명 색인

ㄱ

가모(C. D. Garmo) 74
그린(T. H. Green) 61, 154, 197~199

ㄷ

다윈(C. R. Darwin) 112
데카르트(R. Descartes) 104, 125~126,
 140, 155

ㄹ

로크(J. Locke) 152, 154~157, 167, 185
 ~186, 305
루소(J. J. Rousseau) 9~10, 94
리드(T. Reid) 103~104

ㅂ

바울(St. Paul) 149~150
바이스만(F. L. A. Weismann) 240
버클리(G. Berkeley) 156, 186
베이컨(F. Bacon) 101
베인(A. Bain) 143~144
벤담(J. Bentham) 103
벨(C. Bell) 111
볼드윈(J. M. Baldwin) 19~20, 240~
 243, 254, 266~267
분트(W. M. Wundt) 125, 129~130, 144
 ~145, 240
브래들리(F. H. Bradley) 215
브레도(E. Bredo) 15
브링크만(S. Brinkmann) 14~15

ㅅ

산타야나(G. Santayana) 300~313
손다이크(E. L. Thorndike) 238
슐라이허마허(F. Schleiemacher) 61

스펜서(H. Spencer) 186, 209, 240
스피노자(B. Spinoza) 215~216, 296

ㅇ

아르키메데스(Archimedes) 241
아리스토텔레스(Aristoteles) 34, 67,
 146, 149~150, 212, 215, 221
아우어바흐(L. Auerbach) 129
안타이오스(Antaeus) 106
애덤슨(R. Adamson) 188~190
에머슨(R. W. Emerson) 31~32
윌리엄 제임스(W. James) 118, 173, 175,
 262, 314
윌리엄 해밀턴(W. Hamilton) 103
유영준 14
이홍우 41
이환기 65

ㅈ

제임스 밀(J. Mill) 15, 305
조상식 262
존 스튜어트 밀(J. S. Mill) 103

ㅋ

칸트(I. Kant) 9, 28, 61~63, 66~67, 75,
 79, 112, 187~190, 196~198, 215, 275
케어드(E. Caird) 61, 188, 192~193, 200

ㅌ

틴달(J. Tyndall) 137
틸리(F. Tilly) 301

ㅍ

프랑켄슈타인(Frankenstein) 296
프뢰벨(F. Freobel) 94
플라톤(Platon) 34, 67, 212, 215, 245
플뤼거(E. F. W. Pflüger) 129
피터스(R. S. Peters) 41

ㅎ

하비(W. Harvey) 103~104
헉슬리(T. H. Huxley) 137
헤겔(G. W. F. Hegel) 61, 67, 75, 79,
　　173, 188, 194, 197, 203, 212~215,
　　314
헤르바르트(J. F. Herbart) 8~9, 28, 61,
　　64~68, 74, 77, 79, 87
헬름홀츠(H. v. Helmholtz) 110
호지슨(S. Hodgson) 177, 220~231
화이트(A. R. White) 76
흄(D. Hume) 15, 103~104, 116, 152,
　　156~159, 186, 305

주제 색인

ㄱ

간접적 흥미 45~47, 49~50, 55~57, 64, 70, 76

감정 9, 18~19, 29, 36, 40, 43, 50~53, 63~65, 97, 114, 171, 187, 194~195, 209, 213, 225~226, 240, 308

개별적 의식 44, 152, 163, 168, 171, 173, 175~182, 220~221, 223~224, 226, 229~231

개별적 자아 147, 181, 224

결함 있는 자연주의 300, 311

과거의 심리학 15~16, 103, 115

관념 연합 156, 270

교육과정 13, 22, 82~83, 86~87, 91~92, 97~98

규범적 흥미 41

근육의 저항 254, 266

기계적 주의 36

기능의 국소화 140, 142~143, 146~147

기독교 신앙 149~150

ㄴ

내관법 100, 108~109, 115

노력 8, 10, 28, 30~35, 39~40, 49~50, 58~63, 71, 76, 78, 82, 85, 132, 137~138, 142, 254~271, 275, 296

논리학 117, 191~192, 195, 203, 211~216, 229~230, 283

논점 상위(相違)의 허위 222

놀이 9, 33, 45, 74, 132

ㄷ

도덕적 노력 255

도식주의 15, 100, 102

도야 8, 31, 37, 40, 47, 70~72

ㅁ

메타심리학 14

문제 상황 21, 71, 274, 293

물 자체 152, 157~163, 167, 169, 176~177, 186, 196, 215

물적인 것 120

미온적 자연주의 22, 300~302

ㅂ

반사원 18~19, 21, 234, 252

반사 작용 128, 130~131, 140~141, 145

반사호 7, 15~22, 228, 234~239, 242, 244~247, 251~252, 314

배리법 132, 138

범신론 215

보는 행위 18~19, 237

보편적 의식 152, 163, 175~182, 198, 220~221, 223~224, 226, 229~231

보편적 자아 181, 224

본원적 원자 132

비이성적 신앙 304

ㅅ

새로운 심리학 15~17, 100, 105~106, 113~118

생리학적 심리학 100, 106~112, 123, 137, 150, 229

세포 107, 111, 123~124, 126~128, 135, 143~145

선험론 153~154, 230~231

섬유 123~128, 135, 143~145

수단과 목적 12, 45, 48~49, 265

습관 10, 22, 32, 35~37, 40, 52~58, 60, 68~73, 93, 111, 130, 145, 156, 246, 254, 262~264, 267~271, 291~292

신경계 106, 122~128, 134, 141

신경 호(弧) 240

실재 22, 90, 116, 149, 155, 176, 179,

181, 185~186, 201~202, 204~205, 209, 215~217, 274~283, 286, 289~290, 292, 295
심리적 흥미 41
심리학적 오류 23, 247, 271
심적인 것 120, 131

ㅇ
양면적 실체 125~126
에너지의 분할 38~39
영국 철학 154, 180, 185~186, 222~223
영혼 120, 140, 147~148, 239
예견된 결과 50
외변(外邊) 262, 308
욕구 8~10, 28, 39~40, 44, 49~50, 53~57, 61, 64~65, 76, 101
원자적 감각 112
유기체 112, 118, 120, 129~130, 134~136, 139, 161~163, 167, 179~180, 209, 234, 236, 239~240, 242, 252, 284~289, 292, 304
유명론적(唯名論的) 논리 100, 115
유목적적 활동 12, 55
유물론 120, 130~132, 145, 148~149, 163, 245
유심론 120, 245, 304
의식의 회로 19, 234,
의인론(擬人論) 209~210
이념 212~216
이성적 실재론 167
이원론 16, 22, 62, 82, 84~86, 150, 159, 177, 192, 215~216, 220, 234, 236, 245, 274
인식론 115, 274, 278, 280, 292

ㅈ
자극과 반응 16~19, 21~22, 127, 139, 228, 234, 236, 240, 244~247, 251~252, 269

자기의식 57, 156, 181, 184, 187~189, 192~203, 207~211
자기표현 38~39, 44~45, 52, 55~56, 58~59, 61, 74~75
자아와 대상의 일체화 11
자연주의적 형이상학 300~301
적응 52~53, 87, 120, 126, 128~129, 131, 135, 146, 246, 281, 284, 288
전경(前景) 300, 302~306, 308, 310, 313
전이된 흥미 46, 48
절대자 166, 192, 201, 203, 208, 213, 215
절대적 자기의식 200~203, 207~208
정언적 진리 204
조정 17, 21, 51, 66, 111, 114, 131, 135~136, 139, 195, 234, 236~243, 247~252, 262, 268~270
주관적 관념론 152, 156, 167, 169~180
주의의 분산 10, 28, 35~37
주체와 객체 22, 84, 152, 166~178, 181~182, 187, 199, 222
중추신경 128~129, 145, 234, 236, 240, 244~245
지식의 기원 152, 157~164, 169, 175, 181
직접적 흥미 45~46, 64, 69, 129, 135, 140~141, 146

ㅊ
척수 16, 125~126
철학적 방법 185~187, 191, 203, 208, 211~214, 220~221, 223, 230
충동 9, 10, 13, 36, 41~44, 50~59, 62~66, 68~73, 93~95, 97, 139, 194, 285

ㅋ
쾌락 10, 36, 38~40, 54~55, 60~64,

75~76, 285

ㅌ

통각적 과정 65

ㅍ

포스트칸트 학파 187, 189~190
프래그머티스트 280, 283, 295
프래그머티즘 279

ㅎ

형이상학 17, 70, 150, 155, 167, 188,
    202, 221, 223, 226~231, 245, 265,
    274, 284, 289, 300, 304~306
환상적 심리학 177, 229, 304
흥미 5~14, 22, 28~35, 38~50, 55~63,
    67~70, 72~79, 83, 85~86, 90~97
흥미의 심리학 30, 40, 44, 47, 64, 77
흥미와 노력의 교호작용 13~14

삶의 행복을 꿈꾸는 교육은 어디에서 오는가?

● **교육혁명을 앞당기는 배움책 이야기** 혁신교육의 철학과 잉걸진 미래를 만나다!

한국교육연구네트워크 총서

01 핀란드 교육혁명 　한국교육연구네트워크 엮음 | 320쪽 | 값 18,000원

02 일제고사를 넘어서 　한국교육연구네트워크 엮음 | 284쪽 | 값 13,000원

03 새로운 사회를 여는 교육혁명 　한국교육연구네트워크 엮음 | 380쪽 | 값 17,000원

04 교장제도 혁명 　한국교육연구네트워크 엮음 | 268쪽 | 값 14,000원

05 새로운 사회를 여는 교육자치 혁명 　한국교육연구네트워크 엮음 | 312쪽 | 값 15,000원

06 혁신학교에 대한 교육학적 성찰 　한국교육연구네트워크 엮음 | 308쪽 | 값 15,000원

07 진보주의 교육의 세계적 동향 　한국교육연구네트워크 엮음 | 324쪽 | 값 17,000원

08 더 나은 세상을 위한 학교혁명 　한국교육연구네트워크 엮음 | 404쪽 | 값 21,000원

09 비판적 실천을 위한 교육학 　이윤미 외 지음 | 448쪽 | 값 23,000원

10 마을교육공동체운동: 세계적 동향과 전망 　심성보 외 지음 | 376쪽 | 값 18,000원

11 학교 민주시민교육의 세계적 동향과 과제 　심성보 외 지음 | 308쪽 | 값 16,000원

12 학교를 민주주의의 정원으로 가꿀 수 있을까? 　성열관 외 지음 | 272쪽 | 값 16,000원

13 교육사상가의 삶과 사상 –서양 편 1 　심성보 외 지음 | 420쪽 | 값 23,000원

14 교육사상가의 삶과 사상 –서양 편 2 　김누리 외 지음 | 432쪽 | 값 25,000원

15 사교육 해방 국민투표 　이형빈·송경원 지음 | 260쪽 | 값 17,000원

한국교육연구네트워크 번역 총서

01 프레이리와 교육 　존 엘리아스 지음 | 한국교육연구네트워크 옮김 | 276쪽 | 값 14,000원

02 교육은 사회를 바꿀 수 있을까? 　마이클 애플 지음 | 강희룡·김선우·박원순·이형빈 옮김 | 356쪽 | 값 16,000원

03 비판적 페다고지는 세상을 변화시킬 수 있는가? 　Seewha Cho 지음 | 심성보·조시화 옮김 | 280쪽 | 값 14,000원

04 마이클 애플의 민주학교 　마이클 애플·제임스 빈 엮음 | 강희룡 옮김 | 276쪽 | 값 14,000원

05 21세기 교육과 민주주의 　넬 나딩스 지음 | 심성보 옮김 | 392쪽 | 값 18,000원

06 세계교육개혁 민영화 우선인가 공적 투자 강화인가? 　린다 달링-해먼드 외 지음 | 심성보 외 옮김 | 408쪽 | 값 25,000원

07 콩도르세, 공교육에 관한 다섯 논문 　니콜라 드 콩도르세 지음 | 이주환 옮김 | 300쪽 | 값 16,000원

08 학교를 변론하다 　얀 마스켈라인·마틴 시몬스 지음 | 윤선인 옮김 | 252쪽 | 값 15,000원

09 존 듀이와 교육 　짐 개리슨 외 지음 | 심성보 외 옮김 | 376쪽 | 값 19,000원

10 진보주의 교육운동사 　윌리엄 헤이스 지음 | 심성보 외 옮김 | 324쪽 | 값 18,000원

11 사랑의 교육학 　안토니아 다더 지음 | 심성보 외 옮김 | 412쪽 | 값 22,000원

12 다시 읽는 민주주의와 교육 　존 듀이 지음 | 심성보 옮김 | 620쪽 | 값 32,000원

13 세계의 대안교육 　넬 나딩스·헬렌 리즈 엮음 | 심성보 외 11인 옮김 | 652쪽 | 값 38,000원

혁신학교   성열관·이순철 지음 | 224쪽 | 값 12,000원

행복한 혁신학교 만들기   초등교육과정연구모임 지음 | 264쪽 | 값 13,000원

서울형 혁신학교 이야기   이부영 지음 | 320쪽 | 값 15,000원

혁신교육, 철학을 만나다   윌렌트 데이비스·데니스 수마라 지음 | 현인철·서용선 옮김 | 304쪽 | 값 15,000

대한민국 교사, 어떻게 가르칠 것인가?   윤성관 지음 | 320쪽 | 값 15,000원

아이들을 어떻게 가르칠 것인가   사토 마나부 지음 | 박찬영 옮김 | 232쪽 | 값 13,000원

모두를 위한 국제이해교육   한국국제이해교육학회 지음 | 364쪽 | 값 16,000원

경쟁을 넘어 발달 교육으로   현광일 지음 | 288쪽 | 값 14,000원

혁신교육 존 듀이에게 묻다   서용선 지음 | 292쪽 | 값 16,000원

다시 읽는 조선교육사   이만규 지음 | 750쪽 | 값 37,000원

교실 속으로 간 이해중심 교육과정(개정판)   온정덕 외 지음 | 216쪽 | 값 15,000원

대한민국 교육혁명   교육혁명공동행동 연구위원회 지음 | 224쪽 | 값 12,000원

포스트 코로나 시대의 교육   성열관 외 지음 | 224쪽 | 값 15,000원

내일 수업 어떻게 하지?   아이함께 지음 | 300쪽 | 값 15,000원

핀란드 교육의 기적   한넬레 니에미 외 엮음 | 장수명 외 옮김 | 456쪽 | 값 23,000원

한국 교육의 현실과 전망   심성보 지음 | 724쪽 | 값 35,000원

독일의 학교교육   정기섭 지음 | 536쪽 | 값 29,000원

교실 속으로 간 이해중심 통합교육과정   온정덕 외 지음 | 224쪽 | 값 15,000원

초등 백워드 교육과정 설계와 실천 이야기   김병일 외 지음 | 352쪽 | 값 19,000원

학습격차 해소를 위한 새로운 도전 보편적 학습설계 수업 조윤정 외 지음 | 240쪽 | 값 15,000원

● 경쟁과 차별을 넘어 평등과 협력으로 미래를 열어가는 교육 대전환! 혁신교육 현장 필독서

학교의 미래, 전문적 학습공동체로 열다   새로운학교네트워크·오윤주 외 지음 | 276쪽 | 값 16,000원

마을교육공동체 생태적 의미와 실천   김용련 지음 | 256쪽 | 값 15,000원

학교폭력, 멈춰!   문재현 외 지음 | 348쪽 | 값 15,000원

학교를 살리는 회복적 생활교육   김민자·이순영·정선영 지음 | 256쪽 | 값 15,000원

삶의 시간을 잇는 문화예술교육   고영직 지음 | 292쪽 | 값 18,000원

미래교육을 디자인하는 학교교육과정   박승열 외 지음 | 348쪽 | 값 18,000원

코로나 시대, 마을교육공동체운동과 생태적 교육학   심성보 지음 | 280쪽 | 값 17,000원

혐오, 교실에 들어오다   이혜정 외 지음 | 232쪽 | 값 15,000원

수업, 슬로리딩과 함께   박경숙 외 지음 | 268쪽 | 값 15,000원

물질과의 새로운 만남   베로니카 파치니-케처바우 외 지음 | 이연선 외 옮김 | 218쪽 | 값 15,000원

그림책으로 만나는 인권교육   강진미 외 지음 | 272쪽 | 값 18,000원

수업 고수들 수업·교육과정·평가를 말하다	박현숙 외 지음 ǀ 368쪽 ǀ 값 17,000원
아이들의 배움은 어떻게 깊어지는가	이시이 준지 지음 ǀ 방지현·이창희 옮김 ǀ 200쪽 ǀ 값 11,000원
미래, 공생교육	김환희 지음 ǀ 244쪽 ǀ 값 15,000원
들뢰즈와 가타리를 통해 유아교육 읽기	리세롯 마리엣 올슨 지음 ǀ 이연선 외 옮김 ǀ 328쪽 ǀ 값 17,000원
혁신고등학교, 무엇이 다른가?	김현자 외 지음 ǀ 344쪽 ǀ 값 18,000원
시민이 만드는 교육 대전환	심성보·김태정 지음 ǀ 248쪽 ǀ 값 15,000원
평화교육 과거, 현재 그리고 미래를 그리다	모니샤 바자즈 외 지음 ǀ 권순정 외 옮김 ǀ 268쪽 ǀ 값 18,000원
마을교육공동체란 무엇인가?	서용선 외 지음 ǀ 360쪽 ǀ 값 17,000원
강화도의 기억을 걷다	최보길 지음 ǀ 276쪽 ǀ 값 14,000원
체육 교사, 수업을 말하다	전용진 지음 ǀ 304쪽 ǀ 값 15,000원
평화의 교육과정 섬김의 리더십	이준원·이형빈 지음 ǀ 292쪽 ǀ 값 16,000원
마을로 걸어간 교사들, 마을교육과정을 그리다	백윤애 외 지음 ǀ 336쪽 ǀ 값 16,000원
혁신교육지구와 마을교육공동체는 어떻게 만들어지는가?	김태정 지음 ǀ 376쪽 ǀ 값 18,000원
서울대 10개 만들기	김종영 지음 ǀ 348쪽 ǀ 값 18,000원
선생님, 통일이 뭐예요?	정경호 지음 ǀ 252쪽 ǀ 값 13,000원
10년 후 통일	정동영 지음 ǀ 328쪽 ǀ 값 15,000원
함께 배움 학생 주도 배움 중심 수업 이렇게 한다	니시카와 준 지음 ǀ 백경석 옮김 ǀ 280쪽 ǀ 값 15,000원
다정한 교실에서 20,000시간	강정희 지음 ǀ 296쪽 ǀ 값 16,000원
즐거운 세계사 수업	김은석 지음 ǀ 328쪽 ǀ 값 13,000원
학교를 개선하는 교장	마이클 풀란 지음 ǀ 서동연·정효준 옮김 ǀ 216쪽 ǀ 값 13,000원
선생님, 민주시민교육이 뭐예요?	염경미 지음 ǀ 244쪽 ǀ 값 15,000원
교육혁신의 시대 배움의 공간을 상상하다	함영기 외 지음 ǀ 264쪽 ǀ 값 17,000원
도덕 수업, 책으로 묻고 윤리로 답하다	울산도덕교사모임 지음 ǀ 320쪽 ǀ 값 15,000원
교육과 민주주의	필라르 오카디즈 외 지음 ǀ 유성상 옮김 ǀ 420쪽 ǀ 값 25,000원
교육회복과 적극적 시민교육	강순원 지음 ǀ 228쪽 ǀ 값 15,000원
비판적 미디어 리터러시 가이드	더글러스 켈너·제프 셰어 지음 ǀ 여은호·원숙경 옮김 ǀ 252쪽 ǀ 값 18,000원
지속가능한 마을, 교육, 공동체를 위하여	강영택 지음 ǀ 328쪽 ǀ 값 18,000원
대전환 시대 변혁의 교육학	진보교육연구소 교육과정연구모임 지음 ǀ 400쪽 ǀ 값 23,000원
교육의 미래와 학교혁신	마크 터커 지음 ǀ 전국교원양성대학교 총장협의회 옮김 ǀ 336쪽 ǀ 값 18,000원
남도 임진의병의 기억을 걷다	김남철 지음 ǀ 288쪽 ǀ 값 18,000원
프레이리에게 변혁의 길을 묻다	심성보 지음 ǀ 672쪽 ǀ 값 33,000원
다시, 혁신학교!	성기신 외 지음 ǀ 300쪽 ǀ 값 18,000원
백워드로 설계하고 피드백으로 완성하는 성장중심평가	이형빈·김성수 지음 ǀ 356쪽 ǀ 값 19,000원
우리 교육, 거장에게 묻다	표혜빈 외 지음 ǀ 272쪽 ǀ 값 17,000원

교사에게 강요된 침묵	설진성 지음	296쪽	값 18,000원
왜 체 게바라인가	송필경 지음	320쪽	값 19,000원
풀무의 삶과 배움	김현자 지음	352쪽	값 20,000원
비고츠키 아동학과 글쓰기 교육	한희정 지음	300쪽	값 18,000원
교실을 위한 프레이리	아이러 쇼어 엮음	사람대사람 옮김	410쪽	값 23,000원
마을, 그 깊은 이야기 샘	문재현 외 지음	404쪽	값 23,000원
비난받는 교사	다이애나 폴레비치 지음	유성상 외 옮김	404쪽	값 23,000원
한국교육운동의 역사와 전망	하성환 지음	308쪽	값 18,000원
철학이 있는 교실살이	이성우 지음	272쪽	값 17,000원
왜 지속가능한 디지털 공동체인가	현광일 지음	280쪽	값 17,000원
선생님, 우리 영화로 세계시민 만나요!	변지윤 외 지음	328쪽	값 19,000원
아이를 함께 키울 온 마을은 어떻게 만들어야 할까?	차상진 지음	288쪽	값 17,000원
선생님, 제주 4·3이 뭐예요?	한강범 지음	308쪽	값 18,000원
마을배움길 학교 이야기	김명신 외 지음	300쪽	값 18,000원
다시, 남도의 기억을 걷다	노성태 지음	332쪽	값 19,000원
세계의 혁신 대학을 찾아서	안문석 지음	284쪽	값 17,000원
소박한 자율의 사상가, 이반 일리치	박홍규 지음	328쪽	값 19,000원
선생님, 평가 어떻게 하세요?	성열관 외 지음	220쪽	값 15,000원
남도 한말의병의 기억을 걷다	김남철 지음	316쪽	값 19,000원
생태전환교육, 학교에서 어떻게 할까?	심지영 지음	236쪽	값 15,000원
어떻게 어린이를 사랑해야 하는가	야누쉬 코르착 지음	송순재·안미현 옮김	408쪽	값 23,000원
북유럽의 교사와 교직	예스터 에크하트 라르센 외 엮음	유성상·김민조 옮김	412쪽	값 24,000원
산마을 너머 지금 뭐해?	최보길 외 지음	260쪽	값 17,000원
전문적 학습네트워크	크리스 브라운 외 엮음	성기선·문은경 옮김	424쪽	값 24,000원
초등 개념기반 탐구학습 설계와 실천 이야기	김병일 외 지음	380쪽	값 27,000원
선생님이 왜 노조 해요?	교사노동조합연맹 기획	324쪽	값 18,000원
교실을 광장으로 만들기	윤철기 외 지음	212쪽	값 17,000원
자율성과 전문성을 지닌 교사 되기	린다 달링 해몬드 외 지음	전국교원양성대학교총장협의회 옮김 412쪽	값 25,000원
선생님, 완벽하지 않아도 괜찮아요	유승재 지음	264쪽	값 17,000원
지속가능한 리더십	앤디 하그리브스 외 지음	정바울 외 옮김	352쪽	값 21,000원
남도 명량의 기억을 걷다	이돈삼 지음	280쪽	값 17,000원
교사가 아프다	송원재 지음	300쪽	값 18,000원
존 듀이의 생명과 경험의 문화적 전환	현광일 지음	272쪽	값 17,000원
왜 읽고 쓰고 걸어야 하는가?	김태정 지음	300쪽	값 18,000원

미래 교직 디자인	캐럴 G. 베이즐 외 지음 ǀ 정바울 외 옮김 ǀ 192쪽 ǀ 값 17,000원
타일러 교육과정과 수업 설계의 기본 원리	랄프 타일러 지음 ǀ 이형빈 옮김 ǀ 176쪽 ǀ 값 15,000원
시로 읽는 교육의 풍경	강영택 지음 ǀ 212쪽 ǀ 값 17,000원
부산 교육의 미래 2026	이상철 외 지음 ǀ 384쪽 ǀ 값 22,000원
11권의 그림책으로 만나는 평화통일 수업	경기평화교육센터·곽인숙 외 지음 ǀ 304쪽 ǀ 값 19,000원
명랑 10대 명랑 챌린지	강정희 지음 ǀ 320쪽 ǀ 값 18,000원
교장이 바뀌면 학교가 바뀐다	홍제남 지음 ǀ 260쪽 ǀ 값 16,000원
모두 아픈 학교, 공동체로 회복하기	김성천 외 지음 ǀ 276쪽 ǀ 값 17,000원
교육정치학의 이론과 실천	김용일 지음 ǀ 296쪽 ǀ 값 18,000원
마오쩌둥의 국제정치사상	정세현 지음 ǀ 332쪽 ǀ 값 19,000원
교사, 깊이 있는 학습을 말하다	황철형 외 지음 ǀ 214쪽 ǀ 값 15,000원
더 나은 사고를 위한 교육	앤 마가렛 샤프 외 지음 ǀ 김혜숙·박상욱 옮김 ǀ 438쪽 ǀ 값 26,000원
더 좋은 교육과정 더 나은 수업	이형빈 지음 ǀ 292쪽 ǀ 값 18,000원
한나 아렌트와 교육	모르데하이 고든 엮음 ǀ 조나영 옮김 ǀ 376쪽 ǀ 값 23,000원
공동체의 힘, 작은학교 만들기	미셸 앤더슨 외 지음 ǀ 권순형 외 옮김 ǀ 264쪽 ǀ 값 18,000원
토대역량과 사회정의	존 알렉산더 지음 ǀ 유성상·이인영 옮김 ǀ 324쪽 ǀ 값 22,000원
마을교육, 다 함께 가치	김미연 외 지음 ǀ 320쪽 ǀ 값 19,000원
북한 교육과 평화통일 교육	이병호 지음 ǀ 336쪽 ǀ 값 22,000원
나는 어떤 특수교사인가	김동인 지음 ǀ 268쪽 ǀ 값 17,000원
능력주의 시대, 교육과 공정을 사유하다	한만중 외 지음 ǀ 252쪽 ǀ 값 17,000원
교사와 학부모, 어디로 가는가?	한만중 외 지음 ǀ 252쪽 ǀ 값 17,000원
프레네, 일하는 인간의 본성과 교육	셀레스텡 프레네 지음 ǀ 송순재 엮음 ǀ 김병호 외 옮김 ǀ 564쪽 ǀ 값 33,000원
지속가능한 마을교육공동체 운동	양병찬·한혜정 지음 ǀ 268쪽 ǀ 값 18,000원
평생학습으로 두 나라를 잇다	고바야시 분진 지음 ǀ 양병찬·이정연 편역 ǀ 220쪽 ǀ 값 15,000원
초등 1학년 교실, 궁금하세요?	이경숙 지음 ǀ 324쪽 ǀ 값 19,000원
정의로운 한국사	김은석 지음 ǀ 272쪽 ǀ 값 17,000원
세계의 교사교육	린다 달링-해먼드·앤 리버맨 편저 ǀ 전국교원양성대학교총장협의회 번역 332쪽 ǀ 값 21,000원
남도 항일독립운동가의 기억을 걷다	김남철 지음 ǀ 292쪽 ǀ 값 19,000원
'좋아요'와 '싫어요'를 넘어	여은호·원숙경 지음 ǀ 268쪽 ǀ 값 18,000원
독일 정치교육	볼프강 잔더·케르스틴 폴 편저 ǀ 김상무·김원태 편역 ǀ 강구섭 외 공역 504쪽 ǀ 값 32,000원
혁신교육과 마을교육의 도전과 전환	윤양수 지음 ǀ 216쪽 ǀ 값 17,000원
에듀테크, 교육에 좋은가?	닐 셀윈 지음 ǀ 유성상 외 옮김 ǀ 264쪽 ǀ 값 18,000원
한국의 교사와 교원노조	박정훈 지음 ǀ 344쪽 ǀ 값 21,000원
교육의 정치적 중립성	김용 외 지음 ǀ 416쪽 ǀ 값 25,000원

다시, 학교의 길을 묻다   김영인 지음 | 294쪽 | 값 18,000원

본능에서 개념적 사고까지   비고츠키교육학실천연구모임 지음 | 312쪽 | 값 19,000원

인공지능시대 인간중심교육   한만중 지음 | 324쪽 | 값 20,000원

질문 8   도성훈 지음 | 강순원 진행 및 정리 | 316쪽 | 값 20,000원

존 듀이의 흥미론과 심리학   존 듀이 지음 | 김무길 옮김 | 332쪽 | 값 23,000원